KB059252

법조문에 따라
해설, 판례, 서식과 함께하는

민사
소송!

편저 : 이종성
(전 대한법률콘텐츠연구회장)

법문북스

머 리 말

　인류가 탄생하면서부터 인간은 사회적인 동물이라 공동생활을 영위하게 되었고, 함께 어울려 공동으로 생활을 하다 보면 여러 가지로 문제로 분쟁이 발생하고 개인 간에 크고 작은 다툼이 있게 마련입니다. 오늘날 민사소송이란 민법·상법 등 사법(私法)에 의하여 규율되는 대등한 주체 사이의 신분상 또는 경제상 생활관계에 관한 사건에 관한 소송을 말합니다. 개인 사이에 일어나는 사법상의 권리 또는 법률관계에 대한 다툼을 법원이 국가의 재판권에 의하여 법률적·강제적으로 해결하기 위한 절차이기도 합니다.

　1960년 민사소송법 제정된 이래 산업의 급속한 발달로 사회·경제적으로 많은 변화에 맞춰서 이 법의 수없이 개정이 있었을 뿐만 아니라, 특히 4차 산업시대가 도래하면서 지식재산권의 가치가 증대하고 이에 관한 국내외 민사관계 소송이 증가하고 있습니다. 그런데 이 민사소송은 전문적인 법률지식이 필요한 어렵고 복잡한 절차입니다. 그래서 일반인인 비법률가로서는 좀처럼 손대기가 쉽지 않은 어려운 점이 있습니다.

　이 책에서는 이렇게 변화하여 온 민사소송 절차를 알기 쉽게 최근 법조문에 따라 해설과 판례 및 관련서식 등에 대한 자세한 정보를 제공합니다. 또한 소송진행상 원·피고의 소장작성방법, 답변서 제출방법, 반소제기방법, 준비서면 등의 작성방법, 증거 등의 신청방법도 기술하여 전반적인 민사소송절차에 관한 모든 사항을 사안별로 서식과 함께 수록하여 누구나 민사소송절차를 이해할 수 있도록 엮었습니다.

　이러한 자료들은 대법원의 판결례 자료와 법제처의 생활법령 및 대한법률구조공단의 법률 서식들을 참고하였으며, 이를 체계적으로 정리·분석하여 법조문에 맞춰서 이해하기 쉽게 편찬하였습니다,

이 책이 복잡한 민사관련 분쟁을 해결하고자 하는 모든 분과 이들에게 조언을 하려는 전문가들에게 큰 도움이 되리라 믿으며, 열악한 출판시장임에도 불구하고 흔쾌히 출간에 응해 주신 법문북스 김현호 대표에게 감사를 드립니다.

2023. 9.
편저자

차 례

서 론

제1편
총 칙

제2편
제1심 소송절차 ───────────────

제3편
상 소 ────────────────────────

제4편
재 심

제5편
독촉절차

제6편
공시최고절차 ────────────

제7편
판결의 확정 및 집행정지

서론(序論)

제1장 민사소송 개관

1. 민사소송절차

일반적인 민사소송은 다음과 같이 진행됩니다.

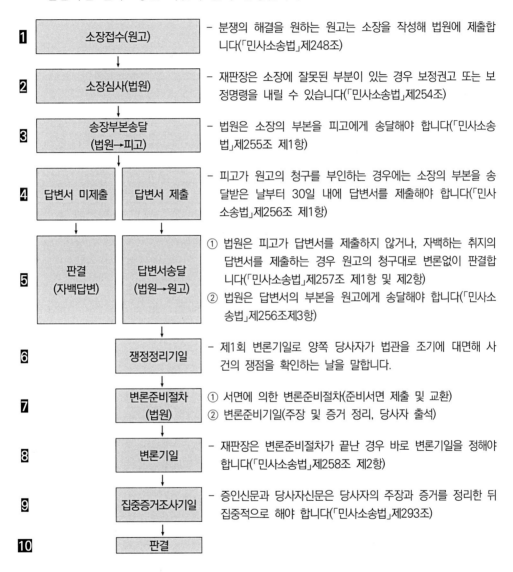

1 소장접수(원고)
- 분쟁의 해결을 원하는 원고는 소장을 작성해 법원에 제출합니다(「민사소송법」제248조)

2 소장심사(법원)
- 재판장은 소장에 잘못된 부분이 있는 경우 보정권고 또는 보정명령을 내릴 수 있습니다(「민사소송법」제254조)

3 송장부본송달 (법원→피고)
- 법원은 소장의 부본을 피고에게 송달해야 합니다(「민사소송법」제255조 제1항)

4 답변서 미제출 / 답변서 제출
- 피고가 원고의 청구를 부인하는 경우에는 소장의 부본을 송달받은 날부터 30일 내에 답변서를 제출해야 합니다(「민사소송법」제256조 제1항)

5 판결(자백답변) / 답변서송달 (법원→원고)
- ① 법원은 피고가 답변서를 제출하지 않거나, 자백하는 취지의 답변서를 제출하는 경우 원고의 청구대로 변론없이 판결합니다(「민사소송법」제257조 제1항 및 제2항)
- ② 법원은 답변서의 부본을 원고에게 송달해야 합니다(「민사소송법」제256조제3항)

6 쟁정정리기일
- 제1회 변론기일로 양쪽 당사자가 법관을 조기에 대면해 사건의 쟁점을 확인하는 날을 말합니다.

7 변론준비절차 (법원)
- ① 서면에 의한 변론준비절차(준비서면 제출 및 교환)
- ② 변론준비기일(주장 및 증거 정리, 당사자 출석)

8 변론기일
- 재판장은 변론준비절차가 끝난 경우 바로 변론기일을 정해야 합니다(「민사소송법」제258조 제2항)

9 집중증거조사기일
- 증인신문과 당사자신문은 당사자의 주장과 증거를 정리한 뒤 집중적으로 해야 합니다(「민사소송법」제293조)

10 판결

2. 민사전자소송제도

① 우리나라 법원은 2011년 5월 2일부터 민사전자소송을 실시하고 있습니다(민사소송

등에서의 전자문서 이용 등에 관한 법률 제2조, 민사소송 등에서의 전자문서 이용 등에 관한 규칙 제2조).

② 전자민사소송은 다음과 같은 절차로 진행됩니다.

2-1. 사용자 등록

① 전자소송시스템을 이용하려는 사람은 전자소송시스템에 접속하여 본인이 해당하는 회원유형에 맞게 일반 회원가입(개인, 법인) 또는 자격자 회원가입(변호사, 법무사, 회생·파산 사건의 절차관계인회원, 집행관 등)을 합니다(민사소송 등에서의 전자문서 이용 등에 관한 법률 제6조 제1항, 민사소송 등에서의 전자문서 이용 등에 관한 규칙 제4조).

② 법원행정처장은 다음의 어느 하나에 해당하는 경우 등록사용자의 사용을 정지하거나 사용자등록을 말소할 수 있습니다(민사소송 등에서의 전자문서 이용 등에 관한 법률 제6조 제4항, 민사소송 등에서의 전자문서 이용 등에 관한 규칙 제6조제1항).

1. 등록사용자의 동일성이 인정되지 않는 경우
2. 사용자등록을 신청하거나 사용자정보를 변경할 때 거짓의 내용을 입력한 경우
3. 다른 등록사용자의 사용을 방해하거나 그 정보를 도용하는 등 전산정보처리 시스템을 이용한 민사소송 등의 진행에 지장을 준 경우
4. 고의 또는 중대한 과실로 전산정보처리시스템에 장애를 일으킨 경우
5. 사용자등록이 소송 지연 등 본래의 용도와 다른 목적으로 이용되는 경우
6. 등록사용자에게 소송능력이 없는 경우
7. 그 밖에 위의 사유에 준하는 경우

③ 등록사용자가 전자소송시스템을 마지막으로 이용한 날부터 5년이 지나면 사용자등록은 효력을 상실합니다(민사소송 등에서의 전자문서 이용 등에 관한 규칙 제6조 제4항).

④ 사용자 등록 방법 및 자격에 관한 자세한 내용은 대한민국 법원 전자소송 홈페이지 〈전자소송안내, 전자소송준비, 회원가입 〉에서 보실 수 있습니다.

2-2. 소제기

① 대한민국 법원 전자소송 홈페이지에서 전자소송절차 진행에 동의한 후 소장을 작성하고 전자서명을 하여 제출합니다.

② 전자서명은 보통 행정전자서명 또는 공인전자서명을 말합니다(민사소송 등에서의 전자문서 이용 등에 관한 규칙 제7조 제1항).

2-3. 답변서 제출

소장부본을 우편으로 송달받은 피고는 소송절차안내서에 표시된 전자소송인증번호와 사건번호로 전자소송 동의를 한 후 온라인으로 답변서를 제출할 수 있습니다.

2-4. 송달

① 전자소송에 동의한 당사자 및 대리인은 대법원 전자소송 홈페이지를 통해 전자문서를 송달 받고, 내용을 확인할 수 있습니다.

② 전자문서 등재사실의 통지는 등록사용자가 전자소송시스템에 입력한 전자우편주소로 전자우편을 보내고, 휴대전화번호로 문자메시지를 보내는 방법으로 합니다. 다만, 문자메시지는 등록사용자의 요청에 따라 보내지 않을 수 있습니다(민사소송 등에서의 전자문서 이용 등에 관한 법률 제11조 제3항 및 민사소송 등에서의 전자문서 이용 등에 관한 규칙 제26조 제1항).

③ 전자문서는 송달받을 자가 등재된 전자문서를 확인한 때에 송달된 것으로 봅니다. 다만, 그 등재사실을 통지한 날부터 1주 이내에 확인하지 않은 때에는 등재사실을 통지한 날부터 1주가 지난 날에 송달된 것으로 봅니다(민사소송 등에서의 전자문서 이용 등에 관한 법률 제11조 제4항).

2-5. 사건기록열람

① 전자소송에 동의한 당사자 및 대리인은 해당 사건의 소송기록을 언제든지 온라인상에서 열람 및 출력할 수 있습니다. 진행 중 사건에 대해 대법원 전자소송홈페이지에서 열람하는 경우는 수수료가 부과되지 않습니다.

② 등록사용자로서 전자소송 동의를 한 당사자, 사건 본인, 소송대리인 또는 법정대리인, 특별대리인, 보조참가자, 공동소송적 보조참가인, 경매사건의 이해관계인, 과태

료 사건의 검사가 전자기록을 열람, 출력 또는 복제하는 방법은 전자소송시스템에 접속한 후 전자소송홈페이지에서 그 내용을 확인하고 이를 서면으로 출력하거나 해당사항을 자신의 자기디스크 등에 내려받는 방식으로 합니다(민사소송 등에서의 전자문서 이용 등에 관한 규칙 제38조 제1항).

③ 가사사건이나 회생·파산사건의 전자기록도 위와 같은 방법으로 열람, 출력 등을 할 수 있습니다(민사소송 등에서의 전자문서 이용 등에 관한 규칙 제38조의2).

3. 민사소송절차의 심급제도

3-1. 심급제도

① '심급제도'란 법원에 상하의 계급을 두고 하급법원의 재판에 대해 상급법원에 불복신청이 가능하도록 법원간의 심판순서 또는 상하관계를 정해놓은 제도를 말합니다.

② 3심제도

우리나라는 원칙적으로 3심제를 채택하고 있고, 1심과 2심은 사실심이고, 3심은 법률심입니다.

1. 항소(제1심판결 불복)

'항소'란 제1심 종국판결에 대해 상급법원에 하는 불복신청을 말합니다(민사소송법 제390조 제1항).

2. 상고(제2심판결 불복)

- '상고'란 고등법원이 선고한 종국판결과 지방법원 합의부가 제2심으로 선고한 종국판결에 대한 불복신청을 말합니다(민사소송법 제422조 제1항).

- 상고심은 법률심으로 판결에 영향을 미친 헌법·법률·명령 또는 규칙의 위반이 있는 경우에만 제기할 수 있습니다(민사소송법 제423조).

3. 항고 및 재항고(결정·명령 불복)

- '항고'란 소송절차에 관한 신청을 기각한 결정이나 명령에 대한 불복신청을 말합니다(민사소송법 제439조).

- '재항고'란 항고법원·고등법원 또는 항소법원의 결정 및 명령에 대한 불복신청을 말합니다(민사소송법 제442조).

- 재항고는 상고심과 같은 법률심으로 재판에 영향을 미친 헌법·법률·명령 또는 규칙의 위반이 있는 경우에만 제기할 수 있습니다(민사소송법 제442조).

※ 판결, 결정, 명령의 구분

① '판결'이란, 법원이 변론주의에 근거해 「민사소송법」에서 정한 일정한 방식에 따라 판결원본을 작성하고 선고라는 엄격한 방법으로 당사자에게 고지하는 재판을 말합니다.

② 결정의 개념

　- '결정'이란, 임의적 변론(판결에는 반드시 변론이 필요하나 결정에서는 법관의 재량으로 정할 수 있는데 이를 임의적 변론이라 한다) 또는 서면심리에 의해 법원이 행하는 재판을 말합니다)].

　- 결정은 소송절차상의 사항(제척·기피의 재판, 참가허가 여부에 대한 재판, 청구변경의 불허가 재판 등)이나 집행절차에서의 법원의 처분(지급명령, 추심명령, 전부명령 등)에 대한 판결입니다.

③ 명령의 개념 '명령'이란, 재판장·수명법관(법원합의부의 재판장으로부터 법률에 정해진 일정한 사항의 처리를 위임받은 합의부원인 법관)·수탁판사(소송이 계속되고 있는 법원의 촉탁을 받아 일정한 사항의 처리를 하는 판사)가 행하는 재판을 말합니다. 명령은 법관이 행하는 재판이지 법원이 행하는 재판이 아닙니다. 이 점이 법원이 행하는 판결이나 결정과 구별됩니다.

3-2. 재심절차

① 재심절차는 확정판결에 중대한 오류가 있을 경우 당사자의 청구에 의해 그 판결의 당부를 다시 재심하는 절차를 말합니다.

② 재심절차는 확정된 종국판결에 대한 불복신청이므로 법률에 기재된 재심사유에 해당하는 경우에만 제기할 수 있습니다(민사소송법 제451조 제1항).

4. 소송이 가능한 사건인지에 대한 판단

4-1. 구체적인 권리 또는 법률관계에 관한 쟁송일 것

① 민사소송은 청구취지가 특정되어야 하고, 구체적인 권리 또는 법률관계에 관한 쟁송이어야 합니다(대법원 1994. 6. 14. 선고 93다36967 판결).

② 예를 들어 단순히 종중의 대동보나 세보에 기재된 사항의 변경이나 삭제를 구하는 청구와 같이 구체적인 권리관계 또는 법률관계에 대한 쟁송이 아닐 경우에는 소송이 성립되지 않습니다(대법원 1998. 2. 24. 선고 97다48418 판결).

4-2. 사법심사의 대상일 것

① 법원에서 심사할 수 없는 종교 교리의 해석문제나 통치행위 같은 부분은 소송의 대상이 되지 않습니다.

② 예를 들어 교회의 내부 문제로 인해 발생한 목사, 장로의 자격에 관한 시비는 구체

적인 권리 또는 법률관계와 무관하므로 원칙적으로 사법심사의 대상이 아닙니다(대법원 2007. 6. 29. 자 2007마224 결정).

4-3. 부제소(不提訴) 합의가 없을 것

① 부제소 합의(소송제기를 금지하는 합의)는 다음과 같은 요건을 충족하는 경우에 한해 인정됩니다(대법원 1999. 3. 26. 선고 98다63988 판결).
  - 합의 당사자가 처분할 수 있는 권리 범위 내의 것일 것
  - 그 합의 시에 예상할 수 있는 상황에 관한 것일 것
② 예를 들어, 퇴직을 전제로 퇴직금 또는 퇴직위로금 등을 수령하면서 향후 퇴직 또는 퇴직금과 관해 회사에 어떠한 소송청구나 이의도 하지 않겠다는 내용의 합의를 하는 것은 부제소 합의가 허용되는 경우입니다(대법원 2006. 12. 8. 선고 2005다36762 판결).

4-4. 다른 구제절차가 없을 것

① 소송이 아닌 더 간편한 절차를 이용해 권리를 구제받을 수 있다면 소송은 성립하지 않습니다.
② 예를 들어, 피해자가 법원의 감정명령에 따라 신체감정을 받으면서 지출한 검사비용은 소송비용으로 소송비용확정 절차를 거쳐 상환받을 수 있으므로, 이를 이유로 소송을 제기할 수는 없습니다(대법원 2000. 5. 12. 선고 99다68577 판결).

4-5. 중복소송의 금지

① 법원에 계속되어 있는 사건에 대해 당사자는 다시 소송을 제기하지 못합니다(민사소송법 제259조).
② 예를 들어, 재판부에 대한 불만으로 또는 더 나은 결과를 위해 다른 법원에 소송을 제기하지 못합니다.

4-6. 재소(再訴)금지

① 본안에 대한 종국판결이 있은 뒤에 소송을 취하한 사람은 같은 소송을 제기하지 못합니다(민사소송법 제267조 제2항).
② 재소금지원칙은 소송물, 권리보호의 이익이 동일한 경우에만 인정됩니다(대법원

1997. 12. 23. 선고 97다45341 판결).

③ 예를 들어 A(토지 소유주)가 B(무단 점유자)에게 소유권 침해를 중지할 것을 요구하는 소송을 제기했다가 합의가 이루어져 취하한 후 토지를 C에게 매각했으나 여전히 B가 무단 점유를 하고 있어 C가 다시 B를 상대로 소송제기를 한 것은 별개의 권리보호 이익이 있어 재소금지원칙이 적용되지 않습니다*(대법원 1981. 7. 14. 선고 81다64 판결).*

제2장 소송관련 지원제도

1. 법률구조제도

1-1. 개념

"법률구조"란 경제적으로 어렵거나 법을 몰라서 법의 보호를 충분히 받지 못하는 사람에게 변호사나 공익법무관에 의한 소송대리, 그 밖에 법률 사무에 관한 모든 지원을 하는 것을 말합니다(법률구조법 제1조 및 제2조).

1-2. 대상 사건

법률구조의 대상이 되는 사건은 민사사건, 가사사건, 행정사건, 헌법소원사건 또는 형사사건에 관한 소송·심판대리 또는 형사변호 등 입니다(법률구조법 시행규칙 제6조 제1항 참조).

1-3. 법률구조기관

① 법률구조를 효율적으로 추진하기 위해 대한법률구조공단이 설립되었습니다(법률구조법 제8조).

② 한국가정법률상담소는 법률구조업무를 하고자 자산(資産), 법률구조업무 종사자 등에 관한 요건을 갖추어 법무부장관에게 등록을 한 법인입니다(법률구조법 제3조).

1-4. 신청절차

① 법률구조를 받기 원하는 사람은 가까운 대한법률구조공단 사무실 지부에 내방해 법률상담을 받을 수 있고, 상담 후 구조대상자, 승소가능성, 구조타당성 등을 검토하여 법률구조 사건으로 접수할 수 있습니다.

② 사건조사를 통해 소송을 진행하기로 구조결정한 사건은 대한법률구조공단을 통해 소송진행이 가능하며, 재판에서 승소한 경우 강제집행절차까지 진행할 수 있습니다.

1-5. 법률구조제도와 소송구조제도의 비교

법률구조는 대한법률구조공단과 같은 기관이 소송대리 등의 법률사무에 관한 지원을 하는 것이고, 소송구조는 법원이 소송비용을 내지 않고 재판을 받을 수 있도록 배려해 주는 제도라는 점에서 차이가 있습니다.

구 분	법률구조제도	소송구조제도
기 관	① 대한법률구조공단 ② 한국가정법률상담소	법원
신청시점	소송제기에 대한 판단 전	① 소송제기와 동시 ② 소송제기 후
신청요건	기준 중위소득의 125% 이하인 국민 또는 국내 거주 외국인 [대한법률구조공단 확인필요]	소송비용을 지출할 자금능력이 부족하고 패소할 것이 명백하지 않은 자
대상사건	① 민사사건 ② 가사사건 ③ 행정사건 ④ 헌법소원사건 ⑤ 형사사건	소송사건(비송사건 제외)

2. 소송구조제도

2-1. 개념

"소송구조(訴訟救助)"란 소송비용을 지출할 자금능력이 부족한 사람에 대해 법원이 신청 또는 직권으로 재판에 필요한 일정한 비용의 납입을 유예 또는 면제시킴으로써 그 비용을 내지 않고 재판을 받을 수 있도록 하는 제도를 말합니다.

2-2. 요건

① 소송사건일 것

「비송사건절차법」에서 「민사소송법」의 개별 규정을 준용하고 있으나 소송구조에 관한 규정은 준용하지 않고 있으므로(비송사건절차법 제8조, 제10조 참조), 「비송사건절차법」이 적용 또는 준용되는 비송사건은 소송구조의 대상이 아닙니다(*대법원 2009. 9. 10. 자 2009스89 결정*).

② 신청인

소송구조는 다음에 해당하는 자가 신청할 수 있습니다.

- 소송을 제기하려는 사람
- 소송계속 중의 당사자
- 외국인
- 법인

③ 소송구조는 소송비용을 지출할 자금능력이 부족한 사람의 신청에 따라 또는 직권으로 할 수 있습니다(민사소송법 제128조 제1항).

② 소송구조 신청인은 구조의 사유를 소명해야 합니다

④ 법원은 자유심증에 따라 그 소명 여부를 판단합니다

2-3. 자금능력이 부족한 소송구조 신청인

① 다음 중 어느 하나에 해당하는 사람은 자금능력이 부족한 것으로 보고 다른 요건의 심사만으로 소송구조 여부를 결정할 수 있습니다.

- 「국민기초생활 보장법」에 따른수급자 및 차상위계층
- 「한부모가족지원법」에 따른 지원대상자
- 「기초연금법」에 따른 기초연금 수급자
- 「장애인연금법」에 따른 수급자
- 「북한이탈주민의 보호 및 정착지원에 관한 법률」에 따른 보호대상자

② 소명의 정도

패소할 것이 명백하지 않다는 것은 소송구조신청의 소극적 요건이므로 신청인이 승소 가능성을 적극적으로 진술하고 소명해야 하는 것은 아니고, 법원이 당시까지의 재판절차에서 나온 자료를 기초로 패소할 것이 명백하다고 판단할 수 있는 경우가 아니면 됩니다(대법원 2001. 6. 9. 자, 2001마1044 결정).

2-4. 1심 패소 후 항소신청을 하며 소송구조를 신청하는 경우

비록 제1심에서는 패소했지만, ① 제1심판결에 사실상·법률상의 하자가 있어서 그 판결이 취소될 개연성이 있다거나, ② 자신이 제출할 새로운 공격방어방법이 새로운 증거에 의해 뒷받침됨으로써 제2심에서는 승소할 가망이 있는 점 등을 구체적으로 명시하여 그 사유를 소명해야 합니다(대법원 1994. 12. 10. 자, 94마2159 결정).

제1편
총 칙

> 제1조(민사소송의 이상과 신의성실의 원칙)
>
> ① 법원은 소송절차가 공정하고 신속하며 경제적으로 진행되도록 노력하여야 한다.
>
> ② 당사자와 소송관계인은 신의에 따라 성실하게 소송을 수행하여야 한다.

1. 민사소송의 개념

① "민사소송"이란 민법·상법 등 사법(私法)에 의하여 규율되는 대등한 주체 사이의 신분상 또는 경제상 생활관계에 관한 사건에 관한 소송을 말합니다.

② 사법상의 생활관계가 모두 민사소송의 대상이 되는 것은 아니고 대등한 주체 사이의 법률관계에 관한 것이어야 합니다.

2. 형사소송과의 비교

① 형사소송은 "사인(私人)에 대한 국가의 형벌권 행사에 관한 사건(형사사건)"을 대상으로 하는 점에서 민사사건을 대상으로 하는 민사소송과 구별되며, 검사가 범죄혐의자(피의자)를 상대로 법원에 공소제기를 함으로써 시작됩니다.

3. 형사소송과 민사소송의 구분

① 예컨대, A씨는 B씨를 사랑했으나, B씨가 다른 사람을 좋아한다는 사실을 알고는 격분해 인터넷에 B씨가 행실이 좋지 않고 B씨를 사랑한 자신을 이용해 허영심을 채우는 등 자신을 고통스럽게 했다는 내용의 험담을 올렸습니다. 이로 인해 결혼이 깨지는 등 고통받던 B씨가 A씨를 명예훼손죄로 고소한 경우, A씨는 명예를 훼손한 범죄에 대해 형사소송을 통해 처벌을 받게 됩니다.

② 이와는 별개로 B씨가 그동안 받은 정신적인 고통과 그 외 발생한 손해 등에 대해 금전적인 배상을 받고자 하는 경우에는 민사소송을 제기해 배상을 받을 수 있습니다.

4. 민사소송의 요건

'소송요건'이란 법원이 판결을 하기 위한 요건을 말하고, 소송요건의 주요사항은 다음과 같습니다.

1. 법원이 재판권과 관할권을 가질 것

2. 당사자가 현재하며 당사자능력과 당사자적격을 가질 것

3. 판결을 받을 법률상의 이익 내지 필요(권리보호의 이익)가 있을 것

5. 대법원 판례

◎ 신의성실의 원칙의 의미 및 이 원칙에 반한다는 이유로 권리행사를 부정하기 위한 요건

신의성실의 원칙은 법률관계의 당사자가 상대방의 이익을 배려하여 형평에 어긋나거나 신의를 저버리는 내용 또는 방법으로 권리를 행사하거나 의무를 이행해서는 안 된다는 추상적 규범이다. 신의성실의 원칙에 반한다는 이유로 권리의 행사를 부정하기 위해서는 상대방에게 신뢰를 제공하였다거나 객관적으로 보아 상대방이 신뢰를 하는 데 정당한 상태에 있어야 하고, 이러한 상대방의 신뢰에 반하여 권리를 행사하는 것이 정의관념에 비추어 용인될 수 없는 정도의 상태에 이르러야 한다[2017. 2. 15., 선고, 2014다19776, 19783, 판결].

◎ 추완항소를 신청했던 당사자 자신이 상고이유에서 그 부적법을 스스로 주장하는 것은 신의칙상 허용될 수 없는지 여부

민사소송의 당사자 및 관계인은 소송절차가 공정 신속하고, 경제적으로 진행되도록 신의에 쫓아 성실하게 소송절차에 협력해야 할 의무가 있으므로, 당사자 일방이 과거에 일정 방향의 태도를 취하여 상대방이 이를 신뢰하고 자기의 소송상의 지위를 구축하였는데, 그 신뢰를 저버리고 종전의 태도와 지극히 모순되는 소송행위를 하는 것은 신의법칙상 허용되지 않고, 따라서 원심에서 피고의 추완항소를 받아들여 심리 결과 본안판단에서 피고의 항소가 이유 없다고 기각하자 추완항소를 신청했던 피고 자신이 이제 상고이유에서 그 부적법을 스스로 주장하는 것은 허용될 수 없다[1995. 1. 24., 선고, 93다25875, 판결]

제1장 법원
제1절 관할

> **제2조(보통재판적)**
>
> 소(訴)는 피고의 보통재판적(普通裁判籍)이 있는 곳의 법원이 관할한다.

[대법원판례]

◎ 민사소송법 관할 규정이 국제재판관할권을 판단하는 데 가장 중요한 판단 기준으로 작용하는지 여부(적극)

민사소송법 제2조는 "소는 피고의 보통재판적이 있는 곳의 법원이 관할한다."라고 정하고 있고, 민사소송법 제5조 제1항 전문은 "법인, 그 밖의 사단 또는 재단의 보통재판적은 이들의 주된 사무소 또는 영업소가 있는 곳에 따라 정한다."라고 정하고 있다. 이는 원고에게 피고의 주된 사무소 또는 영업소가 있는 법원에 소를 제기하도록 하는 것이 관할 배분에서 당사자의 공평에 부합하기 때문이므로, 국제재판관할에서도 피고의 주된 사무소가 있는 곳은 영업관계의 중심적 장소로서 중요한 고려요소가 된다[2021. 3. 25., 선고, 2018다230588, 판결].

> **제3조(사람의 보통재판적)**
>
> 사람의 보통재판적은 그의 주소에 따라 정한다. 다만, 대한민국에 주소가 없거나 주소를 알 수 없는 경우에는 거소에 따라 정하고, 거소가 일정하지 아니하거나 거소도 알 수 없으면 마지막 주소에 따라 정한다.

[대법원판례]

◎ 국제재판관할에서도 피고의 주소지가 생활관계의 중심적 장소로서 중요한 고려요소인지 여부(적극)

민사소송법 제3조 본문은 "사람의 보통재판적은 그의 주소에 따라 정한다."라고 정한다. 따라서 당사자의 생활 근거가 되는 곳, 즉 생활관계의 중심적 장소가 토지관할권의 가장 일반적·보편적 발생근거라고 할 수 있다. 민사소송법 제2조는 "소는 피고의 보통재판적이 있는 곳의 법원이 관할한다."라고 정하고 있는데, 원고에게 피고의 주소지 법원에 소를 제기하도록 하는 것이 관할 배분에서 당사자의 공평에 부합하기 때문이다. 국제재판관할에서도 피고의 주소지는 생활관계의 중심적 장소로서 중요한 고려요소이다*[2019. 6. 13., 선고, 2016다33752, 판결].*

> **제4조(대사·공사 등의 보통재판적)**
> 대사(大使)·공사(公使), 그 밖에 외국의 재판권 행사대상에서 제외되는 대한민국 국민이 제3조의 규정에 따른 보통재판적이 없는 경우에는 이들의 보통재판적은 대법원이 있는 곳으로 한다.

[대법원판례]

◎ **외국법인의 대한민국 지점의 영업에 관한 것이 아닌 분쟁에 대하여도 우리 법원의 관할권을 인정할 수 있는지 여부(한정 적극)**

우리 민사소송법 제4조에 의하면 외국법인 등이 대한민국 내에 사무소, 영업소 또는 업무담당자의 주소를 가지고 있는 경우에는 그 사무소 등에 보통재판적이 인정된다고 할 것이므로, 증거수집의 용이성이나 소송수행의 부담 정도 등 구체적인 제반 사정을 고려하여 그 응소를 강제하는 것이 민사소송의 이념에 비추어 보아 심히 부당한 결과에 이르게 되는 특별한 사정이 없는 한, 원칙적으로 그 분쟁이 외국법인의 대한민국 지점의 영업에 관한 것이 아니라 하더라도 우리 법원의 관할권을 인정하는 것이 조리에 맞는다*[2000. 6. 9., 선고, 98다35037, 판결].*

> **제5조(법인 등의 보통재판적)**
> ① 법인, 그 밖의 사단 또는 재단의 보통재판적은 이들의 주된 사무소 또는 영업소가 있는 곳에 따라 정하고, 사무소와 영업소가 없는 경우에는 주된 업무담당자의 주소에 따라 정한다.
> ② 제1항의 규정을 외국법인, 그 밖의 사단 또는 재단에 적용하는 경우 보통재판적은 대한민국에 있는 이들의 사무소·영업소 또는 업무담당자의 주소에 따라 정한다.

[대법원판례]

◎ 법인인 피고가 대한민국에 주된 사무소나 영업소를 두고 영업활동을 하는 경우, 대한민국 법원에 피고를 상대로 재산에 관한 소를 제기하리라는 점에 관하여 예측가능성이 인정되는지 여부(적극)

민사소송법 제5조 제1항 전문은 "법인, 그 밖의 사단 또는 재단의 보통재판적은 이들의 주된 사무소 또는 영업소가 있는 곳에 따라 정한다."라고 정하고 있다. 이는 원고에게 피고의 주된 사무소 또는 영업소가 있는 법원에 소를 제기하도록 하는 것이 관할 배분에서 당사자의 공평에 부합하기 때문이므로, 국제재판관할에서도 피고의 주된 사무소가 있는 곳은 영업관계의 중심적 장소로서 중요한 고려요소가 된다. 한편 국제재판관할에서 특별관할을 고려하는 것은 분쟁이 된 사안과 실질적 관련이 있는 국가의 관할권을 인정하기 위한 것이다*[2021. 3. 25., 선고, 2018 다230601, 판결].*

제6조(국가의 보통재판적)
국가의 보통재판적은 그 소송에서 국가를 대표하는 관청 또는 대법원이 있는 곳으로 한다.

[대법원판례]

◎ **중개인의 영업소가 우리 나라에 있을 경우, 관할권의 여부**

우리나라의 회사와 일본국 회사간의 차관협정 및 그 협정의 중개에 대한 보수금 지급 약정이 일본 국내에서 체결되었다 할지라도 그 중개인의 영업소가 우리 나라에 있다면 다른 사정이 없는 한 우리나라의 법원은 그 중개보수금 청구 사건에 관하여 재판관할권이 있다*[1972. 4. 20., 선고, 72다248, 판결].*

제7조(근무지의 특별재판적)
사무소 또는 영업소에 계속하여 근무하는 사람에 대하여 소를 제기하는 경우에는 그 사무소 또는 영업소가 있는 곳을 관할하는 법원에 제기할 수 있다.

[대법원판례]

◎ **약속어음금 지급청구 소송의 재판적**

약속어음은 그 어음에 표시된 지급지가 의무이행지이고, 그 의무이행을 구하는 소송의 토지관할권은 지급지를 관할하는 법원에 있고, 채권자의 주소지를 관할하는 법원에 있는 것이 아니다*[1980. 7. 22., 자, 80마208, 결정].*

> **제8조(거소지 또는 의무이행지의 특별재판적)**
> 재산권에 관한 소를 제기하는 경우에는 거소지 또는 의무이행지의 법원에 제기할 수 있다.

[대법원판례]

◎ **변호사 甲이 乙과의 소송대리 위임계약에 따라 성공보수금 지급을 구하는 소를 제기한 사안**

변호사 甲이 乙과의 소송대리 위임계약에 따라 성공보수금 지급을 구하는 소를 제기한 사안에서, 성공보수금 지급채무가 민법 제467조 제2항 단서에서 의미하는 '영업에 관한 채무'라거나 혹은 甲의 변호사 사무소가 위 조항에서 의미하는 '영업소'라고 볼 수는 없고, 이때 乙의 이행채무는 지참채무로서 甲의 주소지 관할법원에 관할권이 있다고 한 사례[2011. 4. 22., 자, 2011마110, 결정].

> **제9조(어음·수표 지급지의 특별재판적)**
> 어음·수표에 관한 소를 제기하는 경우에는 지급지의 법원에 제기할 수 있다.

[대법원판례]

◎ **민사소송법 제9조에 의한 재판관할권이 없다고 한 사례**

민사소송법 제9조의 규정의 취지는 재산권상의 소의 피고가 외국인이라 할지라도 압류할 수 있는 재산이 국내에 있을 때에는 그를 상대로 승소판결을 얻으면 이를 집행하여 재판의 실효를 걷을 수 있기 때문에 특히 국내법원에 그 재판관할권을 인정한 것이다[1988. 10. 25., 선고, 87다카1728, 판결].

> **제10조(선원·군인·군무원에 대한 특별재판적)**
> ① 선원에 대하여 재산권에 관한 소를 제기하는 경우에는 선적(船籍)이 있는 곳의 법원에 제기할 수 있다.
> ② 군인·군무원에 대하여 재산권에 관한 소를 제기하는 경우에는 군사용 청사가 있는 곳 또는 군용 선박의 선적이 있는 곳의 법원에 제기할 수 있다.

[대법원판례]

◎ 영업소 소재지의 특별재판적을 부정한 사례

민사소송법 제10조 소정의 특별재판적에 관한 규정은 위 중앙회의 영업소업무에 관하여 위 중앙회를 상대로 소를 제기하는 때에 한하여 그 영업소 소재지의 법원에 관할이 있다는 의미이므로 위 중앙회가 스스로 원고가 되어 소를 제기하는 경우에는 적용되지 아니한다*[1980. 6. 12., 자, 80마158, 결정]*.

> **제11조(재산이 있는 곳의 특별재판적)**
> 대한민국에 주소가 없는 사람 또는 주소를 알 수 없는 사람에 대하여 재산권에 관한 소를 제기하는 경우에는 청구의 목적 또는 담보의 목적이나 압류할 수 있는 피고의 재산이 있는 곳의 법원에 제기할 수 있다.

[대법원판례]

◎ 대한민국 법원에 피고를 상대로 재산에 관한 소를 제기하리라는 점에 관하여 예측가능성이 인정되는지 여부(적극)

민사소송법 제11조에서 재산이 있는 곳의 특별재판적을 인정하는 것과 같이 원고가 소를 제기할 당시 피고의 재산이 대한민국에 있는 경우 대한민국 법원에 피고를 상대로 소를 제기하여 승소판결을 얻으면 바로 집행하여 재판의 실효를 거둘 수 있으므로, 당사자의 권리구제나 판결의 실효성 측면에서 대한민국 법원의 국제재판관할권을 인정할 수 있는 것이다*[2021. 3. 25., 선고, 2018다230601, 판결]*.

> **제12조(사무소 · 영업소가 있는 곳의 특별재판적)**
> 사무소 또는 영업소가 있는 사람에 대하여 그 사무소 또는 영업소의 업무와 관련이 있는 소를 제기하는 경우에는 그 사무소 또는 영업소가 있는 곳의 법원에 제기할 수 있다.

[지법판례]

◎ 민사소송법상의 토지관할 규정에 의한 보통재판적 또는 특별재판적이 우리나라에 존재하는 경우

국제재판관할 배분의 이념과 합리적인 원칙에 비추어 심히 부당한 결과가 발생하는 경우가 아닌 한 피고의 주소, 계약에 따라 실제로 채무를 이행할 이행지, 불법행위지, 당해 영업소의 업무와 관련된 소송에 있어서 그 영업소 소재지 등과 같은 민사소송법상의 토지관할 규정에 의한 보통재판적 또는 특별재판적이 우리나라에 존재하는 경우에는 국제사법 제2조 제1항의 '실질적 관련'이 있는 경우에 해당한다*[창원지법 2006. 10. 19., 선고, 2005가합9692, 판결 : 항소]*.

제13조(선적이 있는 곳의 특별재판적)
선박 또는 항해에 관한 일로 선박소유자, 그 밖의 선박이용자에 대하여 소를 제기하는 경우에는 선적이 있는 곳의 법원에 제기할 수 있다.

[대법원판례]

◎ **심판정본이 공시송달된 후 심판등본을 교부받은 경우 추완항소 제기기간의 기산일**

　심판정본이 피청구인에게 공시송달된 후 동인이 그 기록등본과 심판서등본의 교부를 받았다면 그때에 공시송달의 방법에 의하여 심판정본이 송달된 점을 알았다고 할 것이니, 그때에 불변기간인 항소기간을 준수하지 못한 불귀책사유는 완료되었다고 할 것이므로, 그때부터 2주일 내에 항소제기를 하여야 하는바, 이에 이르지 아니하고 그 기간 경과 후에 한 항소는 부적법하다*[1981. 10. 13., 선고, 81므46, 판결]*.

제14조(선박이 있는 곳의 특별재판적)
선박채권(船舶債權), 그 밖에 선박을 담보로 한 채권에 관한 소를 제기하는 경우에는 선박이 있는 곳의 법원에 제기할 수 있다.

제15조(사원 등에 대한 특별재판적)]

① 회사, 그 밖의 사단이 사원에 대하여 소를 제기하거나 사원이 다른 사원에 대하여 소를 제기하는 경우에는 그 소가 사원의 자격으로 말미암은 것이면 회사, 그 밖의 사단의 보통재판적이 있는 곳의 법원에 소를 제기할 수 있다.

② 사단 또는 재단이 그 임원에 대하여 소를 제기하거나 회사가 그 발기인 또는 검사인에 대하여 소를 제기하는 경우에는 제1항의 규정을 준용한다.

제16조(사원 등에 대한 특별재판적)
회사, 그 밖의 사단의 채권자가 그 사원에 대하여 소를 제기하는 경우에는 그 소가 사원의 자격

으로 말미암은 것이면 제15조에 규정된 법원에 제기할 수 있다.

제17조(사원 등에 대한 특별재판적)

회사, 그 밖의 사단, 재단, 사원 또는 사단의 채권자가 그 사원·임원·발기인 또는 검사인이었던 사람에 대하여 소를 제기하는 경우와 사원이었던 사람이 그 사원에 대하여 소를 제기하는 경우에는 제15조 및 제16조의 규정을 준용한다.

제18조(불법행위지의 특별재판적)

① 불법행위에 관한 소를 제기하는 경우에는 행위지의 법원에 제기할 수 있다.

② 선박 또는 항공기의 충돌이나 그 밖의 사고로 말미암은 손해배상에 관한 소를 제기하는 경우에는 사고선박 또는 항공기가 맨 처음 도착한 곳의 법원에 제기할 수 있다.

제19조(해난구조에 관한 특별재판적)

해난구조(海難救助)에 관한 소를 제기하는 경우에는 구제된 곳 또는 구제된 선박이 맨 처음 도착한 곳의 법원에 제기할 수 있다.

제20조(부동산이 있는 곳의 특별재판적)

부동산에 관한 소를 제기하는 경우에는 부동산이 있는 곳의 법원에 제기할 수 있다.

제21조(등기·등록에 관한 특별재판적)

등기·등록에 관한 소를 제기하는 경우에는 등기 또는 등록할 공공기관이 있는 곳의 법원에 제기할 수 있다.

제22조(상속·유증 등의 특별재판적)

상속(相續)에 관한 소 또는 유증(遺贈), 그 밖에 사망으로 효력이 생기는 행위에 관한 소를 제기하는 경우에는 상속이 시작된 당시 피상속인의 보통재판적이 있는 곳의 법원에 제기할 수 있다.

제23조(상속·유증 등의 특별재판적)

상속채권, 그 밖의 상속재산에 대한 부담에 관한 것으로 제22조의 규정에 해당되지 아니하는 소를 제기하는 경우에는 상속재산의 전부 또는 일부가 제22조의 법원관할구역안에 있으면 그 법원에 제기할 수 있다.

제24조(지식재산권 등에 관한 특별재판적)

① 특허권, 실용신안권, 디자인권, 상표권, 품종보호권(이하 "특허권등"이라 한다)을 제외한 지식재산권과 국제거래에 관한 소를 제기하는 경우에는 제2조 내지 제23조의 규정에 따른 관할법원 소재지를 관할하는 고등법원이 있는 곳의 지방법원에 제기할 수 있다. 다만, 서울고등법원이 있는 곳의 지방법원은 서울중앙지방법원으로 한정한다.

② 특허권등의 지식재산권에 관한 소를 제기하는 경우에는 제2조부터 제23조까지의 규정에 따른 관할법원 소재지를 관할하는 고등법원이 있는 곳의 지방법원의 전속관할로 한다. 다만, 서울고등법원이 있는 곳의 지방법원은 서울중앙지방법원으로 한정한다.

③ 제2항에도 불구하고 당사자는 서울중앙지방법원에 특허권등의 지식재산권에 관한 소를 제기할 수 있다.

제25조(관련재판적)

① 하나의 소로 여러 개의 청구를 하는 경우에는 제2조 내지 제24조의 규정에 따라 그 여러 개 가운데 하나의 청구에 대한 관할권이 있는 법원에 소를 제기할 수 있다.

② 소송목적이 되는 권리나 의무가 여러 사람에게 공통되거나 사실상 또는 법률상 같은 원인으로 말미암아 그 여러 사람이 공동소송인(共同訴訟人)으로서 당사자가 되는 경우에는 제1항의 규정을 준용한다.

제26조(소송목적의 값의 산정)

① 법원조직법에서 소송목적의 값에 따라 관할을 정하는 경우 그 값은 소로 주장하는 이익을 기준으로 계산하여 정한다.

② 제1항의 값을 계산할 수 없는 경우 그 값은 민사소송등인지법의 규정에 따른다.

[대법원판례]

◎ 채무자가 지급명령에 대하여 적법한 이의신청을 하여 지급명령신청이 소송으로 이행된 경우, 인지액을 계산하는 방법

소송목적의 값은 소로 주장하는 이익을 기준으로 계산하여야 하고(민사소송법 제26조), 원고가 청구취지로써 구하는 범위 내에서 원고의 입장에서 전부 승소할 경우에 직접 받게 될 경제적 이익을 객관적으로 평가하여 금액으로 정함을 원칙으로 한다(민사소송 등 인지규칙 제6조). 따라서 채무자가 지급명령에 대하여 적법한 이의신청을 하여 지급명령신청이 소송으로 이행하게 되는 경우 지급명령신청 시의 청구금액을 소송목적의 값으로 하여 인지액을 계산함이 원칙이나, 소송기록이 관할법원으로 송부되기 전에 지급명령신청 시의 청구금액을 기준으로 한 인지 부족액이 보정되지 않은 상태에서 채권자가 지급명령을 발령한 법원에 청구금액을 감액하는 청구취지 변경서를 제출하는 등 특별한 사정이 있는 경우에는 변경 후 청구에 관한 소송목적의 값에 따라 인지액을 계산하여야 할 것이다*[2012. 5. 3., 자, 2012마73, 결정]*.

제27조(청구를 병합한 경우의 소송목적의 값)

① 하나의 소로 여러 개의 청구를 하는 경우에는 그 여러 청구의 값을 모두 합하여 소송목적의

값을 정한다.

② 과실(果實)·손해배상·위약금(違約金) 또는 비용의 청구가 소송의 부대목적(附帶目的)이 되는 경우에는 그 값은 소송목적의 값에 넣지 아니한다.

[대법원판례]

◎ 민사소송법 제27조 제2항에서 정한 손실보상 청구의 부대목적이 되는 것으로 볼 수 없다고 본 원심판단을 수긍한 사례

甲 주식회사 등이 乙 등을 상대로 손실보상금 청구와 위약금 청구를 병합하여 하나의 소로 제기하면서 각각의 청구의 값을 합산하여 그에 상응하는 인지를 납부하였는데, 손실보상금 청구의 부대목적인 위약금 청구에 대한 인지가 과오납되었다고 주장하면서 대한민국을 상대로 반환을 구한 사안에서, 위약금 청구를 민사소송법 제27조 제2항에서 정한 손실보상 청구의 부대목적이 되는 것으로 볼 수 없다고 본 원심판단을 수긍한 사례[2014. 4. 24., 선고, 2012다47494, 판결]

제28조(관할의 지정)

① 다음 각호 가운데 어느 하나에 해당하면 관계된 법원과 공통되는 바로 위의 상급법원이 그 관계된 법원 또는 당사자의 신청에 따라 결정으로 관할법원을 정한다.

　1. 관할법원이 재판권을 법률상 또는 사실상 행사할 수 없는 때

　2. 법원의 관할구역이 분명하지 아니한 때

② 제1항의 결정에 대하여는 불복할 수 없다.

제29조(합의관할)

① 당사자는 합의로 제1심 관할법원을 정할 수 있다.

② 제1항의 합의는 일정한 법률관계로 말미암은 소에 관하여 서면으로 하여야 한다.

제30조(변론관할)

피고가 제1심 법원에서 관할위반이라고 항변(抗辯)하지 아니하고 본안(本案)에 대하여 변론(辯論)하거나 변론준비기일(辯論準備期日)에서 진술하면 그 법원은 관할권을 가진다.

제31조(전속관할에 따른 제외)

전속관할(專屬管轄)이 정하여진 소에는 제2조, 제7조 내지 제25조, 제29조 및 제30조의 규정을 적용하지 아니한다.

제32조(관할에 관한 직권조사)

법원은 관할에 관한 사항을 직권으로 조사할 수 있다.

제33조(관할의 표준이 되는 시기)

법원의 관할은 소를 제기한 때를 표준으로 정한다.

제34조(관할위반 또는 재량에 따른 이송)

① 법원은 소송의 전부 또는 일부에 대하여 관할권이 없다고 인정하는 경우에는 결정으로 이를 관할법원에 이송한다.

② 지방법원 단독판사는 소송에 대하여 관할권이 있는 경우라도 상당하다고 인정하면 직권 또는 당사자의 신청에 따른 결정으로 소송의 전부 또는 일부를 같은 지방법원 합의부에 이송할 수 있다.

③ 지방법원 합의부는 소송에 대하여 관할권이 없는 경우라도 상당하다고 인정하면 직권으로 또는 당사자의 신청에 따라 소송의 전부 또는 일부를 스스로 심리·재판할 수 있다.

④ 전속관할이 정하여진 소에 대하여는 제2항 및 제3항의 규정을 적용하지 아니한다.

제35조(손해나 지연을 피하기 위한 이송)

법원은 소송에 대하여 관할권이 있는 경우라도 현저한 손해 또는 지연을 피하기 위하여 필요하면 직권 또는 당사자의 신청에 따른 결정으로 소송의 전부 또는 일부를 다른 관할법원에 이송할 수 있다. 다만, 전속관할이 정하여진 소의 경우에는 그러하지 아니하다.

제36조(지식재산권 등에 관한 소송의 이송)

① 법원은 특허권등을 제외한 지식재산권과 국제거래에 관한 소가 제기된 경우 직권 또는 당사자의 신청에 따른 결정으로 그 소송의 전부 또는 일부를 제24조제1항에 따른 관할법원에 이송할 수 있다. 다만, 이로 인하여 소송절차를 현저하게 지연시키는 경우에는 그러하지 아니하다.

② 제1항은 전속관할이 정하여져 있는 소의 경우에는 적용하지 아니한다.

③ 제24조제2항 또는 제3항에 따라 특허권등의 지식재산권에 관한 소를 관할하는 법원은 현저한 손해 또는 지연을 피하기 위하여 필요한 때에는 직권 또는 당사자의 신청에 따른 결정으로 소송의 전부 또는 일부를 제2조부터 제23조까지의 규정에 따른 지방법원으로 이송할 수 있다.

제37조(이송결정이 확정된 뒤의 긴급처분)

법원은 소송의 이송결정이 확정된 뒤라도 급박한 사정이 있는 때에는 직권으로 또는 당사자의 신청에 따라 필요한 처분을 할 수 있다. 다만, 기록을 보낸 뒤에는 그러하지 아니하다.

제38조(이송결정의 효력)

① 소송을 이송받은 법원은 이송결정에 따라야 한다.

② 소송을 이송받은 법원은 사건을 다시 다른 법원에 이송하지 못한다.

제39조(즉시항고)

이송결정과 이송신청의 기각결정(棄却決定)에 대하여는 즉시항고(卽時抗告)를 할 수 있다.

제40조(이송의 효과)

① 이송결정이 확정된 때에는 소송은 처음부터 이송받은 법원에 계속(係屬)된 것으로 본다.

② 제1항의 경우에는 이송결정을 한 법원의 법원서기관 · 법원사무관 · 법원주사 또는 법원주사보 (이하 "법원사무관등"이라 한다)는 그 결정의 정본(正本)을 소송기록에 붙여 이송받을 법원에 보내야 한다.

1. 법원의 관할

1-1. 관할의 개념

'관할'이란 재판권을 현실적으로 행사함에 있어서 각 법원이 특정사건을 재판할 수 있는 권한을 말합니다.

1-2. 관할의 종류

1-2-1. 사물관할

① '사물관할'이란 제1심 소송사건에서 지방법원 단독판사와 지방법원 합의부 사이에서 사건의 경중을 따져 재판권의 분담관계를 정해 놓은 것을 말합니다.

② 지방법원과 그 지원의 합의부는 다음의 사건을 제1심으로 심판합니다(법원조직법 제32조제1항).

1. 합의부에서 심판할 것으로 합의부가 결정한 사건(법원조직법 제32조 제1항제1호)

2. 소송목적의 값이 2억원을 초과하는 민사사건(민사 및 가사소송의 사물관할에 관한 규칙 제2조 본문)

　　※ "소송목적의 값"이란 원고가 소송으로 달성하려는 목적이 갖는 경제적 이익을 화폐단위로 평가한 금액으로 소송으로 얻으려는 이익을 말합니다(민사소송법 제26조 제1항).

3. 재산권에 관한 소송으로 그 소송목적의 값을 계산할 수 없는 소송(민사 및 가사소송의 사물관할에 관한 규칙 제2조 본문 및 민사소송 등 인지법 제2조 제4항)

4. 비(非)재산권을 목적으로 하는 소송(민사 및 가사소송의 사물관할에 관한 규칙 제2조 본문 및 민사소송 등 인지법 제2조제4항). 다만, 위 "2", "3" 및 "4"중 다음에 해당하는 사건은 제　외됩니다(민사 및 가사소송의 사물관할에 관한 규칙 제2조

단서).

    가. 수표금·약속어음금 청구사건

    나. 은행·농업협동조합·수산업협동조합·축산업협동조합·산림조합·신용협동조합·신용
보증기금·기술신용보증기금·지역신용보증재단·새마을금고·상호저축은행·종합금
융회사·시설대여회사·보험회사·신탁회사·증권회사·신용카드회사·할부금융회사
또는 신기술사업금융회사가 원고인 대여금·구상금·보증금 청구사건

    다. 「자동차손해배상보장법」에서 정한 자동차·원동기장치자전거·철도차량의 운행 및
근로자의 업무상재해로 인한 손해배상 청구사건과 이에 관한 채무부존재확인사건

    라. 단독판사가 심판할 것으로 합의부가 결정한 사건

  5. 지방법원판사에 대한 제척·기피사건

  6. 다른 법률에 의해 지방법원합의부의 권한에 속하는 사건

1-2-2. 토지관할

'토지관할'이란 소재지를 달리하는 같은 종류의 법원 사이에 재판권(특히 제1심 소
송사건)의 분담관계를 정해 놓은 것을 말합니다. 즉 제1심 소송사건을 어느 곳의 지
방법원이 담당하느냐는 토지관할에 의해 정해 집니다. 이 토지관할의 발생원인이 되
는 곳을 재판적이라고 합니다.

2. 관할에 대한 대법원판례

① **외국 법원의 관할을 배제하고 대한민국 법원을 관할법원으로 하는 전속적 국제관할
의 합의가 유효하기 위한 요건**

외국 법원의 관할을 배제하고 대한민국 법원을 관할법원으로 하는 전속적인 국제
관할의 합의가 유효하기 위해서는, 당해 사건이 외국 법원의 전속관할에 속하지
아니하고, 대한민국 법원이 대한민국법상 당해 사건에 대하여 관할권을 가져야 하
는 외에, 당해 사건이 대한민국 법원에 대하여 합리적인 관련성을 가질 것이 요구
되며, 그와 같은 전속적인 관할 합의가 현저하게 불합리하고 불공정하여 공서양속
에 반하는 법률행위에 해당하지 않는 한 그 관할 합의는 유효하다*[2011. 4. 28., 선
고, 2009다19093, 판결]*.

② **대한민국 법원의 관할을 배제하고 외국의 법원을 관할법원으로 하는 전속적인 국제**

관할의 합의가 유효하기 위한 요건

대한민국 법원의 관할을 배제하고 외국의 법원을 관할법원으로 하는 전속적인 국제관할의 합의가 유효하기 위해서는, 당해 사건이 대한민국 법원의 전속관할에 속하지 아니하고 지정된 외국법원이 그 외국법상 당해 사건에 대하여 관할권을 가져야 하는 외에, 당해 사건이 그 외국법원에 대하여 합리적인 관련성을 가질 것이 요구되고, 그와 같은 전속적인 관할 합의가 현저하게 불합리하고 불공정하여 공서양속에 반하는 법률행위에 해당하지 않는 한 그 관할 합의는 유효하다[2010. 8. 26., 선고, 2010다28185, 판결].

③ 법정 관할법원 중 하나를 관할법원으로 하기로 약정한 경우의 재판관할권 및 그 후 채권양도 등의 사유로 외국적 요소가 있는 법률관계에 해당하게 된 경우에도 위 약정의 효력이 미치는지 여부(소극)

당사자들이 법정 관할법원에 속하는 여러 관할법원 중 어느 하나를 관할법원으로 하기로 약정한 경우, 그와 같은 약정은 그 약정이 이루어진 국가 내에서 재판이 이루어질 경우를 예상하여 그 국가 내에서의 전속적 관할법원을 정하는 취지의 합의라고 해석될 수 있지만, 특별한 사정이 없는 한 다른 국가의 재판관할권을 완전히 배제하거나 다른 국가에서의 전속적인 관할법원까지 정하는 합의를 한 것으로 볼 수는 없다. 따라서 채권양도 등의 사유로 외국적 요소가 있는 법률관계에 해당하게 된 때에는 다른 국가의 재판관할권이 성립할 수 있고, 이 경우에는 위 약정의 효력이 미치지 아니하므로 관할법원은 그 국가의 소송법에 따라 정하여진다고 봄이 상당하다[2008. 3. 13., 선고, 2006다68209, 판결].

3. 관할에 관련된 서식

[서식 ①] 관할법원 지정신청서

관 할 법 원 지 정 신 청 서

신 청 인 ○○○ (주민등록번호)
      ○○시 ○○구 ○○길 ○○(우편번호 ○○○○○)
      전화.휴대폰번호:
      팩스번호, 전자우편(e-mail)주소:
피신청인 ◇◇◇ (주민등록번호)
      ○○시 ○○구 ○○길 ○○(우편번호 ○○○○○)
      전화.휴대폰번호:
      팩스번호, 전자우편(e-mail)주소:

신 청 취 지

 신청인은 피신청인을 피고로 하여 제기하려는 손해배상(자)청구사건에 관하여 관할법원의 지정을 신청합니다.

신 청 원 인

1. 신청인은 피신청인의 부주의 한 운전으로 20○○. ○. ○. ○○:○○경 ○○시 ○○구 ○○길 번지 미상 ○○고속도로에서 피신청인 소유 ○○ ○○가○○○○호 자동차가 신청인 소유 ○○ ○○나○○○○호 자동차를 충격 하는 바람에 상당한 손해를 입어 손해배상을 청구하기 위하여 본안소송을 준비중에 있습니다.
2. 그런데 위 사고 지점은 경계표시나 행정구역표시가 불분명하여 그 불법행위지인 특별관할법원이 ○○지방법원 ○○지원인지 또는 ○○지방법원 ◎◎지원인지 명확하지 아니하여 소송제기에 어려움이 있으므로 관할법원의 지정을 받고자 합니다.

소 명 방 법

1. 소갑 제1호증   교통사고사실확인원
1. 소갑 제2호증   자동차등록원부

첨 부 서 류

1. 위 소명방법   각 1통
1. 송달료납부서   1통

20○○.　○.　○.

위 신청인　○○○ (서명 또는 날인)

○○지방법원　귀중

[서식 ②] 관할합의서

관 할 합 의 서

○○○ (주민등록번호)
○○시 ○○구 ○○길 ○○(우편번호 ○○○○○)
◇◇◇ (주민등록번호)
○○시 ○○구 ○○길 ○○(우편번호 ○○○○○)

  위 당사자 사이에 200○. ○. ○.자 체결한 임대차계약에 관한 소송행위는 ○○지방법원을 제1심의 관할법원으로 할 것을 합의합니다.

  첨 부 : 임대차계약서   1 통.

200○○년   ○월   ○일
위 합의자   ○○○ (서명 또는 날인)
            ◇◇◇ (서명 또는 날인)

[서식 ③] 소송이송신청서(관할위반에 의한 직권이송의 촉구신청)

소 송 이 송 신 청 서

사　　건　　20○○가합○○○ 물품대금

원　　고　　○○○

피　　고　　◇◇◇

　위 사건에 관하여 피고는 다음과 같이 관할위반에 의한 소송이송을 신청합니다.

신 청 취 지

　이 사건을 ◎◎지방법원으로 이송한다.

라는 결정을 구합니다.

신 청 이 유

1. 원고는 피고와 이 사건 물품대금청구사건과 관련된 물품공급계약을 체결하면서 공급된 물품의 대금은 원고가 직접 ◎◎지방법원 관내인 피고의 주소지에 와서 받아 가기로 특약을 한 사실이 있습니다.

2. 그럼에도 불구하고 원고는 이 사건 소를 원고의 주소지 관할법원인 귀원에 제기하였습니다.

3. 그러므로 이 사건에 있어서 민사소송법 제2조 및 제3조에 따른 보통재판적으로 보면 당연히 피고의 주소지를 관할하는 ◎◎지방법원에 관할권이 있을 뿐만 아니라, 민사소송법 제8조에 따른 특별재판적인 의무이행지의 관할법원도 역시 ◎◎지방법원이라고 하여야 할 것입니다. 따라서 이 사건을 ◎◎지방법원으로 이송하여 주시기 바랍니다.

소명방법 및 첨부서류

　1. 물품공급계약서　　　　　　　　1통

　1. 주민등록표등본(피고)　　　　　1통

　1. 송달료납부서　　　　　　　　　1통

20○○.　○.　○.

위　피　고　◇◇◇ (서명 또는 날인)

○○지방법원 제○○민사부　　귀중

소 송 이 송 신 청 서

사　　건　20○○가단○○○　아파트 분양대금
원　　고　○○주식회사
피　　고　◇◇◇

　위 사건에 관하여 피고는 다음과 같이 소송의 이송을 신청합니다.

신 청 취 지

　이 사건을 ◎◎지방법원으로 이송한다.
라는 결정을 구합니다.

신 청 이 유

1. 피고는 ○○시에 주된 사무소를 둔 원고회사가 피고가 거주하는 ◎◎시에 건축하는 아파트 1세대를 분양 받기로 하는 아파트분양계약을 원고회사와 체결하고 아파트를 분양 받았는데, 위 아파트분양계약서에는 "본 계약에 관한 소송은 ○○지방법원을 관할법원으로 한다."라고 정하고 있으며, 원고회사는 피고가 위 아파트분양계약을 적법하게 해제하였음에도 불구하고 아파트 분양대금 청구의 이 사건 소를 귀원에 제기하였습니다.
2. 그러나 위 아파트분양계약서상의 "본 계약에 관한 소송은 ○○지방법원을 관할법원으로 한다."라는 관할합의조항은 약관의규제에관한법률 제2조 소정의 약관으로서 민사소송법상의 관할법원 규정보다 고객에게 불리한 관할법원을 규정한 것이어서 사업자인 원고회사에게는 유리할지언정 원거리에 사는 경제적 약자로서 고객인 피고에게는 제소 및 응소에 큰 불편을 초래할 우려가 있으므로 약관의규제에관한법률 제14조 소정의 '고객에 대하여 부당하게 불리한 재판관할의 합의조항'에 해당하여 무효라고 보아야 할 것입니다(대법원 1998. 6. 29.자 98마863 결정).
3. 따라서 이 사건을 피고의 주소지를 관할하는 ◎◎지방법원으로 이송하여 주시기 바랍니다.

소명방법 및 첨부서류

1. 아파트분양계약서   1통
1. 주민등록표등본(피고)   1통
1. 송달료납부서   1통

20○○. ○. ○.

위 피고 ◇◇◇ (서명 또는 날인)

○○지방법원 제○○민사단독 귀중

소 송 이 송 신 청 서

사   건   20○○가단○○○ 손해배상(자)
원   고   ○○○
피   고   ◇◇◇

위 사건에 관하여 피고는 아래와 같이 소송이송을 신청합니다.

신 청 취 지

이 사건을 ◎◎지방법원 ◎◎지원으로 이송한다.
라는 재판을 구합니다

신 청 이 유

1. 원고가 피고를 상대로 20○○년 ○월 ○○일 귀원에 제소한 이 사건 소송은 20○○년 ○월 ○○일 ○○:○○경 ◎◎지방법원 ◎◎지원 앞 인도에서 발생한 교통사고로 인하여 피해자인 이 사건 원고가 손해배상을 청구함에 있어서 원고의 주소지인 귀원에 소를 제기하였던 것입니다.
2. 그런데 위 사건에 있어서는 교통사고의 발생지가 ◎◎시 ◎◎지방법원 ◎◎지원 앞 인도이고, 위 교통사고의 목격자인 증인이 ◎◎시에 거주하고 있으며, 양 당사자의 근무처가 ◎◎시내에 있으므로 향후 소송진행 과정에서 예상되는 현장검증 등을 고려하여 볼 때, 이 사건을 귀원에서 심리하는 것은 쌍방 당사자에게 소송수행상 부담을 줄 수 있음은 물론 소송의 지연을 초래할 염려가 있다 할 것입니다.
3. 따라서 피고는 민사소송법 제35조에 의하여 이 사건 소송을 불법행위지로서의 관할권이 있는 ◎◎지방법원 ◎◎지원으로 소송이송의 결정을 구하기 위하여 이 사건 신청에 이른 것입니다.

소명방법 및 첨부서류

1. 교통사고사실확인원   1통
1. 참고인 진술조서   1통

1. 송달료납부서   1통

20○○.   ○.   ○.
위 피고   ◇◇◇ (서명 또는 날인)

○○지방법원 제○○민사단독 귀중

즉 시 항 고 장

사　　　　　건　20○○카기○○○　소송이송
항고인(피고)　◇◇◇　(주민등록번호)
　　　　　　　　○○시　○○구　○○길　○○(우편번호　○○○○○)
　　　　　　　　전화.휴대폰번호:
　　　　　　　　팩스번호, 전자우편(e-mail)주소:

　위 항고인은 ○○지방법원 20○○가단○○○　손해배상(자) 청구사건에 관하여 항고인
이 같은 법원 20○○카기○○○호로 제기한 소송이송신청에 대하여 같은 법원이 20○
○. ○. ○.자로 한 이송신청 기각결정에 대하여 불복이므로 즉시항고를 제기합니다.

원 결 정 의 표 시

주문 : 피고의 이 사건에 대한 이송신청을 기각한다.
　　　(항고인이 결정문을 송달 받은 날 : 20○○. ○. ○.)

항 고 취 지

1. 원 결정을 취소한다.
2. 이 사건을 ◎◎지방법원으로 이송한다.
라는 결정을 구합니다.

항 고 이 유

　이 사건은 원고가 교통사고의 피해자로서 손해배상을 청구하고 있는 사건인바,
이 건 교통사고의 발생지도 ◎◎시이고, 피고의 주소지도 ◎◎시이므로 ◎◎지방법원
에 관할권이 있다고 할 것이고, 또한 ◎◎지방법원에서 재판하는 것이 소송의 지연.
손해를 피하기 위하여 필요하다고 할 것이므로 원 결정을 취소하고 소송이송결정을
하여 주시기 바랍니다.

첨 부 서 류

1. 송달료납부서   1통.

            20○○.   ○.   ○.

       위 항고인(피고)   ◇◇◇   (서명 또는 날인)

○○지방법원 항소부 귀중

제2절 법관 등의 제척·기피·회피

제41조(제척의 이유)

법관은 다음 각호 가운데 어느 하나에 해당하면 직무집행에서 제척(除斥)된다.

1. 법관 또는 그 배우자나 배우자이었던 사람이 사건의 당사자가 되거나, 사건의 당사자와 공동권리자·공동의무자 또는 상환의무자의 관계에 있는 때
2. 법관이 당사자와 친족의 관계에 있거나 그러한 관계에 있었을 때
3. 법관이 사건에 관하여 증언이나 감정(鑑定)을 하였을 때
4. 법관이 사건당사자의 대리인이었거나 대리인이 된 때
5. 법관이 불복사건의 이전심급의 재판에 관여하였을 때. 다만, 다른 법원의 촉탁에 따라 그 직무를 수행한 경우에는 그러하지 아니하다.

제42조(제척의 재판)

법원은 제척의 이유가 있는 때에는 직권으로 또는 당사자의 신청에 따라 제척의 재판을 한다.

제43조(당사자의 기피권)

① 당사자는 법관에게 공정한 재판을 기대하기 어려운 사정이 있는 때에는 기피신청을 할 수 있다.
② 당사자가 법관을 기피할 이유가 있다는 것을 알면서도 본안에 관하여 변론하거나 변론준비기일에서 진술을 한 경우에는 기피신청을 하지 못한다.

제44조(제척과 기피신청의 방식)

① 합의부의 법관에 대한 제척 또는 기피는 그 합의부에, 수명법관(受命法官)·수탁판사(受託判事) 또는 단독판사에 대한 제척 또는 기피는 그 법관에게 이유를 밝혀 신청하여야 한다.
② 제척 또는 기피하는 이유와 소명방법은 신청한 날부터 3일 이내에 서면으로 제출하여야 한다.

제45조(제척 또는 기피신청의 각하 등)

① 제척 또는 기피신청이 제44조의 규정에 어긋나거나 소송의 지연을 목적으로 하는 것이 분명한 경우에는 신청을 받은 법원 또는 법관은 결정으로 이를 각하(却下)한다.
② 제척 또는 기피를 당한 법관은 제1항의 경우를 제외하고는 바로 제척 또는 기피신청에 대한 의견서를 제출하여야 한다.

제46조(제척 또는 기피신청에 대한 재판)

① 제척 또는 기피신청에 대한 재판은 그 신청을 받은 법관의 소속 법원 합의부에서 결정으로 하여야 한다.
② 제척 또는 기피신청을 받은 법관은 제1항의 재판에 관여하지 못한다. 다만, 의견을 진술할 수 있다.
③ 제척 또는 기피신청을 받은 법관의 소속 법원이 합의부를 구성하지 못하는 경우에는 바로 위의 상급법원이 결정하여야 한다.

제47조(불복신청)

① 제척 또는 기피신청에 정당한 이유가 있다는 결정에 대하여는 불복할 수 없다.

② 제45조제1항의 각하결정(却下決定) 또는 제척이나 기피신청이 이유 없다는 결정에 대하여는 즉시항고를 할 수 있다.

③ 제45조제1항의 각하결정에 대한 즉시항고는 집행정지의 효력을 가지지 아니한다.

제48조(소송절차의 정지)

법원은 제척 또는 기피신청이 있는 경우에는 그 재판이 확정될 때까지 소송절차를 정지하여야 한다. 다만, 제척 또는 기피신청이 각하된 경우 또는 종국판결(終局判決)을 선고하거나 긴급을 요하는 행위를 하는 경우에는 그러하지 아니하다.

제49조(법관의 회피)

법관은 제41조 또는 제43조의 사유가 있는 경우에는 감독권이 있는 법원의 허가를 받아 회피(回避)할 수 있다.

제50조(법원사무관등에 대한 제척·기피·회피)

① 법원사무관등에 대하여는 이 절의 규정을 준용한다.

② 제1항의 법원사무관등에 대한 제척 또는 기피의 재판은 그가 속한 법원이 결정으로 하여야 한다.

1. 제척·기피에 대한 대법원판례

① 민사소송법 제41조 제1호에서 제척사유로 정한 '사건의 당사자와 공동권리자·공동의무자의 관계'의 의미

헌법 제27조 제1항은 "모든 국민은 헌법과 법률이 정한 법관에 의하여 법률에 의한 재판을 받을 권리를 가진다."라고 규정하여 모든 국민에게 적법하고 공정한 재판을 받을 권리를 보장하고 있고(헌법재판소 2009. 12. 29. 선고 2008헌바124 전원재판부 결정 참조), 민사소송법은 제1조에서 "법원은 소송절차가 공정하고 신속하며 경제적으로 진행되도록 노력하여야 한다."라고 규정하는 한편 재판의 공정성에 대한 국민의 신뢰를 보장하기 위한 제도로서 법관이 불공정한 재판을 할 우려가 있는 일정한 경우에 당연히 그 직무를 집행할 수 없도록 하는 제척에 관한 규정을 두고 있는바, 이에 따라 민사소송법 제41조 제1호에서 "법관 또는 그 배우자나 배우자이었던 사람이 사건의 당사자가 되거나, 사건의 당사자와 공동권리자·공동의무자 또는 상환의무자의 관계에 있는 때"를 제척사유의 하나로 규정하고

있다. 여기서 말하는 사건의 당사자와 공동권리자·공동의무자의 관계라 함은 소송의 목적이 된 권리관계에 관하여 공통되는 법률상 이해관계가 있어 재판의 공정성을 의심할 만한 사정이 존재하는 지위에 있는 관계를 의미하는 것으로 해석할 것이다.

한편, 종중은 종중 소유 재산의 관리방법과 종중 대표자를 비롯한 임원의 선임, 기타 목적사업의 수행을 위하여 성문의 종중 규약을 제정할 수 있고, 종중에 종중 규약이 존재하는 경우에 종중원의 총유로 귀속되는 종중 소유 재산의 사용수익은 종중 규약에 따르고 그 관리·처분도 종중 규약 내지 종중 규약이 정하는 바에 따라 개최된 종중 총회의 결의에 의하며, 종중 임원의 선임권 등 신분상 권리의무 관계에 대하여도 종중 규약에서 정하는 바에 따르게 된다. 따라서 종중의 종중원들은 종중원의 재산상·신분상 권리의무 관계에 직접적인 영향을 미치는 종중 규약을 개정한 종중 총회 결의의 효력 유무에 관하여 공통되는 법률상 이해관계가 있다고 할 것이다[2010. 5. 13., 선고, 2009다102254, 판결].

② 민사소송법 제41조 제2항 규정에 의하여 기피신청을 당한 법관의 의견서에 대하여 판단하지 아니하고, 같은 법 제42조 제2항 단서의 규정에 따른 같은 법관의 의견진술절차를 거치지 아니한 경우 심리미진인지 여부(소극)

법관기피신청사건에 있어 민사소송법 제41조 제2항 규정에 의하여 기피신청을 당한 법관이 제출한 의견서에 대하여 판단하지 아니하고, 같은 법 제42조 제2항 단서의 규정에 따른 기피신청을 당한 법관의 의견진술절차를 거치지 아니하였다 하여도 심리미진의 위법은 아니다[1992. 12. 30., 자, 92마783, 결정].

③ 민사소송법 제43조 제1항에서 규정한 '법관에게 공정한 재판을 기대하기 어려운 사정이 있는 때'의 의미

헌법은 법관의 자격을 법률로 정하도록 하고 법관의 신분을 보장한다. 또한 법관은 헌법과 법률에 의하여 그 양심에 따라 독립하여 심판할 것을 규정함과 동시에 재판의 심리와 판결은 공개하도록 규정하고 있다(헌법 제101조, 제103조, 제106조, 제109조). 이처럼 헌법은 국민의 공정한 재판을 받을 권리를 보장하고 있고, 모든 법관은 헌법과 법률이 정한 바에 따라 공정하게 심판할 것으로 기대된다. 그러나 개별·구체적 재판의 공정성 및 공정성에 대한 신뢰를 제대로 담보하기 어려

운 사정이 있을 수 있다. 이러한 경우 법관과 개별 사건과의 관계로 인하여 발생할 수 있는 재판의 불공정성에 대한 의심을 해소하여 당사자로 하여금 재판이 편파적이지 않고 공정하게 진행되리라는 신뢰를 갖게 함으로써 구체적인 재판의 공정성을 보장할 필요가 있다.

이를 위하여 민사소송법은 제척 제도 외에도 기피 제도를 마련하여 제43조 제1항에서 "당사자는 법관에게 공정한 재판을 기대하기 어려운 사정이 있는 때에는 기피신청을 할 수 있다."라고 규정하고 있다. 기피 제도의 위와 같은 목적과 관련 규정의 내용에 비추어 보면, '법관에게 공정한 재판을 기대하기 어려운 사정이 있는 때'라 함은 우리 사회의 평균적인 일반인의 관점에서 볼 때, 법관과 사건과의 관계, 즉 법관과 당사자 사이의 특수한 사적 관계 또는 법관과 해당 사건 사이의 특별한 이해관계 등으로 인하여 법관이 불공정한 재판을 할 수 있다는 의심을 할 만한 객관적인 사정이 있고, 그러한 의심이 단순한 주관적 우려나 추측을 넘어 합리적인 것이라고 인정될 만한 때를 말한다. 그러므로 평균적 일반인으로서의 당사자의 관점에서 위와 같은 의심을 가질 만한 객관적인 사정이 있는 때에는 실제로 법관에게 편파성이 존재하지 아니하거나 헌법과 법률이 정한 바에 따라 공정한 재판을 할 수 있는 경우에도 기피가 인정될 수 있다[2019. 1. 4., 자, 2018스563, 결정].

④ 법원이 기피신청을 받았음에도 소송절차를 정지하지 아니하고 변론을 종결하여 판결 선고기일을 지정한 경우, 특별항고로써 불복할 수 있는지 여부(소극)

법원이 기피신청을 받았음에도 소송절차를 정지하지 아니하고 변론을 종결하여 판결 선고기일을 지정하였다고 하더라도 종국판결에 대한 불복절차에 의하여 그 당부를 다툴 수 있을 뿐 이에 대하여 별도로 항고로써 불복할 수 없다[2000. 4. 15., 자, 2000그20, 결정].

⑤ 법관에 대한 기피신청에도 불구하고 본안사건에 대하여 종국판결을 선고한 경우, 기피신청에 대한 재판을 할 이익의 유무(소극)

법관에 대한 기피신청에도 불구하고 본안사건 담당 법원이 민사소송법 제48조 단서의 규정에 의하여 본안사건에 대하여 종국판결을 선고한 경우에는 그 담당 법관을 그 사건의 심리재판에서 배제하고자 하는 기피신청의 목적은 사라지는 것이므로 기피신청에 대한 재판을 할 이익이 없다[2008. 5. 2., 자, 2008마427, 결정].

2. 제척·기피에 대한 서식

① 법관에 대한 제척신청서

제 척 신 청 서

사   건   20○○가합○○○   소유권이전등기말소
신청인(원고) ○○○ (주민등록번호)
　　　　　　　○○시 ○○구 ○○길 ○○(우편번호 ○○○○○)
　　　　　　　전화.휴대폰번호:
　　　　　　　팩스번호, 전자우편(e-mail)주소:

　위 사건에 관하여 원고는 다음과 같이 법관에 대한 제척신청을 합니다.

신 청 취 지

　판사 □□□를 ○○지방법원 20○○가합○○○   소유권이전등기말소청구 사건의
직무집행으로부터 제척한다.
라는 결정을 구합니다.

신 청 원 인

　신청인은 피고 ◇◇◇을 상대로 소유권이전등기말소청구소송을 제기하여 현재 귀
원에서 심리 중에 있으나 같은 사건의 재판장 판사 □□□는 피고와 5촌인 혈족이
므로 위 판사가 이 사건에 관여함은 민사소송법 제41조 제2호에 해당되어 공정한 재
판을 기대하기 어려우므로 이 사건 제척의 신청에 이른 것입니다.

소 명 방 법

1. 족보사본　　　　　　　　1통

첨 부 서 류

1. 송달료납부서　　　　　　1통

20○○.   ○.   ○.
위 신청인(원고)   ○○○   (서명 또는 날인)

○○지방법원   귀중

② 즉시항고장(법관제척신청 기각결정에 대한)

즉 시 항 고 장

사　　건　20○○카기○○　법관제척
항 고 인　○○○ (주민등록번호)
　　　　　○○시 ○○구 ○○길 ○○(우편번호 ○○○○○)
　　　　　전화.휴대폰번호:
　　　　　팩스번호, 전자우편(e-mail)주소:

　위 항고인은 ○○지방법원 20○○가합○○　소유권이전등기말소청구사건에 관하여 같은 법원 20○○카기○○호로 판사 □□□에 대한 제척신청을 하였으나 20○○. ○. ○. 같은 법원이 기각결정을 하였는바, 항고인은 이에 불복하고 민사소송법 제47조 제2항에 의하여 즉시항고를 제기합니다.

원 결 정 의 표 시

주문 : 이 사건 제척신청은 기각한다.
　　　(항고인이 결정문을 송달 받은 날 : 20○○. ○. ○.)

항 고 취 지

1. 원 결정을 취소한다.
2. 판사 □□□를 ○○지방법원 20○○가합○○　소유권이전등기말소청구사건의 직무집행으로부터 제척한다.
라는 재판을 구합니다.

항 고 이 유

　항고인은 피고 ◇◇◇에 대하여 ○○지방법원 20○○가합○○　소유권이전등기말소청구의 소를 제기하여 심리 중 같은 사건의 재판장 판사 □□□는 피고와 5촌인 혈족이라는 사실을 알게 되어 재판의 공정성을 해할 수 있다고 사료되어 민사소송법 제41조 제2호의 규정에 의하여 20○○. ○. ○. 그 제척신청을 하였는바, 같은 법원은 항고인의 제척신청을 기각하여 항고인은 이에 불복이므로 이 사건 항고에 이른 것입니다.

소 명 방 법

1. 족보사본   1통

첨 부 서 류

1. 송달료납부서   1통

20○○.   ○.   ○.

위 항고인   ○○○ (서명 또는 날인)

○○고등법원 귀중

제2장 당사자

제1절 당사자능력과 소송능력

제51조(당사자능력·소송능력 등에 대한 원칙)

당사자능력(當事者能力), 소송능력(訴訟能力), 소송무능력자(訴訟無能力者)의 법정대리와 소송행위에 필요한 권한의 수여는 이 법에 특별한 규정이 없으면 민법, 그 밖의 법률에 따른다.

제52조(법인이 아닌 사단 등의 당사자능력)

법인이 아닌 사단이나 재단은 대표자 또는 관리인이 있는 경우에는 그 사단이나 재단의 이름으로 당사자가 될 수 있다.

제53조(선정당사자)

① 공동의 이해관계를 가진 여러 사람이 제52조의 규정에 해당되지 아니하는 경우에는, 이들은 그 가운데에서 모두를 위하여 당사자가 될 한 사람 또는 여러 사람을 선정하거나 이를 바꿀 수 있다.

② 소송이 법원에 계속된 뒤 제1항의 규정에 따라 당사자를 바꾼 때에는 그 전의 당사자는 당연히 소송에서 탈퇴한 것으로 본다.

제54조(선정당사자 일부의 자격상실)

제53조의 규정에 따라 선정된 여러 당사자 가운데 죽거나 그 자격을 잃은 사람이 있는 경우에는 다른 당사자가 모두를 위하여 소송행위를 한다.

제55조(제한능력자의 소송능력)

① 미성년자 또는 피성년후견인은 법정대리인에 의해서만 소송행위를 할 수 있다. 다만, 다음 각 호의 경우에는 그러하지 아니하다.

  1. 미성년자가 독립하여 법률행위를 할 수 있는 경우
  2. 피성년후견인이 「민법」 제10조제2항에 따라 취소할 수 없는 법률행위를 할 수 있는 경우

② 피한정후견인은 한정후견인의 동의가 필요한 행위에 관하여는 대리권 있는 한정후견인에 의해서만 소송행위를 할 수 있다.

제56조(법정대리인의 소송행위에 관한 특별규정)

① 미성년후견인, 대리권 있는 성년후견인 또는 대리권 있는 한정후견인이 상대방의 소 또는 상소 제기에 관하여 소송행위를 하는 경우에는 그 후견감독인으로부터 특별한 권한을 받을 필요가 없다.

② 제1항의 법정대리인이 소의 취하, 화해, 청구의 포기·인낙(認諾) 또는 제80조에 따른 탈퇴를 하기 위해서는 후견감독인으로부터 특별한 권한을 받아야 한다. 다만, 후견감독인이 없는 경우에는 가정법원으로부터 특별한 권한을 받아야 한다.

제57조(외국인의 소송능력에 대한 특별규정)

외국인은 그의 본국법에 따르면 소송능력이 없는 경우라도 대한민국의 법률에 따라 소송능력이 있는 경우에는 소송능력이 있는 것으로 본다.

제58조(법정대리권 등의 증명)

① 법정대리권이 있는 사실 또는 소송행위를 위한 권한을 받은 사실은 서면으로 증명하여야 한다. 제53조의 규정에 따라서 당사자를 선정하고 바꾸는 경우에도 또한 같다.

② 제1항의 서면은 소송기록에 붙여야 한다.

제59조(소송능력 등의 흠에 대한 조치)

소송능력·법정대리권 또는 소송행위에 필요한 권한의 수여에 흠이 있는 경우에는 법원은 기간을 정하여 이를 보정(補正)하도록 명하여야 하며, 만일 보정하는 것이 지연됨으로써 손해가 생길 염려가 있는 경우에는 법원은 보정하기 전의 당사자 또는 법정대리인으로 하여금 일시적으로 소송행위를 하게 할 수 있다.

제60조(소송능력 등의 흠과 추인)

소송능력, 법정대리권 또는 소송행위에 필요한 권한의 수여에 흠이 있는 사람이 소송행위를 한 뒤에 보정된 당사자나 법정대리인이 이를 추인(追認)한 경우에는, 그 소송행위는 이를 한 때에 소급하여 효력이 생긴다.

제61조(선정당사자에 대한 준용)

제53조의 규정에 따른 당사자가 소송행위를 하는 경우에는 제59조 및 제60조의 규정을 준용한다.

제62조(제한능력자를 위한 특별대리인)

① 미성년자·피한정후견인 또는 피성년후견인이 당사자인 경우, 그 친족, 이해관계인(미성년자·피한정후견인 또는 피성년후견인을 상대로 소송행위를 하려는 사람을 포함한다), 대리권 없는 성년후견인, 대리권 없는 한정후견인, 지방자치단체의 장 또는 검사는 다음 각 호의 경우에 소송절차가 지연됨으로써 손해를 볼 염려가 있다는 것을 소명하여 수소법원(受訴法院)에 특별대리인을 선임하여 주도록 신청할 수 있다.

　1. 법정대리인이 없거나 법정대리인에게 소송에 관한 대리권이 없는 경우

　2. 법정대리인이 사실상 또는 법률상 장애로 대리권을 행사할 수 없는 경우

　3. 법정대리인의 불성실하거나 미숙한 대리권 행사로 소송절차의 진행이 현저하게 방해받는 경우

② 법원은 소송계속 후 필요하다고 인정하는 경우 직권으로 특별대리인을 선임·개임하거나 해임할 수 있다.

③ 특별대리인은 대리권 있는 후견인과 같은 권한이 있다. 특별대리인의 대리권의 범위에서 법정대리인의 권한은 정지된다.

④ 특별대리인의 선임·개임 또는 해임은 법원의 결정으로 하며, 그 결정은 특별대리인에게 송

달하여야 한다.

⑤ 특별대리인의 보수, 선임 비용 및 소송행위에 관한 비용은 소송비용에 포함된다.

제62조의2(의사무능력자를 위한 특별대리인의 선임 등)

① 의사능력이 없는 사람을 상대로 소송행위를 하려고 하거나 의사능력이 없는 사람이 소송행위를 하는 데 필요한 경우 특별대리인의 선임 등에 관하여는 제62조를 준용한다. 다만, 특정후견인 또는 임의후견인도 특별대리인의 선임을 신청할 수 있다.

② 제1항의 특별대리인이 소의 취하, 화해, 청구의 포기·인낙 또는 제80조에 따른 탈퇴를 하는 경우 법원은 그 행위가 본인의 이익을 명백히 침해한다고 인정할 때에는 그 행위가 있는 날부터 14일 이내에 결정으로 이를 허가하지 아니할 수 있다. 이 결정에 대해서는 불복할 수 없다.

제63조(법정대리권의 소멸통지)

① 소송절차가 진행되는 중에 법정대리권이 소멸한 경우에는 본인 또는 대리인이 상대방에게 소멸된 사실을 통지하지 아니하면 소멸의 효력을 주장하지 못한다. 다만, 법원에 법정대리권의 소멸사실이 알려진 뒤에는 그 법정대리인은 제56조제2항의 소송행위를 하지 못한다.

② 제53조의 규정에 따라 당사자를 바꾸는 경우에는 제1항의 규정을 준용한다.

제64조(법인 등 단체의 대표자의 지위)

법인의 대표자 또는 제52조의 대표자 또는 관리인에게는 이 법 가운데 법정대리와 법정대리인에 관한 규정을 준용한다.

1. 당사자

1-1. 당사자능력

'당사자능력'은 당사자가 될 수 있는 소송법상의 능력으로 원고로 소송하고, 피고로 소송당하는 능력을 말합니다.

1-2. 당사자적격

당사자적격은 당사자로서 소송을 수행하고 판결을 받기 위해 필요한 자격으로 청구를 할 수 있는 정당한 당사자가 누구냐는 문제입니다.

1-3. 소송능력

'소송능력'은 당사자로서 스스로 유효하게 소송행위를 하거나 상대방 또는 법원의 소송행위를 받는데 필요한 능력을 말하며, 행위능력자는 모두 소송능력을 가집니다. 다만, 제한능력자인 미성년자·피한정후견인·피성년후견인의 소송능력은 제한될 수 있습니다(민법 제5조, 제10조 및 제13조).

1-4. 소송물

"소송물"이란 심판의 대상이 되는 기본단위로 소송의 객체를 말하며, 「민사소송법」은 소송목적이 되는 권리나 의무라는 용어를 사용하고 있습니다(「민사소송법」 제25조 제2항).

2. 당사자능력과 소송능력에 대한 대법원판례

① **공유물분할청구의 소가 고유필수적 공동소송인지 여부(적극)**

공유물분할청구소송은 분할을 청구하는 공유자가 원고가 되어 다른 공유자 전부를 공동피고로 삼아야 하는 고유필수적 공동소송이다. 따라서 소송계속 중 변론종결일 전에 공유자의 지분이 이전된 경우에는 변론종결 시까지 민사소송법 제81조에서 정한 승계참가나 민사소송법 제82조에서 정한 소송인수 등의 방식으로 일부 지분권을 이전받은 자가 소송당사자가 되어야 한다. 그렇지 못할 경우에는 소송 전부가 부적법하게 된다*[2022. 6. 30., 선고, 2020다210686, 210693, 판결]*.

② **위탁관리업자가 관리비를 청구할 당사자적격이 있는지 여부(적극)**

집합건물의 관리업무를 담당할 권한과 의무는 관리단과 관리인에게 있고(집합건물의 소유 및 관리에 관한 법률 제23조의2, 제25조), 관리단이나 관리인은 집합건물을 공평하고 효율적으로 관리하기 위하여 전문적인 위탁관리업자와 관리위탁계약을 체결하고 건물 관리업무를 수행하게 할 수 있다. 이 경우 위탁관리업자의 관리업무의 권한과 범위는 관리위탁계약에서 정한 바에 따르나 관리비의 부과·징수를 포함한 포괄적인 관리업무를 위탁관리업자에게 위탁하는 것이 통상적이므로, 여기에는 관리비에 관한 재판상 청구 권한을 수여하는 것도 포함되었다고 봄이 타당하다. 이러한 관리업무를 위탁받은 위탁관리업자가 관리업무를 수행하면서 구분소유자 등의 체납 관리비를 추심하기 위하여 직접 자기 이름으로 관리비에 관한 재판상 청구를 하는 것은 임의적 소송신탁에 해당하지만, 집합건물 관리업무의 성격과 거래현실 등을 고려하면 이는 특별한 사정이 없는 한 허용되어야 하고, 이때 위탁관리업자는 관리비를 청구할 당사자적격이 있다고 보아야 한다*[2022. 5. 13., 선고, 2019다229516, 판결]*.

③ 비법인사단이 원고로 된 경우, 법원은 직권으로 단체의 실체를 파악하여 당사자능력의 존부를 판단하여야 하는지 여부(적극)

민사소송법 제52조가 비법인사단의 당사자능력을 인정하는 것은 법인이 아니라도 사단으로서의 실체를 갖추고 그 대표자 또는 관리인을 통하여 사회적 활동이나 거래를 하는 경우에는, 그로 인하여 발생하는 분쟁은 그 단체가 자기 이름으로 당사자가 되어 소송을 통하여 해결하도록 하기 위한 것이다. 그러므로 여기서 말하는 사단이라 함은 일정한 목적을 위하여 조직된 다수인의 결합체로서 대외적으로 사단을 대표할 기관에 관한 정함이 있는 단체를 말하고, 어떤 단체가 비법인사단으로서 당사자능력을 가지는가 하는 것은 소송요건에 관한 것으로서 사실심의 변론종결일을 기준으로 판단하여야 한다.

원래 당사자능력의 문제는 법원의 직권조사사항에 속하는 것이므로 그 당사자능력 판단의 전제가 되는 사실에 관하여는 법원이 당사자의 주장에 구속될 필요 없이 직권으로 조사하여야 하고, 따라서 비법인사단이 원고로 된 경우, 그 성립의 기초가 되는 사실에 관하여 당사자가 다양한 주장을 하는 경우, 구체적인 주장사실에 구속될 필요 없이 직권으로 단체의 실체를 파악하여 당사자능력의 존부를 판단하여야 한다[2021. 6. 24., 선고, 2019다278433, 판결].

④ 비법인사단이 인격권의 주체로서 명칭에 관한 권리를 가질 수 있는지 여부(적극)

성명권은 개인을 표시하는 인격의 상징인 이름에서 연유되는 이익을 침해받지 않고 자신의 관리와 처분 아래 둘 수 있는 권리로서 헌법상 행복추구권과 인격권의 한 내용을 이룬다. 비법인사단도 인격권의 주체가 되므로 명칭에 관한 권리를 가질 수 있고, 자신의 명칭이 타인에 의해 함부로 사용되지 않도록 보호받을 수 있다. 또한 비법인사단의 명칭이 지리적 명칭이나 보편적 성질을 가리키는 용어 등 일반적인 단어로 이루어졌다고 하더라도 특정 비법인사단이 그 명칭을 상당한 기간 사용하여 활동해 옴으로써 그 명칭이 해당 비법인사단을 표상하는 것으로 널리 알려졌다면 비법인사단은 그 명칭에 관한 권리를 인정받을 수 있다. 다만 특정 비법인사단의 명칭에 관한 권리 보호는 다른 비법인사단 등(이하 '타인'이라고 한다)이 명칭을 선택하고 사용할 자유를 제한할 수 있으므로, 타인이 특정 비법인사단의 명칭과 같거나 유사한 명칭을 사용하는 행위가 비법인사단의 명칭에 관한 권리를 침해하는 것인지 여부는 특정 비법인사단과 그 명칭을 사용하려는 타인의 권리나 이익을 비교·형량하여 신중하게 판단하여야 한다. 즉, 비법인사단의 명칭에 관한 권리의 침해 여부는 타인이 사용한 명칭이 비법인사단의 명칭과 같거나 유사하다는 사정과 그 유사성 정도, 비법인사단이 명칭을 사용한 기간, 비법인사단이 사회 일반이나 그의 주된 활동 영역에서 명칭의 주체로 알려진 정도, 타인이 비법인사단의 명칭과 같거나 유사한 명칭을 사용함으로써 사회 일반 또는 비법인사단과 교류하거나 이해관계를 맺은 사람이 타인을 비법인사단으로 오인·혼동할 가능성, 또는 오인·혼동으로 입을 수 있는 피해의 내용, 비법인사단과 명칭을 사용하려는 타인 사이의 관계, 타인이 비법인사단과 같거나 유사한 명칭을 사용하게 된 동기나 경위 또는 그 필요성, 외부 사람에게 타인을 비법인사단으로 오인 또는 혼동하게 하거나 비법인사단의 사회적 평가를 훼손시킬 의도가 있었는지 여부 등을 종합적으로 고려하여 판단하여야 한다*[2022. 11. 17., 선고, 2018다249995, 판결]*.

⑤ **비법인사단이 당사자인 사건에서 이미 제출된 자료들에 의하여 대표권의 적법성에 의심이 갈 만한 사정이 있는 경우, 법원이 이에 관하여 심리·조사할 의무가 있는지 여부(적극)**

비법인사단이 당사자인 사건에서 대표자에게 적법한 대표권이 있는지는 소송요건에 관한 것으로서 법원의 직권조사사항이므로, 법원으로서는 판단의 기초자료인 사실과 증거를 직권으로 탐지할 의무까지는 없다 하더라도, 이미 제출된 자료들에 의하여 대표권의 적법성에 의심이 갈 만한 사정이 엿보인다면 상대방이 이를 구체적으로 지적하여 다투지 않더라도 이에 관하여 심리·조사할 의무가 있다*[2022. 4. 28., 선고, 2021다306904, 판결]*.

⑥ **소송당사자인 재건축주택조합 대표자의 대표권이 흠결된 경우 법원이 취할 조치 및 그 대표권의 보정이 항소심에서도 가능한지 여부(적극)**

민사소송법 제64조의 규정에 따라 법인의 대표자에게도 준용되는 같은 법 제59조 전단 및 제60조는 소송능력·법정대리권 또는 소송행위에 필요한 권한의 수여에 흠이 있는 경우에는 법원은 기간을 정하여 이를 보정하도록 명하여야 하고, 소송능력·법정대리권 또는 소송행위에 필요한 권한의 수여에 흠이 있는 사람이 소송행위를 한 뒤에 보정된 당사자나 법정대리인이 이를 추인한 경우에는 그 소송행위는 이를 한 때에 소급하여 효력이 생긴다고 규정하고 있는바, 법원은 이러한 민사소송법의 규정에 따라 소송당사자인 재건축주택조합 대표자의 대표권이 흠결된 경우에는 그 흠결을 보정할 수 없음이 명백한 때가 아닌 한 기간을 정하여 보정을 명하여야 할 의무가 있다고 할 것이고, 이와 같은 대표권의 보정은 항소심에서도 가능하다[2003. 3. 28., 선고, 2003다2376, 판결].

⑦ 석명권을 행사하는 등의 조치를 취하지 않은 채 소를 각하한 원심판결에 석명의무를 다하지 아니한 잘못이 있다고 한 사례

甲 종중이 乙을 상대로 소를 제기하면서 소장에 대표자 표시를 누락하였다가 제1심 법원의 석명준비명령에 따라 대표자를 丙으로 기재한 서면을 제출하였으나, 소제기 당시 甲 종중의 대표자는 丙이 아니라 丁이었고, 그 후 甲 종중이 원심법원에 대표자를 丙에서 丁으로 정정하는 당사자표시정정신청서를 제출하면서 丙의 기존 소송행위를 추인하는 취지라고 주장한 사안에서, 丁에게 적법한 대표권이 있는지에 관하여 석명권을 행사하는 등의 조치를 취하지 않은 채 소를 각하한 원심판결에 석명의무를 다하지 아니한 잘못이 있다고 한 사례[2022. 4. 14., 선고, 2021다276973, 판결].

⑧ 민사소송법 제62조 또는 제62조의2에서 정한 특별대리인 선임신청을 기각한 결정에 대한 불복 방법

민사소송법 제62조 또는 제62조의2에 기한 특별대리인 선임신청을 기각하는 결정에 대하여는 즉시항고를 하여야 한다는 규정이 없으므로, 결국 민사소송법 제439조에 의하여 통상항고의 방법으로 불복하여야 한다.

따라서 재항고인이 민사소송법 제62조 또는 제62조의2에 기한 특별대리인 선임신청을 하였는데 제1심이 이를 기각하고, 이에 대하여 재항고인이 항고하였으나 항고심이 항고를 기각한 경우, 재항고인은 그 항고심 결정에 대하여 즉시항고가 아니라 통상항고로서 불복할 수 있으므로 항고의 이익이 있는 한 항고기간에 제한이 없다. 그런데도 원심은 민사소송법 제62조 또는 제62조의2에 기한 특별대리인 선임신청 기각결정에 대한 불복은 즉시항고로 하여야 한다는 전제에서 항고기각결정에 대한 재항고가 즉시항고기간인 7일이 경과한 후에 제기되었다는 이유로 재항고인의 항고장을 각하하는 명령을 하였으니, 원심의 이러한 조치에는 특별대리인 선임신청을 기각한 결정에 대한 불복방법에 관한 법리를 오해하여 재판에 영향을 미친 잘못이 있다. 이를 지적하는 취지의 재항고이유 주장은 이유 있다[2018. 9. 18., 자, 2018무682, 결정].

3. 당사자능력과 소송능력에 대한 서식

[서식 ①] 당사자선정서(소를 제기하면서 선정하는 경우)

당 사 자 선 정 서

원 　 고 　 ◎◎◎ 외 3명
피 　 고 　 ◇◇◇

　위 당사자 사이의 퇴직금 청구 사건에 관하여 원고들은 민사소송법 제53조 제1항에 의하여 원고들 모두를 위한 당사자로 아래의 자를 선정합니다.

아 　 래

원고(선정당사자) ◎◎◎ (주민등록번호)
　　　　　　　　 ○○시 ○○구 ○○길 ○○(우편번호 ○○○○○)
　　　　　　　　 전화.휴대폰번호:
　　　　　　　　 팩스번호, 전자우편(e-mail)주소:

20○○.　 ○.　 ○.

　　　선 정 자(원 고) 1. ◎◎◎ (주민등록번호) (서명 또는 날인)
　　　　　　　　　　　 ○○시 ○○구 ○○길 ○○
　　　　　　　　　 2. ○○○ (주민등록번호) (서명 또는 날인)
　　　　　　　　　　　 ○○시 ○○구 ○○길 ○○
　　　　　　　　　 3. ○○○ (주민등록번호) (서명 또는 날인)
　　　　　　　　　　　 ○○시 ○○구 ○○길 ○○
　　　　　　　　　 4. ○○○ (주민등록번호) (서명 또는 날인)
　　　　　　　　　　　 ○○시 ○○구 ○○길 ○○

○○지방법원 제○민사부　 귀중

당 사 자 선 정 서

사 건   20○○가합○○○   건물철거등
원 고   ◎◎◎ 외 3명
피 고   ◇◇◇

  위 사건에 관하여 원고들은 민사소송법 제53조 제1항에 의하여 원고들 모두를 위
한 당사자로 아래의 자를 선정합니다.

아   래

원고(선정당사자) ◎◎◎ (주민등록번호)
              ○○시 ○○구 ○○길 ○○(우편번호 ○○○○○)
              전화.휴대폰번호:
              팩스번호, 전자우편(e-mail)주소:

                 20○○.   ○.   ○.

          선 정 자(원 고) 1. ◎◎◎ (주민등록번호) (서명 또는 날인)
                     ○○시 ○○구 ○○길 ○○
                  2. ○○○ (주민등록번호) (서명 또는 날인)
                     ○○시 ○○구 ○○길 ○○
                  3. ○○○ (주민등록번호) (서명 또는 날인)
                     ○○시 ○○구 ○○길 ○○
                  4. ○○○ (주민등록번호) (서명 또는 날인)
                     ○○시 ○○구 ○○길 ○○

○○지방법원 제○민사부   귀중

선 정 당 사 자 변 경 서

사　　건　　20○○가합○○○　건물철거등
원　　고　　(선정당사자) ◎◎◎
피　　고　　◇◇◇

　위 사건에 관하여 선정자들은 민사소송법 제53조 제1항에 따라　선정당사자 ◎◎◎에 대한 당사자선정을 취소하고, 아래의 사람을 선정자들 모두를 위한 당사자로 선정합니다.

아　　　　래

원고(선정당사자)　◉◉◉ (주민등록번호)
　　　　　　　　　○○시 ○○구 ○○길 ○○(우편번호 ○○○○○)
　　　　　　　　　전화.휴대폰번호:
　　　　　　　　　팩스번호, 전자우편(e-mail)주소:

　　　　　　　　　　20○○.　　○.　　○.

　　　　　　　　선정자(원고)　1. ◎◎◎　(서명 또는 날인)
　　　　　　　　　　　　　　　　　○○시 ○○구 ○○길 ○○
　　　　　　　　　　　　　　　　2. ◉◉◉ (서명 또는 날인)
　　　　　　　　　　　　　　　　　○○시 ○○구 ○○길 ○○
　　　　　　　　　　　　　　　　3. ○○○ (서명 또는 날인)
　　　　　　　　　　　　　　　　　○○시 ○○구 ○○길 ○○
　　　　　　　　　　　　　　　　4. ○○○ (서명 또는 날인)
　　　　　　　　　　　　　　　　　○○시 ○○구 ○○길 ○○

○○지방법원 제○○민사부　귀중

당 사 자 선 정 취 소 서

사   건   20○○가합○○○   건물철거등
원   고   (선정당사자) ◎◎◎
피   고   ◇◇◇

  위 사건에 관하여 선정자들은 민사소송법 제53조 제1항에 의하여 ◎◎◎에 대한 당사
자선정을 취소합니다.

20○○.   ○.   ○.
선 정 자(원 고) 2. ○○○ (서명 또는 날인)
○○시 ○○구 ○○길 ○○
3. ○○○ (서명 또는 날인)
○○시 ○○구 ○○길 ○○
4. ○○○ (서명 또는 날인)
○○시 ○○구 ○○길 ○○

○○지방법원 제○○민사부   귀중

[서식 ⑤] 당사자 표시정정 신청서(원고 표시의 정정)

당사자(원고) 표시정정 신청서

사   건   20○○가합○○○   대여금
원   고   ○○○ 주식회사
피   고   ◇◇◇

위 사건에 관하여 원고는 다음과 같이 원고 표시 정정을 신청합니다.

정정한 원고의 표시

○○○ 주식회사 (000000-0000000)
○○시 ○○구 ○○길 ○○번지
대표이사 □□□

신 청 이 유

원고는 착오로 인하여 원고표시를 잘못 표기한 것이므로 정정을 신청합니다.

첨 부 서 류

1. 등기사항전부증명서(법인)   1통
1. 당사자(원고) 표시정정 신청서 부본   1통

20○○.   ○.   ○.
위 원고   ○○○ 주식회사
대표이사 □□□ (서명 또는 날인)

○○지방법원 제○○민사부 귀중

[서식 ⑥] 소송능력 보정서

소 송 능 력 보 정 서

사　　건　　20○○가단○○○○　손해배상(자)
원　　고　　○○○
피　　고　　◇◇◇

1. 위 사건의 원고는 미성년자인바, 미성년자는 법정대리인에 의하여서만 소송행위를 할 수 있으므로(민사소송법 제55조 본문), 원고는 소송능력이 없습니다. 그럼에도 불구하고 원고는 법정대리인에 의하지 않고 이 사건 소송을 제기하였습니다.
2. 그러므로 원고의 법정대리인 부 ❶❶❶, 모 ❶❶❶는 위 원고가 미성년자로서 한 소송행위를 추인함과 동시에 원고의 표시정정을 아래와 같이 하고 이 건 보정서류 를 제출합니다.

아　　　래

「원고 ○○○」를「원고 ○○○ 법정대리인 부 ❶❶❶ 모 ❶❶❶」로 정정.

첨 부 서 류

　1. 가족관계증명서　　　　　　　　　　　1통

　　　　　　　　20○○.　　○.　　○.
　　　　　　　　위 원고　○○○
　　　　　　　　법정대리인　부　❶❶❶ (서명 또는 날인)
　　　　　　　　　　　　　　모　❶❶❶ (서명 또는 날인)

○○지방법원 제○○민사단독　귀중

특 별 대 리 인 선 임 신 청

신 청 인   ○○이씨○○파 종중

○○시 ○○구 ○○길 ○○(우편번호)

대표자 □□□

전화.휴대폰번호:

팩스번호, 전자우편(e-mail)주소:

신 청 취 지

신청인이 신청인의 대표자 □□□를 상대로 제기할 ○○시 ○○구 ○○길 ○○ 대 3,000㎡에 관하여 명의신탁해지를 원인으로 한 소유권이전등기절차의 이행을 청구하는 소송에 있어서, ◉◉◉(주민등록번호, 주소: ○○시 ○○구 ○○길 ○○)을 신청인의 특별대리인으로 선임한다.

라는 재판을 구합니다.

신 청 이 유

1. 신청인 종중은 종중 소유의 ○○시 ○○구 ○○길 ○○ 대 3,000㎡를 매수하면서 위 대표자 □□□명의로 명의신탁에 의한 소유권이전등기를 경료하였습니다.
2. 그런데 200○. ○. ○. 종중 정기총회에서 위 부동산의 소유권을 신청인 종중 명의로 환원하기로 결의하였습니다. 그리하여 신청인 종중은 대표자인 □□□을 상대로 ○○시 ○○구 ○○길 ○○ 대 3,000㎡에 관하여 명의신탁해지를 원인으로 한 소유권이전등기절차의 이행을 청구하는 소를 제기하려고 준비 중입니다. 위 대표자 □□□은 신청인 종중의 대표자로 이익이 상반되므로 신청인 종중의 현재 대표자 □□□은 대표권을 행사할 수 없기 때문에 법인의 대표자가 없는 경우와 사정이 같다 할 것입니다.
3. 그렇다면, 신청인이 통상의 절차에 따라 위 종중의 대표자를 재선출할 때까지 기다린다면 기일지연으로 인하여 상당한 손해를 받을 염려가 있으므로 신청인 종중을 위한 위 소유권이전등기절차 이행의 소의 특별대리인으로 ◉◉◉(주민등록번호, 주소: ○○시 ○○구 ○○길 ○○)을 선임하고자 민사소송법 제62조에 따라 이 사건 신청에 이르렀습니다.

소명방법 및 첨부서류

1. 대표자선출결의서   1통
1. 등기사항전부증명서(부동산)   1통
1. 주민등록표등본   각 1통
1. 족보사본   1통
1. 송달료납부서   1통

20○○.   ○.   ○.
위 신청인   ○○이씨○○파 종중
대표자 □□□ (서명 또는 날인)

○○지방법원 귀중

특 별 대 리 인 선 임 신 청

신청인(원고)　　○○○ (주민등록번호)

　　　　　　　　○○시 ○○구 ○○길 ○○(우편번호 ○○○○○)

　　　　　　　　전화.휴대폰번호:

　　　　　　　　팩스번호, 전자우편(e-mail)주소:

신 청 취 지

　신청인과　◆◆◆　사이의　○○지방법원 20○○가합○○○　부동산소유권이전등기 청구사건에 관하여, ◉◉◉(주소: ○○시 ○○구 ○○길 ○○)을 신청외 ◆◆◆의 특별대리인으로 선임한다.

라는 재판을 구합니다.

신 청 이 유

1. 위 사건의 피고 ◇◇◇는 이 사건 소송계속 중 200○. ○. ○. 사망함으로써 현재 소송절차가 중단되었으며, ◆◆◆(주민등록번호:　　　　　, 주소: ○○시 ○○구 ○○길 ○○)는 피고 ◇◇◇의 친생자인 재산상속인으로서 피고 ◇◇◇의 권리와 의무를 단독 상속하여 승계하였습니다.

2. 그런데 ◆◆◆는 미성년자로서 친권을 행사하는 자는 물론 아직까지 후견인도 없으므로, 신청인이 ◆◆◆에게 통상의 절차에 따른 법정대리인이 생길 때까지 기다린다면 신청인은 기일지연으로 인하여 상당한 손해를 받을 염려가 있으므로, 변호사 ◉◉◉(○○시 ○○구 ○○길 ○○)을 ◆◆◆의 특별대리인으로 선임하고자 민사소송법 제62조에 따라 이 사건 신청에 이르렀습니다.

소명방법 및 첨부서류

　1. 소장부본　　　　　　　　　　　　　　　　　　1통

1. 기본증명서(피고 ◇◇◇)   1통
1. 가족관계증명서(피고 ◇◇◇)   1통
1. 주민등록표등본   각 1통
1. 등기사항전부증명서(대지, 건물)   각 1통
1. 송달료납부서   1통

                    20○○.   ○.   ○.
                    위 신청인(원고)   ○○○   (서명 또는 날인)

○○지방법원 제○민사부 귀중

제2절 공동소송

제65조(공동소송의 요건)

소송목적이 되는 권리나 의무가 여러 사람에게 공통되거나 사실상 또는 법률상 같은 원인으로 말미암아 생긴 경우에는 그 여러 사람이 공동소송인으로서 당사자가 될 수 있다. 소송목적이 되는 권리나 의무가 같은 종류의 것이고, 사실상 또는 법률상 같은 종류의 원인으로 말미암은 것인 경우에도 또한 같다.

제66조(통상공동소송인의 지위)

공동소송인 가운데 한 사람의 소송행위 또는 이에 대한 상대방의 소송행위와 공동소송인 가운데 한 사람에 관한 사항은 다른 공동소송인에게 영향을 미치지 아니한다.

제67조(필수적 공동소송에 대한 특별규정)

① 소송목적이 공동소송인 모두에게 합일적으로 확정되어야 할 공동소송의 경우에 공동소송인 가운데 한 사람의 소송행위는 모두의 이익을 위하여서만 효력을 가진다.

② 제1항의 공동소송에서 공동소송인 가운데 한 사람에 대한 상대방의 소송행위는 공동소송인 모두에게 효력이 미친다.

③ 제1항의 공동소송에서 공동소송인 가운데 한 사람에게 소송절차를 중단 또는 중지하여야 할 이유가 있는 경우 그 중단 또는 중지는 모두에게 효력이 미친다.

제68조(필수적 공동소송인의 추가)

① 법원은 제67조제1항의 규정에 따른 공동소송인 가운데 일부가 누락된 경우에는 제1심의 변론을 종결할 때까지 원고의 신청에 따라 결정으로 원고 또는 피고를 추가하도록 허가할 수 있다. 다만, 원고의 추가는 추가될 사람의 동의를 받은 경우에만 허가할 수 있다.

② 제1항의 허가결정을 한 때에는 허가결정의 정본을 당사자 모두에게 송달하여야 하며, 추가될 당사자에게는 소장부본도 송달하여야 한다.

③ 제1항의 규정에 따라 공동소송인이 추가된 경우에는 처음의 소가 제기된 때에 추가된 당사자와의 사이에 소가 제기된 것으로 본다.

④ 제1항의 허가결정에 대하여 이해관계인은 추가될 원고의 동의가 없었다는 것을 사유로 하는 경우에만 즉시항고를 할 수 있다.

⑤ 제4항의 즉시항고는 집행정지의 효력을 가지지 아니한다.

⑥ 제1항의 신청을 기각한 결정에 대하여는 즉시항고를 할 수 있다.

제69조(필수적 공동소송에 대한 특별규정)

제67조제1항의 공동소송인 가운데 한 사람이 상소를 제기한 경우에 다른 공동소송인이 그 상소심에서 하는 소송행위에는 제56조제1항의 규정을 준용한다.

제70조(예비적·선택적 공동소송에 대한 특별규정)

① 공동소송인 가운데 일부의 청구가 다른 공동소송인의 청구와 법률상 양립할 수 없거나 공동

소송인 가운데 일부에 대한 청구가 다른 공동소송인에 대한 청구와 법률상 양립할 수 없는 경우에는 제67조 내지 제69조를 준용한다. 다만, 청구의 포기·인낙, 화해 및 소의 취하의 경우에는 그러하지 아니하다.

② 제1항의 소송에서는 모든 공동소송인에 관한 청구에 대하여 판결을 하여야 한다.

1. 공동소송에 대한 대법원판례

① 주주총회결의의 부존재 또는 무효 확인을 구하는 소를 여러 사람이 공동으로 제기한 경우, 민사소송법 제67조가 적용되는 필수적 공동소송에 해당하는지 여부(적극)

[다수의견] 주주총회결의의 부존재 또는 무효 확인을 구하는 소의 경우, 상법 제380조에 의해 준용되는 상법 제190조 본문에 따라 청구를 인용하는 판결은 제3자에 대하여도 효력이 있다. 이러한 소를 여러 사람이 공동으로 제기한 경우 당사자 1인이 받은 승소판결의 효력이 다른 공동소송인에게 미치므로 공동소송인 사이에 소송법상 합일확정의 필요성이 인정되고, 상법상 회사관계소송에 관한 전속관할이나 병합심리 규정(상법 제186조, 제188조)도 당사자 간 합일확정을 전제로 하는 점 및 당사자의 의사와 소송경제 등을 함께 고려하면, 이는 민사소송법 제67조가 적용되는 필수적 공동소송에 해당한다.

[대법관 이기택, 대법관 박정화, 대법관 김선수, 대법관 이흥구의 별개의견] 청구를 기각하는 판결은 제3자에 대해 효력이 없지만 청구를 인용하는 판결은 제3자에 대해 효력이 있는 상법상 회사관계소송에 관하여 여러 사람이 공동으로 소를 제기한 경우, 이러한 소송은 공동소송의 원칙적 형태인 통상공동소송이라고 보아야 한다. 필수적 공동소송의 요건인 합일확정의 필요성을 인정할 수 없어, 민사소송법 제67조를 적용하여 소송자료와 소송 진행을 엄격히 통일시키고 당사자의 처분권이나 소송절차에 관한 권리를 제약할 이유나 필요성이 있다고 할 수 없다 *[2021. 7. 22., 선고, 2020다284977, 전원합의체 판결].*

② 민사소송법 제70조 제1항 본문이 규정하는 '공동소송인 가운데 일부에 대한 청구'를 반드시 '공동소송인 가운데 일부에 대한 모든 청구'라고 해석할 근거는 없으므로, 주위적 피고에 대한 주위적·예비적 청구 중 주위적 청구 부분이 받아들여지지 아니할 경우 그와 법률상 양립할 수 없는 관계에 있는 예비적 피고에 대한 청구를 받아들여 달라는 취지로 주위적 피고에 대한 주위적·예비적 청구와 예비적 피고에 대한 청

구를 결합하여 소를 제기하는 것도 가능하고, 처음에는 주위적 피고에 대한 주위적·예비적 청구만을 하였다가 청구 중 주위적 청구 부분이 받아들여지지 아니할 경우 그와 법률상 양립할 수 없는 관계에 있는 예비적 피고에 대한 청구를 받아들여 달라는 취지로 예비적 피고에 대한 청구를 결합하기 위하여 예비적 피고를 추가하는 것도 민사소송법 제70조 제1항 본문에 의하여 준용되는 민사소송법 제68조 제1항에 의하여 가능하다. 이 경우 주위적 피고에 대한 예비적 청구와 예비적 피고에 대한 청구가 서로 법률상 양립할 수 있는 관계에 있으면 양 청구를 병합하여 통상의 공동소송으로 보아 심리·판단할 수 있다. 그리고 이러한 법리는 원고가 주위적 피고에 대하여 실질적으로 선택적 병합 관계에 있는 두 청구를 주위적·예비적으로 순위를 붙여 청구한 경우에도 그대로 적용된다*[2015. 6. 11., 선고, 2014다232913, 판결].*

③ 공동소송인이 공동으로 소송비용을 부담하는 것이 형평에 반하거나 불합리하다면 법원이 민사소송법 제102조 제1항 단서를 적극적으로 적용하여 공동소송인이 다른 방법으로 소송비용을 부담하게 할 필요가 있는지 여부(적극)

소송비용액확정 결정절차에서는 상환할 소송비용의 액수를 정할 수 있을 뿐이고, 소송비용부담재판에서 확정한 상환의무 자체의 범위를 심리·판단하거나 변경할 수 없다. 따라서 불합리한 결과의 발생을 방지하고 공동소송인 사이의 형평성과 구체적 타당성에 부합하는 소송비용부담재판이 되도록 하기 위해서는, 통상공동소송에서 공동소송인이 같은 비율로 함께 패소하였을 경우, 공동소송인 사이에 소송목적의 값에 현저한 차이가 있다거나 소송물의 내용이나 성격, 항쟁의 정도 등이 다르다는 등의 사정으로 공동소송인이 공동으로 소송비용을 부담하는 것이 형평에 반하거나 불합리하다고 생각된다면 민사소송법 제102조 제1항 단서를 적극적으로 적용하여 공동소송인별로 소송관계를 구분하여 소송비용의 부담을 정하거나 공동소송인별로 수액이나 부담비율을 정하는 등의 방식으로 소송비용부담재판을 하는 것이 더 바람직하다*[2017. 11. 21., 자, 2016마1854, 결정].*

④ 소송계속 중 제3자가 민사소송법 제81조에 따라 소송에 참가한 후 원고가 승계참가인의 승계 여부

승계참가에 관한 민사소송법 규정과 2002년 민사소송법 개정에 따른 다른 다수당사자 소송제도와의 정합성, 승계참가인과 피참가인인 원고의 중첩된 청구를 모순

없이 합일적으로 확정할 필요성 등을 종합적으로 고려하면, 소송이 법원에 계속되어 있는 동안에 제3자가 소송목적인 권리의 전부나 일부를 승계하였다고 주장하며 민사소송법 제81조에 따라 소송에 참가한 경우, 원고가 승계참가인의 승계 여부에 대해 다투지 않으면서도 소송탈퇴, 소 취하 등을 하지 않거나 이에 대하여 피고가 부동의하여 원고가 소송에 남아 있다면 승계로 인해 중첩된 원고와 승계참가인의 청구 사이에는 필수적 공동소송에 관한 민사소송법 제67조가 적용된다 *[2022. 6. 16., 선고, 2018다301350, 판결].*

⑤ **민사소송법 제70조 제1항 본문의 입법 취지에 반하는 결과가 초래되는 경우, 분리 확정이 허용되는지 여부(소극)**

민사소송법 제70조에서 정한 주관적·예비적 공동소송에서 화해권고결정에 대하여 일부 공동소송인이 이의하지 않았다면, 원칙적으로 그 공동소송인에 대한 관계에서는 위 결정이 확정될 수 있다. 다만 화해권고결정에서 분리 확정을 불허하고 있거나, 그렇지 않더라도 그 결정에서 정한 사항이 공동소송인들에게 공통되는 법률관계를 형성함을 전제로 하여 이해관계를 조절하는 경우 등과 같이 결정 사항의 취지에 비추어 볼 때 분리 확정을 허용할 경우 형평에 반하고 또한 이해관계가 상반된 공동소송인들 사이에서의 소송 진행 통일을 목적으로 하는 민사소송법 제70조 제1항 본문의 입법 취지에 반하는 결과가 초래되는 경우에는 분리 확정이 허용되지 않는다. 이는 주관적·예비적 공동소송에서 화해권고결정에 대하여 일부 공동소송인만이 이의신청을 한 후 그 공동소송인 전원이 분리 확정에 대하여는 이의가 없다는 취지로 진술하였더라도 마찬가지이다*[2022. 4. 14., 선고, 2020다224975, 판결].*

2. 공동소송에 대한 서식

[서식 ①] 공동소송참가신청서

공 동 소 송 참 가 신 청 서

사 건   20○○가합○○ 주주총회결의취소
원 고   ○○○
         ○○시 ○○구 ○○길 ○○(우편번호 ○○○○○)
원고공동소송참가인   ◎◎◎ (주민등록번호)
             ○○시 ○○구 ○○길 ○○(우편번호 ○○○○○)
             전화.휴대폰번호:
             팩스번호, 전자우편(e-mail)주소:
피 고   ◇◇◇ 주식회사
         ○○시 ○○구 ○○길 ○○(우편번호 ○○○○○)
         대표이사 ○○○

   위 사건에 관하여 원고공동소송참가인은 다음과 같이 원고의 공동소송인으로 소송
에 참가합니다.

청 구 취 지

1. 피고의 20○○. ○. ○. .자 정기주주총회에서 한 감사 ◇◇◇의 선임 결의를 취
   소한다.
2. 소송비용은 피고가 부담한다.
라는 판결을 구합니다.

참가이유 및 청구원인

1. 원고공동소송참가인은 피고회사의 주주인바, 청구취지 기재 총회의 소집절차가
   법령에 위반한 것임은 이 사건 소장 기재 청구원인과 같습니다.
2. 그렇다면, 위 총회에서 한 감사 ◇◇◇의 선임 결의는 취소되어야 할 것인바, 이
   사건 판결의 효력은 원고공동소송참가인에게도 미치는 것이어서(상법 제376조
   제2항, 제190조 본문), 이 사건의 소송목적은 원고와 원고공동소송참가인에게 합
   일적으로 확정되어야 하므로, 원고공동소송참가인은 이 신청에 이른 것입니다.

첨 부 서 류

1. 공동소송참가신청서 부본   2통
1. 송달료납부서   1통

                    20○○.   ○.   ○.
            위 원고공동소송참가인   ◎◎◎   (서명 또는 날인)

○○지방법원 제○○민사부 귀중

보 조 참 가 신 청 서

사　　　　　건　20○○구합○○○　부당해고구제재심판정취소
원　　　　　고　○○○
피　　　　　고　중앙노동위원회위원장
피고보조참가인　◆◆◆ (주민등록번호)
　　　　　　　　○○시 ○○구 ○○길 ○○(우편번호 ○○○○○)
　　　　　　　　전화.휴대폰번호:
　　　　　　　　팩스번호, 전자우편(e-mail)주소:

위 사건에 관하여 피고보조참가인은 피고를 돕기 위하여 위 소송에 참가합니다.

참 가 이 유

원고는 피고보조참가인에 대한 해고가 부당해고가 아니므로 이 사건 재심판정이 위법하다고 주장하면서 이 사건 소를 제기하였는바, 이 사건 판결의 효력이 피고보조참가인에게도 미치므로, 피고보조참가인은 행정소송법 제8조 제2항, 민사소송법 제78조에 따라 피고를 돕기 위하여 이 건 참가신청에 이른 것입니다.

첨 부 서 류

1. 보조참가신청서 부본　　　　　　　　2통

　　　　　　　20○○.　　○.　　○.
　　　　　　　피고보조참가인　◆◆◆ (서명 또는 날인)

○○지방법원 제○○행정부　귀중

예비적 공동소송인 추가신청서

사 건 20○○가단○○○ 대여금
원 고 ○○○
피 고 ◇◇◇

위 사건에 관하여 원고는 다음과 같이 예비적 공동소송인(피고)의 추가를 신청합니다.

신 청 취 지

이 사건의 피고로 ◈◈◈ (주민등록번호, 주소: ○○시 ○○구 ○○길 ○○)을 추가함을 허가한다.
라는 결정을 구합니다.

추가한 피고에 대한 청구취지

예비적으로,
1. 피고 ◈◈◈는 원고에게 금 ○○○원을 지급하라.
2. 소송비용은 피고 ◈◈◈이 부담한다.
3. 제1항은 가집행할 수 있다.
라는 판결을 구합니다.

신청이유 및 변경한 청구원인

1. 원고는 피고 ◇◇◇의 대리인인 피고 ◈◈◈을 통하여 피고 ◇◇◇에게 금 ○○○원을 대여하였습니다.
2. 그러나, 피고 ◇◇◇은 피고 ◈◈◈에게 대리권을 수여한 사실이 없다고 다투고 있는바, 만에 하나 피고 ◇◇◇의 위 주장이 사실이라면, 피고 ◈◈◈는 그 대리권을 증명하지 못하고 또 피고 ◇◇◇의 추인을 받지 못한 이상 민법 제135조 제1항에 따라 무권대리인으로서 책임을 져야 할 것입니다.
3. 따라서, 원고는 예비적으로 피고 ◈◈◈에 대하여 계약이행책임을 묻고자 하는바, 피고 ◈◈◈에 대한 대여금 청구는 피고 ◈◈◈의 행위가 무권대리임을 전제로

하는 것이어서, 피고 ◆◆◆의 행위가 유권대리임을 전제로 한 피고 ◇◇◇에 대한 청구와 법률상 양립할 수 없습니다.

4. 이에 원고는 피고 ◆◆◆를 이 사건 예비적 공동소송인으로 추가하고자 민사소송법 제70조 제1항 본문, 제68조 제1항에 따라 이 사건 신청에 이른 것입니다.

첨 부 서 류

1. 소장 부본   1통
1. 예비적 공동소송인 추가신청서 부본   2통

20○○.   ○.   ○.
위 원고   ○○○ (서명 또는 날인)

○○지방법원 제○민사단독   귀중

필수적 공동소송인(원고) 추가신청서

사　　　건　　20○○가합○○○　경계확정청구
원　　　고　　○○○
피　　　고　　◇◇◇

　위 사건에 관하여 원고는 민사소송법 제68조에 의하여 다음과 같이 필수적 공동소송인에서 누락된 (원고)의 추가를 신청합니다.

신 청 취 지

　○○지방법원 20○○가합○○○　경계확정청구 사건의 원고로 ◉◉◉ {주민등록번호, 주소: ○○시 ○○구 ○○길 ○○(우편번호 ○○○-○○○)}을 추가함을 허가한다.
라는 결정을 구합니다.

신 청 이 유

1. 원고는 피고 ◇◇◇를 상대로 원고와 소외 ◉◉◉의 공동소유인 ○○시 ○○구 ○○동 ○○ 대지 ○○○㎡와 피고소유인 ○○시 ○○구 ○○동 ○○-○ 대지 ○○㎡의 경계확정청구의 소를 제기하였습니다.
2. 그런데 토지의 경계는 토지소유권의 범위와 한계를 정하는 중요한 사항으로서, 그 경계와 관련되는 인접토지의 소유자 전원 사이에서 합일적으로 확정될 필요가 있으므로, 인접하는 토지의 한편 또는 양편이 여러 사람의 공유에 속하는 경우에, 그 경계의 확정을 구하는 소송은 관련된 공유자 전원이 공동하여서만 제소하고 상대방도 관련된 공유자 전원이 공동으로서만 제소될 것을 요건으로 하는 고유필수적 공동소송이라고 해석함이 상당합니다(대법원 2001. 6. 26. 선고 2000다24207 판결). 그럼에도 불구하고 원고는 고유필수적 공동소송인인 소외 ◉◉◉를 원고에서 누락하여 위 경계확정청구의 소를 제기하였습니다.
3. 따라서 소외 ◉◉◉의 동의를 받아를 위 사건의 원고로 추가하기 위하여 민사소송법 제68조에 따라 원고추가를 신청취지와 같이 신청합니다.

첨 부 서 류

1. 등기사항전부증명서(부동산)　　　1통
1. 추가동의서(◉◉◉)　　　　　　　1통
1. 소장부본　　　　　　　　　　　1통
1. 송달료납부서　　　　　　　　　1통

20○○.　　○.　　○.

위 원고　　○○○　(서명 또는 날인)

이 사건 원고로 추가되는 것에 동의합니다.

위 원고　　◉◉◉　(서명 또는 날인)

○○지방법원 제○○민사부　귀중

원고추가 동의서

사　　　건　　20○○가합○○○　경계확정청구
원　　　고　　○○○
피　　　고　　◇◇◇

　위 사건에 관하여 소외 ◉◉◉ (주민등록번호) {○○시 ○○구 ○○길 ○○(우편번호 ○○○-○○○)}는 원고 ○○○가 소외 ◉◉◉를 원고로 추가하는 신청에 동의합니다.

20○○.　　○.　　○.

동의자　　◉◉◉ (서명 또는 날인)

○○지방법원 제○○민사부　귀중

[서식 ⑤] 필수적 공동소송인 추가신청서(피고를 추가하는 경우)

필수적 공동소송인(피고) 추가신청서

사　　건　　20○○가단○○○　공유물분할 등
원　　고　　○○○
피　　고　　◇◇◇

　위 사건에 관하여 원고는 다음과 같이 필수적 공동소송인(피고)의 추가를 신청합니다.

신　청　취　지

　이 사건의 피고로 ◇◇◇ (주민등록번호) {주소: ○○시 ○○구 ○○길 ○○(우편번호 ○○○-○○○)}을 추가함을 허가한다.
라는 결정을 구합니다.

신　청　이　유

　원고는 피고 ◇◇◇만을 상대로 공유물분할의 소를 제기한 바 있으나, 공유물분할청구는 분할을 구하는 공유자가 다른 모든 공유자를 공동피고로 하여야 하는 필수적 공동소송이고, 이 사건 공유물분할의 대상인 이 사건 토지는 원고 이외에 피고 ◇◇◇, 소외 ◈◈◈ 3인의 공동소유로 되어 있으므로, 피고 ◇◇◇ 이외 다른 공유자인 ◈◈◈가 이 사건 공유물분할청구의 피고로 추가되어야 하므로 민사소송법 제68조 제1항에 따라 위와 같이 신청합니다.

첨　부　서　류

　　1. 등기사항전부증명서(부동산)　　　1통
　　1. 소장부본　　　　　　　　　　　　1통
　　1. 피고추가신청서 부본　　　　　　　2통

20○○.　○.　○.

위 원고　　○○○　(서명 또는 날인)

○○지방법원 제○민사단독　귀중

제3절 소송참가

제71조(보조참가)

소송결과에 이해관계가 있는 제3자는 한 쪽 당사자를 돕기 위하여 법원에 계속중인 소송에 참가할 수 있다. 다만, 소송절차를 현저하게 지연시키는 경우에는 그러하지 아니하다.

제72조(참가신청의 방식)

① 참가신청은 참가의 취지와 이유를 밝혀 참가하고자 하는 소송이 계속된 법원에 제기하여야 한다.

② 서면으로 참가를 신청한 경우에는 법원은 그 서면을 양쪽 당사자에게 송달하여야 한다.

③ 참가신청은 참가인으로서 할 수 있는 소송행위와 동시에 할 수 있다.

제73조(참가허가여부에 대한 재판)

① 당사자가 참가에 대하여 이의를 신청한 때에는 참가인은 참가의 이유를 소명하여야 하며, 법원은 참가를 허가할 것인지 아닌지를 결정하여야 한다.

② 법원은 직권으로 참가인에게 참가의 이유를 소명하도록 명할 수 있으며, 참가의 이유가 있다고 인정되지 아니하는 때에는 참가를 허가하지 아니하는 결정을 하여야 한다.

③ 제1항 및 제2항의 결정에 대하여는 즉시항고를 할 수 있다.

제74조(이의신청권의 상실)

당사자가 참가에 대하여 이의를 신청하지 아니한 채 변론하거나 변론준비기일에서 진술을 한 경우에는 이의를 신청할 권리를 잃는다.

제75조(참가인의 소송관여)

① 참가인은 그의 참가에 대한 이의신청이 있는 경우라도 참가를 허가하지 아니하는 결정이 확정될 때까지 소송행위를 할 수 있다.

② 당사자가 참가인의 소송행위를 원용(援用)한 경우에는 참가를 허가하지 아니하는 결정이 확정되어도 그 소송행위는 효력을 가진다.

제76조(참가인의 소송행위)

① 참가인은 소송에 관하여 공격·방어·이의·상소, 그 밖의 모든 소송행위를 할 수 있다. 다만, 참가할 때의 소송의 진행정도에 따라 할 수 없는 소송행위는 그러하지 아니하다.

② 참가인의 소송행위가 피참가인의 소송행위에 어긋나는 경우에는 그 참가인의 소송행위는 효력을 가지지 아니한다.

제77조(참가인에 대한 재판의 효력)

재판은 다음 각호 가운데 어느 하나에 해당하지 아니하면 참가인에게도 그 효력이 미친다.

  1. 제76조의 규정에 따라 참가인이 소송행위를 할 수 없거나, 그 소송행위가 효력을 가지지 아니하는 때

2. 피참가인이 참가인의 소송행위를 방해한 때

3. 피참가인이 참가인이 할 수 없는 소송행위를 고의나 과실로 하지 아니한 때

제78조(공동소송적 보조참가)

재판의 효력이 참가인에게도 미치는 경우에는 그 참가인과 피참가인에 대하여 제67조 및 제69조를 준용한다.

제79조(독립당사자참가)

① 소송목적의 전부나 일부가 자기의 권리라고 주장하거나, 소송결과에 따라 권리가 침해된다고 주장하는 제3자는 당사자의 양 쪽 또는 한 쪽을 상대방으로 하여 당사자로서 소송에 참가할 수 있다.

② 제1항의 경우에는 제67조 및 제72조의 규정을 준용한다.

제80조(독립당사자참가소송에서의 탈퇴)

제79조의 규정에 따라 자기의 권리를 주장하기 위하여 소송에 참가한 사람이 있는 경우 그가 참가하기 전의 원고나 피고는 상대방의 승낙을 받아 소송에서 탈퇴할 수 있다. 다만, 판결은 탈퇴한 당사자에 대하여도 그 효력이 미친다.

제81조(승계인의 소송참가)

소송이 법원에 계속되어 있는 동안에 제3자가 소송목적인 권리 또는 의무의 전부나 일부를 승계하였다고 주장하며 제79조의 규정에 따라 소송에 참가한 경우 그 참가는 소송이 법원에 처음 계속된 때에 소급하여 시효의 중단 또는 법률상 기간준수의 효력이 생긴다.

제82조(승계인의 소송인수)

① 소송이 법원에 계속되어 있는 동안에 제3자가 소송목적인 권리 또는 의무의 전부나 일부를 승계한 때에는 법원은 당사자의 신청에 따라 그 제3자로 하여금 소송을 인수하게 할 수 있다.

② 법원은 제1항의 규정에 따른 결정을 할 때에는 당사자와 제3자를 심문(審問)하여야 한다.

③ 제1항의 소송인수의 경우에는 제80조의 규정 가운데 탈퇴 및 판결의 효력에 관한 것과, 제81조의 규정 가운데 참가의 효력에 관한 것을 준용한다.

제83조(공동소송참가)

① 소송목적이 한 쪽 당사자와 제3자에게 합일적으로 확정되어야 할 경우 그 제3자는 공동소송인으로 소송에 참가할 수 있다.

② 제1항의 경우에는 제72조의 규정을 준용한다.

제84조(소송고지의 요건)

① 소송이 법원에 계속된 때에는 당사자는 참가할 수 있는 제3자에게 소송고지(訴訟告知)를 할 수 있다.

② 소송고지를 받은 사람은 다시 소송고지를 할 수 있다.

> 제85조(소송고지의 방식)
>
> ① 소송고지를 위하여서는 그 이유와 소송의 진행정도를 적은 서면을 법원에 제출하여야 한다.
>
> ② 제1항의 서면은 상대방에게 송달하여야 한다.
>
> 제86조(소송고지의 효과)
>
> 소송고지를 받은 사람이 참가하지 아니한 경우라도 제77조의 규정을 적용할 때에는 참가할 수 있었을 때에 참가한 것으로 본다.

1. 소송참가에 대한 대법원판례

① **채권자취소의 소를 제기한 회생채권자가 보조참가를 할 수 있는지 여부(원칙적 적극)**

소송사건에서 제3자가 한쪽 당사자를 돕기 위하여 보조참가를 하려면 소송결과에 이해관계가 있어야 한다(민사소송법 제71조 참조). 해당 소송에서 판결의 효력이 직접 미치지 않는다고 하더라도 그 판결을 전제로 보조참가를 하려는 자의 법률상 지위가 결정되는 관계에 있으면 이러한 이해관계가 인정된다.

채무자가 채권자에 대한 사해행위를 한 경우에 채권자는 민법 제406조에 따라 채권자취소권을 행사할 수 있다. 그러나 채무자에 대한 회생절차가 개시된 후에는 관리인이 채무자의 재산을 위하여 부인권을 행사할 수 있다[채무자 회생 및 파산에 관한 법률(이하 '채무자회생법'이라 한다) 제100조, 제105조]. 회생채권자가 제기한 채권자취소소송이 회생절차개시 당시 계속되어 있는 때에는 소송절차는 중단되고 관리인이나 상대방이 이를 수계할 수 있고(채무자회생법 제113조, 제59조 제2항), 관리인이 기존 소송을 수계하고 부인의 소로 변경하여 부인권을 행사할 수 있다.

회생채권자가 제기한 채권자취소소송이 계속되어 있던 중 채무자에 대한 회생절차가 개시되어 관리인이 소송을 수계하고 부인의 소로 변경한 경우 소송결과가 채무자 재산의 증감에 직접적인 영향을 미치는 등 회생채권자의 법률상 지위에 영향을 미친다고 볼 수 있다. 따라서 종전에 채권자취소의 소를 제기한 회생채권자는 특별한 사정이 없는 한 소송결과에 이해관계를 갖고 있어 관리인을 돕기 위하여 보조참가를 할 수 있다*[2021. 12. 10., 자, 2021마6702, 결정]*.

② **보조참가의 요건으로서 소송 결과에 대한 '이해관계'의 의미**

특정 소송사건에서 한쪽 당사자를 보조하기 위하여 보조참가를 하려면 소송의 결과에 대하여 이해관계가 있어야 한다. 여기서 이해관계란 사실상·경제상 또는 감정상의 이해관계가 아니라 법률상의 이해관계를 말하는 것으로, 그 소송의 판결의 기판력이나 집행력을 당연히 받는 경우 또는 적어도 그 판결을 전제로 하여 보조참가를 하려는 자의 법률상 지위가 결정되는 관계에 있는 경우를 의미한다[2017. 6. 22., 선고, 2014다225809, 전원합의체 판결].

③ 채권양수인이 민사소송법 제218조 제1항에 따라 확정판결의 효력이 미치는 변론종결 후의 승계인에 해당하는지 판단하는 기준 시기(=채권양도의 대항요건이 갖추어진 때)

채권을 양수하기는 하였으나 아직 양도인에 의한 통지 또는 채무자의 승낙이라는 대항요건을 갖추지 못하였다면 채권양수인은 채무자와 사이에 아무런 법률관계가 없어 채무자에 대하여 아무런 권리주장을 할 수 없고, 양도인이 채무자에게 채권양도통지를 하거나 채무자가 이를 승낙하여야 채무자에게 채권양수를 주장할 수 있다. 이에 따라 채권양수인이 소송계속 중의 승계인이라고 주장하며 참가신청을 한 경우에, 채권자로서의 지위의 승계가 소송계속 중에 이루어진 것인지 여부는 채권양도의 합의가 이루어진 때가 아니라 대항요건이 갖추어진 때를 기준으로 판단하는 것과 마찬가지로, 채권양수인이 민사소송법 제218조 제1항에 따라 확정판결의 효력이 미치는 변론종결 후의 승계인에 해당하는지 여부 역시 채권양도의 합의가 이루어진 때가 아니라 대항요건이 갖추어진 때를 기준으로 판단하여야 한다[대법원 2020. 9. 3., 선고, 2020다210747, 판결].

④ 보조참가에 대하여 당사자가 이의를 신청한 경우 법원이 이에 대하여 결정이 아닌 종국판결로써 심판하는 것이 위법한지 여부(소극)

당사자가 보조참가에 대하여 이의를 신청한 때에는, 법원은 참가를 허가할 것인지 아닌지를 결정하여야 하고, 다만 이를 결정이 아닌 종국판결로써 심판하였더라도 위법한 것은 아니다[2007. 11. 16., 선고, 2005두15700, 판결].

⑤ 보조참가인의 재심청구 당시 피참가인인 재심청구인이 이미 사망하여 당사자능력이 없는 경우, 보조참가인의 재심청구가 허용되는지 여부(원칙적 소극)

통상의 보조참가인은 참가 당시의 소송상태를 전제로 피참가인을 보조하기 위하여 참가하는 것이므로 참가할 때의 소송 진행정도에 따라 피참가인이 할 수 없는 행위는 할 수 없다(민사소송법 제76조 제1항 단서 참조). 공동소송적 보조참가인도 원래 당사자가 아니라 보조참가인이므로 위와 같은 점에서는 통상의 보조참가인과 마찬가지이다.

판결 확정 후 재심사유가 있을 때에는 보조참가인이 피참가인을 보조하기 위하여 보조참가신청과 함께 재심의 소를 제기할 수 있다. 그러나 보조참가인의 재심청구 당시 피참가인인 재심청구인이 이미 사망하여 당사자능력이 없다면, 이를 허용하는 규정 등이 없는 한 보조참가인의 재심청구는 허용되지 않는다. 이는 신분관계에 관한 소송에서 소송의 상대방이 될 자가 존재하지 않는 경우 이해관계인들의 이익을 위하여 공익의 대표자인 검사를 상대방으로 삼아 소송을 할 수 있도록 하는 경우(민법 제849조, 제864조, 제865조, 가사소송법 제24조 제3항, 제4항, 대법원 1992. 5. 26. 선고 90므1135 판결)와는 구별된다[2018. 11. 29., 선고, 2018므14210, 판결].

⑥ 독립당사자참가인이 수 개의 청구를 병합하여 독립당사자참가를 하는 경우, 각 청구별로 독립당사자참가의 요건을 갖추어야 하는지 여부(적극)

독립당사자참가 중 민사소송법 제79조 제1항 전단의 권리주장참가를 하기 위해서는, 독립당사자참가인은 우선 참가하려는 소송의 당사자 양쪽 또는 한쪽을 상대방으로 하여 원고의 본소 청구와 양립할 수 없는 청구를 하여야 하고 그 청구는 소의 이익을 갖추는 외에 그 주장 자체에 의하여 성립할 수 있음을 요하며, 민사소송법 제79조 제1항 후단의 사해방지참가는 본소의 원고와 피고가 당해 소송을 통하여 독립당사자참가인을 해할 의사를 가지고 있다고 객관적으로 인정되고 그 소송의 결과 독립당사자참가인의 권리 또는 법률상 지위가 침해될 우려가 있다고 인정되는 경우에 허용된다. 독립당사자참가인이 수 개의 청구를 병합하여 독립당사자참가를 하는 경우에는 각 청구별로 독립당사자참가의 요건을 갖추어야 하고, 편면적 독립당사자참가가 허용된다고 하여, 참가인이 독립당사자참가의 요건을 갖추지 못한 청구를 추가하는 것을 허용하는 것은 아니다[2022. 10. 14., 선고, 2022다241608, 241615, 판결].

2. 소송참가에 대한 서식

[서식 ①] 독립당사자참가신청서(권리주장참가, 편면참가)

독 립 당 사 자 참 가 신 청 서

사　　건　20○○가합○○ 건물명도

원　　고　○○○
　　　　　　○○시 ○○구 ○○길 ○○(우편번호 ○○○○○)

피　　고　◇◇◇
　　　　　　○○시 ○○구 ○○길 ○○(우편번호 ○○○○○)

독립당사자참가인　◎◎◎ (주민등록번호)
　　　　　　○○시 ○○구 ○○길 ○○(우편번호 ○○○○○)
　　　　　　전화.휴대폰번호:
　　　　　　팩스번호, 전자우편(e-mail)주소:

　위 사건에 관하여 독립당사자참가인은 아래와 같이 당사자로서 소송에 참가합니다.

청 구 취 지

1. 피고는 독립당사자참가인에게 금 ○○○원을 지급하라.
2. 소송비용 중 참가로 인한 부분은 원고와 피고가 부담한다.
3. 제1항은 가집행 할 수 있다.
라는 판결을 구합니다.

청 구 원 인

1. 원고는 피고에게 20○○. ○. ○○. 금 ○○○원을 대여하였으나, 그 후 원고는 20○○. ○. ○○. 독립당사자참가인에게 위 대여금 채권을 양도하고 그 다음 날 피고에게 그 취지의 통지를 하였습니다.
2. 그렇다면 피고는 독립당사자참가인에게 위 양수금을 지급할 의무가 있다고 할 것인바, 오히려 원고는 여전히 자신이 대여금 채권자라고 주장하면서 피고를 상대로 위 금액의 지급을 청구하고 있으나, 이 사건 소송목적의 전부는 독립당사자참가인의 권리이므로, 독립당사자참가인은 피고에 대하여 위 금액의 지급을 청구하는 것입니다.

입 증 방 법

1. 병 제1호증   채권양도양수계약서
1. 병 제2호증   내용증명

첨 부 서 류

1. 위 입증방법   각 2통
1. 신청서부본   2통
1. 송달료납부서   1통

20○○.   ○.   ○.
위 독립당사자참가인 ◎◎◎ (서명 또는 날인)

○○지방법원 제○민사부 귀중

[서식 ②] 독립당사자참가신청서(권리주장참가, 쌍면참가)

독 립 당 사 자 참 가 신 청 서

사　　건　20○○가합○○　동산인도

원　　고　○○○ (주민등록번호)

　　　　　○○시 ○○구 ○○길 ○○(우편번호 ○○○○○)

피　　고　◇◇주식회사

　　　　　○○시 ○○구 ○○길 ○○(우편번호 ○○○○○)

　　　　　대표이사　◈◈◈

독립당사자참가인　◎◎◎ (주민등록번호)

　　　　　○○시 ○○구 ○○길 ○○(우편번호 ○○○○○)

　　　　　전화.휴대폰번호:

　　　　　팩스번호, 전자우편(e-mail)주소:

　위 사건에 관하여 독립당사자참가인은 아래와 같이 당사자로서 소송에 참가합니다.

청 구 취 지

1. 원고와 독립당사자참가인 사이에서 별지 목록 기재 동산이 독립당사자참가인의 소유임을 확인한다.
2. 피고는 독립당사참가인에게 별지 목록 기재 동산을 인도하라.
3. 소송비용 중 참가로 인한 부분은 원고와 피고가 부담한다.
4. 제2항은 가집행할 수 있다.

라는 판결을 구합니다.

참가이유 및 청구원인

1. 독립당사자참가인은 피고로부터 별지목록 기재 동산 등을 20○○. ○. ○○.에 양도담보로 제공받고 동 피고에게 금 ○○○원을 대출한 바 있습니다.
2. 그런데 피고는 위 대출금을 약정상환기일인 20○○. ○. ○.이 이미 경과하였음에도 불구하고 아직까지 위 대출원리금을 상환을 하지 않고 있습니다.
3. 그렇다면 별지 목록 기재 동산은 독립당사자참가인의 소유라고 할 것인바, 오히려 원고는 위 동산이 자신의 소유라고 주장하면서 피고를 상대로 위 동산의 인도

를 청구하고 있으나, 이 사건 소송목적의 전부는 독립당사자참가인의 권리이므로, 독립당사자참가인은 원고에 대하여 별지목록 기재 동산은 참가인의 소유임의 확인을 구함과 아울러 피고에 대하여 별지목록 기재 동산의 인도를 청구하는 것입니다.

입 증 방 법

1. 병 제1호증   양도담보계약서

첨 부 서 류

1. 위 입증방법   2통
1. 독립당사자참가신청서 부본   2통
1. 송달료납부서   1통

20○○. ○. ○.

위 독립당사자참가인 ◎◎◎ (서명 또는 날인)

○○지방법원 제○민사부 귀중

[별 지]

물 건 목 록

1. 물건명 : 면직기
   수량   : 3대
   제작회사 : ◉◉정밀
   소재지 : ○○시 ○○구 ○○길 ○○. 끝.

독 립 당 사 자 참 가 신 청 서

사　　건　　20○○가합○○　소유권이전등기말소
원　　고　　○○○ (주민등록번호)
　　　　　　　○○시 ○○구 ○○길 ○○
피　　고　　◇◇◇ (주민등록번호)
　　　　　　○○시 ○○구 ○○길 ○○
독립당사자참가인: ◎◎◎ (주민등록번호)
　　　　　　　　　○○시 ○○구 ○○길 ○○

　위 사건에 관하여 독립당사자참가인은 아래와 같이 당사자로서 소송에 참가합니다.

청 구 취 지

1. 원고와 독립당사자참가인 사이에서 별지 목록 기재 부동산이 피고의 소유임을 확인한다.
2. 피고는 원고에게 금 ○○○원을 지급하라.
3. 소송비용 중 참가로 인한 부분은 원고와 피고가 부담한다.
4. 제2항은 가집행 할 수 있다.
라는 판결을 구합니다.

참가이유 및 청구원인

1. 피고는 20○○. ○. ○. 자신의 친구인 원고로부터 별지 목록 기재 부동산을 매수하여 소유하고 있으며, 독립당사자참가인은 피고에게 2○○○. ○. ○. 금 ○○○원을 대여하였습니다.
2. 그런데 원고는 피고 명의로 마쳐진 소유권이전등기가 무효이어서 말소되어야 한다고 허위의 주장을 하면서 이 사건 소를 제기하였고, 피고 역시 위 주장을 다투지 아니하고 있습니다.
3. 그렇다면, 원고와 피고는 이 사건 소송을 통하여 이 사건 부동산에 관한 강제집행을 면함으로써 독립당사자참가인을 해할 의사를 갖고 있다고 할 것입니다.
4. 이에 독립당사자참가인은, 이 사건 본소가 인용될 경우 독립당사자참가인은 강제

집행할 재산이 없게 되어, 이 사건 소송결과에 따라 권리가 침해될 지위에 있으므로, 원고에 대하여 별지목록 기재 부동산은 피고의 소유임의 확인을 구함과 아울러 피고에 대하여 위 차용금의 지급을 청구하는 것입니다.

입 증 방 법

1. 병 제1호증 차용증

첨 부 서 류

1. 위 입증방법   각 2통
1. 신청서부본   2통
1. 송달료 납부서   1통

20○○.   ○.   ○.
위 독립당사자참가인   ◎◎◎ (서명 또는 날인)

○○지방법원 제○민사부 귀중

[별 지]

부동산의 표시

○○시 ○○구 ○○길 ○○ 지상 적벽돌조 기와지붕 단층주택 ○○㎡. 끝.

[서식 ④] 독립당사자참가신청 취하서

독립당사자참가신청취하서

사　　　　　건　　20○○가합○○　　소유권이전등기
원　　　　　고　　○○○
피　　　　　고　　◇◇◇
독립당사자참가인　　◎◎◎

　위 사건에 관하여 독립당사자참가인은 이 사건 독립당사자참가신청 전부를 취하합니다.

첨　부　서　류

　1. 독립당사자참가신청취하서 부본　　　　　　　　2통

　　　　　　　20○○.　　○.　　○.
　　　　　　　위 독립당사자참가인　　◎◎◎ (서명 또는 날인)

○○지방법원 제○민사부　귀중

소 송 인 수 참 가 신 청 서

사　　　　건　20○○가합○○　청구이의
원　　　　고　○○○
피　　　　고　◇◇◇
피인수신청인　◇◇◇ (주민등록번호)
　　　　　　　○○시 ○○구 ○○길 ○○(우편번호 ○○○○○)
　　　　　　　전화.휴대폰번호:
　　　　　　　팩스번호, 전자우편(e-mail)주소:

　위 사건에 관하여 원고는 다음과 같이 피인수신청인으로 하여금 이 사건 소송을 인수하게 하여 줄 것을 신청합니다.

신 청 취 지

피인수신청인은 피고를 위하여 이 사건 소송 중 금 10,000,000원 청구 부분을 인수한다.
라는 재판을 구합니다.

신 청 이 유

1. 피고는 이 사건 소송계속중 이 사건 청구이의의 대상인 물품대금(판결금) 채권 중 10,000,000원을 피인수신청인에게 양도하고 원고에게 그 취지의 통지를 하였습니다.
2. 그렇다면 피인수신청인은 소송목적인 의무의 일부를 승계하였다고 할 것이므로, 원고는 피인수신청인에게 이 사건 소송 중 위 승계부분을 인수하게 하도록 하기 위하여 이 신청에 이른 것입니다.

첨 부 서 류

　1. 소송인수참가신청서 부본　　　　　2통

20○○.　○.　○.

위 원고   ○○○ (서명 또는 날인)

○○지방법원 제○민사부   귀중

소 송 인 수 참 가 신 청 서

사　　　　　건　　20○○가합○○　건물명도
원　　　　　고　　○○○
피　　　　　고　　◇◇◇
피인수신청인　　◇◇◇ (주민등록번호)
　　　　　　　　○○시 ○○구 ○○길 ○○(우편번호 ○○○○○)
　　　　　　　　전화.휴대폰번호:
　　　　　　　　팩스번호, 전자우편(e-mail)주소:

　위 사건에 관하여 원고는 다음과 같이 피인수신청인으로 하여금 이 사건 소송을 인수하게 하여 줄 것을 신청합니다.

신 청 취 지

　피인수신청인은 피고를 위하여 이 사건 소송을 인수한다.
라는 재판을 구합니다.

신 청 이 유

1. 피고는 이 사건 소송계속 중 원고 소유의 이 사건 지상 건물의 점유권을 피인수신청인에게 양도하였습니다.

2. 그렇다면 피인수신청인은 소송목적인 의무의 전부를 승계하였다고 할 것이므로, 원고는 이 신청에 이른 것입니다.

첨 부 서 류

1. 소송인수참가신청서 부본　　　　　　　　　2통

　　　　　　　　　　20○○.　○.　○.
　　　　　　　　　　위 원고　○○○ (서명 또는 날인)
○○지방법원 제○민사부　귀중

소 송 인 수 참 가 신 청 서

사   건   20○○가합○○   청구이의

원   고   ○○○

피   고   ◇◇◇

피인수신청인   ◇◇◇ (주민등록번호)

　　　　　　　　○○시 ○○구 ○○길 ○○(우편번호 ○○○○○)

　　　　　　　　전화.휴대폰번호:

　　　　　　　　팩스번호, 전자우편(e-mail)주소:

　위 사건에 관하여 피고는 다음과 같이 피인수신청인으로 하여금 이 사건 소송을 인수하게 하여 줄 것을 신청합니다.

신 청 취 지

피인수신청인은 원고를 위하여 이 사건 소송을 인수한다.

라는 재판을 구합니다.

신 청 이 유

1. 원고는 이 사건 소송계속중 이 사건 물품대금을 피인수신청인에게 양도하고 피고에게 그 취지의 통지를 하였습니다.

2. 그렇다면 피인수신청인은 소송목적인 권리의 전부를 승계하였다고 할 것이나, 피인수신청인이 이 사건 소송을 승계하지 아니하고 있으므로, 원고는 피인수신청인에게 이 사건 소송을 인수하도록 하기 위하여 이 신청에 이른 것입니다.

첨 부 서 류

　1. 소송인수참가신청서 부본　　　　2통

　　　　　　　　20○○.　　○.　　○.

　　　　　　　　위 피고　○○○ (서명 또는 날인)

○○지방법원 제○민사부　귀중

소 송 고 지 신 청 서

사　　건　　20○○가단○○○　손해배상(자)
원　　고　　○○○
피　　고　　◇◇◇

　위 사건에 관하여, 피고는 별첨 소송고지서와 같이 소송고지를 하여 줄 것을 민사소송법 제84조 제1항에 의하여 신청합니다.

첨 부 서 류

　1. 소송고지서　　　　　　　　　　　　2통

　　　　　　　　　　　20○○.　○.　○.
　　　　　　　　　　위 피고　　◇◇◇　(서명 또는 날인)

○○지방법원 제○○민사단독　귀중

[별 첨]

소 송 고 지 서

고지인(피고)　◇◇◇
　　　　　　　○○시 ○○구 ○○길 ○○ (우편번호 ○○○○○)
피고지인　　　◆◆◆ (주민등록번호)
　　　　　　　○○시 ○○구 ○○길 ○○ (우편번호 ○○○○○)

　고지인(피고)은 다음과 같이 피고지인에게 소송의 고지를 합니다.

1. 고지할 소송의 표시
　가. 소송이 계류된 법원 : ○○지방법원
　나. 사건번호.사건명 : 20○○가단○○○　손해배상(자)
　다. 당사자 : 원　　　고　　○○○
　　　　　　　　　　　　○○시 ○○구 ○○길 ○○

　　　　　　　　피고(고지인)　　◇◇◇

　　　　　　　　　　　　○○시 ○○구 ○○길 ○○

　라. 청구취지

　　① 피고는 원고에게 금○○○원 및 이에 대하여 20○○. ○. ○.부터 이 사건

　　　　소장부본 송달일까지는 연 5%, 그 다음날부터 다 갚을 때까지는 연 25%

　　　　의 각 비율에 의한 돈을 지급하라.

　　② 소송비용은 피고의 부담으로 한다.

　　③ 제1항은 가집행 할 수 있다.

　마. 청구원인

　　　원고는 20○○. ○. ○. ○○:○○경 ○○시 ○○구 ○○길 ○○소재 노상에서 3

　　　차로 중 1차로 진행중········ 이하생략.

2. 고지의 이유

　고지인(피고)은 원고로부터 위 교통사고와 관련하여 손해배상(자)청구의 소송을 받

고 있는데, 고지인과 피고지인은 공동과실에 의하여 원고에게 이 사건 교통사고로

인한 손해를 가한 공동불법행위자이므로, 피고가 이 사건에서 손해배상을 원고에게

하여 주게 된다면, 피고가 지급함으로써 공동면책된 부분 중 피고지인의 과실비율

에 따른 부담부분에 대하여 피고지인에 대하여 구상을 청구할 사정에 있습니다.

따라서 이 사건 소송을 고지하는 것입니다.

3. 소송의 정도

　고지인(피고)은 위 소송에 관하여,

가. 소장부본 및 응소안내서를 20○○. ○. ○○. 수령하였으며,

나. 제1회 변론기일에 위 법원 제2호 법정에 출석하여 원고청구의 기각을 구하고,

　　원고주장사실 가운데 이 사건 교통사고사실과 원고의 상해사실만 인정하고 나

　　머지 주장사실은 부인하는 답변을 하였다.

다. 다음 제2회 변론기일은 20○○. ○. ○○. ○○시로 지정되어 있다.

라. 원고는 증인 ◉◉◉를 신청하였다.

　　　　　　　　　　20○○.　　○.　　○.

　　　　　　　　　위 고지인(피고)　　◇◇◇　(서명 또는 날인)

제4절 소송대리인

제87조(소송대리인의 자격)

법률에 따라 재판상 행위를 할 수 있는 대리인 외에는 변호사가 아니면 소송대리인이 될 수 없다.

제88조(소송대리인의 자격의 예외)

① 단독판사가 심리·재판하는 사건 가운데 그 소송목적의 값이 일정한 금액 이하인 사건에서, 당사자와 밀접한 생활관계를 맺고 있고 일정한 범위안의 친족관계에 있는 사람 또는 당사자와 고용계약 등으로 그 사건에 관한 통상사무를 처리·보조하여 오는 등 일정한 관계에 있는 사람이 법원의 허가를 받은 때에는 제87조를 적용하지 아니한다.

② 제1항의 규정에 따라 법원의 허가를 받을 수 있는 사건의 범위, 대리인의 자격 등에 관한 구체적인 사항은 대법원규칙으로 정한다.

③ 법원은 언제든지 제1항의 허가를 취소할 수 있다.

제89조(소송대리권의 증명)

① 소송대리인의 권한은 서면으로 증명하여야 한다.

② 제1항의 서면이 사문서인 경우에는 법원은 공증인, 그 밖의 공증업무를 보는 사람(이하 "공증사무소"라 한다)의 인증을 받도록 소송대리인에게 명할 수 있다.

③ 당사자가 말로 소송대리인을 선임하고, 법원사무관등이 조서에 그 진술을 적어 놓은 경우에는 제1항 및 제2항의 규정을 적용하지 아니한다.

제90조(소송대리권의 범위)

① 소송대리인은 위임을 받은 사건에 대하여 반소(反訴)·참가·강제집행·가압류·가처분에 관한 소송행위 등 일체의 소송행위와 변제(辨濟)의 영수를 할 수 있다.

② 소송대리인은 다음 각호의 사항에 대하여는 특별한 권한을 따로 받아야 한다.

  1. 반소의 제기

  2. 소의 취하, 화해, 청구의 포기·인낙 또는 제80조의 규정에 따른 탈퇴

  3. 상소의 제기 또는 취하

  4. 대리인의 선임

제91조(소송대리권의 제한)

소송대리권은 제한하지 못한다. 다만, 변호사가 아닌 소송대리인에 대하여는 그러하지 아니하다.

제92조(법률에 의한 소송대리인의 권한)

법률에 의하여 재판상 행위를 할 수 있는 대리인의 권한에는 제90조와 제91조의 규정을 적용하지 아니한다.

제93조(개별대리의 원칙)

① 여러 소송대리인이 있는 때에는 각자가 당사자를 대리한다.

② 당사자가 제1항의 규정에 어긋나는 약정을 한 경우 그 약정은 효력을 가지지 못한다.

제94조(당사자의 경정권)

소송대리인의 사실상 진술은 당사자가 이를 곧 취소하거나 경정(更正)한 때에는 그 효력을 잃는다.

제95조(소송대리권이 소멸되지 아니하는 경우)

다음 각호 가운데 어느 하나에 해당하더라도 소송대리권은 소멸되지 아니한다.

1. 당사의 사망 또는 소송능력의 상실
2. 당사자인 법인의 합병에 의한 소멸
3. 당사자인 수탁자(受託者)의 신탁임무의 종료
4. 법정대리인의 사망, 소송능력의 상실 또는 대리권의 소멸 · 변경

제96조(소송대리권이 소멸되지 아니하는 경우)

① 일정한 자격에 의하여 자기의 이름으로 남을 위하여 소송당사자가 된 사람에게 소송대리인이 있는 경우에 그 소송대리인의 대리권은 당사자가 자격을 잃더라도 소멸되지 아니한다.

② 제53조의 규정에 따라 선정된 당사자가 그 자격을 잃은 경우에는 제1항의 규정을 준용한다.

제97조(법정대리인에 관한 규정의 준용)

소송대리인에게는 제58조제2항 · 제59조 · 제60조 및 제63조의 규정을 준용한다.

1. 소송대리인 선임

1-1. 원칙

법률에 따라 재판상 행위를 할 수 있는 대리인 외에는 변호사가 아니면 소송대리인이 될 수 없습니다(민사소송법 제87조).

1-2. 예외

① 단독판사가 심리·재판하는 사건으로서 다음의 어느 하나에 해당하는 사건에서는 변호사가 아닌 사람도 법원의 허가를 받아 소송대리인이 될 수 있습니다(민사소송규칙 제15조 제1항).

② 다음의 어느 하나에 해당하는 사건(민사 및 가사소송의 사물관할에 관한 규칙 제2조 단서)

   1. 수표금·약속어음금 청구사건
   2. 은행·농업협동조합·수산업협동조합·축산업협동조합·산림조합·신용협동조합·신용보증기금·기술신용보증기금·지역신용보증재단·새마을금고·상호저축은행·종합금융회사·시설대여회사·보험회사·신탁회사·증권회사·신용카드회사·할부금융회사 또는 신기술사업금융회사가 원고인 대여금·구상금·보증금 청구사건
   3. 「자동차손해배상 보장법」에서 정한 자동차·원동기장치자전거·철도차량의 운행 및 근로자의 업무상재해로 인한 손해배상 청구사건과 이에 관한 채무부존재확인사건
   4. 단독판사가 심판할 것으로 합의부가 결정한 사건

③ 위의 사건 외의 사건으로서 다음 어느 하나에 해당하지 않는 사건(민사소송규칙 제15조 제1항 제2호)

   1. 소송목적의 값이 소송 제기 당시 또는 청구취지 확장(변론의 병합 포함) 당시 1억원을 넘는 소송사건
   2. 위의 1. 의 사건을 본안으로 하는 신청사건 및 이에 부수하는 신청사건(다만, 압류·다툼의 대상에 관한 가처분 신청사건 및 이에 부수하는 신청사건은 제외)

④ 법원의 허가를 받아 소송대리인이 될 수 있는 사람은 다음 중 어느 하나에 해당해야 합니다(민사소송규칙 제15조 제2항).

   - 당사자의 배우자 또는 4촌 안의 친족으로서 당사자와의 생활관계에 비추어 상당하다고 인정되는 경우
   - 당사자와 고용, 그 밖에 이에 준하는 계약관계를 맺고 그 사건에 관한 통상사무

를 처리·보조하는 사람으로서 그 사람이 담당하는 사무와 사건의 내용 등에 비추어 상당하다고 인정되는 경우
- 법원이 소송대리 허가를 한 후 사건이 다음의 어느 하나에 해당하게 된 때에는 법원은 허가를 취소하고 당사자 본인에게 통지를 해야 합니다(민사소송규칙 제15조 제4항 및 제1항 제2호).

1. 소송목적의 값이 소송 제기 당시 또는 청구취지 확장(변론의 병합 포함) 당시 1억원을 초과한 소송사건
2. 위의 1.의 사건을 본안으로 하는 신청사건 및 이에 부수하는 신청사건(다만, 가압류·다툼의 대상에 관한 가처분 신청사건 및 이에 부수하는 신청사건은 제외)
3. 재산권에 관한 소(訴)로서 그 소송목적의 값을 계산할 수 없는 것과 비(非)재 산권을 목적으로 하는 소송(민사소송 등 인지법 제2조 제4항)
⑤ 다만, 위의 1.과 2.의 경우 「민사 및 가사소송의 사물관할에 관한 규칙」 제2조 단서 각 호의 어느 하나에 해당하는 사건은 제외됩니다(민사소송규칙 제15조 제4항).

2. 소송대리인에 대한 대법원판례

① 변리사법 제8조에 의하여 변리사에게 허용되는 소송대리의 범위(=특허심판원의 심결에 대한 심결취소소송)

민사소송법 제87조는 "법률에 따라 재판상 행위를 할 수 있는 대리인 외에는 변호사가 아니면 소송대리인이 될 수 없다"라고 정하여 이른바 변호사 소송대리의 원칙을 선언하고 있다. 한편 변리사법 제2조는 "변리사는 특허청 또는 법원에 대하여 특허, 실용신안, 디자인 또는 상표에 관한 사항을 대리하고 그 사항에 관한 감정과 그 밖의 사무를 수행하는 것을 업으로 한다"고 정하는데, 여기서 '특허, 실용신안, 디자인 또는 상표에 관한 사항'이란 특허·실용신안·디자인 또는 상표(이하 '특허 등'이라고 줄여 부른다)의 출원·등록, 특허 등에 관한 특허심판원의 각종 심판 및 특허심판원의 심결에 대한 심결취소소송을 의미한다. 따라서 "변리사는 특허, 실용신안, 디자인 또는 상표에 관한 사항의 소송대리인이 될 수 있다"고 정하는 변리사법 제8조에 의하여 변리사에게 허용되는 소송대리의 범위 역시 특허심판원의 심결에 대한 심결취소소송으로 한정되고, 현행법상 특허 등의 침해를 청구원인으로 하는 침해금지청구 또는 손해배상청구 등과 같은 민사사건에서 변리사의

소송대리는 허용되지 아니한다[2012. 10. 25., 선고, 2010다108104, 판결].

② 임의적 소송신탁이 허용되는 경우

재산권에 관한 소송에서 소송물인 권리 또는 법률관계에 관한 관리처분권을 가지는 권리주체가 관련 소송을 제3자에게 위임하여 하게 하는 것은 임의적 소송신탁에 해당하므로 원칙적으로 허용되지 않는다. 다만 민사소송법 제87조가 정한 변호사대리의 원칙이나 신탁법 제6조가 정한 소송신탁의 금지 등을 회피하기 위한 탈법적인 것이 아니고, 이를 인정할 합리적인 이유와 필요가 있는 경우에는 예외적·제한적으로 허용될 수 있다[2016. 12. 15., 선고, 2014다87885, 87892, 판결].

③ 무권대리인의 촉탁에 의하여 작성된 공정증서가 집행권원으로서의 효력이 있는지 여부(소극)

공정증서가 집행권원으로서 집행력을 가질 수 있도록 하는 집행인낙의 표시는 공증인에 대한 소송행위이므로, 무권대리인의 촉탁에 의하여 공정증서가 작성된 때에는 집행권원으로서의 효력이 없고, 이러한 공정증서에 기초하여 채권압류 및 전부명령이 발령되어 확정되었더라도 채권압류 및 전부명령은 무효인 집행권원에 기초한 것으로서 강제집행의 요건을 갖추지 못하여 실체법상 효력이 없다. 따라서 제3채무자는 채권자의 전부금 지급청구에 대하여 그러한 실체법상의 무효를 들어 항변할 수 있다[2016. 12. 29., 선고, 2016다22837, 판결].

④ 소송대리인이 상소 제기에 관한 특별한 권한을 따로 받은 경우, 소송대리인이 상소장에 인지를 붙이지 않은 흠을 보정할 수 있는지 여부(원칙적 적극)

소송대리권의 범위는 원칙적으로 해당 심급에 한정되지만, 소송대리인이 상소 제기에 관한 특별한 권한을 따로 받았다면 특별한 사정이 없는 한 상소장을 제출할 권한과 의무가 있으므로, 상소장에 인지를 붙이지 않은 흠이 있다면 소송대리인은 이를 보정할 수 있고 원심 재판장도 소송대리인에게 인지의 보정을 명할 수 있다[2020. 6. 25., 선고, 2019다292026, 292033, 292040, 판결].

⑤ 당사자가 사망하였으나 소송대리인이 있어 소송절차가 중단되지 아니한 경우, 판결이 상속인들 전원에 대하여 효력이 있는지 여부(적극)

당사자가 사망하였으나 소송대리인이 있는 경우에는 소송절차가 중단되지 아니하고(민사소송법 제238조, 제233조 제1항), 소송대리인은 상속인들 전원을 위하여 소송을 수행하게 되며, 판결은 상속인들 전원에 대하여 효력이 있다. 이 경우 심급대리의 원칙상 판결정본이 소송대리인에게 송달되면 소송절차가 중단되므로 항소는 소송수계절차를 밟은 다음에 제기하는 것이 원칙이다. 다만 제1심 소송대리인이 상소제기에 관한 특별수권이 있어 상소를 제기하였다면 상소제기 시부터 소송절차가 중단되므로 항소심에서 소송수계절차를 거치면 된다[2016. 4. 29., 선고, 2014다210449, 판결].

⑥ **당사자에게 여러 소송대리인이 있는 경우 항소기간 기산점(=소송대리인 중 1인에게 최초로 판결정본이 송달되었을 때)**

민사소송의 당사자는 민사소송법 제396조 제1항에 의하여 판결정본이 송달된 날부터 2주 이내에 항소를 제기하여야 한다. 한편 당사자에게 여러 소송대리인이 있는 때에는 민사소송법 제93조에 의하여 각자가 당사자를 대리하게 되므로, 여러 사람이 공동으로 대리권을 행사하는 경우 그 중 한 사람에게 송달을 하도록 한 민사소송법 제180조가 적용될 여지가 없어 법원으로서는 판결정본을 송달함에 있어 여러 소송대리인에게 각각 송달을 하여야 하지만, 그와 같은 경우에도 소송대리인 모두 당사자 본인을 위하여 소송서류를 송달받을 지위에 있으므로 당사자에 대한 판결정본 송달의 효력은 결국 소송대리인 중 1인에게 최초로 판결정본이 송달되었을 때 발생한다. 따라서 당사자에게 여러 소송대리인이 있는 경우 항소기간은 소송대리인 중 1인에게 최초로 판결정본이 송달되었을 때부터 기산된다[2011. 9. 29., 자, 2011마1335, 결정].

⑦ **당사자가 소송대리인에게 소송위임을 한 다음 소 제기 전 사망하였는데 소송대리인이 이를 모르고 사망한 당사자를 원고로 표시하여 소를 제기한 경우, 소 제기가 적법한지 여부(적극)**

당사자가 사망하더라도 소송대리인의 소송대리권은 소멸하지 아니하므로(민사소송법 제95조 제1호), 당사자가 소송대리인에게 소송위임을 한 다음 소 제기 전에 사망하였는데 소송대리인이 당사자가 사망한 것을 모르고 당사자를 원고로 표시하여 소를 제기하였다면 소의 제기는 적법하고, 시효중단 등 소 제기의 효력은 상속인들에게 귀속된다. 이 경우 민사소송법 제233조 제1항이 유추적용되어 사망한 사람의 상속인들은 소송절차를 수계하여야 한다[2016. 4. 29., 선고, 2014다210449, 판결].

⑧ 전수탁자가 파산선고를 받아 임무가 종료되었으나 소송대리인이 있어 소송절차가 중단되지 아니하는 경우

신탁으로 말미암은 수탁자의 위탁임무가 끝난 때에 소송절차는 중단되고, 이 경우 새로운 수탁자가 소송절차를 수계하여야 하지만(민사소송법 제236조), 소송대리인이 있는 경우에는 소송절차가 중단되지 아니하고(민사소송법 제238조), 소송대리권도 소멸하지 아니한다(민사소송법 제95조 제3호). 따라서 전수탁자가 파산의 선고를 받아 임무가 종료되었으나 소송대리인이 있어서 소송절차가 중단되지 아니하는 경우에는 원칙적으로 소송수계의 문제가 발생하지 아니하고, 소송대리인은 당사자 지위를 당연승계하는 신수탁자를 위하여 소송을 수행하게 되는 것이며, 그 사건의 판결은 신수탁자에 대하여 효력이 있다. 이때 신수탁자로 당사자의 표시를 정정하지 아니한 채 전수탁자를 그대로 당사자로 표시하여도 무방하며, 신탁재산에 대한 관리처분권이 없는 자를 신당사자로 잘못 표시하였다고 하더라도 그 표시가 전수탁자의 소송수계인 등 신탁재산에 대한 관리처분권을 승계한 자임을 나타내는 문구로 되어 있으면 잘못 표시된 당사자에 대하여는 판결의 효력이 미치지 아니하고 여전히 정당한 관리처분권을 가진 신수탁자에 대하여 판결의 효력이 미친다*[2014. 12. 24., 선고, 2012다74304, 판결]*.

⑨ 당사자가 사망하였으나 그를 위한 소송대리인이 있어 소송절차가 중단되지 않는 경우

민사소송법 제95조 제1호, 제238조에 따라 소송대리인이 있는 경우에는 당사자가 사망하더라도 소송절차가 중단되지 않고 소송대리인의 소송대리권도 소멸하지 아니하는바, 이때 망인의 소송대리인은 당사자 지위의 당연승계로 인하여 상속인으로부터 새로이 수권을 받을 필요 없이 법률상 당연히 상속인의 소송대리인으로 취급되어 상속인들 모두를 위하여 소송을 수행하게 되는 것이고, 당사자가 사망하였으나 그를 위한 소송대리인이 있어 소송절차가 중단되지 않는 경우에 비록 상속인으로 당사자의 표시를 정정하지 아니한 채 망인을 그대로 당사자로 표시하여 판결하였다고 하더라도 그 판결의 효력은 망인의 소송상 지위를 당연승계한 상속인들 모두에게 미치는 것이므로, 망인의 공동상속인 중 소송수계절차를 밟은 일부만을 당사자로 표시한 판결 역시 수계하지 아니한 나머지 공동상속인들에게도 그 효력이 미친다*[2010. 12. 23., 선고, 2007다22859, 판결]*.

⑩ 당사자가 사망하였으나 그를 위한 소송대리인이 있어서 소송절차가 중단되지 않는 경우, 망인의 공동상속인 중 소송수계절차를 밟은 일부만을 당사자로 표시한 판결의 효력이 나머지 공동상속인에게도 미치는지 여부(적극)

유언자가 자신의 재산 전부 또는 전 재산의 비율적 일부가 아니라 단지 일부 재산을 특정하여 유증한 데 불과한 특정유증의 경우에는, 유증 목적인 재산은 일단 상속재산으로서 상속인에게 귀속되고 유증을 받은 자는 단지 유증의무자에 대하여 유증을 이행할 것을 청구할 수 있는 채권을 취득하게 될 뿐이므로(대법원 2003. 5. 27. 선고 2000다73445 판결 참조), 유증자가 사망한 경우 그의 소송상 지위도 일단 상속인에게 당연승계되는 것이고 특정유증을 받은 자가 이를 당연승계할 여지는 없다. 그리고 민사소송법 제95조 제1호, 제238조에 따라 소송대리인이 있는 경우에는 당사자가 사망하더라도 소송절차가 중단되지 않고 소송대리인의 소송대리권도 소멸하지 아니하는바, 이때 망인의 소송대리인은 당사자 지위의 당연승계로 인하여 상속인으로부터 새로이 수권을 받을 필요 없이 법률상 당연히 상속인의 소송대리인으로 취급되어 상속인들 전원을 위하여 소송을 수행하게 되는 것이고, 당사자가 사망하였으나 그를 위한 소송대리인이 있어 소송절차가 중단되지 않는 경우에 비록 상속인으로 당사자의 표시를 정정하지 아니한 채 망인을 그대로 당사자로 표시하여 판결하였다고 하더라도 그 판결의 효력은 망인의 소송상 지위를 당연승계한 상속인들 전원에게 미치는 것이므로, 망인의 공동상속인 중 소송수계절차를 밟은 일부만을 당사자로 표시한 판결 역시 수계하지 아니한 나머지 공동상속인들에게도 그 효력이 미친다*[2010. 12. 23., 선고, 2007다22866, 판결]*.

3. 소송대리인에 대한 서식

[서식 ①] 소송대리허가신청 및 위임장

소송대리허가신청 및 소송위임장

사건번호   20   가   (담당재판부 : 제   단독

원고
피고

위 사건에 관하여 아래와 같이 소송대리허가신청 및 위임을 합니다.

1. 소송대리허가신청
   가. 소송대리할 사람의 이 름   재   허   부
        주 소   판
        연락처   장
        [팩스번호 : (   )   -   이메일 주소
   나. 신청이유(해당란에 ✔ 해 주시기 바랍니다)
   □ 당사자의 배우자 또는 4촌 안의 친족으로서 밀접한 생활관계를 맺고 있음
   □ 당사자와 고용 등의 계약관계를 맺고 그 사건에 관한 일반사무를 처리.
        보조하여 왔음
   [첨부서류](가족관계증명서, 제적등본, 재직증명서 등)

2. 소송위임할 사항
   가. 일체의 소송행위, 반소의 제기 및 응소
   나. 재판상 및 재판 외의 화해
   다. 소의 취하
   라. 청구의 포기.인낙 또는 독립당사자참가소송에서의 소송탈퇴
   마. 상소의 제기 또는 취하
   바. 복대리인의 선임
   사. 목적물의 수령, 공탁물의 납부, 공탁물 및 이자의 반환청구와 수령
   아. 담보권행사, 권리행사최고신청, 담보취소신청, 담보취소신청에 대한 동의, 담
        보취소 결정정본의 수령, 담보취소결정에 대한 항고권의 포기
   자. 기타(특정사항 기재요)

                            20   .   .   .

신청인 및 위임인 이름 : 원(피)고   (날인 또는 서명)

                                              법원   귀중

소 송 대 리 인 해 임 신 고 서

사　　건　　20○○가단○○○　대여금

원　　고　　○○○

피　　고　　◇◇◇

　위 사건에 관하여 원고는 소송대리인 ◎◎◎을 위 사건 소송대리인으로부터 해임하였으므로 이에 신고합니다.

　　　　　　　　　　　　20○○.　　○.　　○.
　　　　　　　　　　　　위 원고　○○○　(서명 또는 날인)

○○지방법원 제○○민사단독　귀중

소송대리인 주소변경신고서

사　건　20○○가소○○○　대여금
원　고　○○○
피　고　◇◇◇

　위 사건에 관하여, 원고 소송대리인은 다음 장소로 주소를 이전하였으므로 이를 신고하오니, 추후 소송서류 등의 송달을 다음 장소로 하여 주시기 바랍니다.

다　　　음

　원고 소송대리인: ◎◎◎
　　　　　　　　○○시 ○○구 ○○길 ○○(우편번호 ○○○○○)
　　　　　　　　전화.휴대폰번호:
　　　　　　　　팩스번호, 전자우편(e-mail)주소:

　　　　　　　　20○○.　　○.　　○.
　　　　　　　　원고 소송대리인　　◎◎◎　(서명 또는 날인)

○○지방법원 제○○민사단독　귀중

[서식 ④] 소송대리권 소멸통지신청서

소송대리권소멸통지신청서

사　건　　20○○가단○○○　대여금
원　고　　○○○
피　고　　◇◇◇

　위 사건에 관하여 원고는 20○○년○월 ○일자로 소송대리인 ◎◎◎을 위 사건 소송대리인으로부터 해임함에 따라 소송대리인 ◎◎◎의 소송대리권이 소멸되었으므로 이에 통지합니다.

20○○.　　○.　　○.
위 원고　　○○○　(서명 또는 날인)

○○지방법원 제○○민사단독　귀중

제3장 소송비용

제1절 소송비용의 부담

제98조(소송비용부담의 원칙)

소송비용은 패소한 당사자가 부담한다.

제99조(원칙에 대한 예외)

법원은 사정에 따라 승소한 당사자로 하여금 그 권리를 늘리거나 지키는 데 필요하지 아니한 행위로 말미암은 소송비용 또는 상대방의 권리를 늘리거나 지키는 데 필요한 행위로 말미암은 소송비용의 전부나 일부를 부담하게 할 수 있다.

제100조(원칙에 대한 예외)

당사자가 적당한 시기에 공격이나 방어의 방법을 제출하지 아니하였거나, 기일이나 기간의 준수를 게을리 하였거나, 그 밖에 당사자가 책임져야 할 사유로 소송이 지연된 때에는 법원은 지연됨으로 말미암은 소송비용의 전부나 일부를 승소한 당사자에게 부담하게 할 수 있다.

제101조(일부패소의 경우)

일부패소의 경우에 당사자들이 부담할 소송비용은 법원이 정한다. 다만, 사정에 따라 한 쪽 당사자에게 소송비용의 전부를 부담하게 할 수 있다.

제102조(공동소송의 경우)

① 공동소송인은 소송비용을 균등하게 부담한다. 다만, 법원은 사정에 따라 공동소송인에게 소송비용을 연대하여 부담하게 하거나 다른 방법으로 부담하게 할 수 있다.

② 제1항의 규정에 불구하고 법원은 권리를 늘리거나 지키는 데 필요하지 아니한 행위로 생긴 소송비용은 그 행위를 한 당사자에게 부담하게 할 수 있다.

제103조(참가소송의 경우)

참가소송비용에 대한 참가인과 상대방 사이의 부담과, 참가이의신청의 소송비용에 대한 참가인과 이의신청 당사자 사이의 부담에 대하여는 제98조 내지 제102조의 규정을 준용한다.

제104조(각 심급의 소송비용의 재판)

법원은 사건을 완결하는 재판에서 직권으로 그 심급의 소송비용 전부에 대하여 재판하여야 한다. 다만, 사정에 따라 사건의 일부나 중간의 다툼에 관한 재판에서 그 비용에 대한 재판을 할 수 있다.

제105조(소송의 총비용에 대한 재판)

상급법원이 본안의 재판을 바꾸는 경우 또는 사건을 환송받거나 이송받은 법원이 그 사건을 완결하는 재판을 하는 경우에는 소송의 총비용에 대하여 재판하여야 한다.

제106조(화해한 경우의 비용부담)

당사자가 법원에서 화해한 경우(제231조의 경우를 포함한다) 화해비용과 소송비용의 부담에 대하여 특별히 정한 바가 없으면 그 비용은 당사자들이 각자 부담한다.

제107조(제3자의 비용상환)

① 법정대리인·소송대리인·법원사무관등이나 집행관이 고의 또는 중대한 과실로 쓸데없는 비용을 지급하게 한 경우에는 수소법원은 직권으로 또는 당사자의 신청에 따라 그에게 비용을 갚도록 명할 수 있다.

② 법정대리인 또는 소송대리인으로서 소송행위를 한 사람이 그 대리권 또는 소송행위에 필요한 권한을 받았음을 증명하지 못하거나, 추인을 받지 못한 경우에 그 소송행위로 말미암아 발생한 소송비용에 대하여는 제1항의 규정을 준용한다.

③ 제1항 및 제2항의 결정에 대하여는 즉시항고를 할 수 있다.

제108조(무권대리인의 비용부담)

제107조제2항의 경우에 소가 각하된 경우에는 소송비용은 그 소송행위를 한 대리인이 부담한다.

제109조(변호사의 보수와 소송비용)

① 소송을 대리한 변호사에게 당사자가 지급하였거나 지급할 보수는 대법원규칙이 정하는 금액의 범위안에서 소송비용으로 인정한다.

② 제1항의 소송비용을 계산할 때에는 여러 변호사가 소송을 대리하였더라도 한 변호사가 대리한 것으로 본다.

제110조(소송비용액의 확정결정)

① 소송비용의 부담을 정하는 재판에서 그 액수가 정하여지지 아니한 경우에 제1심 법원은 그 재판이 확정되거나, 소송비용부담의 재판이 집행력을 갖게된 후에 당사자의 신청을 받아 결정으로 그 소송비용액을 확정한다.

② 제1항의 확정결정을 신청할 때에는 비용계산서, 그 등본과 비용액을 소명하는 데 필요한 서면을 제출하여야 한다.

③ 제1항의 결정에 대하여는 즉시항고를 할 수 있다.

제111조(상대방에 대한 최고)

① 법원은 소송비용액을 결정하기 전에 상대방에게 비용계산서의 등본을 교부하고, 이에 대한 진술을 할 것과 일정한 기간 이내에 비용계산서와 비용액을 소명하는 데 필요한 서면을 제출할 것을 최고하여야 한다.

② 상대방이 제1항의 서면을 기간 이내에 제출하지 아니한 때에는 법원은 신청인의 비용에 대하여서만 결정할 수 있다. 다만, 상대방도 제110조제1항의 확정결정을 신청할 수 있다.

제112조(부담비용의 상계)

법원이 소송비용을 결정하는 경우에 당사자들이 부담할 비용은 대등한 금액에서 상계(相計)된 것으로 본다. 다만, 제111조제2항의 경우에는 그러하지 아니하다.

제113조(화해한 경우의 비용액확정)

① 제106조의 경우에 당사자가 소송비용부담의 원칙만을 정하고 그 액수를 정하지 아니한 때에는 법원은 당사자의 신청에 따라 결정으로 그 액수를 정하여야 한다.

② 제1항의 경우에는 제110조제2항·제3항, 제111조 및 제112조의 규정을 준용한다.

제114조(소송이 재판에 의하지 아니하고 끝난 경우)

① 제113조의 경우 외에 소송이 재판에 의하지 아니하고 끝나거나 참가 또는 이에 대한 이의신청이 취하된 경우에는 법원은 당사자의 신청에 따라 결정으로 소송비용의 액수를 정하고, 이를 부담하도록 명하여야 한다.

② 제1항의 경우에는 제98조 내지 제103조, 제110조제2항·제3항, 제111조 및 제112조의 규정을 준용한다.

제115조(법원사무관등에 의한 계산)

제110조제1항의 신청이 있는 때에는 법원은 법원사무관등에게 소송비용액을 계산하게 하여야 한다.

제116조(비용의 예납)

① 비용을 필요로 하는 소송행위에 대하여 법원은 당사자에게 그 비용을 미리 내게 할 수 있다.

② 비용을 미리 내지 아니하는 때에는 법원은 그 소송행위를 하지 아니할 수 있다.

1. 소송비용의 개념

1-1. "소송비용"이란?

"소송비용"이란 소송을 하면서 사용하게 되는 비용을 말합니다. 소송에는 적지 않은 비용이 소요되므로, 소송 제기 전 소송비용과 소송시간을 판단해 실익이 있을 경우 진행하는 것이 좋습니다.

1-2. 소송비용의 종류

소송비용에는 다음과 같은 것들이 있습니다.

1. 인지액: 법원서비스에 대한 수수료를 말하며, 소송목적의 값(소가)을 기준으로 산출되며 재산권상의 청구인 경우에는 청구금액을 기준으로, 소가를 산정할 수 없는 경우에는 일정금액으로 산출됩니다.

2. 송달료: 소송상의 서류를 당사자 또는 상대방에게 송달하기 위하여 소요되는 비용

을 말하며, 소장 등을 제출할 때에는 당사자 수에 따른 계산방식에 의한 송달료(우편비용)를 송달료수납은행(대부분 법원구내 은행)에 납부한 뒤 은행으로부터 교부받은 송달료 납부서를 소장에 첨부해야 합니다.

3. 증인여비(증인을 세운 경우): 법원이 증인채택결정을 한 경우에 증인의 일당, 여비, 숙박료와 같은 비용을 말하며, 신청인은 증인여비를 보관금 취급 담당자에게 예납해야 합니다.

3. 검증·감정비용(검증·감정을 했을 경우): 검증·감정은 증거확보의 절차로 많이 사용되고 있는 제도를 말하며, 이때 수반되는 제반비용을 검증·감정비용이라합니다.
   - "검증"이란 재판장이 직접 사물의 성상, 현상을 보거나 듣고, 느낀 내용을 증거자료로 하는 증거조사방법이며, 감정은 법원이 특별한 학식이나 지식을 가진 자에게 그 전문적 지식 또는 그 지식을 이용한 판단을 소송상 보고시켜 재판장의 판단능력을 보충하기 위한 증거조사방법입니다.

4. 변호사 선임비용

5. 부수절차에서 소요되는 각종 비용들

2. 소송비용에 대한 대법원판례

① 피참가인이 전부 승소한 판결에서 소송비용의 부담에 관한 주문에 '보조참가로 인한 부분'을 특정하지 않은 채 패소한 당사자가 부담한다는 취지만 기재되어 있는 경우, 패소한 당사자가 보조참가로 인한 소송비용까지 부담하는 것으로 볼 수 있는지 여부(적극)

보조참가로 인하여 생긴 소송비용의 부담에 대하여도 민사소송법 제98조 내지 제102조에 따라 재판하여야 함이 원칙이고(민사소송법 제103조), 소송비용의 부담에 관한 주문에 '보조참가로 인한 부분'을 특정하지 않은 채 패소한 당사자가 부담한다는 취지만 기재되어 있더라도, 피참가인이 전부 승소한 경우에는 당연히 패소한 당사자가 보조참가로 인한 소송비용까지도 부담하는 것으로 볼 수 있다. 그러나 피참가인이 일부 승소하였음에도, 주문에 '보조참가로 인한 부분'이 특정되지 않은 채 피참가인과 상대방 당사자 사이의 소송비용 부담 비율만 기재되어 있다면, 여기에는 보조참가로 인하여 생긴 부분까지 당연히 포함되었다고 볼 수 없어 이에 관한 소송비용의 재판이 누락된 경우에 해당하므로, 당해 소송비용의 재판을 누락한 법원이 직권 또는 당사자의 신청에 따라 이에 대한 재판을 추가로 하여야 한다(민사소송법 제212조 제2항)*[2022. 4. 5., 자, 2020마7530, 결정]*.

② 소 취하로 소송이 끝난 경우, 소를 취하한 원고가 소송비용의 부담자가 되는지 여부(원칙적 적극)

소 취하로 인하여 소송이 끝난 경우 당사자의 신청이 있으면 법원은 민사소송법 제114조 제1항에 의하여 결정으로 소송비용의 액수를 정하고 이를 부담하도록 명해야 하는데, 이때 법원은 민사소송법 제114조 제2항에 의하여 같은 법 제98조 내지 제103조의 규정을 준용하여 소 취하의 경위, 각 당사자의 소송행위의 내용 등 여러 사정을 종합하여 재량에 의하여 소송비용을 부담할 자와 그 부담액을 정할 수 있으나, 소의 취하는 처음부터 소송계속이 없었던 것으로 간주되는 것이므로 그 소는 원칙적으로 원고에게 무익한 것, 즉 권리의 신장 또는 방어에 필요한 행위가 아니었던 셈이 되어 피고가 채무를 이행하였기 때문에 소를 취하한 것이라는 등의 특별한 사정이 없는 한 패소한 당사자에 준하여 소를 취하한 원고가 소송비용의 부담자가 되는 것이 원칙이다*[2020. 7. 17., 자, 2020카확522, 결정]*.

③ 법원이 당해 심급의 소송비용부담재판을 하면서 취하여야 할 조치

소송비용의 재판에 대한 불복은 본안의 재판에 대한 상소의 전부 또는 일부가 이유 있는 경우에 한하여 허용되고, 본안의 상소가 이유가 없는 경우에는 허용되지 아니하며, 소송비용액확정결정절차에서는 상환할 소송비용의 액수를 정할 수 있을 뿐이고 소송비용부담재판에서 확정한 상환의무 자체의 범위를 심리·판단하거나 변경할 수 없다. 따라서 법원이 사건을 완결하는 재판을 하면서 소송비용에 관한 재판을 함에 있어서는, 소송비용의 패소자부담 등 민사소송법이 정한 원칙과 함께 소송의 형태와 경과, 상소심인 경우 불복범위 등 제반 사정을 고려하여, 당사자 간에 실질적인 불합리와 불평등이 없도록 신중하게 그 부담을 정할 필요가 있다. 현행 실무상 원고의 청구를 일부 인용한 판결에 대해 쌍방이 각 패소 부분에 상소한 사건(이하 '쌍방상소사건'이라고 한다)에서, 상소심이 쌍방의 상소를 모두 기각하는 경우 당해 심급의 소송비용부담재판을 함에 있어서는 거의 예외 없이 상소인 각자가 부담하도록 하고 있고, 이 경우 원고와 피고는 특별한 사정이 없는 한 각 지출한 비용을 자기가 부담하고 상대방에게 상환청구를 할 수 없다고 해석된다.

그런데 쌍방상소사건에서 상소가 모두 기각되었더라도 각 당사자가 불복의 대상으로 삼은 범위에 현저한 차이가 있어 실질적으로는 더 적은 범위에 대해 불복한 당사자가 승소한 범위가 훨씬 큰 경우에도 상소비용을 각자가 부담하도록 하게 되면, 불복범위가 더 적은 상소인의 입장에서는 단지 쌍방이 상소하여 모두의 상소가 기각되었다는 우연한 사정에 의해 그가 상소하지 않았을 때와 비교하여 소송비용의 부담과 상환에 있어 부당하게 불리한 결과가 발생하게 된다.

따라서 쌍방상소사건에서 각 당사자의 불복범위에 현저한 차이가 있어 쌍방 상소기각과 함께 상소비용을 각자 부담으로 하게 되면 위와 같은 불합리한 결과가 발생한다고 인정되는 경우, 법원으로서는 당해 심급의 소송비용부담재판을 함에 있어 단지 각자 부담으로 할 것이 아니라, 각 당사자의 불복으로 인한 부분의 상소비용을 불복한 당사자가 각각 부담하도록 하거나, 쌍방의 상소비용을 합하여 이를 불복범위의 비율로 적절히 안분시키는 형태로 주문을 냄으로써, 위와 같은 불합리한 결과가 발생하지 않도록 하는 것이 바람직하다[2019. 4. 3., 선고, 2018다271657, 판결].

④ 일부 패소의 경우, 소송비용 부담의 결정 방법

일부 패소의 경우에 각 당사자가 부담할 소송비용은 법원이 제반 사정을 종합하여 재량에 의해 정할 수 있는 것이고, 반드시 청구액과 인용액의 비율만으로 정해야 하는 것은 아니다[2007. 7. 12., 선고, 2005다38324, 판결].

⑤ 민사소송법 제102조 제1항 단서를 적극적으로 적용하여 공동소송인이 다른 방법으로 소송비용을 부담하게 할 필요가 있는지 여부(적극)

민사소송법 제102조 제1항은 "공동소송인은 소송비용을 균등하게 부담한다. 다만 법원은 사정에 따라 공동소송인에게 소송비용을 연대하여 부담하게 하거나 다른 방법으로 부담하게 할 수 있다."라고 규정하고 있으므로, 재판주문에서 공동소송인별로 소송비용의 부담비율을 정하거나, 연대부담을 명하지 아니하고 단순히 '소송비용은 공동소송인들의 부담으로 한다.'라고 정하였다면 공동소송인들은 상대방에 대하여 균등하게 소송비용을 부담하고, 공동소송인들 상호 간에 내부적으로 비용분담 문제가 생기더라도 그것은 그들 사이의 합의와 실체법에 의하여 해결되어야 한다[2017. 11. 21., 자, 2016마1854, 결정].

⑥ 민사조정신청 사건이 소송으로 이행되지 않은 채 조정신청의 취하 등으로 종료되는

경우, 민사소송법에서 정한 소송비용 부담 및 확정절차에 관한 조항을 유추적용할 수 있는지 여부(적극)

민사조정법 제37조 제1항은 "조정절차의 비용은 조정이 성립된 경우에는 특별한 합의가 없으면 당사자들이 각자 부담하고, 조정이 성립되지 아니한 경우에는 신청인이 부담한다."라고 정하고, 제2항은 "조정신청이 소송으로 이행되었을 때에는 조정절차의 비용은 소송비용의 일부로 본다."라고 정한다. 또한 민사조정규칙 제16조의2 본문은 "법 제6조의 규정에 의하여 소송사건이 조정에 회부된 경우 조정이 성립하거나 조정을 갈음하는 결정이 확정된 때에는 소송비용은 조정절차비용의 일부로 본다."라고 정한다. 민사조정법과 민사조정규칙은 조정절차의 비용 부담에 관하여 위와 같이 규정하고 있을 뿐, 구체적인 절차비용 부담의 재판과 절차비용액 확정절차에 관한 조항을 두고 있지 않고 민사소송법의 관련 조항을 준용하고 있지도 않다. 그러나 민사에 관한 분쟁의 당사자가 법원에 조정을 신청한 사건이 소송으로 이행되지 않은 채 조정신청의 취하 등으로 종료되는 경우 민사소송법에서 정하는 소송비용부담 및 확정절차에 관한 조항을 민사조정절차에 유추적용할 수 있고, 그 조정절차비용에 변호사보수도 산입될 수 있다고 봄이 타당하다. 그리고 그와 같은 방식으로 산정한 변호사보수가 현저히 부당하다고 인정되는 때에는 법원은 '변호사보수의 소송비용 산입에 관한 규칙' 제6조에 따라 이를 상당한 정도까지 감액할 수 있다[2022. 10. 14., 자, 2020마7330, 결정].

⑦ 소송대리인에게 대리권이 없다는 이유로 소가 각하되고 소송대리인이 소송비용 부담의 재판을 받은 경우

민사소송법 제108조, 제107조 제2항에 따라 종국판결로써 소를 각하하면서 소송비용을 당사자본인으로 된 사람을 대신하여 소송행위를 한 무권대리인에게 부담하도록 하는 경우에는 비록 소송대리인이 판결선고 전에 이미 사임한 경우이더라도 판결정본을 송달하는 등의 방법으로 재판결과를 통지하여야 하고, 이는 항소심법원이 항소를 각하하면서 무권대리인에게 항소 이후의 소송비용을 부담하도록 하는 경우에도 마찬가지이다. 만일 법원이 소송비용을 부담하도록 명한 무권대리인에게 재판결과를 통지하지 아니하여 그가 소송비용 부담 재판에 대한 항고기간을 준수하지 못하였다면 특단의 사정이 없는 한 무권대리인은 자기책임에 돌릴 수 없는

사유로 항고기간을 준수하지 못한 것이다[2016. 6. 17., 자, 2016마371, 결정].

⑧ **당사자 사이에 소송비용을 일정 비율로 분담하도록 재판이 된 경우, 소송비용액확정신청을 한 신청인에게 피신청인이 상환해야 할 변호사 보수를 확정하는 방법**

당사자 사이에 소송비용을 일정 비율로 분담하도록 재판이 된 경우로서 민사소송법 제111조 제2항에 따라 소송비용액확정을 신청한 당사자에 대해서만 소송비용액을 확정할 경우 법원은 신청인으로부터 제출된 비용계산서에 기초하여 지출한 비용총액을 산정한 다음, 그 비용총액에 대하여 소송비용 부담재판의 분담비율에 따라 상대방이 부담할 소송비용액을 정하여 그 금액의 지급을 명하는 방법으로 소송비용액을 확정해야 한다.

한편 민사소송법 제109조 제1항은 "소송을 대리한 변호사에게 당사자가 지급하였거나 지급할 보수는 대법원규칙이 정하는 금액의 범위 안에서 소송비용으로 인정한다."라고 정하고 있고, 구 변호사보수의 소송비용 산입에 관한 규칙(2018. 3. 7. 대법원규칙 제2779호로 개정되기 전의 것, 이하 '구 보수규칙'이라 한다) 제3조 제1항은 "소송비용에 산입되는 변호사의 보수는 당사자가 보수계약에 의하여 지급한 또는 지급할 보수액의 범위 내에서 각 심급단위로 소송목적의 값에 따라 [별표]의 기준에 의하여 산정한다."라고 정하고 있다.

따라서 당사자 사이에 소송비용을 일정 비율로 분담하도록 재판이 된 경우로서 소송비용액확정신청을 한 신청인에게 피신청인이 상환해야 할 변호사 보수를 확정할 때에는 신청인이 변호사에게 보수계약에 따라 지급하거나 지급할 금액과 구 보수규칙에 따라 산정한 금액을 비교하여 그중 작은 금액을 소송비용으로 결정한 다음, 그에 대하여 소송비용 부담재판의 분담비율을 적용하여 계산해야 한다[2022. 5. 31., 자, 2022마5141, 결정].

⑨ **법원이 판결로 소송비용의 부담을 정하는 재판을 하면서 그 액수를 정하지 않은 경우**

민법 제165조는 제1항에서 "판결에 의하여 확정된 채권은 단기의 소멸시효에 해당한 것이라도 그 소멸시효는 10년으로 한다."라고 정하면서 제3항에서 '판결 확정 당시에 변제기가 도래하지 않은 채권에 대해서는 민법 제165조 제1항이 적용되지 않는다.'고 정하고 있다.

소송에서 법원이 판결로 소송비용의 부담을 정하는 재판을 하면서 그 액수를 정하지 않은 경우 소송비용부담의 재판이 확정됨으로써 소송비용상환의무의 존재가 확정되지만, 당사자의 신청에 따라 별도로 민사소송법 제110조에서 정한 소송비용액확정결정으로 구체적인 소송비용 액수가 정해지기 전까지는 그 의무의 이행기가 도래한다고 볼 수 없고 이행기의 정함이 없는 상태로 유지된다.

위와 같이 발생한 소송비용상환청구권은 소송비용부담의 재판에 해당하는 판결 확정 시 발생하여 그때부터 소멸시효가 진행하지만, 민법 제165조 제3항에 따라 민법 제165조 제1항에서 정한 10년의 소멸시효는 적용되지 않는다. 따라서 국가의 소송비용상환청구권은 금전의 급부를 목적으로 하는 국가의 권리로서 국가재정법 제96조 제1항에 따라 5년 동안 행사하지 않으면 소멸시효가 완성된다고 보아야 한다[2021. 7. 29., 자, 2019마6152, 결정].

⑩ 소의 일부가 취하되거나 청구가 감축된 경우, 소송비용에 관하여 민사소송법 제114조가 적용되는지 여부(적극)

소의 일부가 취하되거나 청구가 감축된 경우 소송비용에 관하여는 민사소송법 제114조의 적용이 있는 것으로 해석함이 타당하므로, 이 경우 당사자가 일부 취하되거나 청구가 감축된 부분에 해당하는 소송비용을 상환받기 위하여는 위 규정에 의하여 일부 취하되거나 감축되어 그 부분만이 종결될 당시의 소송계속법원에 종국판결과는 별개의 절차로서의 소송비용부담재판의 신청을 하고 그에 따라 결정된 소송비용의 부담자 및 부담액에 의한다[2017. 2. 7., 자, 2016마937, 결정].

⑪ 민사소송법 제115조 제3항에 따른 담보취소결정이 발하여진 후 그 결정이 확정되기 전에 담보권리자가 권리행사를 하고 이를 증명한 경우, 그 담보취소결정을 유지할 수 있는지 여부(소극)

민사소송법 제115조 제3항에 따른 담보취소결정이 발하여진 후 그 결정이 확정되기 전에 담보권리자가 권리행사를 하고 이것을 증명한 경우에는 담보권리자가 담보취소에 동의한 것으로 간주하여 발하여진 담보취소결정은 그대로 유지할 수 없게 되었다고 해석함이 상당하고, 이는 재항고심에 이르러 비로소 권리행사를 하면서 이를 증명하는 서면을 제출한 경우에도 마찬가지이다[2000. 7. 18., 자, 2000마2407, 결정].

⑫ "소취하일 이후의 소송비용은 원고의 부담으로 한다."고 선고한 판결에서 '소취하일

이후의 소송비용'의 의미

"소취하일 이후의 소송비용은 원고의 부담으로 한다."고 선고한 판결에서 '소취하일 이후의 소송비용'이라 함은 위 날짜 이후에 민사소송법이 규정하는 소송절차를 수행하기 위하여 새로이 지출한 비용을 의미하는 것이고, 전체 소송을 위하여 위 날짜 이전에 지출한 비용을 그 비용지출일로부터 소송종료일까지의 기간 중 위 날짜 이후부터 소송종료일까지의 기간의 비율에 해당하는 금액으로 환산한 비용을 의미하는 것은 아니다[2005. 5. 20., 자, 2004마1038, 결정]

3. 소송비용에 대한 서식

[서식 ①] 소송비용액확정결정신청서

소 송 비 용 액 확 정 결 정 신 청 서

신 청 인(원고) ○○○ (주민등록번호)
　　　　　　　　○○시 ○○구 ○○길 ○○(우편번호 ○○○○○)
　　　　　　　　전화.휴대폰번호:
　　　　　　　　팩스번호, 전자우편(e-mail)주소:
피신청인(피고) ◇◇◇ (주민등록번호)
　　　　　　　　○○시 ○○구 ○○길 ○○(우편번호 ○○○○○)
　　　　　　　　전화.휴대폰번호:
　　　　　　　　팩스번호, 전자우편(e-mail)주소:

1. 신청인은 피신청인을 상대로 ○○지방법원 ○○지원 20○○가단○○○ 약속어음 금청구소송을 제기하여 승소판결을 받았는데, 피고는 ○○지방법원 20○○ 나○○○호로 항소를 하고 대법원 20○○다○○○호로 상고하였으나 각각 기각되어 20○○. ○. ○. 상고기각 선고로 확정되었습니다.
2. 이에 신청인은 피신청인에 대하여 위 사건 소송비용의 확정을 구하고자 이 건 신청에 이른 것입니다.

첨 부 서 류

　1. 판결문사본　　　　　　　3통
　1. 송달료납부서　　　　　　1통

　　　　　　　　20○○.　　○.　　○.
　　　　　　　　위　신청인(원고)　○○○ (서명 또는 날인)

○○지방법원 ○○지원　귀중

계 산 서

1. 제1심 소송비용
　인지대: 금 151,300원 송달료: 금 60,000원

변호사보수: 금 1,450,000원+(금 32,519,400원-금 30,000,000원)×3/100

= 금 1,525,580원

소계: 금 1,736,880원

2. 제2심 소송비용

변호사보수: 금 1,450,000원+(금 32,519,400원-금 30,000,000원)×3/100

= 금 1,525,580원

소계: 금 1,525,580원

3. 제3심 소송비용

변호사보수: 금 1,450,000원+(금 32,519,400원-금 30,000,000원)×3/100

= 금 1,525,580원

소계: 금 1,525,580원

4. 신청비용

인지대: 금 1,000원   송달료: 금 10,000원   소계: 금 11,000원

5. 합계 금 4,799,040원(1+2+3+4)

소송비용부담 판결은 '1심, 2심, 3심 모두 피신청인의 부담으로 한다'이므로, **피신청인이 신청인에게 부담하여야 할 소송비용부담액은 금 4,799,040원입니다.**

소송비용액확정결정신청서

신 청 인(반소피고) ◇◇◇ (주민등록번호)
　　　　　　　　　　○○시 ○○구 ○○길 ○○(우편번호 ○○○○○)
　　　　　　　　　　전화.휴대폰번호:
　　　　　　　　　　팩스번호, 전자우편(e-mail)주소:
피신청인(반소원고) ○○○(주민등록번호)
　　　　　　　　　　○○시 ○○구 ○○길 ○○(우편번호 ○○○○○)
　　　　　　　　　　전화.휴대폰번호:
　　　　　　　　　　팩스번호, 전자우편(e-mail)주소:

1. 신청인은 피신청인이 신청인을 상대로 ○○지방법원 20○○가단○○○ 건물명도청구(본소)에 대하여 20○○가단○○○ 임차보증금반환청구소송(반소)을 제기하였는데, 제1심에서는 신청인이 전부 패소하여 이에 신청인이 같은 법원 20○○나○○○호, ○○○호로 항소하여 일부 승소를 하였고, 이에 피신청인이 대법원 20○○다○○○호, ○○○호로 상고하였으나 상고기각으로 확정되었습니다.
2. 이에 신청인은 피신청인에 대하여 위 사건 소송비용의 확정을 구하고자 본 신청에 이른 것입니다.

첨 부 서 류

　　1. 판결문사본　　　　　3통
　　1. 송달료납부서　　　　1통

　　　　　　　　　　20○○.　○.　○.
　　　　　　　　　　위 신청인(반소피고)　○○○　(서명 또는 날인)

○○지방법원 ○○지원　귀중

계 산 서

1. 제1심 소송비용
　인지대: 금 108,500원　송달료: 금 60,000원　소계: 금 168,500원

2. 제2심 소송비용

　항소인지대: 금 162,700원　　송달료: 금 50,000원

　변호사보수: 금 650,000원+(승소금 2,300만원-금 1,000만원)×4/100= 금 1,170,000원

　소계: 금 1,382,700원

3. 제3심 소송비용

　변호사보수: 금 480,000원+(승소금 2,300만원-금 2,000만원)×2/100= 금 540,000원

　소계: 금 540,000원

4. 신청비용

　인지대: 금 1,500원　　송달료: 금 10,000원　　소계: 금 11,500원

5. 합계: 금 2,102,700원

　소송비용부담 판결은 '제1, 2심은 본소 반소를 통하여 2분의 1은 신청인의, 2분의 1은 피신청인의 부담으로 하고 상고비용은 피신청인의 부담으로 한다'이므로 피신청인이 신청인에게 지급하여야 할 비용은 금 1,327,100원(금 1,551,200원×1/2＋금 540,000＋금 11,500원)입니다.

제3자에 대한 소송비용액상환신청서

신 청 인   ○○○ (주민등록번호)

               ○○시 ○○구 ○○길 ○○(우편번호 ○○○○○)

               전화.휴대폰번호:

               팩스번호, 전자우편(e-mail)주소:

피신청인   ◇◇◇ (주민등록번호)

               ○○시 ○○구 ○○길 ○○(우편번호 ○○○○○)

               전화.휴대폰번호:

               팩스번호, 전자우편(e-mail)주소:

신 청 취 지

　피신청인은 신청인에게 별지 소송비용계산서 기재의 소송비용 금 ○○○원을 상환하라.

라는 결정을 구합니다.

신 청 이 유

1. 신청인은 ○○지방법원 20○○가합○○○ 토지소유권이전등기청구사건의 원고로서 20○○. ○. ○. 피신청인에게 소송을 위임하였는데, 피신청인은 변론기일(20○○. ○. ○○. ○시)에 위임의 취지에 위반하는 변론을 하였고 더욱이 변론기일(20○○. ○. ○. ○시)에 출석조차 하지 아니하여 위 사건에 적절한 공격.방어방법을 제출할 기회가 상실되었고, 그로 인하여 피고의 주장이 모두 인정되고 신청인이 패소하는 결과를 초래하였습니다.

2. 피신청인의 위와 같은 행위는 고의 또는 중대한 과실로서 이로 인하여 신청인으로 하여금 무익한 소송비용을 지급하게 한 것이고 그 무익한 소송비용액은 별지 소송비용계산서 기재의 금○○○원이라고 할 것이므로 위 상당액을 상환할 의무가 있습니다. 따라서 신청인은 민사소송법 제107조 제1항에 따라 이 사건 신청에 이르렀습니다.

첨 부 서 류

1. 변론조서등본   1통
1. 송달료납부서   1통

                        20○○.   ○.   ○.
                        위 신청인   ○○○   (서명 또는 날인)

○○지방법원   귀중

[별지]	소송비용계산서	
소송비용액	소송비용내역	비 고
금 ○, ○○○원	소장인지대	
금 ○, ○○○원	송달료	
합계	금 ○○○, ○○○원	

진 술 서

사   건   20○○카기○○○   소송비용액확정결정신청
신 청 인(원고)   ○○○
피신청인(피고)   ◇◇주식회사

　위 사건에 관하여 피신청인(피고)은 민사소송법 제111조 제1항에 따라 별지와 같이 소송비용계산서에 대한 의견을 진술하고 피신청인(피고)의 소송비용계산서 및 소명자료를 제출합니다.

첨 부 서 류

　1. 소송비용계산서 등본에 대한 진술내용　　　1통
　1. 소송비용계산서(피고)　　　　　　　　　1통
　1. 소명자료　　　　　　　　　　　　　　○통

20○○.　　○.　　○.

위 피신청인(피고) ◇◇주식회사

대표이사 ◇◇◇ (서명 또는 날인)

○○지방법원 귀중

〔소송비용계산서 등본에 대한 진술내용〕

비 용 액	비 용 종 목	의견
금　10,000원	소장인지대	인정
금　20,000원	소장서기료(정.부본)	인정
금　1,200원	법인등기사항증명서교부청구수수료	인정
금　1,200원	토지등기사항증명서교부청구수수료	부인(위 신청의 전제가 된 소송과 무관함)

비 용 액	비 용 종 목	참고사항
금 2,960원	변론기일소환장 및 소장부본송달료	인정
금 6,500원	변론기일(5.2) 출석여비	인정
금 10,500원	증인신청서 및 신문사항서기료(각 2통)	인정
금 30,000원	법원출장여비 등	인정
금 100,000원	감정료(문서)	인정
금 6,500원	변론기일(6.2) 출석여비 등	인정
금 2,960원	증인소환장 송달	인정
금 19,800원	증인여비 등	인정
금 5,920원	판결정본송달료(원.피고)	인정
합 계	금 217,540 원	

[소송비용계산서]: 피신청인(피고분)

비 용 액	비 용 종 목	참고사항
금 18,500원	답변서서기료(정.부본)	
금 6,500원	변론기일(5.2) 출석여비 등	
금 10,500원	증인신청서 및 신문사항서기료(각 2통)	
금 13,000원	변론기일(6.2) 출석여비 등	
금 2,960원	증인소환장 송달	
금 19,800원	증인여비 등	
금 4,000원	소송비용에 관한 진술서 및 비용계산서 서기료(원본.등본 계4매)	
합 계	금 75,260 원	

※피신청인(피고)의 [소송비용계산서]는 소송비용을 신청인(원고)도 일부 부담하도록 소송비용부담의 판결이 있는 경우에만 제출함.

소송비용담보제공신청서

신 청 인   ○○○ (주민등록번호)
          ○○시 ○○구 ○○길 ○○
피신청인   ◇◇◇ (주민등록번호)
          ○○국 ○○시 ○○로 ○○

신 청 취 지

피신청인에게 이 법원 20○○가단○○○○ ◎◎◎ 사건의 소송비용의 담보로서 이 결정 확정일부터 7일 이내에 신청인을 위하여 금 ○○○원을 공탁할 것을 명한다.
라는 결정을 구합니다.

신 청 이 유

1. 피신청인은 신청인을 상대로 귀원 20○○가단○○○○호로 ◎◎◎ 청구의 소를 제기하였으나, 신청인은 위 사건에서 변호사를 선임하여 응소한 터이므로, 만일 신청인이 위 사건에서 승소할 경우 신청인은 피신청인으로부터 변호사비용 ○○○원을 상환받을 수 있습니다.
2. 그러나, 피신청인은 대한민국에 주소.사무소와 영업소를 두지 아니하고 있으므로, 신청인이 승소하더라도 피신청인으로부터 소송비용을 상환받지 못할 염려가 있사오니, 피신청인에게 위 금액을 소송비용의 담보로서 제공하도록 명하여 주시기 바랍니다.

소 명 방 법

  1. 소갑 제1호증   사건위임계약서
  1. 소갑 제2호증   영수증(변호사비용)

첨 부 서 류

  1. 위 소명방법   각 1통
  1. 비용계산서   2통
  1. 납부서   1통

20○○.　○.　○.
　　　　위 신청인　　○○○　(서명 또는 날인)

○○지방법원　귀중

소 송 비 용 부 담 및 확 정 신 청 서

신 청 인   ○○○ (주민등록번호)
　　　　　　○○시 ○○구 ○○길 ○○
피신청인   ◇◇◇ (주민등록번호)
　　　　　　○○시 ○○구 ○○로 ○○

신 청 취 지

1. 신청인과 피신청인 사이의 □□법원 20○○가단○○○○ ◎◎◎ 사건의 소송비용은 피신청인이 부담한다.
2. 위 사건에 관하여 피신청인이 신청인에게 상환하여야 할 소송비용액은 ○○○원임을 확정한다.
라는 결정을 구합니다.

신 청 이 유

1. 피신청인은 신청인을 상대로 □□법원 20○○가단○○○○호로 ◎◎◎ 청구의 소를 제기하였으나, 위 사건은 피신청인이 20○○. ○. ○. 소를 취하하고, 같은 날 신청인이 이에 동의함으로써 끝났습니다.
2. 그렇다면 위 사건은 재판에 의하지 아니하고 끝난 경우에 해당하고, 피신청인이 신청인에게 상환하여야 할 소송비용액은 별지 계산서와 같으므로, 민사소송법 제114조에 따라 피신청인으로 하여금 위 소송비용을 부담할 것을 명하여 주시기 바랍니다.

소 명 방 법

1. 소갑 제1호증　　　　　　사건위임계약서
1. 소갑 제2호증　　　　　　영수증(변호사비용)

첨 부 서 류

1. 위 소명방법　　　　　　각 1통
1. 비용계산서　　　　　　　2통
1. 납부서　　　　　　　　　1통

20○○.　○.　○.
위 신청인　○○○　(서명 또는 날인)

○○지방법원　귀중

비 용 계 산 서

▶ 신청인이 지출한 비용

심급	비목	비용액(원)	비고
제1심	인지대		
	송달료		
	변호사보수		
소계			
소송비용 확정신청	인지대		
	송달료		
신청비용 소계			
합계			

▶ 피신청인이 신청인에게 상환하여야 할 소송비용액

즉 시 항 고 장

항고인(피신청인, 피고) ◇◇◇ (주민등록번호)
　　　　　　　　　　 ○○시 ○○구 ○○길 ○○(우편번호 ○○○○○)
　　　　　　　　　　 전화.휴대폰번호:
　　　　　　　　　　 팩스번호, 전자우편(e-mail)주소:

　○○지방법원 20○○카기○○○　 소송비용액확정결정신청사건에 관하여 20○○. ○. ○. 같은 법원이 소송비용액확정을 명한 결정을 하였으나, 항고인은 위 결정에 대하여 불복하므로 민사소송법 제110조 제3항에 의하여 즉시항고를 제기합니다.

원결정의 표시

　○○지방법원　20○○가합○○○　청구이의사건의 판결에 의하여 피신청인이 상환하여야 할 소송비용액은 금 884,580원(팔십팔만사천오백팔십원)임을 확정한다.(항고인은 위 결정정본을 20○○. ○. ○. 송달받았습니다.)

항 고 취 지

원 결정을 취소하고 다시 적절한 재판을 구합니다.

항 고 이 유

　항고인(피신청인, 피고)이 부담한 감정료를 포함하여 상환을 결정한 원 결정은 부당하므로 이에 대한 취소를 구하기 위하여 이 건 즉시항고에 이른 것입니다.

　　　　　　　　　 20○○.　 ○.　 ○.
　　　　　　　　　 위 항고인(피신청인, 피고)　 ◇◇◇ (서명 또는 날인)

○○고등법원 귀중

제2절 소송비용의 담보

제117조(담보제공의무)

① 원고가 대한민국에 주소·사무소와 영업소를 두지 아니한 때 또는 소장·준비서면, 그 밖의 소송기록에 의하여 청구가 이유 없음이 명백한 때 등 소송비용에 대한 담보제공이 필요하다고 판단되는 경우에 피고의 신청이 있으면 법원은 원고에게 소송비용에 대한 담보를 제공하도록 명하여야 한다. 담보가 부족한 경우에도 또한 같다.

② 제1항의 경우에 법원은 직권으로 원고에게 소송비용에 대한 담보를 제공하도록 명할 수 있다.

③ 청구의 일부에 대하여 다툼이 없는 경우에는 그 액수가 담보로 충분하면 제1항의 규정을 적용하지 아니한다.

제118조(소송에 응함으로 말미암은 신청권의 상실)

담보를 제공할 사유가 있다는 것을 알고도 피고가 본안에 관하여 변론하거나 변론준비기일에서 진술한 경우에는 담보제공을 신청하지 못한다.

제119조(피고의 거부권)

담보제공을 신청한 피고는 원고가 담보를 제공할 때까지 소송에 응하지 아니할 수 있다.

제120조(담보제공결정)

① 법원은 담보를 제공하도록 명하는 결정에서 담보액과 담보제공의 기간을 정하여야 한다.

② 담보액은 피고가 각 심급에서 지출할 비용의 총액을 표준으로 하여 정하여야 한다.

제121조(불복신청)

담보제공신청에 관한 결정에 대하여는 즉시항고를 할 수 있다.

제122조(담보제공방식)

담보의 제공은 금전 또는 법원이 인정하는 유가증권을 공탁(供託)하거나, 대법원규칙이 정하는 바에 따라 지급을 보증하겠다는 위탁계약을 맺은 문서를 제출하는 방법으로 한다. 다만, 당사자들 사이에 특별한 약정이 있으면 그에 따른다.

제123조(담보물에 대한 피고의 권리)

피고는 소송비용에 관하여 제122조의 규정에 따른 담보물에 대하여 질권자와 동일한 권리를 가진다.

제124조(담보를 제공하지 아니한 효과)

담보를 제공하여야 할 기간 이내에 원고가 이를 제공하지 아니하는 때에는 법원은 변론없이 판결로 소를 각하할 수 있다. 다만, 판결하기 전에 담보를 제공한 때에는 그러하지 아니하다.

제125조(담보의 취소)

① 담보제공자가 담보하여야 할 사유가 소멸되었음을 증명하면서 취소신청을 하면, 법원은 담보

취소결정을 하여야 한다.

② 담보제공자가 담보취소에 대한 담보권리자의 동의를 받았음을 증명한 때에도 제1항과 같다.

③ 소송이 완결된 뒤 담보제공자가 신청하면, 법원은 담보권리자에게 일정한 기간 이내에 그 권리를 행사하도록 최고하고, 담보권리자가 그 행사를 하지 아니하는 때에는 담보취소에 대하여 동의한 것으로 본다.

④ 제1항과 제2항의 규정에 따른 결정에 대하여는 즉시항고를 할 수 있다.

제126조(담보물변경)

법원은 담보제공자의 신청에 따라 결정으로 공탁한 담보물을 바꾸도록 명할 수 있다. 다만, 당사자가 계약에 의하여 공탁한 담보물을 다른 담보로 바꾸겠다고 신청한 때에는 그에 따른다.

제127조(준용규정)

다른 법률에 따른 소제기에 관하여 제공되는 담보에는 제119조, 제120조제1항, 제121조 내지 제126조의 규정을 준용한다.

1. 소송비용의 담보에 대한 대법원판례

① **민사소송에서 원고가 소송비용의 담보제공 신청을 할 수 있는지 여부(소극)**

민사소송법 제117조 제1항은 "원고가 대한민국에 주소·사무소와 영업소를 두지 아니한 때 또는 소장·준비서면, 그 밖의 소송기록에 의하여 청구가 이유 없음이 명백한 때 등 소송비용에 대한 담보제공이 필요하다고 판단되는 경우에 피고의 신청이 있으면 법원은 원고에게 소송비용에 대한 담보를 제공하도록 명하여야 한다. 담보가 부족한 경우에도 또한 같다."라고 규정하고 있다. 따라서 소송비용의 담보제공 신청권은 피고에게 있을 뿐 원고가 위와 같은 담보제공 신청을 할 수는 없고, 이는 상소심 절차에서도 동일하게 적용되므로, 원고가 본안소송의 항소심에서 승소하여 피고가 그에 대한 상고를 제기함에 따라 원고가 피상고인으로 되었다고 하여 원고에게 소송비용 담보제공 신청권이 인정되는 것은 아니다[2017. 9. 14., 자, 2017카담507, 결정].

② **상소심에서 소송비용에 대한 담보제공 신청을 할 수 있는 경우**

민사소송법 제117조 제1항 전문은 "원고가 대한민국에 주소·사무소와 영업소를 두지 아니한 때 또는 소장·준비서면, 그 밖의 소송기록에 의하여 청구가 이유 없음이 명백한 때 등 소송비용에 대한 담보제공이 필요하다고 판단되는 경우에 피고의 신청이 있으면 법원은 원고에게 소송비용에 대한 담보를 제공하도록 명하여야 한다."라고 규정하고 있고, 제118조는 "담보를 제공할 사유가 있다는 것을 알고도 피고가 본안에 관하여 변론하거나 변론준비기일에서 진술한 경우에는 담보제공을 신청하지 못한다."라고 규정하고 있다. 따라서 상소심에서의 소송비용 담보제공 신청은 담보제공의 원인이 이미 제1심 또는 항소심에서 발생되어 있었음에도 신청인이 과실 없이 담보제공을 신청할 수 없었거나 상소심에서 새로이 담보제공의 원인이 발생한 경우에 한하여 가능하다[2017. 4. 21., 자, 2017마63, 결정].

③ **적법한 담보제공신청 없이 피고가 본안에 관하여 변론하거나 변론준비기일에서 진술한 경우, 담보제공신청권을 상실하는지 여부(적극)**

민사소송법 제118조는 "담보를 제공할 사유가 있다는 것을 알고도 피고가 본안에 관하여 변론하거나 변론준비기일에서 진술한 경우에는 담보제공을 신청하지 못한다."라고 규정하고 있다. 같은 법 제119조는 "담보제공을 신청한 피고는 원고가 담보를 제공할 때까지 소송에 응하지 아니할 수 있다."라고 규정하고 있다. 그러므로 적법한 담보제공신청 없이 피고가 본안에 관하여 변론하거나 변론준비기일에서 진술한 경우 담보제공신청권을 상실한다. 반면 피고가 적법한 담보제공신청을 한 경우에는 그 후 응소를 거부하지 않고 본안에 관하여 변론 등을 하였더라도 이미 이루어진 담보제공신청의 효력이 상실되거나 그 신청이 부적법하게 되는 것은 아니다[2018. 6. 1., 자, 2018마5162, 결정].

④ **담보제공을 명하는 법원이 담보제공의 방법을 민사소송법 제122조의 범위 내에서 재량에 따라 선택할 수 있는지 여부(원칙적 적극)**

민사소송법 제122조는 "담보의 제공은 금전 또는 법원이 인정하는 유가증권을 공탁하거나, 대법원규칙이 정하는 바에 따라 지급을 보증하겠다는 위탁계약을 맺은 문서를 제출하는 방법으로 한다. 다만 당사자들 사이에 특별한 약정이 있으면 그에 따른다."라고 규정하고 있다. 따라서 당사자들 사이에 특별한 약정이 없는 한 담보제공을 명하는 법원은 담보제공의 방법을 위 규정의 범위 내에서 재량에 따라 선택할 수 있다[2018. 6. 1., 자, 2018마5162, 결정].

⑤ **법원의 직권에 의한 소송비용 담보제공 재판에 불복할 경우, 민사소송법 제121조를 준용하여 즉시항고를 제기할 수 있는지 여부(적극)**

민사소송법 제117조 제2항은 2010. 7. 23. 법률 제10373호로 민사소송법이 개정되면서 신설된 규정으로, 그 이전에는 오로지 피고의 신청에 의한 소송비용 담보제공 재판만 가능하였고, 이에 대한 불복규정인 민사소송법 제121조도 '담보제공 신청'에 관한 재판에만 즉시항고할 수 있는 것으로 규정하고 있었다. 민사소송법 개정 당시 직권에 의한 소송비용 담보제공 재판을 도입하면서 이에 대한 불복규정을 별도로 마련하지 않았으나, 민사소송법은 특별한 규정이 있을 때만 즉시항고할 수 있다는 규정을 두고 있지 않고, 직권에 의한 소송비용 담보제공 재판에 대한 불복 자체를 금지하고 있지도 않은 점, 직권에 의한 소송비용 담보제공 재판의 경우에도 피고의 신청에 의한 경우와 마찬가지로 담보를 제공하지 않으면 변론 없이 소각하 판결이 내려질 수 있으므로 원고에게 불복 기회를 부여해야 할 필요성은 신청에 의한 경우와 다를 게 없는 점 등에 비추어 보면, 법원의 직권에 의한 소송비용 담보제공 재판에 불복할 경우에도 원고는 민사소송법 제121조를 준용하여 즉시항고를 제기할 수 있다고 보는 것이 타당하다[2011. 5. 2., 자, 2010부8, 결정].

⑥ 가집행선고부 판결에 대한 강제집행정지를 위하여 공탁한 담보의 담보적 효력이 미치는 범위

재판상 담보공탁의 담보권리자가 공탁금회수청구권을 압류하고 추심명령이나 확정된 전부명령을 받은 후 담보취소결정을 받아 공탁금회수청구를 하는 경우, 그 담보공탁금의 피담보채권을 집행채권으로 하는 것인 이상, 담보권리자의 위와 같은 담보취소신청은 어디까지나 담보권을 포기하고 일반 채권자로서 강제집행을 하는 것이 아니라 오히려 적극적인 담보권실행에 의하여 그 공탁물회수청구권을 행사하기 위한 방법으로 보는 것이 타당하다. 따라서 이는 담보권의 실행방법으로 인정되고, 이 경우 그에 선행하는 일반 채권자의 압류 및 추심명령이나 전부명령으로 이에 대항할 수 없다. 한편 가집행선고부 판결에 대한 강제집행정지를 위하여 공탁한 담보는 강제집행정지로 인하여 채권자에게 생길 손해를 담보하기 위한 것이고 정지의 대상인 기본채권 자체를 담보하는 것은 아니므로, 채권자는 그 손해배상청구권에 한하여서만 담보권을 가질 뿐 기본채권에까지 담보적 효력이 미치는 것은 아니다[2021. 11. 11., 선고, 2018다250087, 판결].

⑦ 가압류의 취소에 관한 소송비용이 가압류로 인하여 제공된 공탁금이 담보하는 손해의 범위에 포함되는지 여부(적극)

가압류를 위하여 법원의 명령으로 제공된 공탁금은 부당한 가압류로 인하여 채무자가 입은 손해를 담보하는 것이므로, 가압류의 취소에 관한 소송비용은 가압류로 인하여 제공된 공탁금이 담보하는 손해의 범위에 포함된다. 그리고 담보권리자가 공탁금회수청구권을 압류하고 추심명령이나 확정된 전부명령을 받은 후 담보취소결정을 받아 공탁금회수청구를 하는 경우에도 그 담보공탁금의 피담보채권을 집행채권으로 하는 것인 이상, 담보권리자의 위와 같은 담보취소신청은 어디까지나 담보권을 포기하고 일반 채권자로서 강제집행을 하는 것이 아니라 오히려 적극적인 담보권실행에 의하여 그 공탁물회수청구권을 행사하기 위한 방법에 불과하다고 보는 것이 합리적이므로, 이는 담보권의 실행방법으로 인정된다*[2019. 12. 12., 선고, 2019다256471, 판결]*.

⑧ 민사소송법 제125조 제3항에 따라 법원이 담보취소결정을 하였으나 그 결정이 확정되기 전에 담보권리자가 권리행사를 하고 이를 증명한 경우, 담보취소결정이 그대로 유지될 수 있는지 여부(소극)

민사소송법 제125조 제3항은, 소송완결 후 담보제공자의 신청에 의하여 법원이 담보권리자에 대하여 일정한 기간 내에 그 권리를 행사할 것을 최고하고, 담보권리자가 그 기간 내에 권리행사를 하지 아니하는 때에는 담보취소에 관하여 담보권리자의 동의가 있는 것으로 간주하여 법원이 담보취소결정을 할 수 있다고 규정하고 있지만, 담보취소결정이 확정되기 전에 담보권리자가 권리행사를 하고 이것을 증명한 경우에는 담보권리자가 담보취소에 동의한 것으로 간주하여 발하여진 담보취소결정은 그대로 유지될 수 없다. 이는 재항고심에 이르러 비로소 권리행사를 하면서 이를 증명하는 서면을 제출한 경우에도 마찬가지이다*(대법원 2000. 7. 18. 자 2000마2407 결정, 대법원 2015. 9. 16.자 2015마848 결정 등 참조)*.

나아가 이러한 법리는 담보권리자가 재항고심에 이르러 비로소 권리행사를 증명한 경우뿐만 아니라, 담보권리자의 권리주장 범위가 담보공탁금액 중 일부에 한정되어 있어 담보일부취소결정이 발하여지고, 그 결정이 확정되기 전에 담보권리자가 소송에서 청구를 확장하는 등 권리주장 범위를 확장하고 이것을 재항고심에서 추가로 증명한 경우에도 적용된다*[2018. 10. 2., 자, 2017마6092, 결정]*.

2. 소송비용의 담보에 대한 서식

[서식 예] 소송비용담보제공신청서

소송비용담보제공신청서

신 청 인   ○○○ (주민등록번호)
　　　　　　 ○○시 ○○구 ○○길 ○○
피신청인   ◇◇◇ (주민등록번호)
　　　　　　 ○○국 ○○시 ○○로 ○○

신 청 취 지

피신청인에게 이 법원 20○○가단○○○○ ◎◎ 사건의 소송비용의 담보로서 이 결정 확정일부터 7일 이내에 신청인을 위하여 금 ○○○원을 공탁할 것을 명한다.
라는 결정을 구합니다.

신 청 이 유

1. 피신청인은 신청인을 상대로 귀원 20○○가단○○○○호로 ◎◎ 청구의 소를 제기하였으나, 신청인은 위 사건에서 변호사를 선임하여 응소한 터이므로, 만일 신청인이 위 사건에서 승소할 경우 신청인은 피신청인으로부터 변호사비용 ○○○원을 상환받을 수 있습니다.
2. 그러나, 피신청인은 대한민국에 주소.사무소와 영업소를 두지 아니하고 있으므로, 신청인이 승소하더라도 피신청인으로부터 소송비용을 상환받지 못할 염려가 있사오니, 피신청인에게 위 금액을 소송비용의 담보로서 제공하도록 명하여 주시기 바랍니다.

소 명 방 법

　1. 소갑 제1호증　　　　　　　사건위임계약서
　1. 소갑 제2호증　　　　　　　영수증(변호사비용)

첨 부 서 류

1. 위 소명방법   각 1통
1. 비용계산서   2통
1. 납부서   1통

                        20○○.   ○.   ○.
                        위 신청인   ○○○   (서명 또는 날인)

○○지방법원   귀중

제3절 소송구조

제128조(구조의 요건)

① 법원은 소송비용을 지출할 자금능력이 부족한 사람의 신청에 따라 또는 직권으로 소송구조(訴訟救助)를 할 수 있다. 다만, 패소할 것이 분명한 경우에는 그러하지 아니하다.

② 제1항 단서에 해당하는 경우 같은 항 본문에 따른 소송구조 신청에 필요한 소송비용과 제133조에 따른 불복신청에 필요한 소송비용에 대하여도 소송구조를 하지 아니한다.

③ 제1항의 신청인은 구조의 사유를 소명하여야 한다.

④ 소송구조에 대한 재판은 소송기록을 보관하고 있는 법원이 한다.

⑤ 제1항에서 정한 소송구조요건의 구체적인 내용과 소송구조절차에 관하여 상세한 사항은 대법원규칙으로 정한다.

제129조(구조의 객관적 범위)

① 소송과 강제집행에 대한 소송구조의 범위는 다음 각호와 같다. 다만, 법원은 상당한 이유가 있는 때에는 다음 각호 가운데 일부에 대한 소송구조를 할 수 있다.

  1. 재판비용의 납입유예

  2. 변호사 및 집행관의 보수와 체당금(替當金)의 지급유예

  3. 소송비용의 담보면제

  4. 대법원규칙이 정하는 그 밖의 비용의 유예나 면제

② 제1항제2호의 경우에는 변호사나 집행관이 보수를 받지 못하면 국고에서 상당한 금액을 지급한다.

제130조(구조효력의 주관적 범위)

① 소송구조는 이를 받은 사람에게만 효력이 미친다.

② 법원은 소송승계인에게 미루어 둔 비용의 납입을 명할 수 있다.

제131조(구조의 취소)

소송구조를 받은 사람이 소송비용을 납입할 자금능력이 있다는 것이 판명되거나, 자금능력이 있게 된 때에는 소송기록을 보관하고 있는 법원은 직권으로 또는 이해관계인의 신청에 따라 언제든지 구조를 취소하고, 납입을 미루어 둔 소송비용을 지급하도록 명할 수 있다.

제132조(납입유예비용의 추심)

① 소송구조를 받은 사람에게 납입을 미루어 둔 비용은 그 부담의 재판을 받은 상대방으로부터 직접 지급받을 수 있다.

② 제1항의 경우에 변호사 또는 집행관은 소송구조를 받은 사람의 집행권원으로 보수와 체당금에 관한 비용액의 확정결정신청과 강제집행을 할 수 있다.

③ 변호사 또는 집행관은 보수와 체당금에 대하여 당사자를 대위(代位)하여 제113조 또는 제

> 114조의 결정신청을 할 수 있다.
>
> **제133조(불복신청)**
>
> 이 절에 규정한 재판에 대하여는 즉시항고를 할 수 있다. 다만, 상대방은 제129조제1항제3호의 소송구조결정을 제외하고는 불복할 수 없다.

1. 소송구조제도

1-1. 개념

"소송구조(訴訟救助)"란 소송비용을 지출할 자금능력이 부족한 사람에 대해 법원이 신청 또는 직권으로 재판에 필요한 일정한 비용의 납입을 유예 또는 면제시킴으로써 그 비용을 내지 않고 재판을 받을 수 있도록 하는 제도를 말합니다.

1-2. 요건

① 소송사건일 것

「비송사건절차법」에서 「민사소송법」의 개별 규정을 준용하고 있으나 소송구조에 관한 규정은 준용하지 않고 있으므로(「비송사건절차법」 제8조, 제10조 참조), 「비송사건절차법」이 적용 또는 준용되는 비송사건은 소송구조의 대상이 아닙니다(대법원 2009. 9. 10. 자 2009스89 결정).

② 신청인

소송구조는 다음에 해당하는 자가 신청할 수 있습니다.

- 소송을 제기하려는 사람
- 소송계속 중의 당사자
- 외국인
- 법인

③ 소송구조는 소송비용을 지출할 자금능력이 부족한 사람의 신청에 따라 또는 직권으로 할 수 있습니다(「민사소송법」 제128조 제1항).

④ 소송구조 신청인은 구조의 사유를 소명해야 합니다(「민사소송법」 제128조 제2항).

⑤ 법원은 자유심증에 따라 그 소명 여부를 판단합니다(대법원 2003. 5. 23. 자,

2003마89 결정).

⑥ **자금능력이 부족한 소송구조 신청인**

다음 중 어느 하나에 해당하는 사람은 자금능력이 부족한 것으로 보고 다른 요건
의 심사만으로 소송구조 여부를 결정할 수 있습니다[「소송구조제도의 운영에 관한
예규」(대법원재판예규 제1726호, 시행 2019. 10. 1. 발령·시행) 제3조의2].
- 「국민기초생활 보장법」에 따른수급자 및 차상위계층
- 「한부모가족지원법」에 따른 지원대상자
- 「기초연금법」에 따른 기초연금 수급자
- 「장애인연금법」에 따른 수급자
- 「북한이탈주민의 보호 및 정착지원에 관한 법률」에 따른 보호대상자

⑦ **소명의 정도**

패소할 것이 명백하지 않다는 것은 소송구조신청의 소극적 요건이므로 신청인이
승소 가능성을 적극적으로 진술하고 소명해야 하는 것은 아니고, 법원이 당시까지
의 재판절차에서 나온 자료를 기초로 패소할 것이 명백하다고 판단할 수 있는 경
우가 아니면 됩니다(대법원 2001. 6. 9. 자, 2001마1044 결정).

⑧ **1심 패소 후 항소신청을 하며 소송구조를 신청하는 경우**

비록 제1심에서는 패소했지만, ㉠ 제1심판결에 사실상·법률상의 하자가 있어서 그
판결이 취소될 개연성이 있다거나, ㉡ 자신이 제출할 새로운 공격방어방법이 새로
운 증거에 의해 뒷받침됨으로써 제2심에서는 승소할 가망이 있는 점 등을 구체적
으로 명시하여 그 사유를 소명해야 합니다(대법원 1994.12.10.자, 94마2159 결정).

1-3. 범위

① **객관적 범위**

소송과 강제집행에 대한 소송구조의 범위는 다음과 같습니다. 다만, 법원은 상당
한 이유가 있는 경우 다음 중 일부에 대한 소송구조를 할 수 있습니다(「민사소송
법」 제129조 제1항).
- 재판비용의 납입유예

- 변호사 및 집행관의 보수와 체당금(替當金)의 지급유예
- 소송비용의 담보면제
- 그 밖의 비용의 유예나 면제

② 주관적 범위

소송구조는 이를 받은 사람에게만 효력이 미치므로, 법원은 소송승계인에게 미루어 둔 비용의 납입을 명할 수 있습니다(「민사소송법」 제130조).

1-4. 신청

※ 신청방법

① 소송구조신청은 서면으로 해야 하고, 신청서에는 신청인 및 그와 같이 사는 가족의 자금능력을 적은 서면을 붙여야 합니다(「민사소송규칙」 제24조).
② 자금능력에 대한 서면 제출은 신청인이 소송비용을 지출할 자금능력이 부족한 사람이라는 점을 소명하기 위한 하나의 예시이므로 신청인은 다른 방법으로 자금능력의 부족에 대해 소명을 할 수 있습니다(대법원 2003.5.23.자, 2003마89 결정).

1-5. 결정

① 통보

소송구조결정이 있는 경우에는 법원서기관, 법원사무관, 법원주사 또는 법원주사보(이하 '법원사무관등'이라 한다)가 소송구조를 받은 당사자에게 소송구조결정에 따른 안내문을 교부합니다(「민사소송법」 제40조 제2항 및 「소송구조제도의 운영에 관한 예규」 제3조 제2항).

② 지급요청

구조결정을 한 사건에 대해 다음의 비용을 지출할 사유가 발생한 경우 법원사무관등이 서면이나 재판사무시스템을 이용한 전자적인 방법으로 경비출납공무원에게 그 소송비용의 대납지급을 요청하게 됩니다(「민사소송규칙」 제25조).
- 증거조사
- 서류의 송달을 위한 비용

- 그 밖에 당사자가 미리 내야 할 소송비용

③ **취소**

　㉠ 법원은 소송구조를 받은 사람에게 다음의 사유가 발생하면 직권으로 또는 이해관계인의 신청에 따라 언제든지 소송구조를 취소하고, 납입을 미루어 둔 소송비용을 지급하도록 명할 수 있습니다(「민사소송법」 제131조).

- 소송비용을 납입할 자금능력이 있다는 것이 판명된 경우
- 자금능력이 있게 된 경우

　㉡ 소송구조의 취소는 구조결정을 한 대상사건의 절차가 판결의 확정, 그 밖의 사유로 종료된 뒤 5년이 지나면 할 수 없습니다(「민사소송규칙」 제27조 제1항).

　㉢ 소송구조를 받은 사람이 자금능력이 있게 된 경우에는 구조결정을 한 법원에 그 사실을 신고해야 합니다(「민사소송규칙」 제27조 제2항 본문). 다만, 구조결정을 한 대상사건의 절차가 종료된 뒤 5년이 지난 경우에는 그렇지 않습니다(「민사소송규칙」 제27조 제2항 단서).

2. 소송구조에 대한 대법원판례

① 민사소송법 제128조 제1항에서 정한 소송구조의 요건 및 그중 '패소할 것이 명백하지 않을 것'이 구비되었는지 판단하는 방법

민사소송법 제128조 제1항에 의하면 소송구조의 요건으로는 소송비용을 지출할 자금능력이 부족할 것 외에도 패소할 것이 명백하지 않을 것이 요구된다. 여기에서 패소할 것이 명백하지 않다는 것은 소송구조신청의 소극적 요건이므로 신청인이 승소의 가능성을 적극적으로 진술하고 소명하여야 하는 것은 아니고 법원이 당시까지의 재판절차에서 나온 자료를 기초로 패소할 것이 명백하다고 판단할 수 있는 경우가 아니라면 그 요건은 구비되었다고 할 것이다(*대법원 2001. 6. 9.자 2001마1044 결정, 대법원 2018. 6. 29.자 2018무669 결정 등 참조*).

재항고인은 본심판 제1심 패소 부분에 대하여 항고를 제기하기도 하였지만, 신청 외 1이 재항고인의 승소 부분에 대하여 항고하여 그에 대한 대응도 필요한 상황이다. 재항고인이 항고를 제기하면서 신청한 소송구조 중 항고인지액, 송달료 부분이 인용되었음은 앞서 본 바와 같다. 이 사건에서 재항고인이 항고심에서 패소

할 것이 명백하다고 볼 만한 뚜렷한 자료가 제출된 것도 아니다. 사정이 그와 같다면, 이 부분 요건도 구비하였다고 봄이 타당하다[2021. 5. 27., 자, 2021스576, 결정].

② 소송구조신청에 대한 기각결정이 확정되기 전에 소장 등에 인지가 첨부되어 있지 아니함을 이유로 소장 등을 각하할 수 있는지 여부(원칙적 소극)

민사소송 등 인지법 제1조 본문은 민사소송절차, 행정소송절차 등에서 소장이나 신청서 또는 신청의 취지를 기재한 조서에는 다른 법률에 특별한 규정이 있는 경우를 제외하고는 위 법이 정하는 인지를 붙여야 한다고 규정하고 있다. 행정소송법 제8조 제2항에 의하여 준용되는 민사소송법상 소송구조는 위 '다른 법률에 특별한 규정이 있는 경우'에 해당하므로, 소송구조신청이 있는 경우 원칙적으로 그에 대한 기각결정이 확정될 때까지는 인지첨부의무의 발생이 저지되어서 재판장은 소장 등에 인지가 첨부되어 있지 아니함을 이유로 소장 등을 각하할 수 없다. 인지첨부의무의 발생이 저지된다는 것은 소송구조신청을 기각하는 재판이 확정될 때까지 인지첨부의무의 이행이 정지 또는 유예되는 것을 의미하고, 소송구조신청이 있었다고 하여 종전에 이루어진 인지보정명령의 효력이 상실되는 것은 아니므로, 종전의 인지보정명령에 따른 보정기간 중에 제기된 소송구조신청에 대하여 기각결정이 확정되면 재판장으로서는 다시 인지보정명령을 할 필요는 없지만 종전의 인지보정명령에 따른 보정기간 전체가 다시 진행되어 그 기간이 경과된 때에 비로소 소장 등에 대한 각하명령을 할 수 있다[2018. 5. 4., 자, 2018무513, 결정].

③ 민사소송법 제129조 제1항 제2호에서 규정한 '변호사의 보수'의 의미 및 변호사의 보수에 소송구조를 받을 사람의 상대방을 위한 변호사 보수까지 포함되는지 여부(소극)

민사소송법은 제128조 제1항에서 법원이 소송비용을 지출할 자금능력이 부족한 사람의 신청에 따라 또는 직권으로 소송구조(訴訟救助)를 할 수 있다고 규정하고, 제129조 제1항에서 소송구조의 객관적인 범위로 '변호사의 보수'(제2호)와 '소송비용의 담보면제'(제3호)를 별도로 규정하고 있다.

변호사의 보수에 대한 소송구조는 쟁점이 복잡하거나 당사자의 소송수행능력이 현저히 부족한 경우 또는 소송의 내용이 공익적 성격을 지니고 있는 경우에 소송수행과정에서 변호사의 조력이 필요한 사건을 위해 마련된 것이다. 여기에서 말하는 '변호사의 보수'는 변호사가 소송구조결정에 따라 소송구조를 받을 사람을 위하여 소송을 수행한 대가를 의미하고 소송구조를 받을 사람의 상대방을 위한 변호사 보수까지 포함된다고 볼 수는 없다[2017. 4. 7., 선고, 2016다251994, 판결].

④ **민사소송법상 소송구조 사유의 소명방법**

민사소송법상 소송상 구조는 소송비용을 지출할 자금능력이 부족한 사람의 신청에 따라 혹은 법원 직권으로 할 수 있는데 이 경우 그 신청은 서면에 의하여 하여야 하고, 신청인은 구조의 사유를 소명하여야 하며, 그 신청서에는 신청인 및 그와 같이 사는 가족의 자금능력을 적은 서면을 붙여야 하는데 이와 같은 자금능력에 대한 서면의 제출은 신청인이 소송비용을 지출할 자금능력이 부족한 사람이라는 점을 소명하기 위한 하나의 방법으로 예시된 것으로 봄이 상당하므로 신청인으로 서는 다른 방법으로 자금능력의 부족에 대한 소명을 하는 것도 가능하다고 할 것 이고, 법원은 자유심증에 따라 그 소명 여부를 판단하여야 한다[2003. 5. 23., 자, 2003마89, 결정].

⑤ **상소법원이 구조결정을 한 소송이 상소법원에 계속 중인 경우, 구조결정에 대한 취 소의 재판을 관할하는 법원(=상소법원)**

소송구조를 받은 사람이 소송비용을 납입할 자금능력이 있다는 것이 판명되거나, 자금능력이 있게 된 때에는 소송기록을 보관하고 있는 법원은 직권으로 또는 이 해관계인의 신청에 따라 언제든지 구조를 취소하고, 납입을 미루어 둔 소송비용을 지급하도록 명할 수 있다(민사소송법 제131조). 이때 소송기록을 보관하고 있는 법원은 소송완결 전에는 소송이 계속 중인 법원이나, 소송완결 후에는 제1심의 수 소법원이다. 따라서 상소법원이 구조결정을 한 경우에 소송이 그 상소법원에 계속 되어 있는 때에는 그 상소법원이 구조결정에 대한 취소의 재판을 하지만, 소송이 확정되어 소송기록이 제1심법원에 반환된 경우에는 제1심법원이 구조결정에 대한 취소의 재판을 할 수 있다[2017. 3. 28., 자, 2016마1844, 결정].

⑥ **소송구조신청에 대한 기각결정이 확정되기 전에 소장 등에 인지를 첨부하지 않았다 는 이유로 소장 등을 각하할 수 있는지 여부(소극)**

소송구조신청이 있는 경우 인지첩부의무의 발생이 저지된다는 것은 소송구조신청을 기각하는 재판이 확정될 때까지 인지첨부의무의 이행이 정지 또는 유예되는 것을 의미하고, 소송구조신청이 있었다고 하여 종전에 이루어진 인지보정명령의 효력이 상실된다고 볼 근거는 없으므로, 종전의 인지보정명령에 따른 보정기간 중에 제기된 소송구조신청에 대하여 기각결정이 확정되면 재판장으로서는 다시 인지보정명령을 할 필요는 없지만 종전의 인지보정명령에 따른 보정기간 전체가 다시 진행되어 그 기간이 경과한 때에 비로소 소장 등에 대한 각하명령을 할 수 있다 *[2008. 6. 2., 자, 2007무77, 결정].*

3. 소송구조에 대한 서식

[서식 ①] 소송구조신청서

소송구조신청서

> 수입인지 1,000원
> 송달료 2회분

구조대상사건 : 20○○가합○○○ 손해배상(자)

신청인(원고, 피고) ○○○

　　　　　　　　주소 :

　　　　　　　　전화, 휴대폰, 팩스번호 :

상대방(원고, 피고) ○○○

　　　　　　　　주소 :

　　신청인은 위 사건에 관하여 아래와 같은 사유로 소송구조를 신청합니다.

1. 구조를 신청하는 범위
　　□ 인지대　　 [□ 소장　 □ 상소장　 □ 기타(　　　　　　)]
　　□ 변호사비용
　　□ 기타 (　　　　　　　　　　　　　　)
　　□ 위 각 사항 등을 포함한 소송비용 전부

2. 구조가 필요한 사유
　　가. 사건 내용 : 별첨 기재와 같다(소장 사본의 첨부로 갈음 가능).
　　나. 신청인의 자력 :
　□ 「국민기초생활보장법」에 따른 수급자(수급자 증명서)
　□ 「한부모가족지원법」에 따른 지원대상자(한부모가족증명서)
　□ 「기초연금법」에 따른 수급자(기초연금수급자 증명서 또는 기초노령연금
　　　지급내역이 나오는 거래은행통장 사본)
　□ 「장애인연금법」에 따른 수급자(장애인연금수급자 증명서 또는 장애인연금 지급
　　　내역이 나오는 거래은행통장 사본)
　□ 「북한이탈주민의 보호 및 정착지원에 관한 법률」에 따른 보호대상자(북한이탈주
　　　민등록확인서)
　□ 위 대상자 외의 자 : 재산관계진술서 및 그 밖의 소명자료 첨부

신청인은 소송진행 중이나 완결 후에 신청인의 직업이나 재산에 중대한 변동이 생긴 때, 소송의 결과 상대방으로부터 이행을 받게 된 때에는 법원에 즉시 그 내용을 신고하겠습니다.

　　　　　　　　　　　　20　.　.　.
　　　　신청인 ○○○ ＿＿＿＿＿＿＿＿(서명 또는 날인)

　　　　　　　　　　　　　　　　○○지방법원 제○부(단독) 귀중

소송구조 재산관계진술서

<table>
<tr><td rowspan="2">신 청 인</td><td>이　름</td><td></td><td colspan="2">주민등록번호</td><td colspan="2"></td></tr>
<tr><td>직　업</td><td></td><td colspan="2">주　소</td><td colspan="2"></td></tr>
<tr><td rowspan="5">가족관계</td><td>이　름</td><td>신청인과 관계</td><td>나 이</td><td>직　업</td><td>월수입</td><td>동거여부</td></tr>
<tr><td></td><td></td><td></td><td></td><td></td><td></td></tr>
<tr><td></td><td></td><td></td><td></td><td></td><td></td></tr>
<tr><td></td><td></td><td></td><td></td><td></td><td></td></tr>
<tr><td></td><td></td><td></td><td></td><td></td><td></td></tr>
<tr><td rowspan="2">신청인의 월
수 입</td><td>금　액</td><td colspan="5"></td></tr>
<tr><td>내　역</td><td colspan="5"></td></tr>
<tr><td>수급권자
여　부</td><td colspan="6">□ 국민기초생활보장법상의 수급권자임　□ 한부모가족지원법상의 지원대상자임
□ 기초연금법상의 수급권자임　　　　□ 장애인연금법상의 수급권자임
□ 북한이탈주민의 보호 및 정착지원에 관한 법률상의 보호대상자임
□ 수급권자.지원대상자 · 보호대상자 아님</td></tr>
<tr><td rowspan="2">신청인의 주
거</td><td>형　태</td><td colspan="5">아파트, 단독주택, 다가구주택, 연립주택, 다세대주택
기타(　　　　　　　　　　　　　　　　　　　　　　)</td></tr>
<tr><td>소유관계</td><td colspan="5">신청인 또는 가족 소유 (소유자 :　　　　　　　)
임대차(전세, 월세 : 보증금　　　　　원, 월세　　　　　원)
기타(　　　　　　　　　　　　　　　　　　　　)</td></tr>
<tr><td rowspan="5">신청인과
가족들이
보유한
재산내역</td><td>부동산</td><td colspan="5"></td></tr>
<tr><td>예금</td><td colspan="5"></td></tr>
<tr><td>자동차</td><td colspan="5"></td></tr>
<tr><td>연금</td><td colspan="5"></td></tr>
<tr><td>기타</td><td colspan="5"></td></tr>
</table>

　신청인은 이상의 기재사항이 모두 사실과 다름이 없음을 확약하며 만일 다른 사실이 밝혀지는 때에는 구조결정이 취소되더라도 이의가 없습니다.

20　.　.　.

신청인　○○○ (서명 또는 날인)

○○지방법원 제○부(단독) 귀중

※ **작성시 유의사항**
1. **가족관계** : 배우자, 부모, 동거 중인 형제자매
2. **재산내역**
   ① **부동산** : 등기 여부에 관계없이 권리의 종류, 부동산의 소재지, 지목, 면적(㎡), 실거래가액을 기재
   (예시) 임차권, 서울 서초구 서초동 ○○번지 ○○아파트 ○동 ○호 50㎡, 임대차
   보증금 ○○○만원
   ② **예금** : 50만원 이상인 예금의 예금주, 예탁기관, 계좌번호, 예금의 종류를 기재
   (예시) 예금주 ○○○, △△은행 서초지점 계좌번호00-00-00, 보통예금, ○○○만
   원
   ③ **자동차** : 차종, 제작연도, 배기량, 차량등록번호, 거래가액을 기재
   (예시) 캐피탈 1993년식, 1500㏄, 서울○○두1234, ○○○만원
   ④ **연금** : 액수 관계없이 연금의 종류, 정기적으로 받는 연금 액수, 기간을 기재
   (예시) 유족연금 매월 30만원, 20○○. . .부터 20○○. . .까지
   ⑤ **기타** : 소유하고 있는 건설기계, 선박 또는 50만원 이상의 유가증권, 회원권, 귀금
   속 등을 기재

※ **첨부서면**
1. 가족관계를 알 수 있는 주민등록등본 또는 가족관계증명서, 재산내역을 알 수 있는
   등기부등본, 자동차 등록원부등본, 예금통장사본, 위탁잔고현황, 각종 회원증 사본
2. 다음에 해당하는 서류가 있는 경우에는 이를 제출하시기 바랍니다.
   - 근로자 및 상업 종사자 : 근로소득원천징수영수증 또는 보수지급명세서, 국민건
     강보험료부과내역서, 국민연금이력요약/가입증명서, 소득금액증명서
   - 공무원 : 재직증명서 또는 공무원증 사본
   - 국가보훈대상자 : 국가유공자임을 증명하는 서면
   - 국민기초생활보장법상 기초생활 수급권자 : 기초생활수급권자 증명서
   - 한부모가족지원법상의 지원대상자 : 한부모가족 증명서
   - 기초연금법상의 수급권자 : 기초연금수급 증명서 또는 기초연금 지급내역이 나오
     는 거래은행통장 사본
   - 장애인연금법상의 수급권자 : 수급자 증명서 또는 장애인연금 지급내역이 나오
     는 거래은행통장 사본
   - 북한이탈주민의 보호 및 정착지원에 관한 법률상 보호대상자 : 북한이탈주민등록
     확인서
   - 소년.소녀가장 : 가족관계증명서
   - 국민기초생활보장법상 차상위자 : 국민건강보험료부과내역서, 국민연금이력요약/
     가 입증명서, 소득금액증명서, 지방세세목별과세증명서, 주택임대차계약서
   - 외국인 : 여권사본 또는 외국인등록증사본
   - 법인 : 대차대조표, 재산목록, 영업보고서, 손익계산서

제4장 소송절차

제1절 변론

제134조(변론의 필요성)

① 당사자는 소송에 대하여 법원에서 변론하여야 한다. 다만, 결정으로 완결할 사건에 대하여는 법원이 변론을 열 것인지 아닌지를 정한다.

② 제1항 단서의 규정에 따라 변론을 열지 아니할 경우에, 법원은 당사자와 이해관계인, 그 밖의 참고인을 심문할 수 있다.

③ 이 법에 특별한 규정이 있는 경우에는 제1항과 제2항의 규정을 적용하지 아니한다.

제135조(재판장의 지휘권)

① 변론은 재판장(합의부의 재판장 또는 단독판사를 말한다. 이하 같다)이 지휘한다.

② 재판장은 발언을 허가하거나 그의 명령에 따르지 아니하는 사람의 발언을 금지할 수 있다.

제136조(석명권 (釋明權) ·구문권 (求問權) 등)

① 재판장은 소송관계를 분명하게 하기 위하여 당사자에게 사실상 또는 법률상 사항에 대하여 질문할 수 있고, 증명을 하도록 촉구할 수 있다.

② 합의부원은 재판장에게 알리고 제1항의 행위를 할 수 있다.

③ 당사자는 필요한 경우 재판장에게 상대방에 대하여 설명을 요구하여 줄 것을 요청할 수 있다.

④ 법원은 당사자가 간과하였음이 분명하다고 인정되는 법률상 사항에 관하여 당사자에게 의견을 진술할 기회를 주어야 한다.

제137조(석명준비명령)

재판장은 제136조의 규정에 따라 당사자에게 설명 또는 증명하거나 의견을 진술할 사항을 지적하고 변론기일 이전에 이를 준비하도록 명할 수 있다.

제138조(합의부에 의한 감독)

당사자가 변론의 지휘에 관한 재판장의 명령 또는 제136조 및 제137조의 규정에 따른 재판장이나 합의부원의 조치에 대하여 이의를 신청한 때에는 법원은 결정으로 그 이의신청에 대하여 재판한다.

제139조(수명법관의 지정 및 촉탁)

① 수명법관으로 하여금 그 직무를 수행하게 하고자 할 경우에는 재판장이 그 판사를 지정한다.

② 법원이 하는 촉탁은 특별한 규정이 없으면 재판장이 한다.

제140조(법원의 석명처분)

① 법원은 소송관계를 분명하게 하기 위하여 다음 각호의 처분을 할 수 있다.

  1. 당사자 본인 또는 그 법정대리인에게 출석하도록 명하는 일

2. 소송서류 또는 소송에 인용한 문서, 그 밖의 물건으로서 당사자가 가지고 있는 것을 제출하게 하는 일

3. 당사자 또는 제3자가 제출한 문서, 그 밖의 물건을 법원에 유치하는 일

4. 검증을 하고 감정을 명하는 일

5. 필요한 조사를 촉탁하는 일

② 제1항의 검증·감정과 조사의 촉탁에는 이 법의 증거조사에 관한 규정을 준용한다.

제141조(변론의 제한·분리·병합)

법원은 변론의 제한·분리 또는 병합을 명하거나, 그 명령을 취소할 수 있다.

제142조(변론의 재개)

법원은 종결된 변론을 다시 열도록 명할 수 있다.

제143조(통역)

① 변론에 참여하는 사람이 우리말을 하지 못하거나, 듣거나 말하는 데 장애가 있으면 통역인에게 통역하게 하여야 한다. 다만, 위와 같은 장애가 있는 사람에게는 문자로 질문하거나 진술하게 할 수 있다.

② 통역인에게는 이 법의 감정인에 관한 규정을 준용한다.

제143조의2(진술 보조)

① 질병, 장애, 연령, 그 밖의 사유로 인한 정신적·신체적 제약으로 소송관계를 분명하게 하기 위하여 필요한 진술을 하기 어려운 당사자는 법원의 허가를 받아 진술을 도와주는 사람과 함께 출석하여 진술할 수 있다.

② 법원은 언제든지 제1항의 허가를 취소할 수 있다.

③ 제1항 및 제2항에 따른 진술보조인의 자격 및 소송상 지위와 역할, 법원의 허가 요건·절차 등 허가 및 취소에 관한 사항은 대법원규칙으로 정한다.

제144조(변론능력이 없는 사람에 대한 조치)

① 법원은 소송관계를 분명하게 하기 위하여 필요한 진술을 할 수 없는 당사자 또는 대리인의 진술을 금지하고, 변론을 계속할 새 기일을 정할 수 있다.

② 제1항의 규정에 따라 진술을 금지하는 경우에 필요하다고 인정하면 법원은 변호사를 선임하도록 명할 수 있다.

③ 제1항 또는 제2항의 규정에 따라 대리인에게 진술을 금지하거나 변호사를 선임하도록 명하였을 때에는 본인에게 그 취지를 통지하여야 한다.

④ 소 또는 상소를 제기한 사람이 제2항의 규정에 따른 명령을 받고도 제1항의 새 기일까지 변호사를 선임하지 아니한 때에는 법원은 결정으로 소 또는 상소를 각하할 수 있다.

⑤ 제4항의 결정에 대하여는 즉시항고를 할 수 있다.

제145조(화해의 권고)

① 법원은 소송의 정도와 관계없이 화해를 권고하거나, 수명법관 또는 수탁판사로 하여금 권고하게 할 수 있다.

② 제1항의 경우에 법원·수명법관 또는 수탁판사는 당사자 본인이나 그 법정대리인의 출석을 명할 수 있다.

제146조(적시제출주의)

공격 또는 방어의 방법은 소송의 정도에 따라 적절한 시기에 제출하여야 한다.

제147조(제출기간의 제한)

① 재판장은 당사자의 의견을 들어 한 쪽 또는 양 쪽 당사자에 대하여 특정한 사항에 관하여 주장을 제출하거나 증거를 신청할 기간을 정할 수 있다.

② 당사자가 제1항의 기간을 넘긴 때에는 주장을 제출하거나 증거를 신청할 수 없다. 다만, 당사자가 정당한 사유로 그 기간 이내에 제출 또는 신청하지 못하였다는 것을 소명한 경우에는 그러하지 아니하다.

제148조(한 쪽 당사자가 출석하지 아니한 경우)

① 원고 또는 피고가 변론기일에 출석하지 아니하거나, 출석하고서도 본안에 관하여 변론하지 아니한 때에는 그가 제출한 소장·답변서, 그 밖의 준비서면에 적혀 있는 사항을 진술한 것으로 보고 출석한 상대방에게 변론을 명할 수 있다.

② 제1항의 규정에 따라 당사자가 진술한 것으로 보는 답변서, 그 밖의 준비서면에 청구의 포기 또는 인낙의 의사표시가 적혀 있고 공증사무소의 인증을 받은 때에는 그 취지에 따라 청구의 포기 또는 인낙이 성립된 것으로 본다.

③ 제1항의 규정에 따라 당사자가 진술한 것으로 보는 답변서, 그 밖의 준비서면에 화해의 의사표시가 적혀 있고 공증사무소의 인증을 받은 경우에, 상대방 당사자가 변론기일에 출석하여 그 화해의 의사표시를 받아들인 때에는 화해가 성립된 것으로 본다.

제149조(실기한 공격·방어방법의 각하)

① 당사자가 제146조의 규정을 어기어 고의 또는 중대한 과실로 공격 또는 방어방법을 뒤늦게 제출함으로써 소송의 완결을 지연시키게 하는 것으로 인정할 때에는 법원은 직권으로 또는 상대방의 신청에 따라 결정으로 이를 각하할 수 있다.

② 당사자가 제출한 공격 또는 방어방법의 취지가 분명하지 아니한 경우에, 당사자가 필요한 설명을 하지 아니하거나 설명할 기일에 출석하지 아니한 때에는 법원은 직권으로 또는 상대방의 신청에 따라 결정으로 이를 각하할 수 있다.

제150조(자백간주)

① 당사자가 변론에서 상대방이 주장하는 사실을 명백히 다투지 아니한 때에는 그 사실을 자백한 것으로 본다. 다만, 변론 전체의 취지로 보아 그 사실에 대하여 다툰 것으로 인정되는 경

우에는 그러하지 아니하다.

② 상대방이 주장한 사실에 대하여 알지 못한다고 진술한 때에는 그 사실을 다툰 것으로 추정한다.

③ 당사자가 변론기일에 출석하지 아니하는 경우에는 제1항의 규정을 준용한다. 다만, 공시송달의 방법으로 기일통지서를 송달받은 당사자가 출석하지 아니한 경우에는 그러하지 아니하다.

제151조(소송절차에 관한 이의권)

당사자는 소송절차에 관한 규정에 어긋난 것임을 알거나, 알 수 있었을 경우에 바로 이의를 제기하지 아니하면 그 권리를 잃는다. 다만, 그 권리가 포기할 수 없는 것인 때에는 그러하지 아니하다.

제152조(변론조서의 작성)

① 법원사무관등은 변론기일에 참여하여 기일마다 조서를 작성하여야 한다. 다만, 변론을 녹음하거나 속기하는 경우 그 밖에 이에 준하는 특별한 사정이 있는 경우에는 법원사무관등을 참여시키지 아니하고 변론기일을 열 수 있다.

② 재판장은 필요하다고 인정하는 경우 법원사무관등을 참여시키지 아니하고 변론기일 및 변론준비기일 외의 기일을 열 수 있다.

③ 제1항 단서 및 제2항의 경우에는 법원사무관등은 그 기일이 끝난 뒤에 재판장의 설명에 따라 조서를 작성하고, 그 취지를 덧붙여 적어야 한다.

제153조(형식적 기재사항)

조서에는 법원사무관등이 다음 각호의 사항을 적고, 재판장과 법원사무관등이 기명날인 또는 서명한다. 다만, 재판장이 기명날인 또는 서명할 수 없는 사유가 있는 때에는 합의부원이 그 사유를 적은 뒤에 기명날인 또는 서명하며, 법관 모두가 기명날인 또는 서명할 수 없는 사유가 있는 때에는 법원사무관등이 그 사유를 적는다.

1. 사건의 표시
2. 법관과 법원사무관등의 성명
3. 출석한 검사의 성명
4. 출석한 당사자·대리인·통역인과 출석하지 아니한 당사자의 성명
5. 변론의 날짜와 장소
6. 변론의 공개여부와 공개하지 아니한 경우에는 그 이유

제154조(실질적 기재사항)

조서에는 변론의 요지를 적되, 특히 다음 각호의 사항을 분명히 하여야 한다.

1. 화해, 청구의 포기·인낙, 소의 취하와 자백
2. 증인·감정인의 선서와 진술
3. 검증의 결과
4. 재판장이 적도록 명한 사항과 당사자의 청구에 따라 적는 것을 허락한 사항

5. 서면으로 작성되지 아니한 재판

6. 재판의 선고

제155조(조서기재의 생략 등)

① 조서에 적을 사항은 대법원규칙이 정하는 바에 따라 생략할 수 있다. 다만, 당사자의 이의가 있으면 그러하지 아니하다.

② 변론방식에 관한 규정의 준수, 화해, 청구의 포기·인낙, 소의 취하와 자백에 대하여는 제1항 본문의 규정을 적용하지 아니한다.

제156조(서면 등의 인용·첨부)

조서에는 서면, 사진, 그 밖에 법원이 적당하다고 인정한 것을 인용하고 소송기록에 붙여 이를 조서의 일부로 삼을 수 있다.

제157조(관계인의 조서낭독 등 청구권)

조서는 관계인이 신청하면 그에게 읽어 주거나 보여주어야 한다.

제158조(조서의 증명력)

변론방식에 관한 규정이 지켜졌다는 것은 조서로만 증명할 수 있다. 다만, 조서가 없어진 때에는 그러하지 아니하다.

제159조(변론의 속기와 녹음)

① 법원은 필요하다고 인정하는 경우에는 변론의 전부 또는 일부를 녹음하거나, 속기자로 하여금 받아 적도록 명할 수 있으며, 당사자가 녹음 또는 속기를 신청하면 특별한 사유가 없는 한 이를 명하여야 한다.

② 제1항의 녹음테이프와 속기록은 조서의 일부로 삼는다.

③ 제1항 및 제2항의 규정에 따라 녹음테이프 또는 속기록으로 조서의 기재를 대신한 경우에, 소송이 완결되기 전까지 당사자가 신청하거나 그 밖에 대법원규칙이 정하는 때에는 녹음테이프나 속기록의 요지를 정리하여 조서를 작성하여야 한다.

④ 제3항의 규정에 따라 조서가 작성된 경우에는 재판이 확정되거나, 양 쪽 당사자의 동의가 있으면 법원은 녹음테이프와 속기록을 폐기할 수 있다. 이 경우 당사자가 녹음테이프와 속기록을 폐기한다는 통지를 받은 날부터 2주 이내에 이의를 제기하지 아니하면 폐기에 대하여 동의한 것으로 본다.

제160조(다른 조서에 준용하는 규정)

법원·수명법관 또는 수탁판사의 신문(訊問) 또는 심문과 증거조사에는 제152조 내지 제159조의 규정을 준용한다.

제161조(신청 또는 진술의 방법)

① 신청, 그 밖의 진술은 특별한 규정이 없는 한 서면 또는 말로 할 수 있다.

② 말로 하는 경우에는 법원사무관등의 앞에서 하여야 한다.

③ 제2항의 경우에 법원사무관등은 신청 또는 진술의 취지에 따라 조서 또는 그 밖의 서면을 작성한 뒤 기명날인 또는 서명하여야 한다.

제162조(소송기록의 열람과 증명서의 교부청구)

① 당사자나 이해관계를 소명한 제3자는 대법원규칙이 정하는 바에 따라, 소송기록의 열람 · 복사, 재판서 · 조서의 정본 · 등본 · 초본의 교부 또는 소송에 관한 사항의 증명서의 교부를 법원사무관등에게 신청할 수 있다.

② 누구든지 권리구제 · 학술연구 또는 공익적 목적으로 대법원규칙으로 정하는 바에 따라 법원사무관등에게 재판이 확정된 소송기록의 열람을 신청할 수 있다. 다만, 공개를 금지한 변론에 관련된 소송기록에 대하여는 그러하지 아니하다.

③ 법원은 제2항에 따른 열람 신청시 당해 소송관계인이 동의하지 아니하는 경우에는 열람하게 하여서는 아니 된다. 이 경우 당해 소송관계인의 범위 및 동의 등에 관하여 필요한 사항은 대법원규칙으로 정한다.

④ 소송기록을 열람 · 복사한 사람은 열람 · 복사에 의하여 알게 된 사항을 이용하여 공공의 질서 또는 선량한 풍속을 해하거나 관계인의 명예 또는 생활의 평온을 해하는 행위를 하여서는 아니 된다.

⑤ 제1항 및 제2항의 신청에 대하여는 대법원규칙이 정하는 수수료를 내야 한다.

⑥ 재판서 · 조서의 정본 · 등본 · 초본에는 그 취지를 적고 법원사무관등이 기명날인 또는 서명하여야 한다.

제163조(비밀보호를 위한 열람 등의 제한)

① 다음 각호 가운데 어느 하나에 해당한다는 소명이 있는 경우에는 법원은 당사자의 신청에 따라 결정으로 소송기록중 비밀이 적혀 있는 부분의 열람 · 복사, 재판서 · 조서중 비밀이 적혀 있는 부분의 정본 · 등본 · 초본의 교부(이하 "비밀 기재부분의 열람 등"이라 한다)를 신청할 수 있는 자를 당사자로 한정할 수 있다.

　1. 소송기록 중에 당사자의 사생활에 관한 중대한 비밀이 적혀 있고, 제3자에게 비밀 기재부분의 열람 등을 허용하면 당사자의 사회생활에 지장이 클 우려가 있는 때

　2. 소송기록중에 당사자가 가지는 영업비밀(부정경쟁방지및영업비밀보호에관한법률 제2조제2호에 규정된 영업비밀을 말한다)이 적혀 있는 때

② 제1항의 신청이 있는 경우에는 그 신청에 관한 재판이 확정될 때까지 제3자는 비밀 기재부분의 열람 등을 신청할 수 없다.

③ 소송기록을 보관하고 있는 법원은 이해관계를 소명한 제3자의 신청에 따라 제1항 각호의 사유가 존재하지 아니하거나 소멸되었음을 이유로 제1항의 결정을 취소할 수 있다.

④ 제1항의 신청을 기각한 결정 또는 제3항의 신청에 관한 결정에 대하여는 즉시항고를 할 수

있다.

⑤ 제3항의 취소결정은 확정되어야 효력을 가진다.

제163조의2(판결서의 열람 · 복사)

① 제162조에도 불구하고 누구든지 판결이 선고된 사건의 판결서(확정되지 아니한 사건에 대한 판결서를 포함하며, 「소액사건심판법」이 적용되는 사건의 판결서와 「상고심절차에 관한 특례법」 제4조 및 이 법 제429조 본문에 따른 판결서는 제외한다. 이하 이 조에서 같다)를 인터넷, 그 밖의 전산정보처리시스템을 통한 전자적 방법 등으로 열람 및 복사할 수 있다. 다만, 변론의 공개를 금지한 사건의 판결서로서 대법원규칙으로 정하는 경우에는 열람 및 복사를 전부 또는 일부 제한할 수 있다.

② 제1항에 따라 열람 및 복사의 대상이 되는 판결서는 대법원규칙으로 정하는 바에 따라 판결서에 기재된 문자열 또는 숫자열이 검색어로 기능할 수 있도록 제공되어야 한다.

③ 법원사무관등이나 그 밖의 법원공무원은 제1항에 따른 열람 및 복사에 앞서 판결서에 기재된 성명 등 개인정보가 공개되지 아니하도록 대법원규칙으로 정하는 보호조치를 하여야 한다.

④ 제3항에 따라 개인정보 보호조치를 한 법원사무관등이나 그 밖의 법원공무원은 고의 또는 중대한 과실로 인한 것이 아니면 제1항에 따른 열람 및 복사와 관련하여 민사상 · 형사상 책임을 지지 아니한다.

⑤ 제1항의 열람 및 복사에는 제162조제4항 · 제5항 및 제163조를 준용한다.

⑥ 판결서의 열람 및 복사의 방법과 절차, 개인정보 보호조치의 방법과 절차, 그 밖에 필요한 사항은 대법원규칙으로 정한다.

제164조(조서에 대한 이의)

조서에 적힌 사항에 대하여 관계인이 이의를 제기한 때에는 조서에 그 취지를 적어야 한다.

제2절 전문심리위원 [신설 2007. 7. 13.]

제164조의2(전문심리위원의 참여)

① 법원은 소송관계를 분명하게 하거나 소송절차(증거조사 · 화해 등을 포함한다. 이하 이 절에서 같다)를 원활하게 진행하기 위하여 직권 또는 당사자의 신청에 따른 결정으로 제164조의4제1항에 따라 전문심리위원을 지정하여 소송절차에 참여하게 할 수 있다.

② 전문심리위원은 전문적인 지식을 필요로 하는 소송절차에서 설명 또는 의견을 기재한 서면을 제출하거나 기일에 출석하여 설명이나 의견을 진술할 수 있다. 다만, 재판의 합의에는 참여할 수 없다.

③ 전문심리위원은 기일에 재판장의 허가를 받아 당사자, 증인 또는 감정인 등 소송관계인에게 직접 질문할 수 있다.

④ 법원은 제2항에 따라 전문심리위원이 제출한 서면이나 전문심리위원의 설명 또는 의견의 진술에 관하여 당사자에게 구술 또는 서면에 의한 의견진술의 기회를 주어야 한다.

제164조의3(전문심리위원 참여결정의 취소)

① 법원은 상당하다고 인정하는 때에는 직권이나 당사자의 신청으로 제164조의2제1항에 따른 결정을 취소할 수 있다.

② 제1항에도 불구하고 당사자가 합의로 제164조의2제1항에 따른 결정을 취소할 것을 신청하는 때에는 법원은 그 결정을 취소하여야 한다.

제164조의4(전문심리위원의 지정 등)

① 법원은 제164조의2제1항에 따라 전문심리위원을 소송절차에 참여시키는 경우 당사자의 의견을 들어 각 사건마다 1인 이상의 전문심리위원을 지정하여야 한다.

② 전문심리위원에게는 대법원규칙으로 정하는 바에 따라 수당을 지급하고, 필요한 경우에는 그 밖의 여비, 일당 및 숙박료를 지급할 수 있다.

③ 전문심리위원의 지정에 관하여 그 밖에 필요한 사항은 대법원규칙으로 정한다.

제164조의5(전문심리위원의 제척 및 기피)

① 전문심리위원에게 제41조부터 제45조까지 및 제47조를 준용한다.

② 제척 또는 기피 신청을 받은 전문심리위원은 그 신청에 관한 결정이 확정될 때까지 그 신청이 있는 사건의 소송절차에 참여할 수 없다. 이 경우 전문심리위원은 당해 제척 또는 기피 신청에 대하여 의견을 진술할 수 있다.

제164조의6(수명법관 등의 권한)

수명법관 또는 수탁판사가 소송절차를 진행하는 경우에는 제164조의2제2항부터 제4항까지의 규정에 따른 법원 및 재판장의 직무는 그 수명법관이나 수탁판사가 행한다.

제164조의7(비밀누설죄)

전문심리위원 또는 전문심리위원이었던 자가 그 직무수행 중에 알게 된 다른 사람의 비밀을 누설하는 경우에는 2년 이하의 징역이나 금고 또는 1천만원 이하의 벌금에 처한다.

제164조의8(벌칙 적용에서의 공무원 의제)

전문심리위원은 「형법」 제129조부터 제132조까지의 규정에 따른 벌칙의 적용에서는 공무원으로 본다.

1. 변론에 대한 대법원판례

① 확인의 소에서 확인의 이익 유무가 직권조사사항인지 여부(적극)

확인의 소에서 확인의 이익 유무는 직권조사사항이므로 당사자의 주장 여부에 관계없이 법원이 직권으로 판단하여야 하고, 당사자가 현재의 권리나 법률관계에 존재하는 불안·위험이 있어 확인을 구하는 소를 제기하였으나 법원의 심리 도중 시간적 경과로 인해 확인을 구하는 대상이 과거의 법률관계가 되어 버린 경우, 법원으로서는 확인의 대상이 과거의 법률관계라는 이유로 확인의 이익이 없다고 보아 곧바로 소를 각하할 것이 아니라, 당사자에게 현재의 권리 또는 법률상 지위에 대한 위험이나 불안을 제거하기 위해 과거의 법률관계에 대한 확인을 구할 이익이나 필요성이 있는지 여부를 석명하여 이에 관한 의견을 진술하게 하거나 당사자로 하여금 청구취지를 변경할 수 있는 기회를 주어야 한다*[2022. 6. 16., 선고, 2022다207967, 판결].*

② 비법인사단이 당사자인 사건에서 이미 제출된 자료들에 의하여 대표권의 적법성에 의심이 갈 만한 사정이 있는 경우, 법원이 이에 관하여 심리·조사할 의무가 있는지 여부(적극)

비법인사단이 당사자인 사건에서 대표자에게 적법한 대표권이 있는지는 소송요건에 관한 것으로서 법원의 직권조사사항이므로, 법원으로서는 판단의 기초자료인 사실과 증거를 직권으로 탐지할 의무까지는 없다 하더라도, 이미 제출된 자료들에 의하여 대표권의 적법성에 의심이 갈 만한 사정이 엿보인다면 상대방이 이를 구체적으로 지적하여 다투지 않더라도 이에 관하여 심리·조사할 의무가 있다*[2022. 4. 28., 선고, 2021다306904, 판결].*

③ 법률상 사항에 관한 법원의 석명 또는 지적의무

민사소송법 제136조 제1항은 "재판장은 소송관계를 분명하게 하기 위하여 당사자에게 사실상 또는 법률상 사항에 대하여 질문할 수 있고, 증명을 하도록 촉구할 수 있다."라고 정하고, 제4항은 "법원은 당사자가 간과하였음이 분명하다고 인정되는 법률상 사항에 관하여 당사자에게 의견을 진술할 기회를 주어야 한다."라고 정하고 있다. 당사자가 부주의 또는 오해로 증명하지 않은 것이 분명하거나 쟁점으로 될 사항에 관하여 당사자 사이에 명시적인 다툼이 없는 경우에는 법원은 석명을 구하면서 증명을 촉구하여야 하고, 만일 당사자가 전혀 의식하지 못하거나 예상하지 못하였던 법률적 관점을 이유로 법원이 청구의 당부를 판단하려는 경우에는 그러한 관점에 대하여 당사자에게 의견진술의 기회를 주어야 한다. 그와 같이 하지 않고 예상외의 재판으로 당사자 일방에게 뜻밖의 판결을 내리는 것은 석명의무를 다하지 않아 심리를 제대로 하지 않은 잘못을 저지른 것이 된다[2022. 8. 25., 선고, 2018다261605, 판결].

④ **법률상 사항에 관한 법원의 석명 또는 지적의무**

당사자의 주장이 법률적 관점에서 보아 현저한 모순이나 불명료한 부분이 있는 경우, 법원은 적극적으로 석명권을 행사하여 당사자에게 의견 진술의 기회를 주어야 하고, 이를 게을리한 경우에는 석명 또는 지적의무를 다하지 아니한 것으로서 위법한 평가를 받을 수 있다. 청구취지나 청구원인의 법적 근거에 따라 요건사실에 대한 증명책임이 달라지는 중대한 법률적 사항에 해당되는 경우라면 더욱 그러하다[2022. 4. 28., 선고, 2019다200843, 판결].

⑤ **실기한 공격방어방법이라도 소송의 완결을 지연시키는 것이 아닌 경우, 이를 각하할 수 있는지 여부(소극)**

법원은 당사자의 고의 또는 중대한 과실로 시기에 늦게 제출한 공격 또는 방어방법이 그로 인하여 소송의 완결을 지연하게 하는 것으로 인정될 때에는 이를 각하할 수 있고, 이는 독립된 결정의 형식으로 뿐만 아니라, 판결이유 중에서 판단하는 방법에 의할 수도 있으나, 실기한 공격방어방법이라고 하더라도 어차피 기일의 속행을 필요로 하고 그 속행기일의 범위 내에서 공격방어방법의 심리도 마칠 수 있거나 그 내용이 이미 심리를 마친 소송자료의 범위 안에 포함되어 있는 때에는 소송의 완결을 지연시키는 것으로 볼 수 없으므로 이를 각하할 수 없다[2000. 4. 7., 선고, 99다53742, 판결].

⑥ **여러 건의 사해행위취소 및 원상회복청구 소송이 각별로 진행되거나 병합되어 하나의 절차에서 진행된 결과 가액배상을 명하여야 할 경우, 법원이 반환을 명하여야 하는 금액의 범위**

채권자취소권의 요건을 갖춘 각 채권자는 고유의 권리로서 채무자의 재산처분 행위를 취소하고 그 원상회복을 구할 수 있으므로 여러 명의 채권자가 사해행위취소 및 원상회복청구의 소를 제기하여 여러 개의 소송이 계속중인 경우에는 각 소송에서 채권자의 청구에 따라 사해행위의 취소 및 원상회복을 명하는 판결을 선고하여야 하고, 수익자 또는 전득자가 가액배상을 하여야 할 경우에도 수익자 등이 반환하여야 할 가액을 채권자의 채권액에 비례하여 채권자별로 안분한 범위

내에서 반환을 명할 것이 아니라, 수익자 등이 반환하여야 할 가액 범위 내에서 각 채권자의 피보전채권액 전액의 반환을 명하여야 한다. 이와 같은 법리는 여러 명의 채권자들이 제기한 각 사해행위취소 및 원상회복청구의 소가 민사소송법 제141조에 의하여 병합되어 하나의 소송절차에서 심판을 받는 경우에도 마찬가지이다*[2008. 6. 12., 선고, 2008다8690, 판결]*.

⑦ 법원이 당사자의 변론재개신청을 받아들여 변론을 재개할 의무가 있는 예외적인 경우

당사자가 변론종결 후 주장·증명을 제출하기 위하여 변론재개신청을 한 경우, 이를 받아들일지 여부는 원칙적으로 법원의 재량에 속한다. 법원이 변론을 재개하고 심리를 속행할 의무가 있는 경우는, 변론재개신청을 한 당사자가 변론종결 전에 그에게 책임을 지우기 어려운 사정으로 주장·증명을 제출할 기회를 제대로 갖지 못하였고 주장·증명의 대상이 판결의 결과를 좌우할 만큼 주요한 요증사실에 해당하는 경우 등과 같이 당사자에게 변론을 재개하여 주장·증명을 제출할 기회를 주지 않은 채 패소판결을 하는 것이 민사소송법이 추구하는 절차적 정의에 반하는 경우로 한정된다*[2022. 4. 14., 선고, 2021다305796, 판결]*.

⑧ 청구권의 발생 자체는 명백하지만 신의칙에 의하여 이를 배척하는 경우, 법원이 판결에 앞서 화해적 해결을 시도하지 않은 것이 위법인지 여부(소극)

민사소송절차에서 법원이 화해를 권고하거나 화해권고결정을 할 것인지 여부는 당사자의 이익, 그 밖의 모든 사정을 참작하여 직권으로 행하는 것이므로, 청구권의 발생 자체는 명백하지만 신의칙에 의하여 이를 배척하는 경우에 판결에 앞서 화해적 해결을 시도하지 않았다고 하여 위법이라고 할 수 없다*[2009. 12. 10., 선고, 2008다78279, 판결]*.

⑨ 한쪽 당사자가 변론기일에 불출석한 상태에서 법원이 변론을 진행하기 위하여는 반드시 불출석한 당사자가 그때까지 제출한 소장·답변서 그 밖의 준비서면에 기재된 사항을 진술간주하여야 하는지 여부(적극)

민사소송법 제148조 제1항에 의하면, 변론기일에 한쪽 당사자가 불출석한 경우에 변론을 진행하느냐 기일을 연기하느냐는 법원의 재량에 속한다고 할 것이나, 출석한 당사자만으로 변론을 진행할 때에는 반드시 불출석한 당사자가 그때까지 제출한 소장·답변서, 그 밖의 준비서면에 적혀 있는 사항을 진술한 것으로 보아야 한

다[2008. 5. 8., 선고, 2008다2890, 판결].

⑩ 변론종결 후 당사자의 변론재개신청을 받아들일지가 법원의 재량에 속하는지 여부
(원칙적 적극)

당사자가 변론종결 후 주장·증명을 제출하기 위하여 변론재개신청을 한 경우 당사자의 변론재개신청을 받아들일지는 원칙적으로 법원의 재량에 속한다. 법원이 변론을 재개하고 심리를 속행할 의무가 있는 경우는 변론을 재개하여 당사자에게 그 주장·증명을 제출할 기회를 주지 않은 채 패소판결을 하는 것이 민사소송법이 추구하는 절차적 정의에 반하는 경우로 한정된다. 가령 변론재개신청을 한 당사자가 변론종결 전에 그에게 책임을 지우기 어려운 사정으로 주장·증명을 제출할 기회를 제대로 갖지 못하였고 그 주장·증명의 대상이 판결의 결과를 좌우할 만큼 주요한 요증사실에 해당하는 경우 등이 이에 해당한다.

법원이 변론을 재개할 의무가 있는지는 위와 같은 예외적인 요건 등을 갖추고 있는지에 따라 판단해야 하고, 위와 같은 예외적 요건 등을 갖추지 못하여 법원이 변론을 재개할 의무가 없는데도 변론이 재개될 것을 가정한 다음 그와 같이 가정적으로 재개된 변론기일에서 새로운 주장·증명을 제출할 경우 실기한 공격방어방법으로 각하당하지 않을 가능성이 있다는 사정만으로 법원이 변론을 재개할 의무가 생긴다고 할 수는 없다(대법원 2010. 10. 28. 선고 2010다20532 판결, 대법원 2019. 9. 10. 선고 2017다258237 판결 참조)[2021. 10. 28., 선고, 2020다290538, 판결].

⑪ 민사소송법 제150조의 자백간주가 성립하는지 여부(적극)

제1심에서 피고에 대하여 공시송달로 재판이 진행되어 피고에 대한 청구가 기각되었다고 하여도 피고가 원고 청구원인을 다툰 것으로 볼 수 없으므로, 원고가 항소한 항소심에서 피고가 공시송달이 아닌 방법으로 송달받고도 다투지 아니한 경우에는 민사소송법 제150조의 자백간주가 성립된다[2018. 7. 12., 선고, 2015다36167, 판결].

⑫ 청구 변경에 대하여 이의하지 않고 본안의 변론을 한 상대방이 청구 변경의 적법 여부에 관하여 다툴 수 있는지 여부(소극)

청구의 변경에 대하여 상대방이 지체 없이 이의하지 아니하고 변경된 청구에 관한 본안의 변론을 한 때에는 상대방은 더 이상 그 청구 변경의 적법 여부에 대하

여 다투지 못한다[2011. 2. 24., 선고, 2009다33655, 판결].

⑬ 당사자 일방이 화해조서나 조정조서의 당연무효 사유를 주장하며 기일지정신청을 한 경우, 법원이 취해야 할 조치

재판상의 화해를 조서에 기재한 때에는 그 조서는 확정판결과 동일한 효력이 있고 당사자간에 기판력이 생기는 것이므로 확정판결의 당연무효 사유와 같은 사유가 없는 한 재심의 소에 의하여만 효력을 다툴 수 있는 것이나, 당사자 일방이 화해조서의 당연무효 사유를 주장하며 기일지정신청을 한 때에는 법원으로서는 그 무효사유의 존재 여부를 가리기 위하여 기일을 지정하여 심리를 한 다음 무효사유가 존재한다고 인정되지 아니한 때에는 판결로써 소송종료선언을 하여야 하고, 이러한 이치는 재판상 화해와 동일한 효력이 있는 조정조서에 대하여도 마찬가지라 할 것이다[2001. 3. 9., 선고, 2000다58668, 판결].

⑭ 민사소송법 제163조 제1항 제2호에서 정한 '영업비밀'의 개념은 부정경쟁방지 및 영업비밀보호에 관한 법률상 영업비밀의 개념과 동일하게 해석하여야 하는지 여부 (적극)

민사소송법 제163조 제1항 제2호에 의하면, 소송기록 중에 당사자가 가지는 영업비밀이 적혀 있는 때에 해당한다는 소명이 있는 경우에는 법원은 당사자의 신청에 따라 결정으로 소송기록 중 그 부분의 열람 등을 신청할 수 있는 자를 당사자로 한정할 수 있다. 위 조항은 "이때의 영업비밀은 부정경쟁방지 및 영업비밀보호에 관한 법률 제2조 제2호에 규정된 영업비밀을 말한다."라고 규정하고 있으므로 위 영업비밀의 개념은 부정경쟁방지 및 영업비밀보호에 관한 법률상의 영업비밀의 개념과 동일하게 해석함이 타당하다. 2015. 1. 28. 법률 제13081호로 개정되기 전의 부정경쟁방지 및 영업비밀보호에 관한 법률 제2조 제2호에서는 영업비밀에 관하여 상당한 노력에 의하여 비밀로 유지될 것을 요구하였고, 대법원 2008. 7. 10. 선고 2008도3435 판결, 대법원 2017. 1. 25. 선고 2016도10389 판결 등도 "'상당한 노력에 의하여 비밀로 유지된다'는 것은 그 정보가 비밀이라고 인식될 수 있는 표시를 하거나 고지를 하고, 그 정보에 접근할 수 있는 대상자나 접근방법을 제한하거나 그 정보에 접근한 자에게 비밀준수의무를 부과하는 등 객관적으로 그 정보가 비밀로 유지·관리되고 있다는 사실이 인식 가능한 상태인 것을 말

한다."라고 판시하였다. 이후 법률 제13081호로 개정된 부정경쟁방지 및 영업비밀보호에 관한 법률 제2조 제2호에서는 '합리적인 노력에 의하여 비밀로 유지'될 것만을 요구하게 되었다(나아가 2019. 7. 9.부터 시행되는 2018. 1. 8. 법률 제16204호로 개정된 부정경쟁방지 및 영업비밀보호에 관한 법률 제2조 제2호에서는 영업비밀에 관하여 '비밀로 관리'될 것만을 요구하고 있다)[2020.1.9., 자, 2019마6016, 결정].

2. 변론에 대한 서식

[서식 ①] 변론제한신청서

변 론 제 한 신 청 서

사　건　　20○○가합○○○　소유권이전등기말소등
원　고　　○○○
피　고　　◇◇◇

　위 사건에 관하여 피고는 민사소송법 제141조에 따라 다음과 같이 변론을 제한하여 줄 것을 신청합니다.

다　　　음

　피고는 이 사건에 관하여, 원고는 여러 개의 증거신청을 청구하고 있는바, 원고의 위 증거신청은 중복됨으로써 도리어 소송절차를 지연시키고 심리를 산만하게 할 우려가 있으므로 변론을 그 원인사실에 관한 입증에 제한하여 먼저 증인심문에 관하여만 심리하여 줄 것을 신청합니다.

20○○.　　○.　　○.
위 피고　　◇◇◇　(서명 또는 날인)

○○지방법원 제○민사부　귀중

[서식 ②] 변론분리신청서

변 론 분 리 신 청 서

사　　건　　20○○가단○○○ 대여금 등
원　　고　　○○○
피　　고　　◇◇◇

　위 사건에 관하여 당사자가 신청한 증거의 조사는 모두 완료하였으나, ○○○○ 청구 사건에 관한 조사가 끝나지 않았고 이에 관하여는 많은 기간을 요한다고 생각되므로 ○○○○청구사건에 관한 변론을 분리하고 이를 종결하여 줄 것을 신청합니다.

20○○.　　○.　　○.
위 원고　　○○○　(서명 또는 날인)

○○지방법원 제○○민사단독　귀중

변 론 병 합 신 청 서

사   건   20○○가합○○○   토지인도
원   고   ○○○
피   고   ◇◇◇

  위 사건은 현재 귀원에 계류중인 20○○가합○○   부당이득금청구사건과 관련사건이고, 당사자 및 청구원인 사실이 같으므로 병합.심리하여 줄 것을 신청합니다.

                    20○○.   ○.   ○.
                    위 원고   ○○○   (서명 또는 날인)

○○지방법원 ○○지원 제○민사부   귀중

변 론 재 개 신 청 서

사   건   20○○가단○○○(본소) 토지인도 등
            20○○가단○○○(반소) 건물매수 등

원고(반소피고)   ○○○외 5
피고(반소원고)   ◇◇◇

　　　위 당사자간 토지인도 등 청구사건에 관하여 원고(반소피고)측 증인으로 증언한 소외 ◆◆◆의 위증죄 20○○고단○○○호 형사사건이 20○○. ○. ○. 변론이 종결되었다가 재개되어 20○○. ○. ○.로 공판기일이 지정되었으니, 종결된 변론을 재개하여 주시기 바랍니다.

　　　　　　　　　　20○○.   ○.   ○.
　　　　　　　　　　위 피고(반소원고)   ○○○ (서명 또는 날인)

○○지방법원 제○○민사단독   귀중

변 론 병 합 결 정 취 소 신 청

사　　건　　20○○가합○○○　가옥명도
원　　고　　○○○
피　　고　　◇◇◇

　위 가옥명도청구사건에 관하여 20○○. ○. ○. 위 원고와 피고간의 귀원 20○○가합○○　부동산소유권 이전등기청구사건을 병합한다는 결정이 고지되었으나 위 20○○가합○○○　가옥명도청구사건은 이미 증거조사가 끝나고 변론종결단계에 이르렀으나 위 20○○가합○○　부동산소유권 이전등기청구사건은 변론 및 증거조사가 계속되고 있으므로 병합심리를 한다면 위의 가옥명도청구사건의 판결은 그로 인하여 상당히 늦어지는 것이 되어 이는 원고에게 심한 불이익이 되므로 병합결정을 취소하여 주시기 바랍니다.

20○○.　　○.　　○.
위 원고　　○○○　(서명 또는 날인)

○○지방법원 제○민사부　귀중

제3절 기일과 기간

제165조(기일의 지정과 변경)

① 기일은 직권으로 또는 당사자의 신청에 따라 재판장이 지정한다. 다만, 수명법관 또는 수탁판사가 신문하거나 심문하는 기일은 그 수명법관 또는 수탁판사가 지정한다.

② 첫 변론기일 또는 첫 변론준비기일을 바꾸는 것은 현저한 사유가 없는 경우라도 당사자들이 합의하면 이를 허가한다.

제166조(공휴일의 기일)

기일은 필요한 경우에만 공휴일로도 정할 수 있다.

제167조(기일의 통지)

① 기일은 기일통지서 또는 출석요구서를 송달하여 통지한다. 다만, 그 사건으로 출석한 사람에게는 기일을 직접 고지하면 된다.

② 법원은 대법원규칙이 정하는 간이한 방법에 따라 기일을 통지할 수 있다. 이 경우 기일에 출석하지 아니한 당사자·증인 또는 감정인 등에 대하여 법률상의 제재, 그 밖에 기일을 게을리 함에 따른 불이익을 줄 수 없다.

제168조(출석승낙서의 효력)

소송관계인이 일정한 기일에 출석하겠다고 적은 서면을 제출한 때에는 기일통지서 또는 출석요구서를 송달한 것과 같은 효력을 가진다.

제169조(기일의 시작)

기일은 사건과 당사자의 이름을 부름으로써 시작된다.

제170조(기간의 계산)

기간의 계산은 민법에 따른다.

제171조(기간의 시작)

기간을 정하는 재판에 시작되는 때를 정하지 아니한 경우에 그 기간은 재판의 효력이 생긴 때부터 진행한다.

제172조(기간의 신축, 부가기간)

① 법원은 법정기간 또는 법원이 정한 기간을 늘이거나 줄일 수 있다. 다만, 불변기간은 그러하지 아니하다.

② 법원은 불변기간에 대하여 주소 또는 거소가 멀리 떨어진 곳에 있는 사람을 위하여 부가기간(附加期間)을 정할 수 있다.

③ 재판장·수명법관 또는 수탁판사는 제1항 및 제2항의 규정에 따라 법원이 정한 기간 또는 자신이 정한 기간을 늘이거나 줄일 수 있다.

> 제173조(소송행위의 추후보완)
> ① 당사자가 책임질 수 없는 사유로 말미암아 불변기간을 지킬 수 없었던 경우에는 그 사유가 없어진 날부터 2주 이내에 게을리 한 소송행위를 보완할 수 있다. 다만, 그 사유가 없어질 당시 외국에 있던 당사자에 대하여는 이 기간을 30일로 한다.
> ② 제1항의 기간에 대하여는 제172조의 규정을 적용하지 아니한다.

1. 기일과 기간에 대한 대법원판례

① 보조참가인에게 기일통지서나 출석요구서를 송달하지 아니함으로써 변론의 기회를 부여하지 아니한 채 행하여진 기일의 진행이 적법한지 여부(소극)

보조참가인의 소송수행권능은 피참가인으로부터 유래된 것이 아니라 독립의 권능이라고 할 것이므로 피참가인과는 별도로 보조참가인에 대하여도 기일의 통지, 소송서류의 송달 등을 행하여야 하고, 보조참가인에게 기일통지서 또는 출석요구서를 송달하지 아니함으로써 변론의 기회를 부여하지 아니한 채 행하여진 기일의 진행은 적법한 것으로 볼 수 없다*[2007. 2. 22., 선고, 2006다75641, 판결]*.

② 적법한 변론기일에서 판결선고기일을 고지한 경우 재정하지 아니한 당사자에 대한 판결선고의 효력(유효)

판결의 선고는 당사자가 재정하지 아니하는 경우에도 할 수 있는 것이므로 법원이 적법하게 변론을 진행한 후 이를 종결하고 판결선고기일을 고지한 때에는 재정하지 아니한 당사자에게도 그 효력이 있는 것이고, 그 당사자에 대하여 판결선고기일 소환장을 송달하지 아니하였다 하여도 이를 위법이라고 할 수 없다*[2003. 4. 25., 선고, 2002다72514, 판결]*.

③ 상고 제기에 관한 특별수권을 받은 원심 소송대리인이 상고를 제기하면서 자신의 사무실을 송달장소로 기재한 경우

민사소송법 제171조 제1항, 제3항에 의하면, 소송대리인은 송달영수인을 지정하여 법원에 신고할 수 있으므로 상소의 특별수권을 받은 소송대리인은 상소심절차에서의 송달 편의를 위하여 송달영수인을 지정, 신고할 수 있다고 할 것이고, 만일 그 소송대리인이 상고를 제기하면서 상고장에 자신의 사무실을 송달장소로 기재하여 법원에 제출하였다면, 달리 특별한 사정이 없는 한 이에는 원심 소송대리

인이었던 자신을 상고심절차에서 당사자인 의뢰인을 위한 송달영수인으로 지정, 신고하는 취지가 포함되어 있다고 할 것이며, 한편 송달영수인의 지정, 신고가 있는 경우 민사소송법 제172조 제1항에 의하여 송달영수인의 사무원에게 한 송달은 적법한 보충송달이 된다[2001. 5. 29., 선고, 2000재다186, 판결].

④ **민사소송법 제173조에 의한 우편송달의 요건인 '송달할 장소'의 의미**

민사소송법 제173조에 의한 우편송달은 송달받을 자의 주소 등 송달하여야 할 장소는 밝혀져 있으나 송달받을 자는 물론이고 그 사무원, 고용인, 동거인 등 보충송달을 받을 사람도 없거나 부재하여서 원칙적 송달방법인 교부송달은 물론이고 보충송달도 할 수 없고 따라서 유치송달도 할 수 없는 경우에 할 수 있는 것인바, 여기서 '송달하여야 할 장소'란 실제 송달받을 자의 생활근거지가 되는 주소, 거소, 영업소 또는 사무실 등 송달받을 자가 소송서류를 받아 볼 가능성이 있는 적법한 송달장소를 말하는 것이다[2001. 9. 7., 선고, 2001다30025, 판결].

⑤ **소장부본과 판결정본 등이 공시송달의 방법으로 송달되어 피고가 과실 없이 판결의 송달을 알지 못한 것으로 인정되는 경우, 추완항소가 허용되는지 여부(적극)**

소장부본과 판결정본 등이 공시송달의 방법에 의하여 송달되었다면 특별한 사정이 없는 한 피고는 과실 없이 판결의 송달을 알지 못한 것이고, 이러한 경우 피고는 책임을 질 수 없는 사유로 인하여 불변기간을 준수할 수 없었던 때에 해당하여 사유가 없어진 후 2주 내에 추완항소를 할 수 있다. 여기에서 '사유가 없어진 후'라고 함은 당사자나 당해 사건에서의 소송대리인이 단순히 판결이 있었던 사실을 안 때가 아니고 나아가 판결이 공시송달의 방법으로 송달된 사실을 안 때를 가리키는 것이다. 그리고 다른 특별한 사정이 없는 한 통상의 경우에는 당사자나 소송대리인이 사건 기록을 열람하거나 또는 새로이 판결정본을 영수한 때에 비로소 판결이 공시송달의 방법으로 송달된 사실을 알게 되었다고 보아야 한다.

당사자가 다른 소송의 재판절차에서 송달받은 준비서면 등에 당해 사건의 제1심 판결문과 확정증명원 등이 첨부된 경우에는 그 시점에 제1심판결의 존재 및 공시송달의 방법으로 송달된 사실까지 알았다고 볼 것이지만, 다른 소송에서 선임된 소송대리인이 그 재판절차에서 위와 같은 준비서면 등을 송달받았다는 사정만으로 이를 당사자가 직접 송달받은 경우와 동일하게 볼 수는 없다[2022. 4. 14., 선고, 2021다305796, 판결].

2. 기일과 기간에 대한 서식

[서식 ①] 변론기일 지정신청서

변 론 기 일 지 정 신 청

사　　건　　20○○가단○○○ 손해배상(기)
원　　고　　○○○
피　　고　　◇◇◇

　위 사건에 관하여 20○○. ○. ○. 재판기일에 피고측 형사기록문서송부촉탁신청이
채택되어 다음 회 변론기일이 추후 지정으로 되었으나 피고는 현재까지 절차를 밟지 않
고 있고, 이 사건과 관련한 형사사건이 종결되었으므로 변론기일을 지정해 주실
것을 신청합니다.

첨부서류 : 공소부제기이유고지

20○○.　　○.　　○.
위 원고　　○○○　(서명 또는 날인)

○○지방법원 제○○민사단독　귀중

[서식 ②] 변론기일 변경신청서

변 론 기 일 변 경 신 청 서

사   건   20○○가단○○○   대여금
원   고   ○○○
피   고   ◇◇◇

　　위 사건에 관하여 제1회 변론기일이 20○○. ○. ○○. ○○:○○시로 지정되었는바, 원고는 예비군교육훈련을 그 일시에 받아야 할 사정이 있어 출석이 곤란하므로 변론기일을 1주일 정도 앞당겨 주시기 바랍니다.

첨 부 서 류

　　1. 예비군교육훈련 소집통지서　　　　　　　　1통

20○○.　　○.　　○.
위 원고　　○○○　(서명 또는 날인)

○○지방법원 제○민사단독　귀중

[서식 ③] 변론기일 연기신청서

변 론 기 일 연 기 신 청 서

사　　건　　20○○가합○○○　소유권이전등기
원　　고　　○○○
피　　고　　◇◇◇

　위 사건에 관하여 20○○. ○. ○. ○○:○○시로 제2회 변론기일이 지정되었으나, 원고는 동원예비군 소집훈련에 참석해야 하므로 변론기일을 다음으로 연기하여 주실 것을 신청합니다.

첨　부 : 예비군훈련통지서　1부.

20○○.　　○.　　○.
위 원고　　○○○　(서명 또는 날인)

○○지방법원 제○민사부　귀중

제4절 송달

제174조(직권송달의 원칙)

송달은 이 법에 특별한 규정이 없으면 법원이 직권으로 한다.

제175조(송달사무를 처리하는 사람)

① 송달에 관한 사무는 법원사무관등이 처리한다.

② 법원사무관등은 송달하는 곳의 지방법원에 속한 법원사무관등 또는 집행관에게 제1항의 사무를 촉탁할 수 있다.

제176조(송달기관)

① 송달은 우편 또는 집행관에 의하거나, 그 밖에 대법원규칙이 정하는 방법에 따라서 하여야 한다.

② 우편에 의한 송달은 우편집배원이 한다.

③ 송달기관이 송달하는 데 필요한 때에는 경찰공무원에게 원조를 요청할 수 있다.

제177조(법원사무관등에 의한 송달)

① 해당 사건에 출석한 사람에게는 법원사무관등이 직접 송달할 수 있다.

② 법원사무관등이 그 법원안에서 송달받을 사람에게 서류를 교부하고 영수증을 받은 때에는 송달의 효력을 가진다.

제178조(교부송달의 원칙)

① 송달은 특별한 규정이 없으면 송달받을 사람에게 서류의 등본 또는 부본을 교부하여야 한다.

② 송달할 서류의 제출에 갈음하여 조서, 그 밖의 서면을 작성한 때에는 그 등본이나 초본을 교부하여야 한다.

제179조(소송무능력자에게 할 송달)

소송무능력자에게 할 송달은 그의 법정대리인에게 한다.

제180조(공동대리인에게 할 송달)

여러 사람이 공동으로 대리권을 행사하는 경우의 송달은 그 가운데 한 사람에게 하면 된다.

제181조(군관계인에게 할 송달)

군사용의 청사 또는 선박에 속하여 있는 사람에게 할 송달은 그 청사 또는 선박의 장에게 한다.

제182조(구속된 사람 등에게 할 송달)

교도소·구치소 또는 국가경찰관서의 유치장에 체포·구속 또는 유치(留置)된 사람에게 할 송달은 교도소·구치소 또는 국가경찰관서의 장에게 한다.

제183조(송달장소)

① 송달은 받을 사람의 주소·거소·영업소 또는 사무소(이하 "주소등"이라 한다)에서 한다. 다

만, 법정대리인에게 할 송달은 본인의 영업소나 사무소에서도 할 수 있다.

② 제1항의 장소를 알지 못하거나 그 장소에서 송달할 수 없는 때에는 송달받을 사람이 고용·위임 그 밖에 법률상 행위로 취업하고 있는 다른 사람의 주소등(이하 "근무장소"라 한다)에서 송달할 수 있다.

③ 송달받을 사람의 주소등 또는 근무장소가 국내에 없거나 알 수 없는 때에는 그를 만나는 장소에서 송달할 수 있다.

④ 주소등 또는 근무장소가 있는 사람의 경우에도 송달받기를 거부하지 아니하면 만나는 장소에서 송달할 수 있다.

제184조(송달받을 장소의 신고)

당사자·법정대리인 또는 소송대리인은 주소등 외의 장소(대한민국안의 장소로 한정한다)를 송달받을 장소로 정하여 법원에 신고할 수 있다. 이 경우에는 송달 영수인을 정하여 신고할 수 있다.

제185조(송달장소변경의 신고의무)

① 당사자·법정대리인 또는 소송대리인이 송달받을 장소를 바꿀 때에는 바로 그 취지를 법원에 신고하여야 한다.

② 제1항의 신고를 하지 아니한 사람에게 송달할 서류는 달리 송달할 장소를 알 수 없는 경우 종전에 송달받던 장소에 대법원규칙이 정하는 방법으로 발송할 수 있다.

제186조(보충송달·유치송달)

① 근무장소 외의 송달할 장소에서 송달받을 사람을 만나지 못한 때에는 그 사무원, 피용자(被用者) 또는 동거인으로서 사리를 분별할 지능이 있는 사람에게 서류를 교부할 수 있다.

② 근무장소에서 송달받을 사람을 만나지 못한 때에는 제183조제2항의 다른 사람 또는 그 법정대리인이나 피용자 그 밖의 종업원으로서 사리를 분별할 지능이 있는 사람이 서류의 수령을 거부하지 아니하면 그에게 서류를 교부할 수 있다.

③ 서류를 송달받을 사람 또는 제1항의 규정에 의하여 서류를 넘겨받을 사람이 정당한 사유 없이 송달받기를 거부하는 때에는 송달할 장소에 서류를 놓아둘 수 있다.

제187조(우편송달)

제186조의 규정에 따라 송달할 수 없는 때에는 법원사무관등은 서류를 등기우편 등 대법원규칙이 정하는 방법으로 발송할 수 있다.

제188조(송달함 송달)

① 제183조 내지 제187조의 규정에 불구하고 법원안에 송달할 서류를 넣을 함(이하 "송달함"이라 한다)을 설치하여 송달할 수 있다.

② 송달함을 이용하는 송달은 법원사무관등이 한다.

③ 송달받을 사람이 송달함에서 서류를 수령하여 가지 아니한 경우에는 송달함에 서류를 넣은

지 3일이 지나면 송달된 것으로 본다.

④ 송달함의 이용절차와 수수료, 송달함을 이용하는 송달방법 및 송달함으로 송달할 서류에 관한 사항은 대법원규칙으로 정한다.

제189조(발신주의)

제185조제2항 또는 제187조의 규정에 따라 서류를 발송한 경우에는 발송한 때에 송달된 것으로 본다.

제190조(공휴일 등의 송달)

① 당사자의 신청이 있는 때에는 공휴일 또는 해뜨기 전이나 해진 뒤에 집행관 또는 대법원규칙이 정하는 사람에 의하여 송달할 수 있다.

② 제1항의 규정에 따라 송달하는 때에는 법원사무관등은 송달할 서류에 그 사유를 덧붙여 적어야 한다.

③ 제1항과 제2항의 규정에 어긋나는 송달은 서류를 교부받을 사람이 이를 영수한 때에만 효력을 가진다.

제191조(외국에서 하는 송달의 방법)

외국에서 하여야 하는 송달은 재판장이 그 나라에 주재하는 대한민국의 대사·공사·영사 또는 그 나라의 관할 공공기관에 촉탁한다.

제192조(전쟁에 나간 군인 또는 외국에 주재하는 군관계인 등에게 할 송달)

① 전쟁에 나간 군대, 외국에 주둔하는 군대에 근무하는 사람 또는 군에 복무하는 선박의 승무원에게 할 송달은 재판장이 그 소속 사령관에게 촉탁한다.

② 제1항의 송달에 대하여는 제181조의 규정을 준용한다.

제193조(송달통지)

송달한 기관은 송달에 관한 사유를 대법원규칙이 정하는 방법으로 법원에 알려야 한다.

제194조(공시송달의 요건)

① 당사자의 주소등 또는 근무장소를 알 수 없는 경우 또는 외국에서 하여야 할 송달에 관하여 제191조의 규정에 따를 수 없거나 이에 따라도 효력이 없을 것으로 인정되는 경우에는 법원사무관등은 직권으로 또는 당사자의 신청에 따라 공시송달을 할 수 있다.

② 제1항의 신청에는 그 사유를 소명하여야 한다.

③ 재판장은 제1항의 경우에 소송의 지연을 피하기 위하여 필요하다고 인정하는 때에는 공시송달을 명할 수 있다.

④ 원고가 소권(항소권을 포함한다)을 남용하여 청구가 이유 없음이 명백한 소를 반복적으로 제기한 것에 대하여 법원이 변론 없이 판결로 소를 각하하는 경우에는 재판장은 직권으로 피고에 대하여 공시송달을 명할 수 있다.

⑤ 재판장은 직권으로 또는 신청에 따라 법원사무관등의 공시송달처분을 취소할 수 있다.

제195조(공시송달의 방법)

공시송달은 법원사무관등이 송달할 서류를 보관하고 그 사유를 법원게시판에 게시하거나, 그 밖에 대법원규칙이 정하는 방법에 따라서 하여야 한다.

제196조(공시송달의 효력발생)

① 첫 공시송달은 제195조의 규정에 따라 실시한 날부터 2주가 지나야 효력이 생긴다. 다만, 같은 당사자에게 하는 그 뒤의 공시송달은 실시한 다음 날부터 효력이 생긴다.

② 외국에서 할 송달에 대한 공시송달의 경우에는 제1항 본문의 기간은 2월로 한다.

③ 제1항 및 제2항의 기간은 줄일 수 없다.

제197조(수명법관 등의 송달권한)

수명법관 및 수탁판사와 송달하는 곳의 지방법원판사도 송달에 대한 재판장의 권한을 행사할 수 있다.

1. 송달 및 주소보정

1-1. 소장부본의 송달

① 법원은 특별한 사정이 없으면 소장의 부본을 피고에게 바로 송달합니다(민사소송법 제255조 제1항 및 민사소송규칙 제64조 제1항).

② 소장 부본은 우편 또는 집행관에 의해 송달됩니다(민사소송법 제176조 제1항).

1-2. 주소보정

① 송달을 실시한 결과 다음과 같은 사유로 송달불능이 된 경우 신청인은 송달 가능한 주소로 보정을 해야 합니다.

- 수취인불명 : 수취인의 주소나 성명의 표기가 정확하지 않은 경우
- 주소불명 또는 이사불명 : 번지를 기재하지 않았거나, 같은 번지에 호수가 많아서 주소를 찾을 수 없는 경우 및 이사를 한 경우

② 신청인은 보정명령서를 받은 후 정확히 주소 등을 재확인해 보정서를 제출합니다.

1-3. 재송달

① 같은 주소지로 다시 송달을 하는 방법인 재송달을 신청하는 경우는 다음과 같습니다.

- 수취인부재

- 폐문부재
- 수취인거절
- 고의로 송달을 거부한 경우

② 주민등록등본 등 소명자료와 함께 법원에 제출해야 합니다.

1-4. 특별송달

① 특별송달은 주말송달, 야간송달, 휴일송달 등으로 송달하는 방법이며, 우편집배원이 아닌 법원의 집행관이 송달합니다.

② 재송달을 했음에도 수취인부재, 폐문부재 등으로 송달되지 않는 경우에는 특별송달을 신청합니다.

③ 주민등록등본 등 소명자료와 함께 법원에 제출해야 합니다.

1-5. 공시송달

① 원고가 일반적인 통상의 조사를 다했으나 피고의 주소, 거소, 영업소, 사무소와 근무장소, 기타 송달장소 중 어느 한 곳도 알지 못해 송달이 불가능한 경우에 하는 송달 방법으로 다른 송달방법이 불가능한 경우에 한해 인정되는 최후의 송달방법입니다.

② 원고는 송달받을 사람의 최후 주소지를 확인할 수 있는 자료(주민등록 등·초본)와 신청인이 송달받을 사람의 주거 발견에 상당한 노력을 한 사실 및 그럼에도 불구하고 이를 찾아낼 수 없었던 사실에 관해 신빙성 있는 소명자료(집행관에 의한 특별송달 결과 등)를 첨부해 신청합니다.

③ 공시송달은 다음 중 어느 하나의 방법으로 그 사유를 공시하는 것을 말합니다(민사소송규칙 제54조 제1항).
- 법원게시판 게시
- 관보·공보 또는 신문 게재
- 전자통신매체를 이용한 공시

④ 공시송달의 효력발생시기
  ㉠ 첫 공시송달은 실시한 날부터 2주가 지나야 효력이 생깁니다(민사소송법 제196조 제1항 본문). 다만, 같은 당사자에게 하는 그 뒤의 공시송달은 실시한 다음 날부터 효력이 생깁니다(민사소송법 제196조 제1항 단서).

ⓒ 외국에 있는 상대방에 대한 공시송달은 2개월이 지나야 효력이 생깁니다(민사소송법 제196조 제2항).

2. 전자소송의 경우

2-1. 전자적 송달 또는 통지

① 전자적 송달 또는 통지는 다음과 같이 이루어집니다.

전자소송에 동의한 당사자 및 대리인은 대한민국 법원 전자소송 홈페이지를 통해 전자문서를 송달 받고, 내용을 확인 할 수 있습니다.

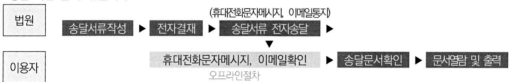

② 전자문서 등재사실의 통지는 등록사용자가 전자소송시스템에 입력한 전자우편주소로 전자우편을 보내고, 휴대전화번호로 문자메시지를 보내는 방법으로 합니다. 다만, 문자메시지는 등록사용자의 요청에 따라 보내지 않을 수 있습니다(민사소송 등에서의 전자문서 이용 등에 관한 법률 제11조 제3항 및 민사소송 등에서의 전자문서 이용 등에 관한 규칙 제26조 제1항).

③ 전자적 송달은 송달받을 자가 등재된 전자문서를 확인한 때에 송달된 것으로 봅니다. 다만, 그 등재사실을 통지한 날부터 1주 이내에 확인하지 않는 경우에는 등재사실을 통지한 날부터 1주가 지난 날에 송달된 것으로 봅니다(민사소송 등에서의 전자문서 이용 등에 관한 법률 제11조 제4항).

④ 전산정보처리시스템의 장애로 인해 송달받을 자가 전자문서를 확인할 수 없는 기간은 위 기간에 산입하지 않습니다(「민사소송 등에서의 전자문서 이용 등에 관한 법률」 제11조 제5항).

⑤ 통지를 받은 등록사용자는 전자소송시스템에 접속하여 등재된 전자문서를 확인 또는 출력할 수 있습니다(민사소송 등에서의 전자문서 이용 등에 관한 규칙 제26조 제4항).

⑥ 또한, 전자소송시스템을 이용하여 송달한 전자문서 정본에 따라 출력한 서면은 정본의 효력이 있습니다(「민사소송 등에서의 전자문서 이용 등에 관한 규칙」 제26조

제5항 전단).

⑦ 다음의 어느 한 경우에는 전자문서를 전산정보처리시스템을 통해 출력하고, 그 출력한 서면을 「민사소송법」에 따라 송달해야 합니다(민사소송 등에서의 전자문서 이용 등에 관한 법률 제12조 제1항 전단 및 민사소송 등에서의 전자문서 이용 등에 관한 규칙 제29조 제1항).

- 군사용의 청사 또는 선박에 속하여 있는 사람 또는 교도소·구치소 또는 국가경찰관서의 유치장에 체포·구속 또는 유치(留置)된 사람에게 할 송달(민사소송법 제181조 또는 제182조)
- 전쟁에 나간 군대, 외국에 주둔하는 군대에 근무하는 사람 또는 군에 복무하는 선박의 승무원에게 할 송달(민사소송법 제192조)
- 송달받을 자가 전자소송절차 진행동의를 하지 않았거나, 국가·지방자치단체·그 밖에 그에 준하는 자가 아닌 경우(민사소송 등에서의 전자문서 이용 등에 관한 법률 제11조 제1항)
- 전자소송시스템 또는 정보통신망에 장애가 발생한 경우(민사소송 등에서의 전자문서 이용 등에 관한 규칙 제14조 제1항)
- 전자문서화가 곤란하거나 부적합한 경우(민사소송 등에서의 전자문서 이용 등에 관한 규칙 제15조 제1항)
- 송달받을 자가 책임질 수 없는 사유로 전자소송시스템에 등재된 전자문서를 확인할 수 없다는 점을 소명하여 출력서면의 송달을 신청한 경우
- 그 밖에 재판장 등(재판장, 수명법관, 수탁판사, 조정담당판사 또는 조정장)이 출력서면의 송달이 필요하다고 인정하는 경우

⑧ 법원사무관 등은 전자문서를 출력한 서면을 전자우편(우체국 창구나 정보통신망을 통해 전자적 형태로 접수된 통신문 등을 발송인이 의뢰한 형태로 출력·봉함하여 수취인에게 배달하는 제도)을 이용해 송달할 수 있습니다(민사소송 등에서의 전자문서 이용 등에 관한 규칙 제29조 제4항 및 우편법 시행규칙 제25조 제1항 제12호).

2-2. 제출된 전자문서의 보완

① 재판장 등(재판장, 수명법관, 수탁판사, 조정담당판사 또는 조정장)은 전자문서로 변환·제출된 서류의 판독이 곤란하거나 그 밖에 원본을 확인할 필요가 있을 때에는 이를 제출한 자에게 상당한 기간을 정해 판독이 가능한 전자문서를 다시 제출하거

나 원본을 제출할 것을 명할 수 있습니다(민사소송 등에서의 전자문서 이용 등에 관한 규칙 제18조 제1항).

② 보완명령에 따른 경우 최초에 전자문서를 제출했을 때에 전자문서가 제출된 것으로 보고, 이 명령에 따르지 않은 경우에는 해당서류를 제출하지 않은 것으로 봅니다(민사소송 등에서의 전자문서 이용 등에 관한 규칙 제18조 제2항).

③ 등록사용자가 전자소송시스템을 이용해 소송서류를 제출한 후에는 전자소송시스템에서 이를 삭제하거나 수정된 내용으로 다시 등재할 수 없습니다. 이 때 등록사용자는 법원사무관 등에게 해당 소송서류의 삭제나 등재사항의 수정을 요청할 수는 있습니다(민사소송 등에서의 전자문서 이용 등에 관한 규칙 제18조 제3항).

3. 송달에 대한 대법원판례

① **특수우편물 수령증이 첨부되지 아니한 등기우편에 의한 발송송달의 적법 여부(소극)**

등기우편에 의한 발송송달은 송달사무처리기관인 법원사무관 등이 동시에 송달실시기관이 되어 송달을 시행하는 것이므로 스스로 송달보고서를 작성하여야 하고, 그 송달보고서 작성시에는 소정의 양식에 따라 송달장소, 송달일시 등을 기재하되, 사건번호가 명기된 우체국의 특수우편물 수령증을 첨부하여야 하며(대법원예규 1992. 11. 18. 송무심의 제129호, 재판사무에관한문서의양식에관한예규 2-75 참조), 이러한 송달은 발송시에 그 송달의 효력이 발생하는 관계로 우편물 발송일시가 중요하고, 그 송달일시의 증명은 확정일자 있는 우체국의 특수우편물 수령증에 의할 수밖에 없다고 할 것이므로, 위와 같이 특수우편물 수령증이 첨부되지 아니한 송달보고서에 의한 송달은 부적법하여 그 효력을 발생할 수 없다*[2000. 1. 31., 자, 99마7663, 결정]*.

② **특별송달우편물과 관련하여 우편집배원의 고의 또는 과실로 손해가 발생한 경우, 국가배상법에 의한 손해배상을 청구할 수 있는지 여부(적극)**

민사소송법에 의한 특별송달우편물의 발송인은 송달사무 처리담당자인 법원사무관 등이고(민사소송법 제175조 제1항), 그 적정하고 확실한 송달에 직접 이해관계를 가지는 소송당사자 등은 스스로 관여할 수 있는 다른 송달수단을 전혀 갖지 못하는 특수성이 있다. 그리고 특별송달의 대상인 소송관계서류에 관해서는 집행관(민사소송법 제176조 제1항), 법정경위(법원조직법 제64조 제3항), 법원사무관 등(민사소송법 제177조 제1항)도 송달을 실시할 수 있는데, 이러한 과정에서 관계자에게 손해가 발생한 경우, 특별히 국가배상책임을 제한하는 규정이 없으므로 그 손해가 송달을 실시한 공무원의 경과실에 의하여 생긴 것이라도 피해자는 국가에 대하여 국가배상법에 의한 손해배상을 청구할 수 있는바, 소송관계서류를 송달하는 우편집배원도 민사소송법 제176조가 정한 송달기관으로서 위 집행관 등과 대등한 주의의무를 가진다고 보아야 하므로 그에 위반하는 경우 국가가 지는 손해배상책임도 달리 보기는 어렵다고 할 것이다. 이러한 특별송달우편물의 특수성 및 다른 송달공무원의 책임과의 형평에 비추어 보면, 특별송달우편물과 관련하여 우편집배원의 고의 또는 과실에 의하여 손해가 발생한 경우에는 우편물 취급에 관한 손해배상책임에 대하여 규정한 구 우편법(2005. 3. 31. 법률 제7446호로 개정되기 전의 것) 제38조에도 불구하고 국가배상법에 의한 손해배상을 청구할 수 있다*[2008. 2. 28., 선고, 2005다4734, 판결]*.

③ **동일한 수령대행인이 소송당사자 쌍방을 대신하여 소송서류를 동시에 송달받은 경우, 보충송달의 효력(원칙적 무효)**

보충송달제도는 본인 아닌 그의 사무원, 피용자 또는 동거인, 즉 수령대행인이 소송서류를 수령하여도 그의 지능과 객관적인 지위, 본인과의 관계 등에 비추어 사회통념상 본인에게 소송서류를 전달할 것이라는 합리적인 기대를 전제로 한다. 동일한 수령대행인이 이해가 대립하는 소송당사자 쌍방을 대신하여 소송서류를 동시에 수령하는 경우가 있을 수 있다. 이런 경우 수령대행인이 원고나 피고 중 한 명과도 이해관계의 상충 없이 중립적인 지위에 있기는 쉽지 않으므로 소송당사자 쌍방 모두에게 소송서류가 제대로 전달될 것이라고 합리적으로 기대하기 어렵다. 또한 이익충돌의 위험을 회피하여 본인의 이익을 보호하려는 데 취지가 있는 민법 제124조 본문에서의 쌍방대리금지 원칙에도 반한다. 따라서 소송당사자의 허락이 있다는 등의 특별한 사정이 없는 한, 동일한 수령대행인이 소송당사자 쌍방의 소송서류를 동시에 송달받을 수 없고, 그러한 보충송달은 무효라고 봄이 타당하다*[2021. 3. 11., 선고, 2020므11658, 판결]*.

④ **변론기일에는 빠짐없이 출석하여 정상적으로 소송을 수행하였으나 판결정본이 공시**

송달됨으로 인하여 판결 선고사실을 알지 못한 당사자에게 추완항소를 허용한 사례
제1심 소송절차에서 한 번도 빠짐없이 변론기일에 출석하여 소송을 수행하였는데 법원이 직권으로 선고기일을 연기하면서 당사자에게 이를 통지하는 절차를 누락하였고 판결정본에 관하여는 한여름 휴가철에 연속하여 송달하였으나 폐문부재로 송달불능되자 이를 공시송달한 사안에서, 당사자로서는 선고기일과 멀지 않은 날짜에 법원에 가서 판결정본을 직접 수령하기 전까지는 자기가 책임을 질 수 없는 사유로 판결 선고사실을 알 수 없었다고 봄이 상당하고, 정상적으로 소송을 수행하여 오던 당사자가 원래 예정된 선고기일 직후의 재판진행상황을 그 즉시 알아보지 아니함으로써 불변기간을 준수하지 못하게 되었다 할지라도 그 책임을 당사자에게 돌릴 수 없다고 보아 추완항소를 허용한 사례[2001. 2. 23., 선고, 2000다19069, 판결].

⑤ **당사자에게 여러 소송대리인이 있는 경우 항소기간 기산점(=소송대리인 중 1인에게 최초로 판결정본이 송달되었을 때)**
민사소송의 당사자는 민사소송법 제396조 제1항에 의하여 판결정본이 송달된 날부터 2주 이내에 항소를 제기하여야 한다. 한편 당사자에게 여러 소송대리인이 있는 때에는 민사소송법 제93조에 의하여 각자가 당사자를 대리하게 되므로, 여러 사람이 공동으로 대리권을 행사하는 경우 그 중 한 사람에게 송달을 하도록 한 민사소송법 제180조가 적용될 여지가 없어 법원으로서는 판결정본을 송달함에 있어 여러 소송대리인에게 각각 송달을 하여야 하지만, 그와 같은 경우에도 소송대리인 모두 당사자 본인을 위하여 소송서류를 송달받을 지위에 있으므로 당사자에 대한 판결정본 송달의 효력은 결국 소송대리인 중 1인에게 최초로 판결정본이 송달되었을 때 발생한다. 따라서 당사자에게 여러 소송대리인이 있는 경우 항소기간은 소송대리인 중 1인에게 최초로 판결정본이 송달되었을 때부터 기산된다[2011. 9. 29., 자, 2011마1335, 결정].

⑥ **민사소송법 제182조에 따라 교도소장 등에게 송달하지 않고 당사자 주소 등에 공시송달 방법으로 송달한 경우, 송달의 효력이 있는지 여부(적극)**
당사자가 소송 계속 중에 수감된 경우 법원이 판결정본을 민사소송법 제182조에 따라 교도소장 등에게 송달하지 않고 당사자 주소 등에 공시송달 방법으로 송달하였다면, 공시송달의 요건을 갖추지 못한 하자가 있다고 하더라도 재판장의 명령에 따라 공시송달을 한 이상 송달의 효력은 있다.

수감된 당사자는 민사소송법 제185조에서 정한 송달장소 변경의 신고의무를 부담하지 않고 요건을 갖추지 못한 공시송달로 상소기간을 지키지 못하게 되었으므로 특별한 사정이 없는 한 과실 없이 판결의 송달을 알지 못한 것이고, 이러한 경우 책임을 질 수 없는 사유로 불변기간을 준수할 수 없었던 때에 해당하여 그 사유가 없어진 후 2주일 내에 추완 상소를 할 수 있다. 여기에서 '사유가 없어진 때'란 당사자나 소송대리인이 판결이 있었고 판결이 공시송달 방법으로 송달된 사실을 안 때를 가리킨다. 통상의 경우에는 당사자나 소송대리인이 사건 기록을 열람하거나 새로 판결정본을 영수한 때에 비로소 판결이 공시송달 방법으로 송달된 사실을 알게 되었다고 보아야 한다[2022. 1. 13., 선고, 2019다220618, 판결].

⑦ 동일한 수령대행인이 소송당사자 쌍방을 대신하여 소송서류를 동시에 송달받은 경우, 보충송달의 효력(원칙적 무효)

보충송달제도는 본인 아닌 그의 사무원, 피용자 또는 동거인, 즉 수령대행인이 소송서류를 수령하여도 그의 지능과 객관적인 지위, 본인과의 관계 등에 비추어 사회통념상 본인에게 소송서류를 전달할 것이라는 합리적인 기대를 전제로 한다. 동일한 수령대행인이 이해가 대립하는 소송당사자 쌍방을 대신하여 소송서류를 동시에 수령하는 경우가 있을 수 있다. 이런 경우 수령대행인이 원고나 피고 중 한 명과도 이해관계의 상충 없이 중립적인 지위에 있기는 쉽지 않으므로 소송당사자 쌍방 모두에게 소송서류가 제대로 전달될 것이라고 합리적으로 기대하기 어렵다. 또한 이익충돌의 위험을 회피하여 본인의 이익을 보호하려는 데 취지가 있는 민법 제124조 본문에서의 쌍방대리금지 원칙에도 반한다. 따라서 소송당사자의 허락이 있다는 등의 특별한 사정이 없는 한, 동일한 수령대행인이 소송당사자 쌍방의 소송서류를 동시에 송달받을 수 없고, 그러한 보충송달은 무효라고 봄이 타당하다[2021. 3. 11., 선고, 2020므11658, 판결].

⑧ 민사소송법 제185조 제2항에 따른 발송송달을 할 수 있는 경우

민사소송법 제185조 제1항은 "당사자·법정대리인 또는 소송대리인이 송달받을 장소를 바꿀 때에는 바로 그 취지를 법원에 신고하여야 한다."라고 규정하고, 같은 조 제2항은 "제1항의 신고를 하지 아니한 사람에게 송달할 서류는 달리 송달할 장소를 알 수 없는 경우 종전에 송달받던 장소에 대법원규칙이 정하는 방법으로

발송할 수 있다."라고 규정하고 있으며, 민사소송규칙 제51조는 위 규정에 따른 서류의 발송은 등기우편으로 하도록 규정하고 있다. 민사소송법 제185조 제2항에 따른 발송송달을 할 수 있는 경우는 송달받을 장소를 바꾸었으면서도 그 취지를 신고하지 아니한 경우이거나 송달받을 장소를 바꾸었다는 취지를 신고하였는데 그 바뀐 장소에서의 송달이 불능이 되는 경우이다. 민사소송법 제185조 제2항은 이 경우에 종전에 송달받던 장소에 대법원규칙이 정하는 방법으로 발송할 수 있다고 규정하고 있을 뿐이므로, 비록 당사자가 송달장소로 신고한 바 있다고 하더라도 그 송달장소에 송달된 바가 없다면 그곳을 민사소송법 제185조 제2항에서 정하는 '종전에 송달받던 장소'라고 볼 수 없다. 또한 민사소송법 제185조 제2항에서 말하는 '달리 송달할 장소를 알 수 없는 경우'라 함은 상대방에게 주소보정을 명하거나 직권으로 주민등록표 등을 조사할 필요까지는 없지만, 적어도 기록에 현출되어 있는 자료로 송달할 장소를 알 수 없는 경우에 한하여 등기우편에 의한 발송송달을 할 수 있음을 뜻한다[2022. 3. 17., 선고, 2020다216462, 판결].

⑨ 교도소·구치소 또는 국가경찰관서의 유치장에 수감된 당사자에 대하여 민사소송법 제185조나 제187조에 따라 종전에 송달받던 장소로 발송송달을 한 경우, 적법한 송달의 효력을 인정할 수 있는지 여부(소극)

민사소송법 제182조는 교도소·구치소 또는 국가경찰관서의 유치장에 체포·구속 또는 유치된 사람에게 할 송달은 교도소·구치소 또는 국가경찰관서의 장에게 하도록 규정하고 있으므로, 수감된 당사자에 대한 송달을 교도소장 등에게 하지 않고 당사자의 종전 주소나 거소로 한 것은 부적법한 송달로서 무효이고, 이는 법원이 서류를 송달받을 당사자가 수감된 사실을 몰랐거나, 수감된 당사자가 송달의 대상인 서류의 내용을 알았다고 하더라도 마찬가지이다. 따라서 수감된 당사자에 대하여 민사소송법 제185조나 제187조에 따라 종전에 송달받던 장소로 발송송달을 하였더라도 적법한 송달의 효력을 인정할 수 없다[2021. 8. 19., 선고, 2021다53, 판결].

⑩ 민사소송법 제186조 제1항에 의한 보충송달에서 '동거인'의 의미 및 판결의 선고 및 송달 사실을 알지 못하여 자신이 책임질 수 없는 사유로 불변기간인 상소기간을 지키지 못하게 되었다는 사정에 관한 주장·증명책임의 소재(=상소를 추후보완하고자 하는 당사자)

민사소송법 제186조 제1항에 의하면 근무장소 외의 송달할 장소에서 송달받을 사람을 만나지 못한 때에는 그 동거인 등으로서 사리를 분별할 지능이 있는 사람에게 서류를 교부하는 방법으로 송달할 수 있고, 여기에서 '동거인'은 송달을 받을 사람과 사실상 동일한 세대에 속하여 생활을 같이하는 사람이기만 하면 되며, 판결의 선고 및 송달 사실을 알지 못하여 자신이 책임질 수 없는 사유로 말미암아 불변기간인 상소기간을 지키지 못하게 되었다는 사정은 상소를 추후보완하고자 하는 당사자 측에서 주장·증명하여야 한다[2021. 4. 15., 선고, 2019다244980, 244997, 판결].

⑪ 환경분쟁 조정법에 의한 재정의 경우, 재정문서의 송달을 공시송달의 방법으로 할 수 있는지 여부(소극)

환경분쟁 조정법 제40조 제3항, 제42조 제2항, 제64조 및 민사소송법 제231조, 제225조 제2항의 내용과 재정문서의 정본을 송달받고도 당사자가 60일 이내에 재정의 대상인 환경피해를 원인으로 하는 소송을 제기하지 아니하는 등의 경우 재정문서가 재판상 화해와 동일한 효력이 있으므로 재정의 대상인 환경피해를 원인으로 한 분쟁에서 당사자의 재판청구권을 보장할 필요가 있는 점 등을 종합하면, 환경분쟁 조정법에 의한 재정의 경우 재정문서의 송달은 공시송달의 방법으로는 할 수 없다[2016. 4. 15., 선고, 2015다201510, 판결].

4. 송달에 대한 서식

[서식 ①] 송달장소와 송달영수인 선정신고서

<h3 align="center">송달장소와 송달영수인 선정신고</h3>

사   건   20○○가합○○○○   손해배상(기)
원   고   ○○○
피   고   ◇◇◇

　위 사건에 관하여 원고는 다음과 같이 송달 받을 장소와 송달영수인을 정하였으므로 연서하여 신고합니다.

<h3 align="center">다　　음</h3>

1. 송달 받을 장소 신고
　　　원고   ○○○
　　　　　주소: ○○시 ○○구 ○○길 ○○
　　　　　송달장소: ◎◎시 ◎◎구 ◎◎길 ◎◎(우편번호 ◎◎◎◎◎)
2. 송달 영수인 신고
　　　원고의 송달영수인: ◎◎◎(주민등록번호)
　　　　　　　　　　　　 ◎◎시 ◎◎구 ◎◎길 ◎◎(우편번호 ◎◎◎◎◎)

　　　　　　　　20○○.　○.　○.
　　　　　　　　위   원고   ○○○ (서명 또는 날인)
　　　　　　　　송달영수인   ◎◎◎ (서명 또는 날인)

○○지방법원 제○민사부   귀중

※ 당사자·법정대리인 또는 소송대리인은 주소등 외의 장소(대한민국 안의 장소로 한정)를 송달받을 장소로 정하여 법원에 신고할 수 있고, 이 경우에는 송달영수인을 정하여 신고할 수 있음.

[서식 ②] 공시송달신청서

공 시 송 달 신 청 서

사　　건　　20○○가합○○○　손해배상(기)
원　　고　　○○○
피　　고　　◇◇◇

　위 사건에 관하여, 원고는 피고에 대하여 공시송달을 신청합니다.
1. 피　　고　　◇◇◇
　　　　　　　○○시 ○○구 ○○길 ○○(우편번호 ○○○○○)
2. 피고는 위 주소지에 주민등록은 되어 있으나 실제로 거주하지 아니하며, 행방불명
　된 상태이고, 달리 주소.거소를 알 수 없으므로 공시송달을 신청합니다.

첨 부 서 류

1. 주민등록표등본　　　　　　　　　　　　　1통
1. 불거주확인서　　　　　　　　　　　　　　1통(통장.이장)
1. 재직증명서 또는 위촉장사본　　　　　　　1통(통장.이장)

20○○.　○.　○.
위 원고　○○○　(서명 또는 날인)

○○지방법원 제○민사부 귀중

※ 당사자의 주소 또는 근무장소를 알 수 없는 경우 또는 외국에서 하여야 할 송달에 관하여 제191조(외국에서 하는 송달방법)의 규정에 따를 수 없거나 이에 따라도 효력이 없을 것으로 인정되는 경우에는 재판장은 직권으로 또는 당사자의 신청에 따라 공시송달을 명할 수 있음(민사소송법 제194조)

[서식 ③] 공시송달신청서(소장제출과 함께 하는 경우)

공 시 송 달 신 청

사   건   대여금
원   고   ○○○
피   고   ◇◇◇

　위 사건에 관하여 원고는 피고가 주소를 ○○시 ○○구 ○○길 ○○에 두고 있으나 장기간 거주하지 아니하고 주민등록이 말소되었을 뿐만 아니라, 현재 소재불명으로 더 이상 피고의 거주지나 송달장소를 알 수 없어 공시송달의 방법에 의하지 않고서는 송달이 불가능하므로 소장제출과 함께 공시송달을 신청하오니 허가하여 주시기 바랍니다.

첨부 : 직권 말소된 주민등록표등본(피고)　1부

　　　　　　　　　　20○○.　　○.　　○.
　　　　　　　　　　위 원고　　○○○　　(서명 또는 날인)

○○지방법원 귀중

의사표시의 공시송달신청서

신 청 인   ○○○ (주민등록번호)
　　　　　　　○○시 ○○구 ○○길 ○○(우편번호 ○○○○○)
　　　　　　　전화.휴대폰번호:
　　　　　　　팩스번호, 전자우편(e-mail)주소:
상 대 방   ◇◇◇ (주민등록번호)
　　　　　　　○○시 ○○구 ○○길 ○○(우편번호 ○○○○○)
　　　　　　　전화.휴대폰번호:
　　　　　　　팩스번호, 전자우편(e-mail)주소:

신 청 취 지

　신청인의 소유인 ○○시 ○○구 ○○동 ○○○ 임야 ○,○○○㎡에 대하여 신청인과 상대방 사이에 매매대금 ○억 ○천만 원으로 정하여 체결한 20○○. ○. ○.자 매매계약에 관하여, 신청인이 상대방에게 할 계약해제의 의사표시를 기재한 별지 계약해제통고서를 공시송달 할 것을 명한다.
라는 재판을 구합니다.

신 청 원 인

1. 신청인은 상대방과 20○○. ○. ○. 신청인 소유의 ○○시 ○○구 ○○동 ○○○ 임야 ○,○○○㎡에 대하여 매매대금 ○억 ○천만 원으로 정하여 매매계약을 체결하면서 계약금 ○천만 원은 지급받고 중도금 ○○천만 원은 같은해 ○. ○, 잔금 ○○천만 원은 같은해 ○. ○.에 지급받기로 약정하고 상대방의 잔금지급과 동시에 소유권이전등기에 필요한 서류를 교부해주기로 약정하였습니다.
2. 그런데 상대방은 신청인에게 계약금만 계약 당일 지급하고, 잔금지급기일이 수개월 경과하도록 아무런 연락도 없이 약정한 중도금 및 잔금을 지급하지 아니하여 신청인은 상대방에게 이 건 매매계약을 해제한다는 의사표시를 하기 위해 계약해제통지서를 작성하여 계약서상의 주소지로 내용증명우편으로 우송하였으나, 피고는 위 주소지에 살지 아니하고 실제 거주하는 거주지를 알 방법이 없어 계약해제통고를 할 방법이 없습니다.
3. 따라서 별지의 계약해제통고서를 민사소송법 제194조에 따른 공시송달로서 송달

하여 주시기를 민법 제113조에 따라 신청합니다.

첨 부 서 류

1. 매매계약서   1통
1. 계약해제통고서   1통
1. 반송봉투   1통
1. 불거주확인서   1통
1. 말소된 주민등록표등본   1통

20○○.   ○.   ○.

위 신청인   ○○○   (서명 또는 날인)

○○지방법원   귀중

[별 지]

통 고 서

발신인 : ○○○ (한자)
      ○○시 ○○구 ○○길 ○○(우편번호 ○○○○○)
수신인 : ◇◇◇ (한자)
      ○○시 ○○구 ○○길 ○○(우편번호 ○○○○○)

통 고 내 용

1. 본인은 귀하와 20○○. ○. ○. 본인 소유의 ○○시 ○○구 ○○동 ○○○ 임야 ○,○○○㎡를 매매대금 ○억 ○천만 원으로 정하여 귀하에게 매도하기로 하는 부동산매매계약을 체결하면서, 계약금 ○천만 원은 계약당일, 중도금 ○○천만 원은 20○○. ○○. ○, 잔금 ○○천만 원은 20○○. ○○. ○○.에 지급 받기로 약정하고 귀하의 잔금지급과 동시에 본인은 위 임야의 소유권이전등기에 필요한 서류를 교부해주기로 약정하였습니다.

2. 그런데 귀하는 본인에게 계약 당일 계약금만 지급하고서 중도금 및 잔금을 잔금지급일이 지난 지금까지 아무런 연락도 없이 약정한 중도금 및 잔금을 지급하지 아니하고 있으므로 본인은 귀하에게 위 임야의 매매대금 중 계약금 ○천만 원을 제외한 중도금 및 잔금의 합계금 ○억 원을 20○○. ○○. ○○.까지 지급할 것을 통고하며, 귀하가 그 기일을 어길 때에는 위 매매계약은 당연히 해제되는 것임을 양지하시기 바랍니다.

20○○. ○○. ○○.

통고인 : ○○○   인

◇◇◇ 귀하

특 별 송 달 신 청 서

사　　건　　20○○가단○○○　손해배상(기)
원　　고　　○○○
피　　고　　◇◇◇

　위 사건에 관하여 소장부본 및 변론기일소환장을 피고에게 송달하였으나 폐문부재로 송달불능인바, 피고는 생업관계로 평일에는 소장기재 피고의 주소지에 전혀 거주하지 않고 공휴일에만 소장기재 피고의 주소지에 거주하므로 귀원소속 집행관으로 하여금 공휴일에 소장부본 및 변론기일소환장을 피고에게 송달하도록 하여 주시기 바랍니다.

첨 부 서 류

　1. 집행관수수료납부서　　　　　　　1통

20○○.　○.　○.
위 원고　○○○　(서명 또는 날인)

○○지방법원 제○○민사단독　귀중

야 간 송 달 신 청 서

사　　건　　20○○가합○○○　대여금
원　　고　　○○○
피　　고　　◇◇◇

　위 사건에 관한 귀원의 피고 주소지(장기폐문 부재) 보정명령에 의하여 확인한바, 피고 ◇◇◇는 현 주소지에 거주하는 것이 확실하나 낮에는 직장관계로 부재하는 경우가 대부분이므로 오후 9시 이후에 원고가 집행관과 동행하여 야간송달을 할 수 있도록 하여 주시기 바랍니다.

1. 피고 ◇◇◇
　송달장소 : ○○시 ○○구 ○○길 ○○(우편번호 ○○○○○)

첨 부 서 류

　1. 집행관수수료납부서　　　　　　　　　1통

　　　　　　　　　20○○.　　○.　　○.
　　　　　　　　　위 원고　　○○○　(서명 또는 날인)

○○지방법원 제○민사부　귀중

재 송 달 신 청 서

사　　건　　20○○가단○○○　대여금
원　　고　　○○○
피　　고　　◇◇◇

　위 사건에 관하여 원고는 귀원의 피고에 대한 송달문서를 피고의 종전 주소로 재송달하여 주실 것을 신청합니다.
1. 재송달신청 이유
　소장에 기재된 피고의 주소지 ○○시 ○○구 ○○길 ○○(우편번호 ○○○○○)에 피고가 현재까지 거주하고 있으나, 주간에 외출한 경우가 많아 우편송달을 받지 못하였던 것이므로 위 주소지로 재송달하여 주실 것을 신청합니다.

첨 부 서 류

　1. 주민등록표등본　　　　　　　　　　　　1통

　　　　　　　　　　　20○○.　　○.　　○.
　　　　　　　　　　　위 원고　　○○○　(날인 또는 서명)

○○지방법원 제○○민사단독　귀중

제5절 재판

제198조(종국판결)

법원은 소송의 심리를 마치고 나면 종국판결(終局判決)을 한다.

제199조(종국판결 선고기간)

판결은 소가 제기된 날부터 5월 이내에 선고한다. 다만, 항소심 및 상고심에서는 기록을 받은 날부터 5월 이내에 선고한다.

제200조(일부판결)

① 법원은 소송의 일부에 대한 심리를 마친 경우 그 일부에 대한 종국판결을 할 수 있다.

② 변론을 병합한 여러 개의 소송 가운데 한 개의 심리를 마친 경우와, 본소(本訴)나 반소의 심리를 마친 경우에는 제1항의 규정을 준용한다.

제201조(중간판결)

① 법원은 독립된 공격 또는 방어의 방법, 그 밖의 중간의 다툼에 대하여 필요한 때에는 중간판결(中間判決)을 할 수 있다.

② 청구의 원인과 액수에 대하여 다툼이 있는 경우에 그 원인에 대하여도 중간판결을 할 수 있다.

제202조(자유심증주의)

법원은 변론 전체의 취지와 증거조사의 결과를 참작하여 자유로운 심증으로 사회정의와 형평의 이념에 입각하여 논리와 경험의 법칙에 따라 사실주장이 진실한지 아닌지를 판단한다.

제202조의2(손해배상 액수의 산정)

손해가 발생한 사실은 인정되나 구체적인 손해의 액수를 증명하는 것이 사안의 성질상 매우 어려운 경우에 법원은 변론 전체의 취지와 증거조사의 결과에 의하여 인정되는 모든 사정을 종합하여 상당하다고 인정되는 금액을 손해배상 액수로 정할 수 있다.

제203조(처분권주의)

법원은 당사자가 신청하지 아니한 사항에 대하여는 판결하지 못한다.

제204조(직접주의)

① 판결은 기본이 되는 변론에 관여한 법관이 하여야 한다.

② 법관이 바뀐 경우에 당사자는 종전의 변론결과를 진술하여야 한다.

③ 단독사건의 판사가 바뀐 경우에 종전에 신문한 증인에 대하여 당사자가 다시 신문신청을 한 때에는 법원은 그 신문을 하여야 한다. 합의부 법관의 반수 이상이 바뀐 경우에도 또한 같다.

제205조(판결의 효력발생)

판결은 선고로 효력이 생긴다.

제206조(선고의 방식)

판결은 재판장이 판결원본에 따라 주문을 읽어 선고하며, 필요한 때에는 이유를 간략히 설명할 수 있다.

제207조(선고기일)

① 판결은 변론이 종결된 날부터 2주 이내에 선고하여야 하며, 복잡한 사건이나 그 밖의 특별한 사정이 있는 때에도 변론이 종결된 날부터 4주를 넘겨서는 아니 된다.

② 판결은 당사자가 출석하지 아니하여도 선고할 수 있다.

제208조(판결서의 기재사항 등)

① 판결서에는 다음 각호의 사항을 적고, 판결한 법관이 서명날인하여야 한다.

  1. 당사자와 법정대리인
  2. 주문
  3. 청구의 취지 및 상소의 취지
  4. 이유
  5. 변론을 종결한 날짜. 다만, 변론 없이 판결하는 경우에는 판결을 선고하는 날짜
  6. 법원

② 판결서의 이유에는 주문이 정당하다는 것을 인정할 수 있을 정도로 당사자의 주장, 그 밖의 공격·방어방법에 관한 판단을 표시한다.

③ 제2항의 규정에 불구하고 제1심 판결로서 다음 각호 가운데 어느 하나에 해당하는 경우에는 청구를 특정함에 필요한 사항과 제216조제2항의 판단에 관한 사항만을 간략하게 표시할 수 있다.

  1. 제257조의 규정에 의한 무변론 판결
  2. 제150조제3항이 적용되는 경우의 판결
  3. 피고가 제194조 내지 제196조의 규정에 의한 공시송달로 기일통지를 받고 변론기일에 출석하지 아니한 경우의 판결

④ 법관이 판결서에 서명날인함에 지장이 있는 때에는 다른 법관이 판결에 그 사유를 적고 서명날인하여야 한다.

제209조(법원사무관등에 대한 교부)

판결서는 선고한 뒤에 바로 법원사무관등에게 교부하여야 한다.

제210조(판결서의 송달)

① 법원사무관등은 판결서를 받은 날부터 2주 이내에 당사자에게 송달하여야 한다.

② 판결서는 정본으로 송달한다.

제211조(판결의 경정)

① 판결에 잘못된 계산이나 기재, 그 밖에 이와 비슷한 잘못이 있음이 분명한 때에 법원은 직권으로 또는 당사자의 신청에 따라 경정결정(更正決定)을 할 수 있다.

② 경정결정은 판결의 원본과 정본에 덧붙여 적어야 한다. 다만, 정본에 덧붙여 적을 수 없을

때에는 결정의 정본을 작성하여 당사자에게 송달하여야 한다.

③ 경정결정에 대하여는 즉시항고를 할 수 있다. 다만, 판결에 대하여 적법한 항소가 있는 때에는 그러하지 아니하다.

제212조(재판의 누락)

① 법원이 청구의 일부에 대하여 재판을 누락한 경우에 그 청구부분에 대하여는 그 법원이 계속하여 재판한다.

② 소송비용의 재판을 누락한 경우에는 법원은 직권으로 또는 당사자의 신청에 따라 그 소송비용에 대한 재판을 한다. 이 경우 제114조의 규정을 준용한다.

③ 제2항의 규정에 따른 소송비용의 재판은 본안판결에 대하여 적법한 항소가 있는 때에는 그 효력을 잃는다. 이 경우 항소법원은 소송의 총비용에 대하여 재판을 한다.

제213조(가집행의 선고)

① 재산권의 청구에 관한 판결은 가집행(假執行)의 선고를 붙이지 아니할 상당한 이유가 없는 한 직권으로 담보를 제공하거나, 제공하지 아니하고 가집행을 할 수 있다는 것을 선고하여야 한다. 다만, 어음금·수표금 청구에 관한 판결에는 담보를 제공하게 하지 아니하고 가집행의 선고를 하여야 한다.

② 법원은 직권으로 또는 당사자의 신청에 따라 채권전액을 담보로 제공하고 가집행을 면제받을 수 있다는 것을 선고할 수 있다.

③ 제1항 및 제2항의 선고는 판결주문에 적어야 한다.

제214조(소송비용담보규정의 준용)

제213조의 담보에는 제122조·제123조·제125조 및 제126조의 규정을 준용한다.

제215조(가집행선고의 실효, 가집행의 원상회복과 손해배상)

① 가집행의 선고는 그 선고 또는 본안판결을 바꾸는 판결의 선고로 바뀌는 한도에서 그 효력을 잃는다.

② 본안판결을 바꾸는 경우에는 법원은 피고의 신청에 따라 그 판결에서 가집행의 선고에 따라 지급한 물건을 돌려 줄 것과, 가집행으로 말미암은 손해 또는 그 면제를 받기 위하여 입은 손해를 배상할 것을 원고에게 명하여야 한다.

③ 가집행의 선고를 바꾼 뒤 본안판결을 바꾸는 경우에는 제2항의 규정을 준용한다.

제216조(기판력의 객관적 범위)

① 확정판결(確定判決)은 주문에 포함된 것에 한하여 기판력(旣判力)을 가진다.

② 상계를 주장한 청구가 성립되는지 아닌지의 판단은 상계하자고 대항한 액수에 한하여 기판력을 가진다.

제217조(외국재판의 승인)

① 외국법원의 확정판결 또는 이와 동일한 효력이 인정되는 재판(이하 "확정재판등"이라 한다)은 다음 각호의 요건을 모두 갖추어야 승인된다.

  1. 대한민국의 법령 또는 조약에 따른 국제재판관할의 원칙상 그 외국법원의 국제재판관할권이 인정될 것

  2. 패소한 피고가 소장 또는 이에 준하는 서면 및 기일통지서나 명령을 적법한 방식에 따라 방어에 필요한 시간여유를 두고 송달받았거나(공시송달이나 이와 비슷한 송달에 의한 경우를 제외한다) 송달받지 아니하였더라도 소송에 응하였을 것

  3. 그 확정재판등의 내용 및 소송절차에 비추어 그 확정재판등의 승인이 대한민국의 선량한 풍속이나 그 밖의 사회질서에 어긋나지 아니할 것

  4. 상호보증이 있거나 대한민국과 그 외국법원이 속하는 국가에 있어 확정재판등의 승인요건이 현저히 균형을 상실하지 아니하고 중요한 점에서 실질적으로 차이가 없을 것

② 법원은 제1항의 요건이 충족되었는지에 관하여 직권으로 조사하여야 한다.

제217조의2(손해배상에 관한 확정재판등의 승인)

① 법원은 손해배상에 관한 확정재판등이 대한민국의 법률 또는 대한민국이 체결한 국제조약의 기본질서에 현저히 반하는 결과를 초래할 경우에는 해당 확정재판등의 전부 또는 일부를 승인할 수 없다.

② 법원은 제1항의 요건을 심리할 때에는 외국법원이 인정한 손해배상의 범위에 변호사보수를 비롯한 소송과 관련된 비용과 경비가 포함되는지와 그 범위를 고려하여야 한다.

제218조(기판력의 주관적 범위)

① 확정판결은 당사자, 변론을 종결한 뒤의 승계인(변론 없이 한 판결의 경우에는 판결을 선고한 뒤의 승계인) 또는 그를 위하여 청구의 목적물을 소지한 사람에 대하여 효력이 미친다.

② 제1항의 경우에 당사자가 변론을 종결할 때(변론 없이 한 판결의 경우에는 판결을 선고할 때)까지 승계사실을 진술하지 아니한 때에는 변론을 종결한 뒤(변론 없이 한 판결의 경우에는 판결을 선고한 뒤)에 승계한 것으로 추정한다.

③ 다른 사람을 위하여 원고나 피고가 된 사람에 대한 확정판결은 그 다른 사람에 대하여도 효력이 미친다.

④ 가집행의 선고에는 제1항 내지 제3항의 규정을 준용한다.

제219조(변론 없이 하는 소의 각하)

부적법한 소로서 그 흠을 보정할 수 없는 경우에는 변론 없이 판결로 소를 각하할 수 있다.

제219조의2(소권 남용에 대한 제재)

원고가 소권(항소권을 포함한다)을 남용하여 청구가 이유 없음이 명백한 소를 반복적으로 제기한 경우에는 법원은 결정으로 500만원 이하의 과태료에 처한다.

제220조(화해, 청구의 포기·인낙조서의 효력)

화해, 청구의 포기·인낙을 변론조서·변론준비기일조서에 적은 때에는 그 조서는 확정판결과 같은 효력을 가진다.

제221조(결정·명령의 고지)

① 결정과 명령은 상당한 방법으로 고지하면 효력을 가진다.

② 법원사무관등은 고지의 방법·장소와 날짜를 재판의 원본에 덧붙여 적고 날인하여야 한다.

제222조(소송지휘에 관한 재판의 취소)

소송의 지휘에 관한 결정과 명령은 언제든지 취소할 수 있다.

제223조(법원사무관등의 처분에 대한 이의)

법원사무관등의 처분에 관한 이의신청에 대하여는 그 법원사무관등이 속한 법원이 결정으로 재판한다.

제224조(판결규정의 준용)

① 성질에 어긋나지 아니하는 한, 결정과 명령에는 판결에 관한 규정을 준용한다. 다만, 법관의 서명은 기명으로 갈음할 수 있고, 이유를 적는 것을 생략할 수 있다.

② 이 법에 따른 과태료재판에는 비송사건절차법 제248조 및 제250조 가운데 검사에 관한 규정을 적용하지 아니한다.

1. 재판에 대한 대법원판례

① 판결에 재판의 탈루가 있었는지의 여부를 판정하는 기준

판결에는 법원의 판단을 분명하게 하기 위하여 결론을 주문에 기재하도록 되어 있으므로 재판의 탈루가 있는지 여부는 우선 주문의 기재에 의하여 판정하여야 하고, 주문에 청구의 전부에 대한 판단이 기재되어 있으나 이유 중에 청구의 일부에 대한 판단이 빠져 있는 경우에는 어쨌든 주문에는 청구의 전부에 대한 판시가 있다고 할 수 있으므로 이유를 붙이지 아니한 위법이 있다고 볼 수 있을지언정 재판의 탈루가 있다고 볼 수는 없다[2002. 5.14., 선고, 2001다73572, 판결].

② 민사소송법 제199조와 제207조가 훈시적 규정인지 여부(적극)

당사자는 법원 또는 상대방의 소송행위가 소송절차에 관한 규정을 위반한 경우 민사소송법 제151조에 의하여 그 소송행위의 무효를 주장하는 이의신청을 할 수 있고 법원이 당사자의 이의를 이유 있다고 인정할 때에는 그 소송행위를 무효로 하고 이에 상응하는 조치를 취하여야 하지만, 소송절차에 관한 규정 중 단순한 훈시적 규정을 위반한 경우에는 무효를 주장할 수 없다.

민사소송법 제199조, 제207조 등은 모두 훈시규정이므로 법원이 종국판결 선고기간 5월을 도과하거나 변론종결일로부터 2주 이내 선고하지 아니하였다 하더라도 이를 이유로 무효를 주장할 수는 없다[2008. 2. 1., 선고, 2007다9009, 판결].

③ 중간판결의 의미와 기속력 및 중간판결도 상소심의 판단 대상인지 여부

중간판결은 그 심급에서 사건의 전부 또는 일부를 완결하는 재판인 종국판결을 하기에 앞서 종국판결의 전제가 되는 개개의 쟁점을 미리 정리·판단하여 종국판결을 준비하는 재판으로서, 중간판결이 선고되면 판결을 한 법원은 이에 구속되므로 종국판결을 할 때에도 그 주문의 판단을 전제로 하여야 하며, 설령 중간판결의 판단이 그릇된 것이라 하더라도 이에 저촉되는 판단을 할 수 없다. 이러한 중간판결은 종국판결 이전의 재판으로서 종국판결과 함께 상소심의 판단을 받는다(민사소송법 제392조, 제425조)[2011. 9. 29., 선고, 2010다65818, 판결].

④ 의사에게 무과실의 증명책임을 지울 수 있는지 여부(소극)

의료행위는 고도의 전문적 지식을 필요로 하는 분야로서 전문가가 아닌 일반인으로서는 의사의 의료행위 과정에 주의의무 위반이 있는지 여부나 그 주의의무 위반과 손해발생 사이에 인과관계가 있는지 여부를 밝혀내기가 매우 어려운 특수성이 있다. 따라서 환자에게 발생한 나쁜 결과에 관하여 의료상의 과실 이외의 다른 원인이 있다고 보기 어려운 간접사실들을 증명함으로써 그와 같은 손해가 의료상의 과실에 기한 것이라고 추정하는 것도 가능하지만, 그 경우에도 의사의 과실로 인한 결과 발생을 추정할 수 있을 정도의 개연성이 담보되지 않는 사정들을 가지고 막연하게 중한 결과에서 의사의 과실과 인과관계를 추정함으로써 결과적으로 의사에게 무과실의 입증책임을 지우는 것까지 허용되는 것은 아니다[2022. 12. 29., 선고, 2022다264434, 판결].

⑤ 민사재판에서 관련 형사사건 판결에서 인정된 사실을 배척할 수 있는지 여부

관련 형사사건의 판결에서 인정된 사실은 특별한 사정이 없는 한 민사재판에서 유력한 증거자료가 되지만, 민사재판에서 제출된 다른 증거 내용에 비추어 형사판결의 사실판단을 그대로 채용하기 어렵다고 인정될 경우에는 이를 배척할 수 있다. 더욱이 형사재판에서 유죄판결은 공소사실에 대하여 증거능력 있는 엄격한 증거에 의하여 법관으로 하여금 합리적인 의심을 배제할 정도의 확신을 가지게 하는 증명이 있다는 의미가 있는 반면, 무죄판결은 그러한 증명이 없다는 의미일 뿐이지 공소사실의 부존재가 증명되었다는 의미는 아니다[2022. 7. 28., 선고, 2019다202146, 판결].

⑥ 법원이 손해배상의 범위를 산정함에 있어 추정치를 사용하게 되는 경우, 유의할 사항

손해배상책임이 인정되는 경우 법원은 손해액에 관한 당사자의 주장과 증명이 미흡하더라도 적극적으로 석명권을 행사하여 증명을 촉구하여야 하고, 경우에 따라서는 직권으로 손해액을 심리·판단하여야 한다. 한편 채무불이행이나 불법행위로 인한 손해배상청구소송에서 재산적 손해의 발생사실이 인정되나 구체적인 손해의 액수를 증명하는 것이 사안의 성질상 곤란한 경우, 법원은 증거조사의 결과와 변론 전체의 취지에 의하여 밝혀진 당사자들 사이의 관계, 채무불이행이나 불법행위와 그로 인한 재산적 손해가 발생하게 된 경위, 손해의 성격, 손해가 발생한 이후의 제반 정황 등의 관련된 모든 간접사실들을 종합하여 적당하다고 인정되는 금액을 손해의 액수로 정할 수 있다(대법원 2020. 3. 26. 선고 2018다301336 판결 등 참조).

구체적인 손해의 액수를 증명하는 것이 사안의 성질상 곤란한 경우에 해당하지 않아 간접사실을 종합하여 적당하다고 인정되는 금액을 손해액으로 정할 수 있는 경우가 아니더라도, 법원이 손해배상의 범위를 산정함에 있어 어쩔 수 없이 추정치를 사용하게 되는 경우가 있으나 그때에도 추정치는 사회평균인의 일반적인 관점에서 현실과 크게 동떨어진 전제 하에 도출된 것이거나 통계적·확률적인 관점에서 볼 때 합리적인 범위를 넘어서는 것이어서는 안 된다[2021. 10. 14., 선고, 2020다277306, 판결].

⑦ 법원이 당사자가 주장하지 않은 사항에 관하여 판단하는 것이 변론주의의 원칙에 반하는지 여부

법원은 변론주의 원칙상 당사자의 주장에 대해서만 판단해야 하고 당사자가 주장하지 않은 사항에 관해서는 판단하지 못한다[2022. 2. 24., 선고, 2021다291934, 판결].

⑧ 피해자와 피보험자 간의 손해배상책임의 존부 및 범위에 관한 확정판결의 기판력이 피해자와 보험자 간의 손해배상청구소송에 미치는지 여부

피해자의 보험자에 대한 손해배상채권과 피해자의 피보험자에 대한 손해배상채권은 별개 독립의 것으로서 병존하고, 피해자와 피보험자 사이에 손해배상책임의 존

부 내지 범위에 관한 판결이 선고되고 그 판결이 확정되었다고 하여도 그 판결의 당사자가 아닌 보험자에 대하여서까지 판결의 효력이 미치는 것은 아니므로, 피해자가 보험자를 상대로 하여 손해배상금을 직접 청구하는 사건의 경우에 있어서는, 특별한 사정이 없는 한 피해자와 피보험자 사이의 전소판결과 관계없이 피해자의 보험자에 대한 손해배상청구권의 존부 내지 범위를 다시 따져보아야 한다[2001. 9. 14., 선고, 99다42797, 판결].

⑨ 결정·명령의 원본이 법원사무관등에게 교부되어 성립한 경우, 결정·명령이 당사자에게 고지되어 효력이 발생하기 전에 결정·명령에 불복하여 항고할 수 있는지 여부(적극)

[다수의견] 판결과 달리 선고가 필요하지 않은 결정이나 명령(이하 '결정'이라고만 한다)과 같은 재판은 원본이 법원사무관등에게 교부되었을 때 성립한 것으로 보아야 하고, 일단 성립한 결정은 취소 또는 변경을 허용하는 별도의 규정이 있는 등의 특별한 사정이 없는 한 결정법원이라도 이를 취소·변경할 수 없다. 또한 결정법원은 즉시항고가 제기되었는지 여부와 관계없이 일단 성립한 결정을 당사자에게 고지하여야 하고 고지는 상당한 방법으로 가능하며(민사소송법 제221조 제1항), 재판기록이 항고심으로 송부된 이후에는 항고심에서의 고지도 가능하므로 결정의 고지에 의한 효력 발생이 당연히 예정되어 있다.

일단 결정이 성립하면 당사자가 법원으로부터 결정서를 송달받는 등의 방법으로 결정을 직접 고지받지 못한 경우라도 결정을 고지받은 다른 당사자로부터 전해 듣거나 기타 방법에 의하여 결론을 아는 것이 가능하여 본인에 대해 결정이 고지되기 전에 불복 여부를 결정할 수 있다. 그럼에도 이미 성립한 결정에 불복하여 제기한 즉시항고가 항고인에 대한 결정의 고지 전에 이루어졌다는 이유만으로 부적법하다고 한다면, 항고인에게 결정의 고지 후에 동일한 즉시항고를 다시 제기하도록 하는 부담을 지우는 것이 될 뿐만 아니라 이미 즉시항고를 한 당사자는 그 후 법원으로부터 결정서를 송달받아도 다시 항고할 필요가 없다고 생각하는 것이 통상의 경우이므로 다시 즉시항고를 제기하여야 한다는 것을 알게 되는 시점에서는 이미 즉시항고기간이 경과하여 회복할 수 없는 불이익을 입게 된다. 이와 같은 사정을 종합적으로 고려하면, 이미 성립한 결정에 대하여는 결정이 고지되어 효력을 발생하기 전에도 결정에 불복하여 항고할 수 있다[2014. 10. 8., 자, 2014마667, 전

⑩ 원심의 판결선고기일에 재판장이 판결원본의 주문과 다른 내용의 판결을 선고하였음을 인정할 수 없다고 하여 이를 받아들이지 아니한 사례

판결원본과 같은 내용의 판결정본이 당사자 甲에게 송달되기 전에 그와 다른 주문이 기재된 판결정본이 먼저 甲에게 송달되어 甲이 먼저 송달된 판결정본의 내용을 원심판결로 보아야 한다는 취지로 주장한 사안에서, 원심의 판결선고기일에 재판장이 판결원본의 주문과 다른 내용의 판결을 선고하였음을 인정할 수 없다고 하여 이를 받아들이지 아니한 사례[2010. 7. 29., 선고, 2009다69692, 판결].

⑪ 적법한 변론기일에서 판결선고기일을 고지한 경우 재정하지 아니한 당사자에 대한 판결선고의 효력

판결의 선고는 당사자가 재정하지 아니하는 경우에도 할 수 있는 것이므로 법원이 적법하게 변론을 진행한 후 이를 종결하고 판결선고기일을 고지한 때에는 재정하지 아니한 당사자에게도 그 효력이 있는 것이고, 그 당사자에 대하여 판결선고기일 소환장을 송달하지 아니하였다 하여도 이를 위법이라고 할 수 없다[2003. 4. 25., 선고, 2002다72514, 판결].

⑫ 판단누락의 잘못이 있다고 할 수 있는지 여부

법원의 판결에 당사자가 주장한 사항에 대한 구체적·직접적인 판단이 표시되어 있지 않더라도 판결 이유의 전반적인 취지에 비추어 그 주장을 인용하거나 배척하였음을 알 수 있는 정도라면 판단누락이라고 할 수 없다. 설령 판결에서 실제로 판단을 하지 않았더라도 그 주장이 배척될 것이 분명하다면 판결 결과에 영향이 없어 판단누락의 잘못이 있다고 할 수 없다[2022. 11. 30., 선고, 2021다287171, 판결].

⑬ 민사소송법상 결정·명령의 송달형식

민사소송법 제224조 제1항 본문에 의하면, 성질에 어긋나지 아니하는 한, 결정과 명령에는 판결에 관한 규정을 준용하고, 같은 법 제210조 제2항은 판결서는 정본으로 송달하도록 하고 있지만, 같은 법 제178조 제1항이, 송달은 특별한 규정이 없으면 송달받을 사람에게 서류의 등본 또는 부본을 교부하여 하도록 하고 있으므로, 결정·명령이 집행권원이 되는 등 그 성질상 정본의 송달을 필요로 하거나 또는 특별한 규정이 있는 경우를 제외하고는 결정·명령의 송달은 같은 법 제178

조 제1항에 따라 그 등본을 송달하는 방법에 의하더라도 무방하고, 반드시 정본으로 송달하여야 하는 것은 아니다[2003.10.14.,자, 2003마1144, 결정].

⑭ 판결경정 제도의 취지 및 이러한 법리는 이행권고결정에 오류가 있는 경우에도 마찬가지로 적용되는지 여부

판결에 잘못된 계산이나 기재 그 밖에 이와 비슷한 잘못이 있음이 분명한 경우에 하는 판결의 경정은, 일단 선고된 판결에 대하여 내용을 실질적으로 변경하지 않는 범위 내에서 판결의 표현상의 기재 잘못이나 계산의 착오 또는 이와 유사한 오류를 법원 스스로가 결정으로써 정정 또는 보충하여 강제집행이나 가족관계등록부의 정정 또는 등기의 기재 등 이른바 광의의 집행에 지장이 없도록 하자는 데 취지가 있다. 이러한 법리는 이행권고결정에 오류가 있는 경우에도 마찬가지로 적용된다[2022. 12. 1., 자, 2022그18, 결정].

⑮ 보조참가로 인하여 생긴 부분에 관한 소송비용의 재판이 누락된 것인지 여부

보조참가로 인하여 생긴 소송비용의 부담에 대하여도 민사소송법 제98조 내지 제102조에 따라 재판하여야 함이 원칙이고(민사소송법 제103조), 소송비용의 부담에 관한 주문에 '보조참가로 인한 부분'을 특정하지 않은 채 패소한 당사자가 부담한다는 취지만 기재되어 있더라도, 피참가인이 전부 승소한 경우에는 당연히 패소한 당사자가 보조참가로 인한 소송비용까지도 부담하는 것으로 볼 수 있다. 그러나 피참가인이 일부 승소하였음에도, 주문에 '보조참가로 인한 부분'이 특정되지 않은 채 피참가인과 상대방 당사자 사이의 소송비용 부담 비율만 기재되어 있다면, 여기에는 보조참가로 인하여 생긴 부분까지 당연히 포함되었다고 볼 수 없어 이에 관한 소송비용의 재판이 누락된 경우에 해당하므로, 당해 소송비용의 재판을 누락한 법원이 직권 또는 당사자의 신청에 따라 이에 대한 재판을 추가로 하여야 한다(민사소송법 제212조 제2항)[2022. 4. 5., 자, 2020마7530, 결정].

2. 재판에 대한 서식

[서식 ①] 추가재판신청서

추 가 재 판 신 청 서

사　　건　20○○가단○○○　사해행위취소 등
원　　고　○○○ 외 2
피　　고　◇◇◇ 외 1

　위 사건에 관하여, 원고는 다음과 같이 누락된 재판에 대하여 민사소송법 제212조에 의하여 추가재판을 신청합니다.

신청취지 및 이유

　원고들의 이 사건 청구 중 피고 ◇◇◇에 대한 별지목록 기재 각 부동산에 관한 사해행위취소청구 가운데 원고 ○○○ 부분에 대한 판결이 누락되었으므로 원고 ○○○의 피고 ◇◇◇에 대한 위 청구부분에 대하여 추가재판을 하여 주시기 바랍니다.

첨 부 서 류

　1. 판결문정본　　　　　　　　　　　1통
　1. 소장　　　　　　　　　　　　　　1통
　1. 송달료납부서　　　　　　　　　　1통

20○○.　　○.　　○.
위 원고　　○○○　　(서명 또는 날인)

○○지방법원 제○민사단독　귀중

[별지]
부 동 산 의 표 시

1. ○○시 ○○구 ○○동 ○○-○○ 대 157.4㎡.
2. 위 지상 벽돌조 평슬래브 지붕 2층주택

1층 74.82㎡

2층 74.82㎡

지층 97.89㎡. 끝.

판 결 경 정 결 정 신 청

사　　건　　20○○가단○○○ 손해배상(자)
원　　고　　○○○
피　　고　　◇◇◆

　위 사건에 관하여 20○○. ○. ○. 선고한 판결의 당사자 표시 중 피고 ◇◇◆는 소송기록상 피고 ◇◇◇ (주민등록번호)의 잘못표시임이 명백하므로 이의 경정을 신청합니다.

첨 부 서 류

　　1. 주민등록표등본　　　　　1통.
　　1. 송달료납부서　　　　　　1통.

　　　　　　　　　　20○○. ○. ○.
　　　　　　　　　위 원고　　○○○　(서명 또는 날인)

○○지방법원　귀중

판 결 경 정 결 정 신 청

사   건   20○○가합○○○   손해배상(산)
신 청 인(원고)   ○○○ 외 1
피신청인(피고)   주식회사 ◇◇◇

　위 사건에 관하여 20○○. ○. ○. 선고한 판결의 주문 중 "금 51,798,742원"은 "금 62,784,905원"의, "금 22,399,371원"은 "금 27,892,453원"의 잘못임이, 청구취지 중 "금 62,784,905원"은 "80,437,736원"의, "금 27,892,453원"은 "금 49,958,490원"의 잘못임이 각 명백함으로 판결을 경정하여 주시기 바랍니다.

첨 부 서 류

　1. 송달료납부서   1통.

20○○.   ○.   ○.

위 신청인(원고)   1. ○○○ (서명 또는 날인)
                        2. ○○○ (서명 또는 날인)

○○지방법원 귀중

판 결 경 정 결 정 신 청

사   건   20○○드단○○○(본소) 이혼, 20○○드단○○○(반소) 이혼등
원고(반소피고)   ○○○
　　　　　　　　　등록기준지 및 주소 ○○시 ○○구 ○○길 ○○
　　　　　　　　　(우편번호 ○○○○○)
피고(반소원고)   ◇◇◇
　　　　　　　　　등록기준지 원고(반소피고)와 같다
　　　　　　　　　주소 ○○시 ○○구 ○○길 ○○ - ○○
　　　　　　　　　(우편번호 ○○○○○)

신 청 취 지

　○○가정법원 20○○드단○○○(본소) 이혼, 20○○드단○○○(반소) 이혼등 사건의 판결문 중 원고의 등록기준지 및 주소 "○○시 ○○구 ○○동 ○○"를, "○○시 ○○구 ◎◎동 ○○"로 경정한다.
라는 결정을 구합니다.

신 청 이 유

　위 사건에 관하여 원고의 등록기준지 및 주소지는 위 경정 결정하여야 할 "◎◎동"의 잘못 표기임이 분명하므로 신청취지와 같이 경정하여 주시기 바랍니다.

소명방법 및 첨부서류

　　　　1. 판결문정본　　　　　　　　　1통.
　　　　1. 기본증명서(원고)　　　　　　1통.
　　　　1. 주민등록등본　　　　　　　　1통.
　　　　1. 송달료납부서　　　　　　　　1통.

　　　　　　20○○.　　○.　　○.
　　　　　　위 피고(반소원고)　◇◇◇　(날인 또는 서명)

○○가정법원 귀중

피 고 경 정 신 청 서

사　　건　　20○○가단○○○○ 약속어음금
원　　고　　○○○
피　　고　　◇◇◇

　위 사건에 관하여 원고는 이 사건 피고를 잘못 지정하였으므로 민사소송법 제260조 제1항에 의하여 다음과 같이 피고의 경정을 신청하오니 허가하여 주시기 바랍니다.

신 청 취 지

　이 사건의 당사자표시 중 "피고 ◇◇◇(주민등록번호 또는 한자) ○○시 ○○구 ○○길 ○○(우편번호 ○○○-○○○)"로 된 것을 "피고 ◆◆주식회사 ○○시 ○○구 ○○길 ○○○(우편번호 ○○○-○○○) 대표이사 ◇◇◇"로 경정한다.
라는 결정을 구합니다.

신 청 이 유

1. 원고는 개인 ◇◇◇를 피고로 하여 위 사건 약속어음금청구의 소를 제기하였습니다.
2. 그런데 이 사건 약속어음의 발행인란에는 발행인이 "◆◆주식회사 대표이사 ◇◇◇"라고 기재되어 있으므로 이 사건 약속어음의 정당한 발행인은 ◆◆주식회사라고 하여야 할 것입니다.
3. 따라서 원고는 피고를 ◇◇◇ 개인에서 ◇◇◇가 대표이사로 재직하는 ◆◆주식회사로 경정허가결정을 얻고자 이 신청에 이른 것입니다.

첨 부 서 류

　　1. 약속어음　　　　　　　　　　1통
　　1. 신청서부본　　　　　　　　　1통
　　1. 송달료납부서　　　　　　　　1통

20○○.　○.　○.
　　　　　　위 원고　　○○○　(서명 또는 날인)

위 피고경정에 동의합니다.

　　　　　　위 피고　　◇◇◇　(서명 또는 날인)

○○지방법원 제○민사단독 귀중

제6절 화해권고결정

제225조(결정에 의한 화해권고)

① 법원·수명법관 또는 수탁판사는 소송에 계속중인 사건에 대하여 직권으로 당사자의 이익, 그 밖의 모든 사정을 참작하여 청구의 취지에 어긋나지 아니하는 범위안에서 사건의 공평한 해결을 위한 화해권고결정(和解勸告決定)을 할 수 있다.

② 법원사무관등은 제1항의 결정내용을 적은 조서 또는 결정서의 정본을 당사자에게 송달하여야 한다. 다만, 그 송달은 제185조제2항·제187조 또는 제194조에 규정한 방법으로는 할 수 없다.

제226조(결정에 대한 이의신청)

① 당사자는 제225조의 결정에 대하여 그 조서 또는 결정서의 정본을 송달받은 날부터 2주 이내에 이의를 신청할 수 있다. 다만, 그 정본이 송달되기 전에도 이의를 신청할 수 있다.

② 제1항의 기간은 불변기간으로 한다.

제227조(이의신청의 방식)

① 이의신청은 이의신청서를 화해권고결정을 한 법원에 제출함으로써 한다.

② 이의신청서에는 다음 각호의 사항을 적어야 한다.

1. 당사자와 법정대리인
2. 화해권고결정의 표시와 그에 대한 이의신청의 취지

③ 이의신청서에는 준비서면에 관한 규정을 준용한다.

④ 제226조제1항의 규정에 따라 이의를 신청한 때에는 이의신청의 상대방에게 이의신청서의 부본을 송달하여야 한다.

제228조(이의신청의 취하)

① 이의신청을 한 당사자는 그 심급의 판결이 선고될 때까지 상대방의 동의를 얻어 이의신청을 취하할 수 있다.

② 제1항의 취하에는 제266조제3항 내지 제6항을 준용한다. 이 경우 "소"는 "이의신청"으로 본다.

제229조(이의신청권의 포기)

① 이의신청권은 그 신청전까지 포기할 수 있다.

② 이의신청권의 포기는 서면으로 하여야 한다.

③ 제2항의 서면은 상대방에게 송달하여야 한다.

제230조(이의신청의 각하)

① 법원·수명법관 또는 수탁판사는 이의신청이 법령상의 방식에 어긋나거나 신청권이 소멸된 뒤의 것임이 명백한 경우에는 그 흠을 보정할 수 없으면 결정으로 이를 각하하여야 하며, 수명법관 또는 수탁판사가 각하하지 아니한 때에는 수소법원이 결정으로 각하한다.

② 제1항의 결정에 대하여는 즉시항고를 할 수 있다.

제231조(화해권고결정의 효력)

화해권고결정은 다음 각호 가운데 어느 하나에 해당하면 재판상 화해와 같은 효력을 가진다.

   1. 제226조제1항의 기간 이내에 이의신청이 없는 때

   2. 이의신청에 대한 각하결정이 확정된 때

   3. 당사자가 이의신청을 취하하거나 이의신청권을 포기한 때

제232조(이의신청에 의한 소송복귀 등)

① 이의신청이 적법한 때에는 소송은 화해권고결정 이전의 상태로 돌아간다. 이 경우 그 이전에 행한 소송행위는 그대로 효력을 가진다.

② 화해권고결정은 그 심급에서 판결이 선고된 때에는 그 효력을 잃는다.

1. 화해권고결정에 대한 대법원판례

① 주관적·예비적 공동소송에서 화해권고결정에 대하여 일부 공동소송인이 이의하지 않은 경우, 공동소송인에 대한 관계에서 위 결정이 확정될 수 있는지 여부

민사소송법 제70조에서 정한 주관적·예비적 공동소송에서 화해권고결정에 대하여 일부 공동소송인이 이의하지 않았다면, 원칙적으로 그 공동소송인에 대한 관계에서는 위 결정이 확정될 수 있다. 다만 화해권고결정에서 분리 확정을 불허하고 있거나, 그렇지 않더라도 그 결정에서 정한 사항이 공동소송인들에게 공통되는 법률관계를 형성함을 전제로 하여 이해관계를 조절하는 경우 등과 같이 결정 사항의 취지에 비추어 볼 때 분리 확정을 허용할 경우 형평에 반하고 또한 이해관계가 상반된 공동소송인들 사이에서의 소송 진행 통일을 목적으로 하는 민사소송법 제70조 제1항 본문의 입법 취지에 반하는 결과가 초래되는 경우에는 분리 확정이 허용되지 않는다. 이는 주관적·예비적 공동소송에서 화해권고결정에 대하여 일부 공동소송인만이 이의신청을 한 후 그 공동소송인 전원이 분리 확정에 대하여는 이의가 없다는 취지로 진술하였더라도 마찬가지이다*[2022. 4. 14., 선고, 2020다224975, 판결].*

② 화해권고결정에 대한 이의신청 방식

민사소송법 제227조 제2항 제2호가 화해권고결정에 대한 이의신청서에 기재하도록 요구하고 있는 화해권고결정의 표시와 그에 대한 이의신청의 취지는 제출된 서면을 전체적으로 보아 어떠한 화해권고결정에 대하여 이의를 한다는 취지가 나타나면 족하고, 그 서면의 표제가 준비서면 등 다른 명칭을 사용하고 있다고 하여

달리 볼 것은 아니다*[2011. 4. 14., 선고, 2010다5694, 판결].*

③ 장래의 이행을 명하는 판결을 하기 위한 요건

장래의 이행을 명하는 판결을 하기 위하여는 채무의 이행기가 장래에 도래하는 것뿐만 아니라 의무불이행사유가 그 때까지 존속한다는 것을 변론종결 당시에 확정적으로 예정할 수 있는 것이어야 하며 이러한 책임기간이 불확실하여 변론종결 당시에 확정적으로 예정할 수 없는 경우에는 장래의 이행을 명하는 판결을 할 수 없다*[2002. 6. 14., 선고, 2000다37517, 판결].*

④ 보전처분 절차에서 이루어진 화해권고결정에 민사집행법 제292조 제2항, 제301조의 집행기간 제한이 적용되는지 여부(소극)

보전처분 절차에서 이루어진 화해권고결정은, 당사자 쌍방의 양보를 전제로 당사자에게 화해를 권고하는 것으로서 당사자가 자유로이 처분할 수 있는 권리를 대상으로 할 수 있을 뿐 보전처분 신청과 보전처분에 대한 법원의 권한을 대상으로 삼을 수 없으므로 그 결정을 가압류·가처분에 대한 법원의 재판이라고 할 수 없고, 민사집행법 제23조 제1항, 민사소송법 제220조, 제231조에 따라 확정판결과 같은 효력을 가지므로 가압류·가처분에 대한 재판과 달리 민사집행법 제57조, 제28조에 따라 화해권고결정 정본에 집행문을 받아야 집행할 수 있고, 민사집행법 제292조 제2항, 제301조가 정하는 집행기간의 제한을 받지 않는다*[2022. 9. 29., 자, 2022마5873, 결정].*

⑤ 화해권고결정의 기판력 유무 및 그 기준시(=확정시)

민사소송법 제231조는 "화해권고결정은 결정에 대한 이의신청 기간 이내에 이의신청이 없는 때, 이의신청에 대한 각하결정이 확정된 때, 당사자가 이의신청을 취하하거나 이의신청권을 포기한 때에 재판상 화해와 같은 효력을 가진다."라고 정하고 있으므로, 확정된 화해권고결정은 당사자 사이에 기판력을 가진다. 그리고 화해권고결정에 대한 이의신청이 적법한 때에는 소송은 화해권고결정 이전의 상태로 돌아가므로(민사소송법 제232조 제1항), 당사자는 화해권고결정이 송달된 후에 생긴 사유에 대하여도 이의신청을 하여 새로운 주장을 할 수 있고, 화해권고결정이 송달된 후의 승계인도 이의신청과 동시에 승계참가신청을 할 수 있다고 할 것이다. 이러한 점 등에 비추어 보면, 화해권고결정의 기판력은 그 확정시를 기준으로 하여 발생한다고 해석함이 상당하다*[2012. 5. 10., 선고, 2010다2558, 판결].*

2. 화해권고결정에 대한 서식

[서식 ①] 화해권고결정에 대한 이의신청서

화해권고결정에 대한 이의신청서

사   건   20○○가단○○○○ 손해배상(자)
원   고   ○○○
피   고   ◇◇버스주식회사

　위 사건에 관하여 20○○. ○. ○○.자 화해권고결정 정본이 20○○. ○○. ○.
원고에게 송달되었으나, 원고는 위 결정에 불복하므로 이의를 신청합니다.

첨 부 서 류
　1. 화해권고결정에 대한 이의신청서 부본　　　　　　1통

　　　　　　　　　20○○.　　○○.　　○○.
　　　　　　　　　위 원고 ○○○ (서명 또는 날인)

○○지방법원 제○민사단독　귀중

[서식 ②] 화해권고결정에 대한 이의신청 취하서

<h2 style="text-align:center">화해권고결정에 대한 이의신청 취하서</h2>

사　　건　　20○○가단○○○○ 손해배상(자)
원　　고　　○○○
피　　고　　◇◇버스주식회사

　　위 사건에 관하여 원고는 20○○. ○. ○○.자 화해권고결정에 대하여 이의를 신청하였으나, 위 이의신청을 취하합니다.

<h3 style="text-align:center">첨　부　서　류</h3>

1. 화해권고결정에 대한 이의신청 취하서 부본　　　　　1통

20○○.　　○○.　　○○.
위 원고 ○○○ (서명 또는 날인)

○○지방법원 제○민사단독　귀중

화해권고결정에 대한 이의신청 취하에 대한 부동의서

사 건   20○○가단○○○○ 손해배상(자)
원 고   ○○○
피 고   ◇◇버스주식회사

　　위 사건에 관하여 피고는 20○○. ○. ○○.자 화해권고결정에 대하여 이의를 신청하였다가 이를 취하하였으나, 원고는 위 이의신청 취하에 대하여 동의하지 아니합니다.

첨 부 서 류

1. 화해권고결정에 대한 이의신청 취하에 대한 부동의서 부본 1통

20○○.　○○.　○○.
위 원고 ○○○ (서명 또는 날인)

○○지방법원 제○민사단독　귀중

제7절 소송절차의 중단과 중지

제233조(당사자의 사망으로 말미암은 중단)

① 당사자가 죽은 때에 소송절차는 중단된다. 이 경우 상속인·상속재산관리인, 그 밖에 법률에 의하여 소송을 계속하여 수행할 사람이 소송절차를 수계(受繼)하여야 한다.

② 상속인은 상속포기를 할 수 있는 동안 소송절차를 수계하지 못한다.

제234조(법인의 합병으로 말미암은 중단)

당사자인 법인이 합병에 의하여 소멸된 때에 소송절차는 중단된다. 이 경우 합병에 의하여 설립된 법인 또는 합병한 뒤의 존속법인이 소송절차를 수계하여야 한다.

제235조(소송능력의 상실, 법정대리권의 소멸로 말미암은 중단)

당사자가 소송능력을 잃은 때 또는 법정대리인이 죽거나 대리권을 잃은 때에 소송절차는 중단된다. 이 경우 소송능력을 회복한 당사자 또는 법정대리인이 된 사람이 소송절차를 수계하여야 한다.

제236조(수탁자의 임무가 끝남으로 말미암은 중단)

신탁으로 말미암은 수탁자의 위탁임무가 끝난 때에 소송절차는 중단된다. 이 경우 새로운 수탁자가 소송절차를 수계하여야 한다.

제237조(자격상실로 말미암은 중단)

① 일정한 자격에 의하여 자기 이름으로 남을 위하여 소송당사자가 된 사람이 그 자격을 잃거나 죽은 때에 소송절차는 중단된다. 이 경우 같은 자격을 가진 사람이 소송절차를 수계하여야 한다.

② 제53조의 규정에 따라 당사자가 될 사람을 선정한 소송에서 선정된 당사자 모두가 자격을 잃거나 죽은 때에 소송절차는 중단된다. 이 경우 당사자를 선정한 사람 모두 또는 새로 당사자로 선정된 사람이 소송절차를 수계하여야 한다.

제238조(소송대리인이 있는 경우의 제외)

소송대리인이 있는 경우에는 제233조제1항, 제234조 내지 제237조의 규정을 적용하지 아니한다.

제239조(당사자의 파산으로 말미암은 중단)

당사자가 파산선고를 받은 때에 파산재단에 관한 소송절차는 중단된다. 이 경우 「채무자 회생 및 파산에 관한 법률」에 따른 수계가 이루어지기 전에 파산절차가 해지되면 파산선고를 받은 자가 당연히 소송절차를 수계한다.

제240조(파산절차의 해지로 말미암은 중단)

「채무자 회생 및 파산에 관한 법률」에 따라 파산재단에 관한 소송의 수계가 이루어진 뒤 파산절차가 해지된 때에 소송절차는 중단된다. 이 경우 파산선고를 받은 자가 소송절차를 수계하여야 한다.

제241조(상대방의 수계신청권)

소송절차의 수계신청은 상대방도 할 수 있다.

제242조(수계신청의 통지)

소송절차의 수계신청이 있는 때에는 법원은 상대방에게 이를 통지하여야 한다.

제243조(수계신청에 대한 재판)

① 소송절차의 수계신청은 법원이 직권으로 조사하여 이유가 없다고 인정한 때에는 결정으로 기각하여야 한다.

② 재판이 송달된 뒤에 중단된 소송절차의 수계에 대하여는 그 재판을 한 법원이 결정하여야 한다.

제244조(직권에 의한 속행명령)

법원은 당사자가 소송절차를 수계하지 아니하는 경우에 직권으로 소송절차를 계속하여 진행하도록 명할 수 있다.

제245조(법원의 직무집행 불가능으로 말미암은 중지)

천재지변, 그 밖의 사고로 법원이 직무를 수행할 수 없을 경우에 소송절차는 그 사고가 소멸될 때까지 중지된다.

제246조(당사자의 장애로 말미암은 중지)

① 당사자가 일정하지 아니한 기간동안 소송행위를 할 수 없는 장애사유가 생긴 경우에는 법원은 결정으로 소송절차를 중지하도록 명할 수 있다.

② 법원은 제1항의 결정을 취소할 수 있다.

제247조(소송절차 정지의 효과)

① 판결의 선고는 소송절차가 중단된 중에도 할 수 있다.

② 소송절차의 중단 또는 중지는 기간의 진행을 정지시키며, 소송절차의 수계사실을 통지한 때 또는 소송절차를 다시 진행한 때부터 전체기간이 새로이 진행된다.

1. 소송절차의 중단과 중지에 대한 대법원판례

① 새로 설립된 법인이 계속 중인 소송절차를 수계할 수 있는지 여부(소극)

민사소송법 제233조부터 제237조, 제239조에서 정하고 있는 사유가 발생하면 소송절차가 중단되고, 위 각 조에서 규정하고 있는 수계신청인에 의한 적법한 소송수계절차가 있어야 소송중단이 해소된다. 다만 위에서 정하고 있는 사유가 발생하더라도 소송대리인이 있는 경우에는 소송이 중단되지 않는다(민사소송법 제238조). 그중 민사소송법 제234조에 따르면, 소송계속 중 당사자인 법인이 합병에 의하여 소멸된 때에는 소송절차가 중단되고 이 경우 합병에 의하여 설립된 법인 또는 합병한 뒤의 존속법인이 소송절차를 수계하여야 한다. 또한 법인의 권리의무가 법률의 규정에 의하여 새로 설립된 법인에 승계되는 경우에는 특별한 사유가 없는 한 계속 중인 소송에서 그 법인의 법률상 지위도 새로 설립된 법인에 승계되므로 새로 설립된 법인이 소송절차를 수계하여야 하나, 법률에 법인의 지위를 승계하거나 법인의 권리의무가 새로 설립된 법인에 포괄적으로 승계된다는 명문의 규정이 없는 이상 새로 설립된 법인이 소송절차를 수계할 근거는 없다고 보아야 한다. 이와 같은 법리는 당사자가 법인격 없는 단체인 경우에도 마찬가지이다 [2022. 1. 27., 선고, 2020다39719, 판결].

② 소송 계속 중이나 사실심 변론종결 후에 사망한 경우, 소송이 중단되지 않고 그대로 종료하는지 여부(적극)

이사가 그 지위에 기하여 주주총회결의 취소의 소를 제기하였다가 소송 계속 중에 사망하였거나 사실심 변론종결 후에 사망하였다면, 그 소송은 이사의 사망으로 중단되지 않고 그대로 종료된다. 이사는 주식회사의 의사결정기관인 이사회의 구성원이고, 의사결정기관 구성원으로서의 지위는 일신전속적인 것이어서 상속의 대상이 되지 않기 때문이다 [2019. 2. 14., 선고, 2015다255258, 판결].

③ 소송대리인이 상소제기에 관한 특별수권이 있어 상소를 제기한 경우, 소송절차가 중단되는 시점(=상소제기 시)

소송계속 중 법인 아닌 사단 대표자의 대표권이 소멸한 경우 이는 소송절차 중단 사유에 해당하지만(민사소송법 제64조, 제235조) 소송대리인이 선임되어 있으면 소송절차가 곧바로 중단되지 아니하고(민사소송법 제238조), 심급대리의 원칙상 그 심급의 판결정본이 소송대리인에게 송달됨으로써 소송절차가 중단된다. 이 경우 상소는 소송수계절차를 밟은 다음에 제기하는 것이 원칙이나, 소송대리인이 상소제기에 관한 특별수권이 있어 상소를 제기하였다면 상소제기 시부터 소송절차가 중단되므로 이때는 상소심에서 적법한 소송수계절차를 거쳐야 소송중단이 해소된다 [2016. 9. 8., 선고, 2015다39357, 판결].

④ 판결의 효력이 신수탁자 또는 정당한 관리처분권을 가진 신수탁자에게 미치는지 여부

신탁으로 말미암은 수탁자의 위탁임무가 끝난 때에 소송절차는 중단되고, 이 경우 새로운 수탁자가 소송절차를 수계하여야 하지만(민사소송법 제236조), 소송대리인이 있는 경우에는 소송절차가 중단되지 아니하고(민사소송법 제238조), 소송대리

권도 소멸하지 아니한다(민사소송법 제95조 제3호). 따라서 전수탁자가 파산의 선고를 받아 임무가 종료되었으나 소송대리인이 있어서 소송절차가 중단되지 아니하는 경우에는 원칙적으로 소송수계의 문제가 발생하지 아니하고, 소송대리인은 당사자 지위를 당연승계하는 신수탁자를 위하여 소송을 수행하게 되는 것이며, 그 사건의 판결은 신수탁자에 대하여 효력이 있다. 이때 신수탁자로 당사자의 표시를 정정하지 아니한 채 전수탁자를 그대로 당사자로 표시하여도 무방하며, 신탁재산에 대한 관리처분권이 없는 자를 신당사자로 잘못 표시하였다고 하더라도 그 표시가 전수탁자의 소송수계인 등 신탁재산에 대한 관리처분권을 승계한 자임을 나타내는 문구로 되어 있으면 잘못 표시된 당사자에 대하여는 판결의 효력이 미치지 아니하고 여전히 정당한 관리처분권을 가진 신수탁자에 대하여 판결의 효력이 미친다[2014. 12. 24., 선고, 2012다74304, 판결].

⑤ **사망자를 피고로 하는 소 제기 상태에서 선고된 제1심판결의 효력(당연무효) 및 피고가 소 제기 후 소장부본이 송달되기 전에 사망한 경우에도 마찬가지인지 여부(적극)**

사망자를 피고로 하는 소 제기는 원고와 피고의 대립당사자 구조를 요구하는 민사소송법의 기본원칙에 반하는 것으로서 실질적 소송관계가 성립할 수 없어 부적법하므로, 그러한 상태에서 제1심판결이 선고되었다 할지라도 판결은 당연무효이다. 피고가 소 제기 당시에는 생존하였으나 그 후 소장부본이 송달되기 전에 사망한 경우에도 마찬가지이다.

이러한 법리는 사망자를 채무자로 한 지급명령에 대해서도 적용된다. 사망자를 채무자로 하여 지급명령을 신청하거나 지급명령 신청 후 정본이 송달되기 전에 채무자가 사망한 경우에는 지급명령은 효력이 없다. 설령 지급명령이 상속인에게 송달되는 등으로 형식적으로 확정된 것 같은 외형이 생겼다고 하더라도 사망자를 상대로 한 지급명령이 상속인에 대하여 유효하게 된다고 할 수는 없다. 그리고 회생절차폐지결정이 확정되어 효력이 발생하면 관리인의 권한은 소멸하므로, 관리인을 채무자로 한 지급명령의 발령 후 정본의 송달 전에 회생절차폐지결정이 확정된 경우에도 채무자가 사망한 경우와 마찬가지로 보아야 한다[2017. 5. 17., 선고, 2016다274188, 판결].

⑥ **상속인들이 소송절차를 수계하여야 하는지 여부(적극)**

당사자가 사망하였으나 소송대리인이 있는 경우에는 소송절차가 중단되지 아니하고(민사소송법 제238조, 제233조 제1항), 소송대리인은 상속인들 전원을 위하여 소송을 수행하게 되며, 판결은 상속인들 전원에 대하여 효력이 있다. 이 경우 심급대리의 원칙상 판결정본이 소송대리인에게 송달되면 소송절차가 중단되므로 항소는 소송수계절차를 밟은 다음에 제기하는 것이 원칙이다. 다만 제1심 소송대리인이 상소제기에 관한 특별수권이 있어 상소를 제기하였다면 상소제기 시부터 소송절차가 중단되므로 항소심에서 소송수계절차를 거치면 된다[2016. 4. 29., 선고, 2014다210449, 판결].

⑦ 채무의 존재를 다투는 소송계속 중 채무자에 대한 파산선고가 있는 때에는 그 소송 절차가 중단되는지 여부(적극)

파산선고를 받은 자가 채권자를 상대로 채무의 존재를 다투는 소송은 파산재단에 속하는 재산에 관한 소송에 해당하므로 파산채무자에 대한 파산선고가 있는 때에는 채무자 회생 및 파산에 관한 법률 제347조에 따라 파산관재인 또는 상대방이 수계할 때까지 이에 관한 소송절차는 당연히 중단된다. 한편 이와 같은 소송절차의 중단사유를 간과하고 변론이 종결되어 판결이 선고된 경우 그 판결은 소송에 관여할 수 있는 적법한 수계인의 권한을 배제한 결과가 되어 절차상 위법하나 이를 당연무효라고 할 수는 없고, 대리인에 의하여 적법하게 대리되지 않았던 경우와 마찬가지로 대리권 흠결을 이유로 한 상소 또는 재심에 의하여 그 취소를 구할 수 있으며, 상소심에서 수계절차를 밟은 경우에는 위와 같은 절차상의 하자는 치유되고 그 수계와 상소는 적법한 것으로 된다[2020. 6. 25., 선고, 2019다246399, 판결].

⑧ 상대방의 소송수계가 이루어지지 아니한 상태 그대로 소송절차를 진행하여 선고한 판결의 효력

소송 계속 중 일방 당사자에 대하여 파산선고가 있었는데, 법원이 파산선고 사실을 알지 못한 채 파산관재인이나 상대방의 소송수계가 이루어지지 아니한 상태 그대로 소송절차를 진행하여 판결을 선고하였다면, 그 판결은 소송에 관여할 수 있는 적법한 소송수계인이 법률상 소송행위를 할 수 없는 상태에서 심리되어 선고된 것이어서, 마치 대리인에 의하여 적법하게 대리되지 아니하였던 경우와 마찬가지로 위법하다[2018. 4. 24., 선고, 2017다287587, 판결].

2. 소송절차의 중단과 중지에 대한 서식

[서식 ①] 소송절차 중지신청서

소 송 절 차 중 지 신 청

사 건   20○○가합○○○   소유권이전등기말소
원 고   ○○○
피 고   ◇◇◇

  위 사건에 관하여 피고는 금번 산악지방에 내린 폭설로 인하여 교통이 두절되어 귀원에 출석할 수가 없으며 또한 소송절차를 속행할 수 없으므로 소송절차의 중지를 결정하여 주실 것을 신청합니다.

20○○.   ○.   ○.
위 피고   ◇◇◇   (서명 또는 날인)

○○지방법원 제○민사부 귀중

소 송 절 차 수 계 신 청

사　　　건　　　20○○가합○○○　소유권이전등기말소
신 청 인(원고) ○○○
　　　　　　　　○○시 ○○구 ○○길 ○○(우편번호 ○○○○○)
피　　　고(망)　　◇◇◇
　　　　　　　　○○시 ○○구 ○○길 ○○(우편번호 ○○○○○)
피신청인(상속인) 1. ◈◈◈ (주민등록번호)(피고의 처)
　　　　　　　 2. ◇◈◈ (주민등록번호)(피고의 장남)
　　　　　　　 3. ◇◈◈ (주민등록번호)(피고의 장녀)
　　　　　　　 4. ◇◈◈ (주민등록번호)(피고의 차남)
　　　　　　　 피신청인들의 주소 : ○○시 ○○구 ○○길 ○○
　　　　　　　 (우편번호 ○○○○○)

　위 사건에 관하여 피고가 20○○. ○. ○. 사망하여 소송절차가 중단되었는바, 피신청인들이 피고의 유산을 공동상속 하였으므로 피신청인들에게 소송절차를 수계하도록 하여 주시기 바랍니다.

첨 부 서 류

　1. 가족관계증명서(피고)　　　　　　　　　　　　　1통
　1. 기본증명서(망 피고)　　　　　　　　　　　　　1통
　1. 신청서부본　　　　　　　　　　　　　　　　　4통
　1. 송달료납부서　　　　　　　　　　　　　　　　1통

　　　　　　　20○○.　○.　○.
　　　　　　　위 원고　 ○○○　(서명 또는 날인)

○○지방법원 제○민사부　귀중

소 송 절 차 수 계 신 청

사　　건　　　20○○가합○○○○　대여금
원　　고(망)　　○○○
신청인(원고 망 ○○○의 소송수계인)　◎◎◎ (주민등록번호)
　　　　　　　　　○○시 ○○구 ○○길 ○○(우편번호 ○○○○○)
　　　　　　　　　전화.휴대폰번호:
　　　　　　　　　팩스번호, 전자우편(e-mail)주소:
피　　고　　◇◇◇

　위 사건에 관하여 원고 ○○○는 20○○. ○. ○. 사망하여　소송절차가 중단되었는
바, 신청인은 원고의 단독상속인으로서 이 사건 소송절차를 수계하고자 하오니 중단된 소송
절차를 속행하여 주시기 바랍니다.

첨 부 서 류

1. 가족관계증명서(망 ○○○)　　　　　1통
1. 기본증명서(망 ○○○)　　　　　　　1통
1. 송달료납부서　　　　　　　　　　　1통

　　　　　　　　20○○.　○.　○.
　　　　　　　　위 신청인　◎◎◎　(서명 또는 날인)

○○지방법원 제○민사부　귀중

소 송 절 차 수 계 신 청 서

사   건   20○○가단○○○○   청구이의
신 청 인(원고)   ○○○
피신청인(피고 파산자 ◇◇주식회사의 파산관재인)
       1. 김◆◆(주민등록번호)
         ○○시 ○○구 ○○길 ○○(우편번호○○○○○)
       2. 이◆◆(주민등록번호)
         ○○시 ○○구 ○○길 ○○(우편번호○○○○○)

신 청 취 지

  신청인(원고)과 피고 파산자 ◇◇주식회사 사이의 귀원 20○○가단○○○○   청구이의 사건에 관하여, 피신청인들은 피고 파산자 ◇◇주식회사의 소송절차를 수계한다. 라는 재판을 구합니다.

신 청 이 유

1. 원고와 피고 사이에 귀원 20○○가단○○○○   청구이의 사건이 계류 중인바, 소송 계속 도중에 20○○. ○○. ○○. 피고에 대한 ○○지방법원의 파산선고가 있었고,
2. 같은 날 같은 법원에 의하여 피고의 파산관재인으로 김◆◆, 이◆◆가 선임되었습니다.
3. 따라서 원고는 피고의 파산관재인들인 김◆◆, 이◆◆를 피고 파산자 ◇◇주식회사의 소송수계인으로 정하는 재판을 신청합니다.

첨 부 서 류

    1. 법인등기사항증명서   1통
    1. 신청서부본   2통
    1. 송달료납부서   1통

             20○○. ○. ○.
             위 신청인(원고)   ○○○   (서명 또는 날인)

○○지방법원 ○○지원 제○민사단독 귀중

제2편
제1심 소송절차

제1장 소의 제기

제248조(소제기의 방식)

① 소를 제기하려는 자는 법원에 소장을 제출하여야 한다.

② 법원은 소장에 붙이거나 납부한 인지액이 「민사소송 등 인지법」 제13조제2항 각 호에서 정한 금액에 미달하는 경우 소장의 접수를 보류할 수 있다.

③ 법원에 제출한 소장이 접수되면 소장이 제출된 때에 소가 제기된 것으로 본다.

제249조(소장의 기재사항)

① 소장에는 당사자와 법정대리인, 청구의 취지와 원인을 적어야 한다.

② 소장에는 준비서면에 관한 규정을 준용한다.

제250조(증서의 진정여부를 확인하는 소)

확인의 소는 법률관계를 증명하는 서면이 진정한지 아닌지를 확정하기 위하여서도 제기할 수 있다.

제251조(장래의 이행을 청구하는 소)

장래에 이행할 것을 청구하는 소는 미리 청구할 필요가 있어야 제기할 수 있다.

제252조(정기금판결과 변경의 소)

① 정기금(定期金)의 지급을 명한 판결이 확정된 뒤에 그 액수산정의 기초가 된 사정이 현저하게 바뀜으로써 당사자 사이의 형평을 크게 침해할 특별한 사정이 생긴 때에는 그 판결의 당사자는 장차 지급할 정기금 액수를 바꾸어 달라는 소를 제기할 수 있다.

② 제1항의 소는 제1심 판결법원의 전속관할로 한다.

제253조(소의 객관적 병합)

여러 개의 청구는 같은 종류의 소송절차에 따르는 경우에만 하나의 소로 제기할 수 있다.

제254조(재판장등의 소장심사권)

① 소장이 제249조제1항의 규정에 어긋나는 경우와 소장에 법률의 규정에 따른 인지를 붙이지 아니한 경우에는 재판장은 상당한 기간을 정하고, 그 기간 이내에 흠을 보정하도록 명하여야 한다. 재판장은 법원사무관등으로 하여금 위 보정명령을 하게 할 수 있다.

② 원고가 제1항의 기간 이내에 흠을 보정하지 아니한 때에는 재판장은 명령으로 소장을 각하하여야 한다.

③제2항의 명령에 대하여는 즉시항고를 할 수 있다.

④재판장은 소장을 심사하면서 필요하다고 인정하는 경우에는 원고에게 청구하는 이유에 대응하는 증거방법을 구체적으로 적어 내도록 명할 수 있으며, 원고가 소장에 인용한 서증(書證)의 등본 또는 사본을 붙이지 아니한 경우에는 이를 제출하도록 명할 수 있다.

제255조(소장부본의 송달)

① 법원은 소장의 부본을 피고에게 송달하여야 한다.

② 소장의 부본을 송달할 수 없는 경우에는 제254조제1항 내지 제3항의 규정을 준용한다.

제256조(답변서의 제출의무)

① 피고가 원고의 청구를 다투는 경우에는 소장의 부본을 송달받은 날부터 30일 이내에 답변서를 제출하여야 한다. 다만, 피고가 공시송달의 방법에 따라 소장의 부본을 송달받은 경우에는 그러하지 아니하다.

② 법원은 소장의 부본을 송달할 때에 제1항의 취지를 피고에게 알려야 한다.

③ 법원은 답변서의 부본을 원고에게 송달하여야 한다.

④ 답변서에는 준비서면에 관한 규정을 준용한다.

제257조(변론 없이 하는 판결)

① 법원은 피고가 제256조제1항의 답변서를 제출하지 아니한 때에는 청구의 원인이 된 사실을 자백한 것으로 보고 변론 없이 판결할 수 있다. 다만, 직권으로 조사할 사항이 있거나 판결이 선고되기까지 피고가 원고의 청구를 다투는 취지의 답변서를 제출한 경우에는 그러하지 아니하다.

② 피고가 청구의 원인이 된 사실을 모두 자백하는 취지의 답변서를 제출하고 따로 항변을 하지 아니한 때에는 제1항의 규정을 준용한다.

③ 법원은 피고에게 소장의 부본을 송달할 때에 제1항 및 제2항의 규정에 따라 변론 없이 판결을 선고할 기일을 함께 통지할 수 있다.

제258조(변론기일의 지정)

① 재판장은 제257조제1항 및 제2항에 따라 변론 없이 판결하는 경우 외에는 바로 변론기일을 정하여야 한다. 다만, 사건을 변론준비절차에 부칠 필요가 있는 경우에는 그러하지 아니하다.

② 재판장은 변론준비절차가 끝난 경우에는 바로 변론기일을 정하여야 한다.

제259조(중복된 소제기의 금지)

법원에 계속되어 있는 사건에 대하여 당사자는 다시 소를 제기하지 못한다.

제260조(피고의 경정)

① 원고가 피고를 잘못 지정한 것이 분명한 경우에는 제1심 법원은 변론을 종결할 때까지 원고의 신청에 따라 결정으로 피고를 경정하도록 허가할 수 있다. 다만, 피고가 본안에 관하여 준비서면을 제출하거나, 변론준비기일에서 진술하거나 변론을 한 뒤에는 그의 동의를 받아야 한다.

② 피고의 경정은 서면으로 신청하여야 한다.

③ 제2항의 서면은 상대방에게 송달하여야 한다. 다만, 피고에게 소장의 부본을 송달하지 아니한 경우에는 그러하지 아니하다.

④ 피고가 제3항의 서면을 송달받은 날부터 2주 이내에 이의를 제기하지 아니하면 제1항 단서

와 같은 동의를 한 것으로 본다.

제261조(경정신청에 관한 결정의 송달 등)

① 제260조제1항의 신청에 대한 결정은 피고에게 송달하여야 한다. 다만, 피고에게 소장의 부본을 송달하지 아니한 때에는 그러하지 아니하다.

② 신청을 허가하는 결정을 한 때에는 그 결정의 정본과 소장의 부본을 새로운 피고에게 송달하여야 한다.

③ 신청을 허가하는 결정에 대하여는 동의가 없었다는 사유로만 즉시항고를 할 수 있다.

④ 신청을 허가하는 결정을 한 때에는 종전의 피고에 대한 소는 취하된 것으로 본다.

제262조(청구의 변경)

① 원고는 청구의 기초가 바뀌지 아니하는 한도안에서 변론을 종결할 때(변론 없이 한 판결의 경우에는 판결을 선고할 때)까지 청구의 취지 또는 원인을 바꿀 수 있다. 다만, 소송절차를 현저히 지연시키는 경우에는 그러하지 아니하다.

② 청구취지의 변경은 서면으로 신청하여야 한다.

③ 제2항의 서면은 상대방에게 송달하여야 한다.

제263조(청구의 변경의 불허가)

법원이 청구의 취지 또는 원인의 변경이 옳지 아니하다고 인정한 때에는 직권으로 또는 상대방의 신청에 따라 변경을 허가하지 아니하는 결정을 하여야 한다.

제264조(중간확인의 소)

① 재판이 소송의 진행중에 쟁점이 된 법률관계의 성립여부에 매인 때에 당사자는 따로 그 법률관계의 확인을 구하는 소를 제기할 수 있다. 다만, 이는 그 확인청구가 다른 법원의 관할에 전속되지 아니하는 때에 한한다.

② 제1항의 청구는 서면으로 하여야 한다.

③ 제2항의 서면은 상대방에게 송달하여야 한다.

제265조(소제기에 따른 시효중단의 시기)

시효의 중단 또는 법률상 기간을 지킴에 필요한 재판상 청구는 소를 제기한 때 또는 제260조제2항·제262조제2항 또는 제264조제2항의 규정에 따라 서면을 법원에 제출한 때에 그 효력이 생긴다.

제266조(소의 취하)

① 소는 판결이 확정될 때까지 그 전부나 일부를 취하할 수 있다.

② 소의 취하는 상대방이 본안에 관하여 준비서면을 제출하거나 변론준비기일에서 진술하거나 변론을 한 뒤에는 상대방의 동의를 받아야 효력을 가진다.

③ 소의 취하는 서면으로 하여야 한다. 다만, 변론 또는 변론준비기일에서 말로 할 수 있다.

④ 소장을 송달한 뒤에는 취하의 서면을 상대방에게 송달하여야 한다.

⑤ 제3항 단서의 경우에 상대방이 변론 또는 변론준비기일에 출석하지 아니한 때에는 그 기일의 조서등본을 송달하여야 한다.

⑥ 소취하의 서면이 송달된 날부터 2주 이내에 상대방이 이의를 제기하지 아니한 경우에는 소취하에 동의한 것으로 본다. 제3항 단서의 경우에 있어서, 상대방이 기일에 출석한 경우에는 소를 취하한 날부터, 상대방이 기일에 출석하지 아니한 경우에는 제5항의 등본이 송달된 날부터 2주 이내에 상대방이 이의를 제기하지 아니하는 때에도 또한 같다.

제267조(소취하의 효과)

① 취하된 부분에 대하여는 소가 처음부터 계속되지 아니한 것으로 본다.

② 본안에 대한 종국판결이 있은 뒤에 소를 취하한 사람은 같은 소를 제기하지 못한다.

제268조(양 쪽 당사자가 출석하지 아니한 경우)

① 양 쪽 당사자가 변론기일에 출석하지 아니하거나 출석하였다 하더라도 변론하지 아니한 때에는 재판장은 다시 변론기일을 정하여 양 쪽 당사자에게 통지하여야 한다.

② 제1항의 새 변론기일 또는 그 뒤에 열린 변론기일에 양 쪽 당사자가 출석하지 아니하거나 출석하였다 하더라도 변론하지 아니한 때에는 1월 이내에 기일지정신청을 하지 아니하면 소를 취하한 것으로 본다.

③ 제2항의 기일지정신청에 따라 정한 변론기일 또는 그 뒤의 변론기일에 양쪽 당사자가 출석하지 아니하거나 출석하였다 하더라도 변론하지 아니한 때에는 소를 취하한 것으로 본다.

④ 상소심의 소송절차에는 제1항 내지 제3항의 규정을 준용한다. 다만, 상소심에서는 상소를 취하한 것으로 본다.

제269조(반소)

① 피고는 소송절차를 현저히 지연시키지 아니하는 경우에만 변론을 종결할 때까지 본소가 계속된 법원에 반소를 제기할 수 있다. 다만, 소송의 목적이 된 청구가 다른 법원의 관할에 전속되지 아니하고 본소의 청구 또는 방어의 방법과 서로 관련이 있어야 한다.

② 본소가 단독사건인 경우에 피고가 반소로 합의사건에 속하는 청구를 한 때에는 법원은 직권 또는 당사자의 신청에 따른 결정으로 본소와 반소를 합의부에 이송하여야 한다. 다만, 반소에 관하여 제30조의 규정에 따른 관할권이 있는 경우에는 그러하지 아니하다.

제270조(반소의 절차)

반소는 본소에 관한 규정을 따른다.

제271조(반소의 취하)

본소가 취하된 때에는 피고는 원고의 동의 없이 반소를 취하할 수 있다.

1. 소장의 제출

소송은 법원에 소장을 제출함으로써 제기합니다(민사소송법 제248조).

2. 소송의 종류

2-1. 확인의 소

① "확인의 소"란 권리, 법률관계의 존재·부존재의 확정을 요구하는 소송을 말합니다. 그 종류는 다음과 같습니다.

1. 적극적 확인의 소 : '어디 몇 번지에 소재하는 토지 100평은 원고의 소유임을 확인한다.'라고 하는 소송.

2. 소극적 확인의 소 : '원고와 피고간의 2021년 10월 10일자의 일금 900만원의 소비대차에 기인한 채무는 존재하지 않는다는 확인을 구함'이라고 하는 소송.

3. 중간확인의 소 : B가 A의 카메라를 깨뜨린 후 A가 손해배상 청구를 해 소송이 진행되는 동안 A의 카메라가 누구의 것인지에 대해 논란이 생겨 이에 대한 판단을 제기하는 경우와 같이 소송 도중에 선결이 되는 사항에 대한 확인을 구하는 소송.

② 확인의 소에는 ㉠ 채무부존재확인소송, ㉡ 임차권확인소송, ㉢ 해고무효확인소송 등이 있습니다.

2-2. 이행의 소

① "이행의 소"란 원고가 피고에게 '…할 것(급부)을 요구한다'고 하는 소송을 말합니다.

② 청구를 법원이 인정하는 경우 법원은 '피고는 원고에게 ~(급부)를 지급하라'와 같이 급부를 명하는 형식의 판결을 하는 것이 보통이며 이를 급부판결이라고 합니다.

③ 이행의 소에는 ㉠ 건물명도 청구소송, ㉡ 소유권이전등기 청구소송, ㉢ 손해배상 청구소송, ㉣ 부당이득반환 청구소송, ④ 임차보증금반환 청구소송 등이 있습니다.

2-3. 형성의 소

① "형성의 소"란 법률관계의 변동을 요구하는 소송을 말합니다. 즉, '원고와 피고는 이혼한다'라는 판결이 확정되면 지금까지 부부였던 원고와 피고 간에는 이혼이라는 효과가 형성되는 것과 같은 효과가 나타나는 소송입니다.

② 형성의 소에는 ㉠ 제3자 이의소송, ㉡ 사해행위취소등 청구소송, ㉢ 공유물분할 청구소송 등이 있습니다.

3. 소장의 작성방법

3-1. 필수적 기재사항

① 소장에 기재해야 하는 필수 기재사항은 다음과 같습니다(민사소송법 제249조 및 제274조 제1항).

1. 당사자의 성명·명칭 또는 상호와 주소
2. 법정대리인의 성명과 주소
3. 사건의 표시
4. 청구 취지
5. 청구 원인
6. 덧붙인 서류의 표시
7. 작성한 날짜
8. 법원의 표시

② 청구취지

㉠ "청구취지"란 원고가 소송을 제기해 얻길 원하는 판결의 내용을 말하는 것으로서 소의 결론부분입니다. 따라서 청구취지는 판결의 기준이 됩니다.

㉡ 예를 들어, 신청인이 원하는 것이 전세보증금 5,000만원을 돌려받길 원하는 것이라면 '피고는 원고에게 5,000만원을 지급하라.'가 청구취지가 됩니다.

㉢ 또한 판사가 5,000만원을 지급해야 할 의무가 있다고 판단되어도 원고가 청구취지에서 1,000만원의 지급을 구하고 있다면 판결은 1,000만원을 지급하라고 결정됩니다. 때문에 청구취지는 정확하게 기재해야 합니다.

③ 청구원인

㉠ 청구원인은 원고가 주장하는 권리 또는 법률관계의 성립원인으로 소송을 제기하게 된 이유를 자세하게 기재하면 됩니다.

㉡ 청구원인은 6하 원칙에 따라 일목요연하고, 자세하게 작성합니다.

④ 덧붙인 서류의 표시

㉠ 입증방법

- 입증방법은 소장을 제출할 때 첨부하는 증거서류를 말하는데, 당사자가 주장한 사실을 뒷받침하는 증거자료를 하나씩 기재하면 됩니다.
- 증거부호의 표시는 원고가 제출하는 것은 갑 제○호증이라고 기재합니다.

㉡ 첨부서류

- "첨부서류"란 소장에 첨부하는 서류들의 명칭과 통수를 기재하는 것을 말합니다.
- 입증방법으로 제시하는 서류의 명칭과 제출하는 통수를 기재하면 되고, 증거방법 등을 열거해 두면 제출 누락을 방지하고 법원에서도 확인하기 쉬우며 후일 문제를 일으킬 염려가 없습니다.

3-2. 임의적 기재사항

임의적으로 소장에 기재할 수 있는 것은 공격방법에 관한 것입니다. 즉 자신의 주장과 요청사항 등이 정당함을 주장하고 사실상 주장을 증명하기 위한 증거방법도 함께 기재할 수 있습니다(민사소송법 제274조 제1항 제4호 및 제2항).

3-3. 사건의 표시방법

① 사건의 표시는 자신의 요청사항이 한마디로 명확하게 나타나도록 기재하는 것입니다.
② 예를 들어 임금을 청구하는 소송을 제기하려는 것이면 임금청구의 소, 전세보증금을 반환받기를 원해 제기한 소송이면 전세보증금반환 청구의 소 등으로 기재하면 됩니다.

4. 재판장의 소장심사 및 보정명령

4-1. 소장심사 대상

① 소장의 기재사항

소장에는 당사자와 법정대리인, 청구 취지와 원인이 기재되어야 합니다(민사소송법 제249조 제1항).

② 보정명령

재판장은 소장심사를 한 후 다음과 같은 경우에는 상당한 기간을 정하고, 그 기간 이내에 흠을 보정하도록 명령합니다(민사소송법 제254조 제1항 및 제3항).
1. 소장에 기재사항이 제대로 기재되어 있지 않은 경우
2. 소장에 법률의 규정에 따른 인지를 붙이지 않은 경우
3. 소장에 인용한 서증(書證)의 등본 또는 사본을 붙이지 않은 경우
③ 재판장은 필요하다고 인정하는 경우 원고가 청구하는 이유에 대응하는 증거방법을 구체적으로 적어 내도록 명할 수 있습니다(민사소송법 제254조 제3항).

4-2. 소장의 각하

① 원고가 정해진 기간 이내에 흠을 보정하지 않은 경우 재판장은 명령으로 소장을 각하합니다(민사소송법 제254조 제2항).

② 각하명령에 대해서는 즉시항고를 할 수 있습니다(민사소송법 제254조 제3항).

5. 송달 및 주소보정

5-1. 소장부본의 송달

① 법원은 특별한 사정이 없으면 소장의 부본을 피고에게 바로 송달합니다(민사소송법 제255조 제1항 및 민사소송규칙 제64조 제1항).

② 소장 부본은 우편 또는 집행관에 의해 송달됩니다(민사소송법 제176조 제1항).

5-2. 주소보정

① 송달을 실시한 결과 다음과 같은 사유로 송달불능이 된 경우 신청인은 송달 가능한 주소로 보정을 해야 합니다.

 1. 수취인불명 : 수취인의 주소나 성명의 표기가 정확하지 않은 경우

 2. 주소불명 또는 이사불명 : 번지를 기재하지 않았거나, 같은 번지에 호수가 많아서 주소를 찾을 수 없는 경우 및 이사를 한 경우

② 신청인은 보정명령서를 받은 후 정확히 주소 등을 재확인해 보정서를 제출합니다.

6. 피고의 답변서 제출

6-1. 답변서 제출통보

법원은 소장의 부본을 송달할 때에 피고가 원고의 청구에 이의가 있어 소송을 진행하길 원할 경우 답변서를 제출하라는 취지를 피고에게 알립니다(민사소송법 제256조 제2항).

6-2. 답변서의 작성

① 답변서에는 다음의 사항을 적어야 합니다(민사소송법 제256조 제4항, 제274조제1항, 제2항 및 민사소송규칙 제65조 제1항).

 1. 당사자의 성명·명칭 또는 상호와 주소

 2. 대리인의 성명과 주소

 3. 사건의 표시

4. 공격 또는 방어의 방법 : 주장을 증명하기 위한 증거방법

5. 상대방의 청구와 공격 또는 방어의 방법에 대한 진술 : 상대방의 증거방법에 대한 의견 기재

6. 덧붙인 서류의 표시

7. 작성한 날짜

8. 법원의 표시

9. 청구 취지에 대한 답변

10. 소장에 기재된 개개의 사실에 대한 인정 여부 및 증거방법

11. 항변과 이를 뒷받침하는 구체적 사실 및 증거방법

6-3. 답변서의 첨부서류

① 답변서에는 증거방법 중 입증이 필요한 사실에 관한 중요한 서증의 사본을 첨부해야 합니다(민사소송규칙 제65조 제2항).

② 당사자가 가지고 있는 문서로 답변서에 인용한 것은 그 등본 또는 사본을 붙여야 합니다(민사소송법 제256조 제4항 및 제275조 제1항).

③ 문서의 일부가 필요한 경우에는 그 부분에 대한 초본을 붙이고, 문서가 많을 때에는 그 문서를 표시하면 됩니다(민사소송법 제256조 제4항 및 제275조 제2항).

④ 첨부서류는 상대방이 요구하면 그 원본을 보여 주어야 합니다(민사소송법 제256조 제4항 및 제275조 제3항).

6-4. 답변서 제출기한

① 피고는 소장의 부본을 송달받은 날부터 30일 이내에 답변서를 제출해야 합니다(민사소송법 제256조 제1항 본문).

② 다만, 피고가 공시송달의 방법에 따라 소장의 부본을 송달받은 경우에는 그렇지 않습니다(민사소송법 제256조 제1항 단서).

6-5. 보정명령

재판장은 답변서의 기재사항 등이 제대로 기재되어 있지 않은 경우 법원서기관·법원사무관·법원주사 또는 법원주사보로 하여금 방식에 맞는 답변서의 제출을 촉구하게 할 수 있습니다(민사소송규칙 제65조 제3항).

6-6. 답변서의 송달

법원은 답변서의 부본을 원고에게 송달합니다(민사소송법 제256조 제3항).

6-7. 답변서 미제출의 효과

① 법원은 피고가 답변서를 제출하지 않은 경우 청구의 원인이 된 사실을 자백한 것으로 보고 변론 없이 판결할 수 있습니다(민사소송법 제257조 제1항 본문).

② 다만, 직권으로 조사할 사항이 있거나 판결이 선고되기까지 피고가 원고의 청구를 다투는 취지의 답변서를 제출한 경우에는 그렇지 않습니다(민사소송법 제257조 제1항 단서).

③ 자백하는 취지의 답변서 제출의 경우

피고가 청구의 원인이 된 사실을 모두 자백하는 취지의 답변서를 제출하고 따로 항변을 하지 않은 경우 법원은 변론 없이 판결할 수 있습니다(민사소송법 제257조 제2항).

④ 선고 기일 통지

법원은 피고에게 소장의 부본을 송달할 때에 변론 없이 판결을 선고할 기일을 함께 통지할 수 있습니다(민사소송법 제257조 제3항).

6-8. 전자소송의 경우

① 전자소송에 대해서도 일반소송과 답변서 제출에 관한 일반적인 내용은 같습니다. 다만, 일반소송과 달리 답변서의 제출이 전자문서의 방식으로 이루어지므로 전자소송의 특수성이 있습니다.

② 전자소송에서의 답변서 제출은 다음과 같이 이루어집니다.

7. 피고의 반소 제기

7-1. 반소의 개념

① '반소'란 소송의 계속 중에 피고가 원고에게 본소청구 또는 이에 대한 방어방법과 견

련관계가 있는 새로운 청구를 하기 위해 동일한 절차에서 제기하는 소송을 말합니다.

② 예를 들면 A가 B에게 물품의 매매대금을 요구하는 소송을 제기했는데 물품을 받지 않은 B는 A에게 물품을 인도 받지 않았다고 주장하는 것이 방어 방법입니다. 그런데 반소는 물품을 받지 않은 B가 A에게 물품인도를 청구하는 소송을 제기해 본소와 함께 심판받도록 하는 것을 말합니다.

7-2. 반소의 요건

① 본소와의 관련성

㉮ 반소의 목적이 된 청구가 본소의 청구 또는 방어의 방법과 서로 관련이 있어야 합니다(민사소송법 제269조 제1항 단서). 그러나 원고가 본소로 대여금 청구를 했는데 반소로 바로 그 대여금의 부존재의 확인을 구하는 것과 같이 원고의 청구기각 신청 이상의 아무런 적극적 내용이 포함되어 있지 않은 경우는 반소로서의 청구이익이 없어 허용되지 않으므로 주의하시기 바랍니다.

㉯ 반소의 목적이 된 청구가 다른 법원의 관할에 속하지 않아야 합니다(민사소송법 제269조 제1항 단서).

② 본소 절차를 현저히 지연시키지 않을 것

피고는 소송절차를 현저히 지연시키지 않는 경우에만 반소를 제기할 수 있습니다 (민사소송법 제269조 제1항 본문).

③ 본소의 변론종결 전일 것

피고는 변론 종결 때까지 본소가 진행 중인 법원에 반소를 제기할 수 있습니다(민사소송법 제269조 제1항 본문).

7-3. 반소 제기 시의 비용 산정

7-3-1. 인지첨부

① 반소장에 첨부해야 할 인지액은 본소에 첨부하는 인지액과 같습니다(민사소송 등 인지법 제4조 제1항).

소 가	인 지 대
소가 1천만원 미만	소가 × 50 / 10,000
소가 1천만원 이상 1억원 미만	소가 × 45 / 10,000 + 5,000
소가 1억원 이상 10억원 미만	소가×40 / 10,000 + 55,000
소가 10억원 이상	소가× 35 / 10,000 + 555,000

② 인지액이 1천원 미만이면 그 인지액은 1천원으로 하고, 1천원 이상이면 100원 미만은 계산하지 않습니다(민사소송 등 인지법 제2조 제2항).

7-3-2. 인지를 붙이지 않는 경우

① 본소와 소송목적이 동일한 경우에는 반소에 붙일 인지액에서 본소의 인지액을 뺀 금액을 붙이도록 되어 있습니다(민사소송 등 인지법 제4조 제2항 제1호).
② 예를 들어, 본소가 '소유권이전등기이행청구'이고 반소가 '소유권확인청구'와 같이 소송목적이 동일한 경우에는 인지를 붙이지 않아도 됩니다.

7-4. 송달료 납부

송달료는 민사 제1심 단독사건과 합의사건의 경우 (1회 송달료 ×당사자수 × 15회분)으로 계산해 납부하면 됩니다.

7-5. 반소의 제기

① 반소장 제출

소송은 법원에 소장을 제출함으로써 제기됩니다(민사소송법 제248조 및 제270조).
② 이송

본소가 단독사건인 경우 피고가 반소로 합의사건에 속하는 청구를 한 때에는 법원은 직권 또는 당사자의 신청에 따른 결정으로 본소와 반소를 합의부에 이송해야 합니다(민사소송법 제269조 제2항 본문). 다만, 반소에 관해 피고가 관할위반이라고 항변하지 않고 변론하거나 변론준비기일에 진술하면 본소의 담당부가 관할권을 가집니다(민사소송법 제30조 및 제269조제2항 단서).
③ 취하

본소가 취하된 경우 피고는 원고의 동의 없이 반소를 취하할 수 있습니다(민사소송법 제271조).

8. 소제기에 대한 대법원판례

① 요약자는 낙약자에 대하여 제3자에게 급부를 이행할 것을 소로써 구할 이익이 있는지 여부(원칙적 적극)

이행의 소는 원칙적으로 원고가 이행청구권의 존재를 주장하는 것으로서 권리보호의 이익이 인정되고, 이행판결을 받아도 집행이 사실상 불가능하거나 현저히 곤란하다는 사정만으로 그 이익이 부정되는 것은 아니다. 제3자를 위한 계약에서 제3자는 채무자(낙약자)에 대하여 계약의 이익을 받을 의사를 표시한 때에 채무자에게 직접 이행을 청구할 수 있는 권리를 취득하고(민법 제539조), 요약자는 제3자를 위한 계약의 당사자로서 원칙적으로 제3자의 권리와는 별도로 낙약자에 대하여 제3자에게 급부를 이행할 것을 요구할 수 있는 권리를 가진다. 이때 낙약자가 요약자의 이행청구에 응하지 아니하면 특별한 사정이 없는 한 요약자는 낙약자에 대하여 제3자에게 급부를 이행할 것을 소로써 구할 이익이 있다[2022. 1. 27., 선고, 2018다259565, 판결].

② **인접한 토지의 경계가 불분명하여 소유자들 사이에 다툼이 있다는 것만으로 토지경계확정의 소의 권리보호이익이 인정되는지 여부(적극)**

토지경계확정의 소는 인접한 토지의 경계가 사실상 불분명하여 다툼이 있는 경우 재판으로 그 경계를 확정해 줄 것을 구하는 소로서, 토지소유권의 범위의 확인을 목적으로 하는 소와는 달리, 인접한 토지의 경계가 불분명하여 그 소유자들 사이에 다툼이 있다는 것만으로 권리보호이익이 인정된다. 여기서 '인접한 토지의 경계가 사실상 불분명하여 다툼이 있는 경우'에는 지적도를 작성하면서 기점을 잘못 선택하는 등 기술적인 착오로 지적도상 경계가 진실한 경계선과 다르게 잘못 작성되었다고 인접토지 소유자 사이에 다툼이 있는 경우를 포함한다.

토지경계확정의 소가 제기되면 법원은 당사자 쌍방이 주장하는 경계선에 구속되지 않고 어떠한 형식으로든 스스로 진실하다고 인정되는 바에 따라 경계를 확정해야 한다. 따라서 토지경계확정의 소에서는 특별한 사정이 없는 한 원고가 주장하는 경계가 인정되지 않더라도 청구의 전부 또는 일부를 기각할 수 없다[2021. 8. 19., 선고, 2018다207830, 판결].

③ **당사자 표시정정신청을 받은 법원이 취하여야 할 조치**

당사자는 소장에 기재된 표시 및 청구의 내용과 원인사실을 합리적으로 해석하여 확정하여야 하고, 확정된 당사자와의 동일성이 인정되는 범위 내에서라면 항소심에서도 당사자의 표시정정을 허용하여야 한다. 원고가 당사자를 정확히 표시하지 못하고 당사자능력이나 당사자적격이 없는 자를 당사자로 잘못 표시하였다면, 당사자 표시정정신청을 받은 법원으로서는 당사자를 확정한 연후에 원고가 정정신청한 당사자 표시가 확정된 당사자의 올바른 표시이며 동일성이 인정되는지의 여부를 살피고, 그 확정된 당사자로 표시를 정정하도록 하는 조치를 취하여야 한다 *[2021. 6. 24., 선고, 2019다278433, 판결].*

④ **과거의 법률관계에 관하여 확인의 소를 구할 확인의 이익이 인정되는 경우**
확인의 소는 현재의 권리 또는 법률상 지위에 관한 위험이나 불안을 제거하기 위하여 허용되는 것이지만, 과거의 법률관계라 할지라도 현재의 권리 또는 법률상 지위에 영향을 미치고 있고 현재의 권리 또는 법률상 지위에 대한 위험이나 불안을 제거하기 위하여 그 법률관계에 관한 확인판결을 받는 것이 유효적절한 수단이라고 인정될 때에는 확인의 이익이 있다*[2023. 2. 23., 선고, 2022다207547, 판결].*

⑤ **확인의 소에서 '확인의 이익'이 인정되기 위한 요건**
확인의 소에서 '확인의 이익'이란 당사자의 권리 또는 법률상 지위에 현존하는 불안·위험이 있고, 이를 제거함에 확인판결을 받는 것이 가장 유효적절한 수단일 때 인정된다*[2022. 10. 27., 선고, 2017다14581, 14598, 14604, 14611, 14628, 14635, 14642, 14659, 판결].*

⑥ **장래이행의 소가 적법하기 위한 요건 및 장래이행의 소의 적법 여부는 엄격한 기준에 따라 신중하게 판단하여야 하는지 여부(적극)**
이행의 소는 청구권의 이행기가 도래한 경우에 한하여 허용되는 것이 원칙이지만, 이행기가 도래하더라도 채무자가 임의이행을 거부할 것이 명백히 예상되는 상황과 같이 예외적으로 채권자로 하여금 이행기에 이르러 소를 제기하게 하는 것보다 미리 집행권원을 확보하게 함으로써 이행기가 도래하면 곧바로 강제집행을 할 필요가 인정되는 경우를 대비하여 민사소송법 제251조에서 '장래이행의 소'를 정하였다. 장래이행의 소가 적법하기 위해서는 청구권 발생의 기초가 되는 법률상·사실상 관계가 변론종결 당시 존재하여야 하고, 그 상태가 계속될 것이 확실히 예상되어야 하며, 미리 청구할 필요가 인정되어야만 한다. 그런데 장래이행의 소는 통상적인 이행의 소의 예외에 해당하는 것일 뿐 채무자의 무자력에 따른 강제집행의 곤란에 대비하기 위해 마련된 것이 아니다. 더구나, 쌍무계약관계의 이행기가

도래하지 않은 상태임에도 당사자 일방에 대하여 선제적으로 집행권원을 확보할 수 있게 하는 것은 자칫 계약관계의 균형이 상실되어 상대방 당사자의 계약상 권리가 침해될 수 있을 뿐만 아니라 장래의 이행기에 이르기까지 발생할 수 있는 계약상 다양한 변화를 반영하지 못함으로써 이행기 당시 쌍방 당사자의 권리의무관계와 집행권원이 모순·충돌되는 불합리한 결과를 초래할 수 있다. 따라서 장래이행의 소의 적법 여부는 엄격한 기준에 따라 신중하게 판단하여야 한다[2023. 3. 13., 선고, 2022다286786, 판결].

⑦ 확정판결의 기판력이 주문에 포함된 기간까지의 청구권의 존부에 대하여 미치는지 여부(적극)

확정판결은 주문에 포함한 것에 대하여 기판력이 있고, 변론종결 시를 기준으로 이행기가 장래에 도래하는 청구권이더라도 미리 청구할 필요가 있는 경우에는 장래이행의 소를 제기할 수 있다. 따라서 이행판결의 주문에서 변론종결 이후 기간까지의 급부의무의 이행을 명한 이상 그 확정판결의 기판력은 주문에 포함된 기간까지의 청구권의 존부에 대하여 미친다[2019. 8. 29., 선고, 2019다215272, 판결].

⑧ 소송에서 확정된 정기금판결에 대하여 변경의 소를 제기하는 것이 적법한지 여부 (소극)

민사소송법 제252조 제1항은 "정기금의 지급을 명한 판결이 확정된 뒤에 그 액수 산정의 기초가 된 사정이 현저하게 바뀜으로써 당사자 사이의 형평을 크게 침해할 특별한 사정이 생긴 때에는 그 판결의 당사자는 장차 지급할 정기금 액수를 바꾸어 달라는 소를 제기할 수 있다."라고 규정하고 있다. 이러한 정기금판결에 대한 변경의 소는 정기금판결의 확정 뒤에 발생한 현저한 사정변경을 이유로 확정된 정기금판결의 기판력을 예외적으로 배제하는 것을 목적으로 하므로, 확정된 정기금판결의 당사자 또는 민사소송법 제218조 제1항에 의하여 확정판결의 기판력이 미치는 제3자만 정기금판결에 대한 변경의 소를 제기할 수 있다.

한편 토지의 소유자가 소유권에 기하여 토지의 무단 점유자를 상대로 차임 상당의 부당이득반환을 구하는 소송을 제기하여 무단 점유자가 점유 토지의 인도 시까지 매월 일정 금액의 차임 상당 부당이득을 반환하라는 판결이 확정된 경우, 이러한 소송의 소송물은 채권적 청구권인 부당이득반환청구권이므로, 소송의 변론종결 후에 토지의 소유권을 취득한 사람은 민사소송법 제218조 제1항에 의하여 확정판결의 기판력이 미치는 변론을 종결한 뒤의 승계인에 해당한다고 볼 수 없다. 따라서 토지의 전 소유자가 제기한 부당이득반환청구소송의 변론종결 후에 토지의 소유권을 취득한 사람에 대해서는 소송에서 내려진 정기금 지급을 명하는 확정판결의 기판력이 미치지 아니하므로, 토지의 새로운 소유자가 토지의 무단 점유자를 상대로 다시 부당이득반환청구의 소를 제기하지 아니하고, 토지의 전 소유자가 앞서 제기한 부당이득반환청구소송에서 내려진 정기금판결에 대하여 변경의 소를 제기하는 것은 부적법하다[2016. 6. 28., 선고, 2014다31721, 판결].

⑨ 독립당사자참가인이 수 개의 청구를 병합하여 독립당사자참가를 하는 경우, 각 청구별로 독립당사자참가의 요건을 갖추어야 하는지 여부(적극)

독립당사자참가 중 민사소송법 제79조 제1항 전단의 권리주장참가를 하기 위해서는, 독립당사자참가인은 우선 참가하려는 소송의 당사자 양쪽 또는 한쪽을 상대방으로 하여 원고의 본소 청구와 양립할 수 없는 청구를 하여야 하고 그 청구는 소의 이익을 갖추는 외에 그 주장 자체에 의하여 성립할 수 있음을 요하며, 민사소송법 제79조 제1항 후단의 사해방지참가는 본소의 원고와 피고가 당해 소송을 통하여 독립당사자참가인을 해할 의사를 가지고 있다고 객관적으로 인정되고 그 소송의 결과 독립당사자참가인의 권리 또는 법률상 지위가 침해될 우려가 있다고 인정되는 경우에 허용된다. 독립당사자참가인이 수 개의 청구를 병합하여 독립당사자참가를 하는 경우에는 각 청구별로 독립당사자참가의 요건을 갖추어야 하고, 편면적 독립당사자참가가 허용된다고 하여, 참가인이 독립당사자참가의 요건을 갖추지 못한 청구를 추가하는 것을 허용하는 것은 아니다[2022. 10. 14., 선고, 2022다241608, 241615, 판결].

⑩ 청구취지가 특정되지 않은 경우, 법원이 취하여야 할 조치

채권자가 동일한 채무자에 대하여 수 개의 손해배상채권을 가지고 있다고 하더라도 그 손해배상채권들이 발생시기와 발생원인 등을 달리하는 별개 채권인 이상이는 별개 소송물에 해당하고, 그 손해배상채권들은 각각 소멸시효 기산일이나 채무자가 주장할 수 있는 항변이 다를 수도 있으므로, 이를 소송으로 청구하는 채권자로서는 손해배상채권별로 청구금액을 특정하여야 하고, 법원도 이에 따라 손해

배상채권별로 인용금액을 특정하여야 하며, 이러한 법리는 채권자가 수 개의 손해 배상채권들 중 일부만을 청구하고 있는 경우에도 마찬가지이다. 또한 민사소송에서 청구취지는 그 내용 및 범위가 명확히 알아볼 수 있도록 구체적으로 특정되어야 하고, 이의 특정 여부는 직권조사사항이므로 청구취지가 특정되지 않은 경우에는 법원은 피고의 이의 여부와 관계없이 직권으로 보정을 명하고, 이에 응하지 않을 때에는 소를 각하하여야 한다[2017. 11. 23., 선고, 2017다251694, 판결].

⑪ **제1심법원이 피고의 답변서 제출을 간과한 채 민사소송법 제257조 제1항에 따라 무변론판결을 선고한 경우, 항소법원이 제1심판결을 취소하여야 하는지 여부**

제1심법원이 피고에게 소장의 부본을 송달하였을 때 피고가 원고의 청구를 다투는 경우에는 소장의 부본을 송달받은 날부터 30일 이내에 답변서를 제출하여야 하고(민사소송법 제256조 제1항), 법원은 피고가 답변서를 제출하지 아니한 때에는 청구의 원인이 된 사실을 자백한 것으로 보고 변론 없이 판결할 수 있으나(이하 '무변론판결'이라 한다), 판결이 선고되기까지 피고가 원고의 청구를 다투는 취지의 답변서를 제출한 경우에는 무변론판결을 할 수 없다(같은 법 제257조 제1항).

따라서 제1심법원이 피고의 답변서 제출을 간과한 채 민사소송법 제257조 제1항에 따라 무변론판결을 선고하였다면, 이러한 제1심판결의 절차는 법률에 어긋난 경우에 해당한다. 항소법원은 제1심판결의 절차가 법률에 어긋날 때에 제1심판결을 취소하여야 한다(같은 법 제417조). 따라서 제1심법원이 피고의 답변서 제출을 간과한 채 민사소송법 제257조 제1항에 따라 무변론판결을 선고함으로써 제1심판결 절차가 법률에 어긋난 경우 항소법원은 민사소송법 제417조에 의하여 제1심판결을 취소하여야 한다. 다만 항소법원이 제1심판결을 취소하는 경우 반드시 사건을 제1심법원에 환송하여야 하는 것은 아니므로, 사건을 환송하지 않고 직접 다시 판결할 수 있다[2020. 12. 10., 선고, 2020다255085, 판결].

⑫ **별소로 계속 중인 채권을 자동채권으로 하는 소송상 상계의 주장이 허용되는지 여부(적극)**

상계의 항변을 제출할 당시 이미 자동채권과 동일한 채권에 기한 소송을 별도로 제기하여 계속 중인 경우, 사실심의 담당재판부로서는 전소와 후소를 같은 기회에 심리·판단하기 위하여 이부, 이송 또는 변론병합 등을 시도함으로써 기판력의 저

촉·모순을 방지함과 아울러 소송경제를 도모함이 바람직하나, 그렇다고 하여 특별한 사정이 없는 한 별소로 계속 중인 채권을 자동채권으로 하는 소송상 상계의 주장이 허용되지 않는다고 볼 수는 없다. 마찬가지로 먼저 제기된 소송에서 상계항변을 제출한 다음 그 소송계속 중에 자동채권과 동일한 채권에 기한 소송을 별도의 소나 반소로 제기하는 것도 가능하다[2022. 2.17., 선고, 2021다275741, 판결].

⑬ 소송 도중에 배당이의의 소로 청구취지를 변경한 경우, 제소기간을 준수하였는지를 판단하는 기준 시점

민사집행법 제154조 제1항, 제3항, 민사소송법 제262조 제1항 본문, 제2항, 제265조의 규정을 종합하면, 배당기일에 이의한 채권자나 채무자는 배당기일부터 1주일 이내에 배당이의의 소를 제기해야 하는데, 소송 도중에 배당이의의 소로 청구취지를 변경한 경우 제소기간을 준수하였는지는 청구취지 변경신청서를 법원에 제출한 때를 기준으로 판단해야 한다[2020. 10. 15., 선고, 2017다216523, 판결].

⑭ 민사소송법 제267조 제2항의 규정 취지

민사소송법 제267조 제2항은 "본안에 대한 종국판결이 있은 뒤에 소를 취하한 사람은 같은 소를 제기하지 못한다."라고 규정하고 있다. 이는 임의의 소취하로 그때까지 국가의 노력을 헛수고로 돌아가게 한 사람에 대한 제재의 취지에서 그가 다시 동일한 분쟁을 문제 삼아 소송제도를 남용하는 부당한 사태의 발생을 방지하고자 하는 규정이다. 따라서 후소가 전소의 소송물을 전제로 하거나 선결적 법률관계에 해당하는 것일 때에는 비록 소송물은 다르지만 위 제도의 취지와 목적에 비추어 전소와 '같은 소'로 보아 판결을 구할 수 없다고 풀이하는 것이 타당하다. 그러나 여기에서 '같은 소'는 반드시 기판력의 범위나 중복제소금지의 경우와 같이 풀이할 것은 아니므로, 재소의 이익이 다른 경우에는 '같은 소'라 할 수 없다.

또한 본안에 대한 종국판결이 있은 후 소를 취하한 사람이더라도 민사소송법 제267조 제2항의 취지에 반하지 아니하고 소를 제기할 필요가 있는 정당한 사정이 있다면 다시 소를 제기할 수 있다[2023. 3. 16., 선고, 2022두58599, 판결].

⑮ 민사소송법 제268조 제1항, 제2항에서 정한 '변론기일에 양쪽 당사자가 출석하지 아니한 때'의 의미

민사소송법 제268조에 의하면, 양쪽 당사자가 변론기일에 출석하지 아니하거나 출석하였다 하더라도 변론하지 아니한 때에는 재판장은 다시 변론기일을 정하여 양쪽 당사자에게 통지하여야 하고(제1항), 새 변론기일 또는 그 뒤에 열린 변론기일에 양쪽 당사자가 출석하지 아니하거나 출석하였다 하더라도 변론하지 아니한 때에는 1월 이내에 기일지정신청을 하지 아니하면 소를 취하한 것으로 보며(제2항), 위 조항은 상소심의 소송절차에도 준용되어 그 요건이 갖추어지면 상소를 취하한 것으로 본다(제4항). 위 제2항에서 정한 1월의 기일지정신청기간은 불변기간이 아니어서 추후보완이 허용되지 않는 점을 고려하면, 위 제1항, 제2항에서 규정하는 '변론기일에 양쪽 당사자가 출석하지 아니한 때'란 양쪽 당사자가 적법한 절차에 의한 송달을 받고도 변론기일에 출석하지 않는 것을 가리키므로, 변론기일의 송달절차가 적법하지 아니한 이상 비록 그 변론기일에 양쪽 당사자가 출석하지 아니하였다고 하더라도, 위 제2항 및 제4항에 따라 소 또는 상소를 취하한 것으로 보는 효과는 발생하지 않는다*[2022. 3. 17., 선고, 2020다216462, 판결]*.

9. 소제기에 대한 각종 소장 서식

9-1. 확인의 소

9-1-1. 채무부존재확인의 소

[서식 ①] 채무부존재확인의 소(전소유자의 체납관리비채무 부존재 확인)

소 　 장

원　　고　　○○○ (주민등록번호)
　　　　　　○○시 ○○구 ○○로 ○○(우편번호 ○○○○○)
　　　　　　전화.휴대폰번호:
　　　　　　팩스번호, 전자우편(e-mail)주소:
피　　고　　◇◇아파트입주자대표회의
　　　　　　○○시 ○○구 ○○로 ○○(우편번호 ○○○○○)
　　　　　　회장 ◈◈◈
　　　　　　전화.휴대폰번호:
　　　　　　팩스번호, 전자우편(e-mail)주소:

채무부존재확인의 소

청 구 취 지

1. 원고와 피고 사이에 별지목록 기재 아파트에 관한 20○○. ○. ○.부터 20○○. ○. ○○.까지의 사이에 발생한 관리비 금 ○○○○원에 대한 원고의 채무는 존재하지 아니함을 확인한다.
2. 소송비용은 피고의 부담으로 한다.
라는 판결을 구합니다.

청 구 원 인

1. 원고는 20○○. ○○. ○. 피고가 관리하는 소외 ◉◉◉ 소유의 별지목록 기재 아파트를 소외 ◎◎◎가 신청한 근저당권실행을 위한 경매절차에서 매수하여 매각허가결정을 받고 매각대금을 전부 납부하여 별지목록 기재 아파트의 소유권을 취득하였습니다.
2. 소외 ◉◉◉는 20○○. ○. ○.부터 20○○. ○. ○○.까지 9개월 동안 관리비 금

○○○○원을 피고에게 납부하지 않은 사실이 있으므로, 원고는 소외 ◉◉◉가 체납한 위 기간 동안의 관리비 중 공용부분에 관한 관리비만은 피고에게 지급제시하였으나, 피고는 위 기간 동안의 체납관리비 전액을 납부하여야 한다고 하면서 그 수령을 거절하여 ○○지방법원 20○○ 금 제○○○호로 위 기간 동안의 관리비 중 공용부분에 관한 관리비 금 ○○○원을 변제공탁 하였습니다.

3. 그런데 피고는 지금까지도 위 기간 동안의 관리비 전액을 공탁한 것이 아니므로 원고의 위 변제공탁은 변제로서의 효력이 없다고 주장하면서 계속 위 기간 동안의 관리비 전액인 ○○○○원의 지급을 청구하고 있습니다.

4. 따라서 원고는 원고와 피고 사이에 별지목록 기재 아파트에 관한 20○○. ○. ○.부터 20○○. ○. ○○.까지의 사이에 발생한 관리비 금 ○○○○원에 대한 원고의 채무는 존재하지 아니함을 확인하기 위하여 이 사건 청구에 이른 것입니다.

입 증 방 법

1. 갑 제1호증　　　　　　　부동산등기사항전부증명서
1. 갑 제2호증　　　　　　　체납관리비청구서
1. 갑 제3호증　　　　　　　공탁서

첨 부 서 류

1. 위 입증방법　　　　　　각 1통
1. 소장부본　　　　　　　　1통
1. 송달료납부서　　　　　　1통

20○○.　○.　○.

위 원고　○○○　(서명 또는 날인)

○○지방법원　귀중

[별　지]

부동산의 표시

1동의 건물의 표시
　○○시 ○○구 ○○동 ○○ ○○아파트 제5동
　　[도로명주소] ○○시 ○○구 ○○로 ○○
전유부분의 건물표시

　　　　　건물의 번호 : 5 - 2- 205
　　　　　구　　　　조 : 철근콘크리트라멘조 슬래브지붕
　　　　　면　　　　적 : 2층 205호 84.87㎡
대지권의 표시
　　　　　토지의 표시 : ○○시 ○○구 ○○동 ○○
　　　　　　　　　　　　　　대 9,355㎡
　　　　　대지권의 종류 : 소유권
　　　　　대지권의 비율 : 935500분의 7652. 끝.

[서식 ②] 채무부존재확인의 소(채무액이 특정되지 않는 경우)

소   장

원   고   ○○○ (주민등록번호)
　　　　　○○시 ○○구 ○○로 ○○(우편번호 ○○○○○)
　　　　　전화.휴대폰번호:
　　　　　팩스번호, 전자우편(e-mail)주소:
피   고   ◇◇◇ (주민등록번호)
　　　　　○○시 ○○구 ○○로 ○○(우편번호 ○○○○○)
　　　　　전화.휴대폰번호:
　　　　　팩스번호, 전자우편(e-mail)주소:

채무부존재확인의 소

청 구 취 지

1. 원고의 피고에 대한, 피고가 20○○. ○. ○. 00:00경 ○○시 ○○길 ○○ 앞길
　에서 넘어진 사고로 인한 손해배상 채무는 존재하지 아니함을 확인한다.
2. 소송비용은 피고가 부담한다.
라는 판결을 구합니다.

청 구 원 인

1. 피고는 20○○. ○. ○. 00:00경 ○○시 ○○동에서 원고의 책임으로 부상을 당했
　다고 주장하면서 배상금의 지급을 요구하고 있습니다.
2. 그러나 원고는 피고의 부상에 기여한 바가 없으며, 이 사건 사고는 원고로서는 전
　혀 예상할 수 없었던 성질의 것입니다.
3. 이에 원고는 피고에 대하여 그 취지의 확인을 구하기 위하여 이 사건 소제기에 이
　르렀습니다.

입 증 방 법

　1. 갑 제1호증　　　　　내용증명
　1. 갑 제2호증　　　　　사고경위

1. 갑 제3호증　　　　현장사진

첨 부 서 류

1. 위 입증방법　　　　　　각 2통
1. 소장부본　　　　　　　　1통
1. 송달료납부서　　　　　　1통

20○○.　○.　○.

위 원고　○○○　(서명 또는 날인)

○○지방법원　귀중

9-1-2. 임차권 확인의 소

[서식] 임차보증금반환채권 부존재확인의 소

소　　　장

원　　고　　○○○ (주민등록번호)
　　　　　　○○시 ○○구 ○○로 ○○(우편번호 ○○○○○)
　　　　　　전화.휴대폰번호:
　　　　　　팩스번호, 전자우편(e-mail)주소:
피　　고　　◇◇◇ (주민등록번호)
　　　　　　○○시 ○○구 ○○로 ○○(우편번호 ○○○○○)
　　　　　　전화.휴대폰번호:
　　　　　　팩스번호, 전자우편(e-mail)주소:

임차보증금반환채권부존재확인의 소

청　구　취　지

1. 피고의 소외 ◆◆◆에 대한 별지목록 기재 부동산에 대한 20○○. ○. ○.자 임대
   차계약에 기한 금 20,000,000원의 임차보증금반환청구채권은 존재하지 아니함을
   확인한다.
2. 소송비용은 피고의 부담으로 한다.
라는 판결을 구합니다.

청　구　원　인

1. 피고는 원고가 근저당권자로서 소외 ◆◆◆ 소유의 별지목록 기재 부동산에 대한
   근저당권실행을 위한 경매신청을 하여 귀원 20○○타경○○○○호로 계류 중이던
   경매절차에 20○○. ○. ○.자로 매각대금에 대한 배당요구신청을 하면서 피고가
   소외 ◆◆◆와의 사이에 별지목록 기재 부동산에 관하여 임차보증금을 금
   20,000,000원으로 한 임대차계약을 체결한 뒤 약정된 임차보증금을 소외 ◆◆◆
   에게 지급하고 별지목록 기재 부동산 소재지로 주민등록을 옮긴 뒤 거주하고 있
   으므로 피고가 주택임대차보호법상의 소액보증금우선변제청구권자라고 주장하고
   있습니다.

2. 그러나 피고와 별지목록 기재 부동산의 소유자인 소외 ◇◇◇는 숙부와 조카간으로 비록 임대차계약서를 작성하고 주민등록을 전입하였다 하더라도 이제까지 피고는 별지목록 기재 부동산에 거주한 사실이 전혀 없으며, 또한 피고는 별지목록 기재 부동산 소재지와는 아주 먼 다른 시에서 직장생활을 하고 있고, 그곳에 피고의 처 명의로 주택을 임차하여 자녀들과 거주하고 있는 점 등으로 보아 피고가 주장하는 임대차계약은 가공의 허위계약으로서 피고는 위 경매절차에서 근저당권자인 원고에 우선하여 배당금을 수령할 아무런 권원이 없는 사람임에도 피고 주장의 임차보증금채권의 변제를 위하여 매각대금 일부가 배당될 형편에 이르게 되었습니다.
3. 따라서 원고는 피고가 주장하는 소액임차보증금반환채권이 존재하지 아니함을 즉시 확정하여야 할 법률상의 이익이 있어 이 사건 청구에 이르게 된 것입니다.

입 증 방 법

1. 갑 제1호증	주민등록등본(피고의 처)
1. 갑 제2호증	불거주사실확인서

첨 부 서 류

1. 위 입증방법	각 1통
1. 소장부본	1통
1. 송달료납부서	1통

20○○. ○. ○.
위 원고   ○○○ (서명 또는 날인)

○○**지방법원 귀중**

[별 지]

부동산의 표시

1동의 건물의 표시
  ○○시 ○○구 ○○동 ○○ ○○○아파트 제5동
  [도로명주소] ○○시 ○○구 ○○로 ○○
전유부분의 건물표시

　　　　건물의 번호 : 5 - 2- 205
　　　　구　　　　조 : 철근콘크리트라멘조 슬래브지붕
　　　　면　　　　적 : 2층 205호 84.87㎡
대지권의 표시
　　　　토지의 표시 : ○○시 ○○구 ○○동 ○○
　　　　　　　　　　　　대 9,355㎡
　　　　대지권의 종류 : 소유권
　　　　대지권의 비율 : 935500분의 7652. 끝.

9-1-3. 해고무효확인의 소

[서식] 해고무효확인 청구의 소

소   장

원   고   ○○○ (주민등록번호)
            ○○시 ○○구 ○○길 ○○(우편번호 ○○○○○)
            전화.휴대폰번호:
            팩스번호, 전자우편(e-mail)주소:
피   고   ◇◇주식회사
            ○○시 ○○구 ○○길 ○○(우편번호 : ○○○○○)
            대표이사 ◈◈◈
            전화.휴대폰번호:
            팩스번호, 전자우편(e-mail)주소:

해고무효확인청구의 소

청 구 취 지

1. 피고가 원고에 대하여 한 20○○. ○. ○.자 해고는 무효임을 확인한다.
2. 소송비용은 피고가 부담한다.
라는 판결을 구합니다.

청 구 원 인

1. 원고는 20○○. ○. ○. 피고와 사이에 급료는 월 금 1,000,000원씩 매달 20일 지급 받기로 하고 계약기간은 약정 없이 근로계약을 맺은 사실이 있습니다.
   그런데 피고는 20○○. ○○. ○. 회사의 경영사정이 어렵다는 등의 이유로 원고를 해고한 사실이 있습니다. 그러나 이 해고는 정당한 이유가 없는 무효의 것입니다. 왜냐하면 피고는 종전과 같은 제품을 계속 제조하고 있고 그 판매량에 거의 변동이 없기 때문입니다. 그리고 지난 4월에는 직원을 신규로 1명 더 채용한 사실까지 있습니다.
2. 따라서 원고는 피고에 대하여 위 해고가 무효임의 확인을 구하기 위하여 이 사건 소 제기에 이르렀습니다.

입 증 방 법

1. 갑 제1호증의 1 내지 5   각 급료명세서
1. 갑 제2호증   근로계약서사본

첨 부 서 류

1. 위 입증방법   각 1통
1. 법인등기사항증명서   1통
1. 소장부본   1통
1. 송달료납부서   1통

20○○.   ○.   ○.
위 원고   ○○○ (서명 또는 날인)

○○지방법원 귀중

9-2. 이행의 소

9-2-1. 건물명도 청구의 소

[서식 ①] 건물인도 및 유체동산인도청구의 소

소 　 장

원　　고　　○○○ (주민등록번호)
　　　　　　○○시 ○○구 ○○길 ○○(우편번호 ○○○○○)
　　　　　　전화.휴대폰번호:
　　　　　　팩스번호, 전자우편(e-mail)주소:
피　　고　　◇◇◇ (주민등록번호)
　　　　　　○○시 ○○구 ○○길 ○○(우편번호 ○○○○○)
　　　　　　전화.휴대폰번호:
　　　　　　팩스번호, 전자우편(e-mail)주소:

건물인도 및 유체동산인도청구의 소

청 구 취 지

1. 피고는 원고에게 별지 제1목록 기재 건물 중 별지도면 표시 1, 2, 6, 5, 1의 각
   점을 차례로 연결하는 (ㄱ)부분 ○○.○㎡를 인도하고 별지 제2목록 기재 동산을
   인도하라.
2. 소송비용은 피고가 부담한다.
3. 위 제1항은 가집행할 수 있다
라는 판결을 구합니다.

청 구 원 인

1. 원고는 20○○. ○. ○. 피고에게 별지 제1목록 기재 건물 중 별지도면 표시 1,
   2, 6, 5, 1의 각 점을 차례로 연결하는 (ㄱ)부분을 임차보증금 10,000,000원, 계약기
   간을 2년으로 임대하고 별지 제1목록 기재 건물 안에 있는 별지 제2목록 기재
   동산을 함께 임대한 사실이 있습니다.
2. 그런데 위 임대차기간이 끝난 후 피고는 원고로부터 20○○. ○. ○.자로 임차보증
   금을 모두 수령하였음에도 불구하고 지금까지 별지 제1목록 기재 건물을 원고에게

인도하지 않고 있으며, 또한 별지 제2목록 기재 동산도 인도하지 않고 있습니다.

3. 따라서 원고는 피고로부터 별지 제1목록 기재 건물 중 별지도면 표시 1, 2, 6, 5, 1의 각 점을 차례로 연결한 (ㄱ)부분 ○○.○㎡를 인도받고, 별지 제2목록기재 동산을 인도받기 위하여 이 사건 청구에 이른 것입니다.

입 증 방 법

1. 갑 제1호증   건물등기사항증명서
1. 갑 제2호증   건축물대장등본
1. 갑 제3호증   임대차계약서

첨 부 서 류

1. 위 입증방법   각 1통
1. 토지대장등본   1통
1. 소장부본   1통
1. 송달료납부서   1통

20○○. ○. ○.

위 원고   ○○○ (서명 또는 날인)

○○지방법원 ○○지원 귀중

[별지 1]

부동산의 표시

○○시 ○○구 ○○동 ○○

[도로명주소] ○○시 ○○구 ○○로 ○○ 지상 벽돌조 기와지붕 단층주택 ○○○㎡.

도 면

○○시 ○○구 ○○동 ○○ 단층주택 평면도

| 1 | 2 | 3 | 4 |

ㄱ		ㄴ		ㄷ	
5		6		7	8
ㄹ		ㅁ		ㅂ	
9		10		11	12

[별지 2]

동산의 표시

품　명	제작사	모델명	수　량(대)
Ｔ Ｖ	(주)○○전자	○○-○○○	1
냉장고	(주)○○전자	○○-○○○○	1
에어컨	(주)○○전자	○○-○○○	1

물건 소재지 : ○○시 ○○구 ○○로 ○○ 내. 끝.

[서식 ②] 건물인도청구의 소(임대차기간 만료, 아파트)

소　　　장

원　　고　　○○○ (주민등록번호)
　　　　　　○○시 ○○구 ○○길 ○○(우편번호 ○○○○○)
　　　　　　전화.휴대폰번호:
　　　　　　팩스번호, 전자우편(e-mail)주소:
피　　고　　◇◇◇ (주민등록번호)
　　　　　　○○시 ○○구 ○○길 ○○(우편번호 ○○○○○)
　　　　　　전화.휴대폰번호:
　　　　　　팩스번호, 전자우편(e-mail)주소:

건물인도청구의 소

청　구　취　지

1. 피고는 원고로부터 120,000,000원을 지급받음과 동시에 원고에게 별지목록 기재 건물을 인도하라.
2. 소송비용은 피고가 부담한다.
3. 위 제1항은 가집행 할 수 있다.
라는 판결을 구합니다.

청　구　원　인

1. 원고는 피고에게 19○○. ○. ○○. 별지목록 기재 건물을 임대차보증금 120,000,000원, 임대차기간 24개월로 정하여 임대하였습니다.
2. 위 임대차기간이 만료되기 6개월 전부터 1개월 전인 20○○. ○.경 원고는 피고와 위 건물의 임대차기간 연장문제에 관하여 논의를 하였고, 당시 우리나라가 국제통화기금(IMF)관리체제가 끝나 주변 전세시세가 다소 오른 시점이라 다시 그 기간을 연장하되 금액을 올려달라고 요청하였습니다.
3. 그런데 피고는 금 10,000,000원 이상 그 임차보증금을 올려줄 수 없다고 하여 원고는 위 임대차계약을 갱신하지 않고 그 기간이 만료하는 대로 위 건물을 비워달라고 하였으나, 피고는 이사갈 곳이 없다는 이유로 아직까지 이를 인도하지 않고 있습니다.

4. 따라서 원고는 피고로부터 위 건물을 인도 받기 위하여 이 사건 소송제기에 이른 것입니다.

입 증 방 법

1. 갑 제1호증   전세계약서
1. 갑 제2호증   부동산등기사항증명서
1. 갑 제3호증의 1, 2   각 통고서
1. 갑 제4호증   사실확인서

첨 부 서 류

1. 위 입증방법   각 1통
1. 건축물대장등본   1통
1. 토지대장등본   1통
1. 소장부본   1통
1. 송달료납부서   1통

20○○. ○. ○.
위 원고 ○○○ (서명 또는 날인)

○○지방법원 귀중

[별 지]

부동산의 표시

1동의 건물의 표시
　　○○시 ○○구 ○○동 ○○○ ○○아파트 가동
　　[도로명주소] ○○시 ○○구 ○○로 ○○
　　철근콘크리트조 슬래브지붕 7층 아파트
　　　　1층 ○○○.○○㎡
　　　　2층 ○○○.○○㎡
　　　　3층 ○○○.○○㎡
　　　　4층 ○○○.○○㎡
　　　　5층 ○○○.○○㎡
　　　　6층 ○○○.○○㎡
　　　　7층 ○○○.○○㎡

　　　　지층 ○○○.○○㎡
전유부분 건물의 표시
　　　　건물의 번호 가-5-505
　　　　구조 철근콘크리트조
　　　　면적 5층 505호 ○○.○㎡
대지권의 표시
　　　대지권의 목적인 토지의 표시 ○○시 ○○구 ○○동 ○○○ 대 ○○○○㎡
　　　대지권의 종류 소유권
　　　대지권의 비율 ○○○○분지 ○○.○○㎡. 끝.

[서식 ③] 건물인도청구의 소(임대차기간 만료, 단독주택)

소　　　　장

원　　고　　○○○ (주민등록번호)
　　　　　　○○시 ○○구 ○○길 ○○(우편번호 ○○○○○)
　　　　　　전화.휴대폰번호:
　　　　　　팩스번호, 전자우편(e-mail)주소:
피　　고　　◇◇◇ (주민등록번호)
　　　　　　○○시 ○○구 ○○길 ○○(우편번호 ○○○○○)
　　　　　　전화.휴대폰번호:
　　　　　　팩스번호, 전자우편(e-mail)주소:

건물인도청구의 소

청　구　취　지

1. 피고는 원고로부터 95,000,000원을 지급받음과 동시에 원고에게 별지목록 기재 건물을 인도하라.
2. 소송비용은 피고가 부담한다.
3. 위 제1항은 가집행할 수 있다.
라는 판결을 구합니다.

청　구　원　인

1. 원고는 피고에게 19○○. ○. ○. 별지목록 기재 건물을 전세보증금 95,000,000원, 임차기간 24개월로 정하여 임대하였습니다.
2. 위 임차기간이 만료되기 6개월 전부터 1개월 전인 20○○. ○.경 원고는 피고와 위 임대기간 연장문제에 관하여 논의를 하였고, 당시 우리나라가 국제통화기금(IMF) 관리체제가 끝나 전세시세가 다소 오른 시점이라 다시 그 기간을 연장하되 전세보증금액을 올려달라고 요청하였습니다.
3. 그런데 피고는 느닷없이 보일러가 고장났다는 둥, 지붕에 비가 샌다는 둥 엉뚱한 구실을 붙여 전세보증금 95,000,000원과·수리비용 등 7,500,000원을 청구하면서 위와 같은 돈을 모두 주기 전까지는 집을 비워줄 수 없다고 억지를 부리고 있습니다.

4. 따라서 원고는 피고로부터 위 건물을 인도받기 위하여 이 사건 소송제기에 이른 것입니다.

입 증 방 법

1. 갑 제1호증   전세계약서
1. 갑 제2호증   부동산등기사항증명서
1. 갑 제3호증   건축물대장등본
1. 갑 제4호증의 1, 2   각 통고서
1. 갑 제5호증   사실확인서

첨 부 서 류

1. 위 입증방법   각 1통
1. 토지대장등본   1통
1. 소장부본   1통
1. 송달료납부서   1통

2000.   0.   0.
위 원고   ○○○   (서명 또는 날인)

○○지방법원 귀중

[별 지]
부동산의 표시

○○시 ○○구 ○○동 ○○

[도로명주소] ○○시 ○○구 ○○길 ○○ 지상 벽돌조 기와지붕 단층주택 ○○㎡.
  끝.

[서식 ④] 건물인도청구의 소(임대차기간 만료, 다세대주택)

소 　 장

원　　고　　○○○ (주민등록번호)
　　　　　　○○시 ○○구 ○○길 ○○(우편번호 ○○○○○)
　　　　　　전화.휴대폰번호:
　　　　　　팩스번호, 전자우편(e-mail)주소:
피　　고　　◇◇◇ (주민등록번호)
　　　　　　○○시 ○○구 ○○길 ○○(우편번호 ○○○○○)
　　　　　　전화.휴대폰번호:
　　　　　　팩스번호, 전자우편(e-mail)주소:

건물인도청구의 소

청 　 구 　 취 　 지

1. 피고는 원고로부터 25,000,000원을 지급받음과 동시에 원고에게 별지목록 기재 건물을 인도하라.
2. 소송비용은 피고가 부담한다.
3. 위 제1항은 가집행할 수 있다.
라는 판결을 구합니다.

청 　 구 　 원 　 인

1. 원고는 피고에게 20○○. ○. ○. 별지목록 기재 건물을 전세보증금 25,000,000원, 임대차기간 24개월로 정하여 임대였고, 피고는 20○○. ○. ○○. 위 건물에 입주하여 현재까지 거주하고 있습니다.
2. 그런데 원고는 위 건물을 원고가 직접 사용하여야 할 사정이 생겨서 위 임대차계약이 갱신되는 것을 원하지 않았으므로 위 임대차기간이 끝나기 2개월 전(20○○. ○. ○○.)에 원고와 피고의 위 임대차계약을 갱신하지 않겠으니 계약기간이 끝나면 위 건물을 인도하여 줄 것을 내용증명우편으로 통고하였습니다.
3. 그러므로 원고와 피고의 위 임대차계약은 주택임대차보호법 제6조 제1항에 비추어 위 임대차기간이 끝나는 날로 종료되었다고 하여야 할 것인데, 피고는 위 임대차기간이 끝나고 6개월이 지난 지금까지 원고의 여러 차례에 걸친 인도요구에도 불구하고 타당한 이유 없이 위 건물의 인도를 거부하고 있습니다.
4. 따라서 원고는 피고로부터 위 건물을 인도 받기 위하여 이 사건 소송제기에 이른 것입니다.

입 증 방 법

1. 갑 제1호증　　　　　　　　전세계약서
1. 갑 제2호증　　　　　　　　건축물대장등본
1. 갑 제3호증　　　　　　　　통고서

첨 부 서 류

1. 위 입증방법　　　　　　각 1통
1. 토지대장등본　　　　　　　1통
1. 소장부본　　　　　　　　　1통
1. 송달료납부서　　　　　　　1통

20○○.　　○.　　○.
위 원고　　○○○　(서명 또는 날인)

○○지방법원　귀중

[별 지]

부동산의 표시

1동의 건물의 표시
　○○시 ○○구 ○○동 ○○ ◎◎빌라 나동
　[도로명주소] ○○시 ○○구 ○○길 ○○
　철근콘크리트 스라브지붕 4층 다세대주택
　1층 ○○○.○○㎡
　2층 ○○○.○○㎡
　3층 ○○○.○○㎡
　4층 ○○○.○○㎡
　지층　○○.○○㎡
전유부분건물의 표시
　건물의 번호 나-1-103
　구조 철근콘크리트조
　면적 1층 103호 ○○.○㎡
대지권의 표시
　대지권의 목적인 토지의 표시 ○○시 ○○구 ○○동 ○○ 대 ○○○○㎡
　대지권의 종류 소유권
　대지권의 비율 ○○○○분지 ○○.○○㎡. 끝.

소　　　　장

원　　고　　○○○ (주민등록번호)
　　　　　　○○시 ○○구 ○○길 ○○(우편번호 ○○○○○)
　　　　　　전화.휴대폰번호:
　　　　　　팩스번호, 전자우편(e-mail)주소:
피　　고　　◇◇◇ (주민등록번호)
　　　　　　○○시 ○○구 ○○길 ○○(우편번호 ○○○○○)
　　　　　　전화.휴대폰번호:
　　　　　　팩스번호, 전자우편(e-mail)주소:

건물인도청구의 소

청　구　취　지

1. 피고는 원고에게 별지목록 기재 건물 1층 96.6㎡중 별지도면 표시 1, 2, 3, 6, 1의 각 점을 차례로 연결한 선내 (가)부분 48㎡를 인도하라.
2. 소송비용은 피고가 부담한다.
3. 위 제1항은 가집행 할 수 있다.
라는 판결을 구합니다.

청　구　원　인

1. 원고는 20○○. ○. ○에. 별지목록 기재의 건물 1층 96.6㎡ 중 별지도면 표시 1, 2, 3, 6, 1의 각 점을 차례로 연결한 선내 (가)부분 48㎡를 임대차보증금 5,000,000원, 월임차료 금 500,000원, 임대차기간을 1년으로 하여 피고에게 임대하였습니다.
2. 그런데 원고는 별지목록 기재의 건물이 낡았으므로 철거한 뒤 다시 건축하여야 할 형편이므로 위 임대차기간이 끝나기 2개월 전에 그러한 사유를 들어 위 임대차계약을 갱신하지 않겠다는 갱신거절의 통지를 피고에게 내용증명우편으로 하였습니다.
3. 그러나 피고는 원고로부터 위와 같은 통지를 받고서도 계약기간이 끝나고 여러 달이 지난 지금까지도 점포를 이전할 곳을 찾지 못하였다고 하면서 별지목록 기재의 건물 1층 96.6㎡ 중 별지도면 표시 1, 2, 3, 6, 1의 각 점을 차례로 연결한　선내

(가)부분 48㎡의 인도를 거부하고 있으므로, 원고로서는 별지목록 기재 건물의 재건축계획을 여러 차례 수정하여야 하는 등 그 손해가 막심합니다.

4. 따라서 원고는 피고로부터 별지목록 기재의 건물 1층 96.6㎡ 중 별지도면 표시 1, 2, 3, 6, 1의 각 점을 차례로 연결한 선내 (가)부분 48㎡를 인도 받기 위하여 이 사건 소송을 제기하는 것입니다.

<h2 style="text-align:center">입 증 방 법</h2>

1. 갑 제1호증	임대차계약서
1. 갑 제2호증	부동산등기사항증명서
1. 갑 제3호증	건축물대장등본
1. 갑 제4호증	통고서
1. 갑 제5호증	설계도면(재건축예정인 건물)

<h2 style="text-align:center">첨 부 서 류</h2>

1. 위 입증방법	각 1통
1. 토지대장등본	1통
1. 소장부본	1통
1. 송달료납부서	1통

20○○.　○.　○.

위 원고　○○○　(서명 또는 날인)

○○지방법원 ○○지원　귀중

[별 지]

<h2 style="text-align:center">부동산의 표시</h2>

○○시 ○○구 ○○동 ○○의 ○
[도로명주소] ○○시 ○○구 ○○길 ○○ 지상
철근콘크리트조 스라브지붕 3층 근린생활시설
　　1층 96.6㎡
　　2층 96.6㎡
　　3층 80㎡. 끝

9-2-2. 소유권이전등기 청구의 소

[서식 ①] 소유권이전등기청구의 소(임야, 취득시효)

소　　　　　장

원　　고　　○○○ (주민등록번호)
　　　　　　○○시 ○○구 ○○길 ○○(우편번호 ○○○○○)
　　　　　　전화.휴대폰번호:
　　　　　　팩스번호, 전자우편(e-mail)주소:
피　　고　　◇◇◇ (주민등록번호)
　　　　　　○○시 ○○구 ○○길 ○○(우편번호 ○○○○○)
　　　　　　전화.휴대폰번호:
　　　　　　팩스번호, 전자우편(e-mail)주소:

소유권이전등기청구의 소

청　구　취　지

1. 피고는 원고에게 경기 ○○군 ○○면 ○○리 산 ○○ 임야 ○○○㎡ 중 별지도면 표시 1, 2, 3, 4, 1의 각 점을 차례로 연결한 선내 ㉮부분 ○○㎡에 관하여 20○○. ○○. ○○. 취득시효완성을 원인으로 한 소유권이전등기절차를 이행하라.
2. 소송비용은 피고의 부담으로 한다.
라는 판결을 구합니다.

청　구　원　인

1. 원고의 아버지인 소외 망 ◉◉◉는 19○○. ○○. ○○. 경기 ○○군 ○○면 ○○리 산 ○○ 임야 ○○○㎡(다음부터 이 사건 임야라 함) 중 별지도면 표시 1, 2, 3, 4, 1의 각 점을 차례로 연결한 선내 ㉮부분 ○○㎡(다음부터 이 사건 임야부분이라 함)를 피고로부터 금 ○○○만원에 매수하여 원고의 조부 소외 망 ◑◑◑과 원고의 조모 소외 망 ◑◑◑의 분묘를 설치하여 관리하고 이 사건 임야부분의 경계에 경계를 구분할 수 있도록 향나무를 경계를 따라 일렬로 심어 가꾸어 오다가 20○○. ○. ○. 사망하였으며, 원고는 소외 망 ◉◉◉의 단독상속인으로서 소외 망 ◉◉◉의 권리의무를 모두 단독상속 하였습니다.
2. 한편, 소외 망 ◉◉◉는 이 사건 임야부분을 피고로부터 매수하여 인도 받은 뒤

위와 같이 점유하고 있었지만, 이 사건 임야부분에 대한 매매계약서를 작성.교부 받지 않고 구두상으로만 계약을 체결하고 그 대금을 지급하였고 그 영수증도 교부받지 않았으며, 이 사건 임야부분에 대한 소유권이전등기 등을 해두지 않았던 바, 피고는 소외 망 ◉◉◉가 사망하자 위와 같은 매매사실을 부인하고 원고의 이 사건 임야부분에 대한 소유권이전등기의 요구를 묵살하고 있습니다.

3. 그런데 이 사건 임야부분에 대한 소외 망 ◉◉◉의 점유기간과 원고의 점유기간은 20○○. ○○. ○○. 20년을 경과하였으며, 그 점유는 위와 같이 이 사건 임야부분을 매수하여 소외 망 ◐◉◐와 소외 망 ◐◐◐의 분묘를 설치하고 관리하여 소유의 의사로서 평온, 공연하게 점유한 것이므로 피고로서는 이 사건 임야부분에 관하여 취득시효의 완성을 원인으로 한 소유권이전등기의무가 있다 할 것입니다.

4. 따라서 원고는 피고에 대하여 이 사건 임야 중 별지도면 표시 1, 2, 3, 4, 1의 각 점을 차례로 연결한 선내 ㉮부분 ○○㎡에 관하여 20○○. ○○. ○○. 취득시효완성을 원인으로 한 소유권이전등기절차의 이행을 구하기 위하여 이 사건 소송제기에 이르렀습니다.

<h2 style="text-align:center">입 증 방 법</h2>

1. 갑 제1호증　　　　　　　부동산등기사항증명서
1. 갑 제2호증　　　　　　　임야대장등본
1. 갑 제3호증　　　　　　　사실확인서(매매계약의 증인)
1. 갑 제4호증　　　　　　　사진

<h2 style="text-align:center">첨 부 서 류</h2>

1. 위 입증방법　　　　　　각 1통
1. 공시지가확인원　　　　　　1통
1. 소장부본　　　　　　　　　1통
1. 송달료납부서　　　　　　　1통

20○○.　　○.　　○.

위 원고　　○○○　　(서명 또는 날인)

○○지방법원　귀중

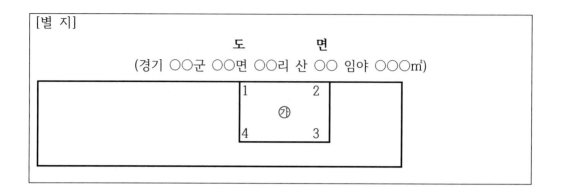

[별 지]

도   면
(경기 ○○군 ○○면 ○○리 산 ○○ 임야 ○○○m²)

[서식 ②] 소유권이전등기청구의 소(토지, 매매대금을 모두 지급한 경우)

소   장

원   고   ○○○ (주민등록번호)
              ○○시 ○○구 ○○길 ○○(우편번호 ○○○○○)
              전화.휴대폰번호:
              팩스번호, 전자우편(e-mail)주소:
피   고   ◇◇◇ (주민등록번호)
              ○○시 ○○구 ○○길 ○○(우편번호 ○○○○○)
              전화.휴대폰번호:
              팩스번호, 전자우편(e-mail)주소:

소유권이전등기청구의 소

청 구 취 지

1. 피고는 원고에게 서울 ○○구 ○○동 ○○ 대 ○○○㎡에 관하여 20○○. ○. ○.
   매매를 원인으로 한 소유권이전등기절차를 이행하라.
2. 소송비용은 피고의 부담으로 한다.
라는 판결을 구합니다.

청 구 원 인

1. 원고는 20○○. ○. ○. 피고로부터 서울 ○○구 ○○동 ○○ 대 ○○○㎡(다음부
   터 이 사건 토지라고 함)를 매매대금 ○○○만원에 매수함에 있어서 계약금 ○○
   ○만원은 계약당일 지급하고, 중도금 ○○○만원은 같은 해 ○. ○○.에 지급한 바
   있으며, 잔금은 같은 해 ○○. ○○. 지급하기로 약정하였습니다.
2. 그런데 원고가 위 중도금 및 잔금을 각 지급기일에 지급하여 매매대금 전액이 지
   급되었음에도 피고는 이 사건 토지를 원고에게 인도하였을 뿐이고, 지금까지 원
   고에게 이 사건 토지에 대한 소유권이전등기절차에 협력하지 않고 있습니다.
3. 따라서 원고는 피고에 대하여 이 사건 토지에 관하여 위 매매계약을 원인으로 한
   소유권이전등기절차의 이행을 청구하기 위하여 이 사건 소송을 제기합니다.

입 증 방 법

1. 갑 제1호증   토지등기사항증명서
1. 갑 제2호증   토지매매계약서
1. 갑 제3호증의 1, 2   각 영수증

첨 부 서 류

1. 위 입증방법   각 1통
1. 토지대장등본   1통
1. 소장부본   1통
1. 송달료납부서   1통

20○○.　○.　○.

위 원고　○○○　(서명 또는 날인)

○○지방법원　귀중

[서식 ③] 소유권이전등기청구의 소(매매잔금 지급과 동시에 하는 경우)

소　　　장

원　　고　　○○○ (주민등록번호)
　　　　　　○○시 ○○구 ○○길 ○○(우편번호 ○○○○○)
　　　　　　전화.휴대폰번호:
　　　　　　팩스번호, 전자우편(e-mail)주소:
피　　고　　◇◇◇ (주민등록번호)
　　　　　　○○시 ○○구 ○○길 ○○(우편번호 ○○○○○)
　　　　　　전화.휴대폰번호:
　　　　　　팩스번호, 전자우편(e-mail)주소:

소유권이전등기청구의 소

청　구　취　지

1. 피고는 원고로부터 45,000,000원을 지급 받음과 동시에 원고에게 별지목록 기재 부동산에 관하여 20○○. ○. ○. 매매를 원인으로 하는 소유권이전등기절차를 이행하고, 별지목록 기재 부동산을 인도하라.
2. 소송비용은 피고의 부담으로 한다.
3. 위 제1항 중 부동산인도부분은 가집행 할 수 있다.
라는 판결을 구합니다.

청　구　원　인

1. 원고는 20○○. ○. ○. 피고로부터 피고의 소유인 별지목록 기재 부동산을 매매대금 1억 원에 매수하기로 하는 매매계약을 체결하고, 그 계약내용에 따라 계약금 1,000만원은 계약당일에 지급하고, 같은 해 ○. ○○.에 중도금 4,500만원을 지급하였습니다.
2. 그런데 원고가 별지목록 기재 부동산의 매매대금 중 잔금 4,500만원을 그 지급기일인 20○○. ○○. ○○.에 피고에게 지급제시하고 별지목록 기재 부동산의 소유권이전에 필요한 서류의 교부와 별지목록 기재 부동산의 명도를 요구였으나, 피고는 별지목록 기재 부동산을 싸게 팔았다는 이유로 잔금의 수령을 거절하고 현재까지 별지목록 기재 부동산의 소유권이전등기절차를 이행하지 않고, 별지목록 기재 부동

산의 명도도 이행하지 않고 있습니다.

3. 따라서 원고는 피고에 대하여 금 4,500만원을 지급 받음과 동시에 원고에게 별지목록 기재 부동산에 관하여 20○○. ○. ○. 매매를 원인으로 하는 소유권이전등기절차의 이행과 별지목록 기재 부동산의 명도를 구하기 위하여 이 사건 소송제기에 이른 것입니다.

입 증 방 법

1. 갑 제1호증   부동산등기사항증명서
1. 갑 제2호증   매매계약서
1. 갑 제3호증의 1, 2   각 영수증

첨 부 서 류

1. 위 입증방법   각 1통
1. 토지대장등본   1통
1. 건축물대장등본   1통
1. 소장부본   1통
1. 송달료납부서   1통

20○○. ○. ○.
위 원고   ○○○   (서명 또는 날인)

○○지방법원 귀중

[별 지]
부동산의 표시

1동의 건물의 표시
  ○○시 ○○구 ○○동 ○○○ ○○○아파트
    제 ○○○동
  [도로명주소] ○○시 ○○구 ○○길 ○○
전유부분의 건물의 표시
  건물번호 : ○○○ - 5 - 508
  구   조 : 철근콘크리트조

면　　적 : 5층 508호 ○○.○○㎡
대지권의 목적인 토지의 표시
　　1. ○○시 ○구 ○○동 ○○○　　대 ○○○○○.○㎡
　　2. ○○시 ○구 ○○동 ○○○-2　대　○○○○.○○㎡
대지권의 종류 : 소유권
대지권의 비율 : ○○○○○.○○분의 ○○.○○. 끝.

소 장

원 고   ○○○ (주민등록번호)

○○시 ○○구 ○○길 ○○(우편번호 ○○○○○)

전화.휴대폰번호:

팩스번호, 전자우편(e-mail)주소:

피 고   ◇◇◇ (주민등록번호)

○○시 ○○구 ○○길 ○○(우편번호 ○○○○○)

전화.휴대폰번호:

팩스번호, 전자우편(e-mail)주소:

소유권이전등기말소청구의 소

청 구 취 지

1. 피고는 원고에게 별지목록 기재 부동산에 관하여 ○○지방법원 ○○지원 등기과 20 ○○. ○. ○. 접수 제○○○○호로 마친 소유권이전등기의 말소등기절차를 이행하라.
2. 소송비용은 피고의 부담으로 한다.

라는 판결을 구합니다.

청 구 원 인

1. 매매계약

 가. 원고는 20○○. ○. ○.경 피고와 별지목록 기재 부동산에 대하여 계약금 및 중 도금 합계 금 40,000,000원은 같은 해 ○. ○. 소유권이전등기에 필요한 서류 와 상환하여 지급하며, 잔대금 10,000,000원은 같은 해 ○. ○. 피고가 위 부 동산의 소유권을 이전 받은 뒤 이를 담보로 대출을 받아 지급하기로 하는 내 용의 매매계약을 체결하였습니다.

 나. 원고는 20○○. ○. ○. 피고로부터 계약금 및 중도금으로 금 40,000,000원을 지급 받음과 동시에, 피고에게 소유권이전등기에 필요한 서류 일체를 교부하고, 그 뒤 피고는 별지목록 기재 부동산에 대하여 ○○지방법원 ○○지원 등기과 20○○. ○. ○. 접수 제○○○○호로 소유권이전등기를 마쳤습니다.

2. 매매계약의 합의해제

가. 원고가 20○○. ○. ○. 피고에게 위 잔대금 10,000,000원을 지급하여 줄 것을 요구하자, 피고는 별지목록 기재 부동산에 하자가 있다고 하면서 잔대금 지급을 거절하며 계약의 해제를 요구하였습니다.

나. 이에 원고와 피고는 20○○. ○. ○. 이 사건 부동산 매매계약을 합의해제하고, 원고는 이미 지급 받은 계약금 및 중도금을 반환하고 피고는 소유권이전등기를 말소하기로 하였습니다.

다. 그런데 피고가 소유권이전등기말소등기절차의 이행을 계속 미루기만 할 뿐 전혀 이행할 의사를 보이고 있지 않아, 원고는 이미 지급 받은 계약금 및 중도금 40,000,000원을 ○○지방법원 ○○지원에 변제공탁을 하였습니다.

3. 결론

따라서 원고는 별지목록 기재 부동산에 관하여 ○○지방법원 ○○지원 등기과 20○○. ○. ○. 접수 제○○○○호로서 마친 피고 명의의 소유권이전등기의 말소등기절차의 이행을 구하기 위하여 이 사건 청구에 이른 것입니다.

입 증 방 법

1. 갑 제1호증   매매계약서
1. 갑 제2호증   합의서
1. 갑 제3호증   공탁서
1. 갑 제4호증   부동산등기사항증명서

첨 부 서 류

1. 위 입증방법   각 1통
1. 토지대장등본   1통
1. 건축물대장등본   1통
1. 소장부본   1통
1. 송달료납부서   1통

20○○. ○. ○.

위 원고   ○○○ (서명 또는 날인)

○○지방법원 ○○지원 귀중

[별　지]

부동산의 표시

1동의 건물의 표시
　○○시 ○○구 ○○동 ○○
　[도로명주소] ○○시 ○○구 ○○길 ○○
　철근콘크리트조 슬래브지붕 5층 아파트
　　　　1층　225.18 ㎡
　　　　2층　293.04 ㎡
　　　　3층　293.04 ㎡
　　　　4층　293.04 ㎡
　　　　5층　293.04 ㎡
　　　　지층 293.04 ㎡

전유부분의 건물의 표시
　구　　　조　철근콘크리트조
　건물번호　4층 402호
　면　　　적　67.58㎡

대지권의 목적인 토지의 표시
　　○○시 ○○구 ○○동 ○○ 대 888.81㎡
대지권의 종류 : 소유권
대지권의 비율 : 888.81분의 10.71. 끝.

9-2-3. 손해배상 청구의 소

[서식 ①] 손해배상(자)청구의 소(월급생활자 사망, 보험가입한 승용차)

소　　장

원　　고　　1. 김○○(주민등록번호)

　　　　　　2. 박①○(주민등록번호)

　　　　　　3. 박②○(주민등록번호)

　　　　　　4. 최○○(주민등록번호)

　　　원고 2, 3은 미성년자이므로 법정대리인 친권자 모 김○○

　　　원고들의 주소:○○시 ○○구 ○○길 ○○ (우편번호)

　　　　　　　전화.휴대폰번호:

　　　　　　　팩스번호, 전자우편(e-mail)주소:

피　　고　　◇◇화재해상보험주식회사

　　　　　　○○시 ○○구 ○○길 ○○(우편번호)

　　　　　　대표이사 ◇◇◇

　　　　　　전화.휴대폰번호:

　　　　　　팩스번호, 전자우편(e-mail)주소:

손해배상(자)청구의 소

청 구 취 지

1. 피고는 원고 김○○에게 금 107,365,776원, 원고 박①○, 원고 박②○에게 각
   금 68,577,184원, 원고 최○○에게 금 7,000,000원 및 각 이에 대한 2000. 6.
   15.부터 이 사건 소장부본 송달일까지는 연 5%의, 그 다음날부터 다 갚는 날까지는
   연 15%의 각 비율에 의한 돈을 지급하라.
2. 소송비용은 피고의 부담으로 한다.
3. 위 제1항은 가집행 할 수 있다.
라는 판결을 구합니다.

청 구 원 인

1. 당사자들의 지위

가. 원고 김○○는 이 사건 교통사고로 사망한 소외 망 박◉◉의 처, 원고 박①○, 원고 박②○는 소외 망 박◉◉의 자녀들로서 상속인이고, 원고 최○○는 소외 망 박◉◉의 어머니입니다.

나. 피고 ◇◇화재해상보험주식회사는 이 사건 가해차량인 소외 이◈◈ 소유의 서울○○바○○○○호 승용차에 관하여 자동차보험계약을 체결한 보험자입니다.

2. 손해배상책임의 발생

가. 교통사고의 발생

(1) 발생일시 : 2000. 6. 15. 22:30경

(2) 발생장소 : ○○시 ○○구 ○○길 ○○ ○○빌딩 앞 4차선도로상 횡단보도

(3) 사고차량 : 서울○○바○○○○호 승용차

(4) 운전자 겸 소유자 : 소외 이◈◈

(5) 피 해 자 : 소외 망 박◉◉

(6) 피해상황 : 위 도로에 설치된 횡단보도를 보행자신호에 따라 건너던 피해자 소외 망 박◉◉는 신호를 무시하고 달리는 소외 이◈◈가 운전하는 위 승용차가 충격 되어 뇌진탕 등의 상해를 입고 같은 날 23:50경 ○○병원에서 사망하였음.

나. 피고의 손해배상책임

소외 이◈◈는 신호를 무시한 채 사고차량을 운전한 결과로 피해자 소외 망 박◉◉를 사망하게 하였으므로 민법 제750조에 의한 손해배상책임이 있는바, 피고는 위 사고차량에 대하여 자동차보험계약을 체결한 보험자로서 상법 제726조의2에 의하여 손해배상책임이 있습니다.

3. 손해배상책임의 범위

가. 소외 망 박◉◉의 일실수입

소외 망 박◉◉가 이 사건 사고로 상실한 가동능력에 대한 금전적 총평가액 상당의 일실수입은 다음 (1)과 같은 사실을 기초로 하여 다음 (2)와 같은 월 5/12%의 비율로 계산한 중간이자를 공제하는 단리할인법(호프만식 계산법)에 따라 이 사건 사고 당시의 현가로 계산한 금 191,317,302원입니다.

(1)기초사실

(가)성별 : 남자

생년월일 : 1956. 10. 18.생

연령 : 사고당시 43세 7개월 남짓

기대여명 : 31.21년

(나)직업 경력 : 위 망인은 1990. 5. 15.부터 소외 ◎◎주식회사에서 근무하여 왔고, 사고 당시 영업과장으로 근무하고 있었음.

(다)정년 및 가동연한 : 위 망인의 소외 ◎◎주식회사에서의 정년은 만 55세가 되
는 다음날이고, 그 다음날부터 위 망인이 만 60세가 되는 2016. 10. 17.까지는
도시일용노동에 종사하여 그 임금 상당의 수입을 얻을 수 있었을 것임.
(라)가동능력에 대한 금전적 평가
- 정년시까지 : 위 망인은 2000. 1. 1.부터 2000. 3. 31.까지 근로소득으로
합계 금 6,900,000원을 지급 받았는바, 장차 승급에 따라 그 수입이 증가
되리라고 예상되므로 위 망인은 적어도 2000. 1. 1.부터 2000. 3. 31.까지
의 근로소득을 매월로 환산한 금 2,300,000원(금 6,900,000원÷3월) 상당의
월급여를 받을 수 있음.
- 정년 이후 가동연한까지 : 대한건설협회 작성의 2003년 상반기 적용 건설
업임금실태조사보고서 중 보통인부의 2003. 1월 현재 1일 시중노임단가 금
50,683원을 기초로 한 월급여 금 1,115,026원{금 50,683원(시중노임단
가)×22일(월평균가동일수)} 상당을 얻을 수 있다고 봄이 상당함.
(마)생계비 : 수입의 1/3
(2)기간 및 계산(계산의 편의상 월 미만과 원 미만은 버림. 다음부터 같음)
①기간 : 2000.6.15.부터 2011.10.19.까지(11년 4개월 남짓)
계산 : 금 2,300,000원×2/3×107.5674(136개월에 대한 호프만수치)=금 164,936,679
원
②기간 : 2011.10.20.부터 2016.10.17.까지(4년 11개월 남짓)
계산 : 금 1,115,026원×2/3×35.4888{143.0562(사고시부터 60세까지 196개월
에 대한 호프만수치)-107.5674(사고시부터 정년까지 136개월에 대한
호프만수치)=35.4888}=금 26,380,623원
③합계 : ①+②=금 191,317,302원
나. 일실퇴직금
소외 망 박●●의 이 사건 사고로 인한 일실퇴직금 손해는 다음 (1)과 같은 사실을 기
초로 하여 다음 (2)와 같은 월 5/12%의 비율로 계산한 중간이자를 공제하는 단리할
인법(호프만식 계산법)에 따라 이 사건 사고 당시의 현가로 계산한 금 8,202,844원입
니다.
(1)기초사실
(가)입사일 : 1990. 5. 25.
(나)정년에 따른 퇴직예정일 및 근속기간 : 정년인 2011. 10. 19.까지 21년 4개월 남짓
(다)이 사건 사고로 인한 퇴직일 및 근속기간 : 2000. 6. 15.까지 10년 남짓
(라)퇴직금의 근거와 산정방식 : 소외 ◎◎주식회사는 근로기준법의 규정에 따라
근속년수 1년에 1월분의 평균임금을 퇴직금으로 지급하고 있음.
(마)보수월액 : 금 2,300,000원(※원칙적으로는 퇴직 당시의 평균임금을 기초로

하여야 하나 편의상 보수월액으로 하였음)

(바)사고시까지의 계산상 퇴직금 : 월급여 금 2,300,000원×(10+22/365)년 (1990.5. 25.부터 2000. 6. 15.까지)=금23,138,630원

(2)계산

(가)정년퇴직시 예상퇴직금 : 금 2,300,000원×(21+148/365)=금 49,232,602원

(나)정년퇴직시 예상퇴직금의 사고당시 현가

금 49,232,602원×0.6366(사고시부터 정년퇴직시까지 11년 5월에 대한 호프만수치, 1/{1+0.05×(11+5/12)})=금31,341,474원

(다)사고시까지의 계산상 퇴직금공제: 금 31,341,474원-금23,138,630원=금 8,202,844원

라. 소외 망 박○○의 위자료

소외 망 박○○는 이 사건 사고로 사망하는 순간 견딜 수 없는 정신적 고통을 겪었을 것이므로 피고는 소외 망 박○○에게 위자료로 금 30,000,000원을 지급함이 상당하다 할 것입니다.

마. 상속관계

위와 같이 소외 망 박◉◉가 이 사건 사고로 입은 손해액은 합계 금 229,520,146원{금 191,317,302원(일실수입) + 금 8,202,844원(일실퇴직금)+금 30,000,000원(위자료)}인바, 이 손해배상채권은 위 망인의 처인 원고 김○○에게 금 98,365,776원(위 손해액×상속지분 3/7), 위 망인의 아들 원고 박①○, 망인의 딸 원고 박②○에게는 각 금 65,577,184원(위 손해액×상속지분 2/7)이 상속되었습니다.

바. 원고들의 위자료

원고들도 소외 망 박○○의 사망으로 인하여 크나큰 정신적 고통을 받았을 것임은 경험칙상 명백하므로 위 망인의 처인 원고 김◉◉에게 금 7,000,000원, 위 망인의 자녀인 원고 박①○, 원고 박②○에게 각 금 3,000,000원, 위 망인의 어머니인 원고 최○○에게 금 7,000,000원씩을 위자료로 지급함이 상당하다 할 것입니다.

사. 장례비 : 금 2,000,000원
　　　　　　지출자 : 원고 김○○

4. 결론

이와 같이 피고는 원고 김○○에게 금 107,365,776원(상속분 금 98,365,776원 + 위자료 금 7,000,000원 + 장례비 금 2,000,000원), 원고 박①○, 원고 박②○에게 각 금 68,577,184원(상속분 금 65,577,184원 + 위자료 금 3,000,000원), 원고 최○○에게 금 7,000,000원(위자료)씩을 지급할 책임이 있다 할 것인바, 원고들은 피고로부터 위 돈의 지급과 아울러 이에 대한 소외 망 박◉◉가 사망한 사고일인 2000. 6. 15.부터 이 사건 소장부본 송달일까지는 민법에서 정한 연 5%

의, 그 다음날부터 다 갚는 날까지는 소송촉진등에관한특례법에서 정한 연 15% 의 각 비율에 의한 지연손해금의 지급을 받고자 이 사건 청구에 이른 것입니다.

입 증 방 법

1. 갑 제1호증   기본증명서
   (단, 2007.12.31. 이전 사망한 경우 제적등본)
1. 갑 제2호증   가족관계증명서
   (또는, 상속관계를 확인할 수 있는 제적등본)
1. 갑 제3호증   주민등록등본
1. 갑 제4호증   자동차등록원부
1. 갑 제5호증   교통사고사실확인원
1. 갑 제6호증   사망진단서
1. 갑 제7호증   근로소득원천징수영수증
1. 갑 제8호증의 1, 2   월간거래가격표지 및 내용
1. 갑 제9호증의 1, 2   한국인표준생명표 표지 및 내용

첨 부 서 류

1. 위 입증방법   각 1통
1. 법인등기사항증명서   1통
1. 소장부본   1통
1. 송달료납부서   1통

20○○.   ○.   ○.

위 원고 1. 김○○(서명 또는 날인)

2. 박①○

3. 박②○

4. 최○○(서명 또는 날인)

원고 2, 3은 미성년자이므로

법정대리인 친권자 모 김○○(서명 또는 날인)

○○**지방법원 귀중**

[서식 ②] 손해배상(자)청구의 소(미성년 남자고등학생, 부상)

소　　　장

원　　고　　1. 박○○ (주민등록번호)

　　　　　　2. 박◉◉ (주민등록번호)

　　　　　　3. 이◉◉ (주민등록번호)

　　　　　　4. 박◎◎ (주민등록번호)

　　　　　　　원고 1, 4는 미성년자이므로

　　　　　　　법정대리인 친권자 부 박◉◉

　　　　　　　　　　　　　　　　모 이◉◉

　　　　　　원고들의 주소:○○시 ○○구 ○○길 ○○ (우편번호)

　　　　　　　전화.휴대폰번호:

　　　　　　　팩스번호, 전자우편(e-mail)주소:

피　　고　　◇◇화재해상보험주식회사

　　　　　　○○시 ○○구 ○○로 ○○(우편번호)

　　　　　　대표이사 ◇◇◇

　　　　　　전화.휴대폰번호:

　　　　　　팩스번호, 전자우편(e-mail)주소:

손해배상(자)청구의 소

청　구　취　지

1. 피고는 원고 박○○에게 금 26,723,065원, 원고 박◉◉, 원고 이◉◉에게 각 금 2,000,000원, 원고 박◎◎에게 금 1,000,000원 및 각 이에 대하여 2000. 8. 29. 부터 이 사건 소장부본 송달일까지는 연 5%의, 그 다음날부터 다 갚는 날까지는 연 15%의 각 비율에 의한 돈을 지급하라.
2. 소송비용은 피고의 부담으로 한다.
3. 위 제1항은 가집행 할 수 있다.
라는 판결을 구합니다.

청　구　원　인

1. 당사자의 지위

원고 박○○는 이 사건 사고로 인하여 부상을 입고 장해가 발생한 사람인바, 원고 박◉◉, 원고 이◉◉는 원고 박○○의 부모이고, 원고 박◎◎는 원고 박○○의 동생이며, 피고 ◇◇화재해상보험주식회사는 이 사건 가해차량의 자동차종합보험이 가입된 보험회사입니다.

2. 손해배상책임의 발생

　가. 소외 정◆◆는 2000. 8. 29. 22:20경 그의 소유인 이 사건 사고차량인 서울 ○○고○○○○호 레간자 자가용승용차를 운전하여 서울 ○○구 ○○동 ○○ 교차로 방면에서 ○○방면으로 가변차선 편도 3차선 도로를 1차로를 따라 시속 약 40㎞로 진행 중 ○○시 ○○구 ○○길 ○○ 앞 노상에는 신호등 있는 횡단보도가 설치되어 있는 곳이므로 운전업무에 종사하는 사람으로서 신호에 따라 안전하게 진행함으로써 사고를 미연에 방지하여야 할 업무상 주의의무가 있음에도 불구하고 신호를 위반한 채 진행한 과실로 때마침 보행자신호에 따라 횡단보도를 건너는 원고 박○○를 충돌하여 그에게 우측대퇴골 경부골절, 경부 및 요부 염좌 등의 상해를 입혀 그 후유증으로 고관절 운동제한으로 노동능력상실이 예상되는 장해가 발생하도록 하였습니다.

　나. 그렇다면 위 사고차량의 소유자인 소외 정◆◆는 자동차손해배상보장법 제3조에서 규정한 자기를 위하여 자동차를 운행하는 자로서 이 사건 원고들이 입은 재산적, 정신적 손해를 배상할 책임이 있다 할 것인데, 위 가해 자동차는 피고회사의 자동차종합보험에 가입되어 있으므로 피고회사는 상법 제726조의 2에 의하여 손해배상책임이 있다 할 것입니다.

3. 손해배상의 범위

　가. 원고 박○○의 일실수입

　　(1) 산정요소

　　　(가) 성별 : 남자

　　　(나) 생년월일 : 1983. 3. 21.생

　　　(다) 사고당시 나이 : 만 17세 5개월 남짓

　　　(라) 기대여명 : 55.54년

　　　(마) 거주지 : 도시지역

　　　(바) 소득실태(도시일용노임) : 금 37,052원(2000년 하반기 시중노임단가)

　　　(사) 가동연한 : 만 60세가 되는 2043. 3. 20.까지 월 22일씩 가동

　　　(아) 노동능력상실율 : 추후 신체감정결과에 의해 확정될 것이나 일응 12%로 예상됨.

　　　(자) 호프만 수치 : 222.0780(=273.1245 - 51.0465)
　　　　　273.1245{사고일부터 만 60세가 되는 2043. 3. 20.까지 510개월간 해당분, (월미만은 버림. 다음부터 같음)}

51.0465(사고일부터 군복무 26개월을 마치는 2005. 5. 21.까지 57개월
간 해당분)

(2)【계산】

[(37,052원×22일×0.12)×(273.1254-51.0465=222.0780)]=
21,723,065원 (월 미만 및 원 미만은 버림)

나. 향후치료비

향후 신체감정결과에 따라 청구하겠습니다.

다. 위자료

원고 박○○는 ○○고등학교 1학년에 재학 중인 학생으로서 이 사건 사고로 인하여 정상적인 수업을 받지 못하였을 뿐만 아니고, 노동력상실이 예상되는 장해를 입었으므로 감수성이 예민한 시기에 그 정신적 고통이 극심하였을 뿐만 아니라, 앞서 기재한 가족관계에 있는 나머지 원고들도 크나큰 정신적 고통을 받았을 것임은 경험칙상 명백하므로 피고는 그 위자료로서 원고 박○○에게 금 5,000,000원, 부모인 원고 박◉◉, 원고 이◉◉에게 각 금 2,000,000원, 동생인 원고 박◎◎에게 금 1,000,000원을 지급함이 상당합니다.

4. 결 론

그렇다면 피고는 원고 박○○에게 금 26,723,065원(향후 신체감정결과에 따라 확장 하겠음), 원고 박◉◉, 원고 이◉◉에게 각 금 2,000,000원, 원고 박◎◎에게 금 1,000,000원 및 각 이에 대하여 이 사건 사고일인 2000. 8. 29.부터 이 사건 소장부본 송달일까지는 민법에서 정한 연 5%의, 그 다음날부터 다 갚을 때까지는 소송촉진등에관한특례법에서 정한 연 15%의 각 비율에 의한 지연손해금을 지급할 의무가 있으므로 그 지급을 구하기 위해 이 사건 소제기에 이르렀습니다.

입 증 방 법

1. 갑 제1호증	가족관계증명서
1. 갑 제2호증	교통사고사실확인원
1. 갑 제3호증	자동차등록원부
1. 갑 제4호증	진단서
1. 갑 제5호증	후유장해진단서
1. 갑 제6호증의 1, 2	한국인표준생명표 표지 및 내용
1. 갑 제7호증의 1, 2	월간거래가격표지 및 내용

첨 부 서 류

1. 위 입증방법   각 1통

1. 법인등기사항증명서   1통
1. 소장부본   1통
1. 송달료납부서   1통

20○○.　　○.　　○.

위 원고　　1. 박○○

2. 박◉◉　(서명 또는 날인)

3. 이◉◉　(서명 또는 날인)

4. 박◎◎

원고 1, 4는 미성년자이므로 법정대리인

친권자 부 박◉◉　(서명 또는 날인)

모 이◉◉　(서명 또는 날인)

○○지방법원　귀중

[서식 ③] 손해배상(자)청구의 소(유아사망, 보험가입한 승용차)

소 　 장

원　　고　　1. 박◉◉ (주민등록번호)

　　　　　　2. 이◉◉ (주민등록번호)

　　　　　　3. 박◎◎ (주민등록번호)

　　　　　　　원고 박◎◎는 미성년자이므로

　　　　　　　법정대리인 친권자 부 박◉◉

　　　　　　　　　　　　　　　　모 이◉◉

　　　　　　　원고들의 주소:○○시○○구○○길 ○○ (우편번호)

　　　　　　　전화.휴대폰번호:

　　　　　　　팩스번호, 전자우편(e-mail)주소:

피　　고　　◇◇화재해상보험주식회사

　　　　　　○○시 ○○구 ○○로 ○○(우편번호)

　　　　　　대표이사 ◇◇◇

　　　　　　전화.휴대폰번호:

　　　　　　팩스번호, 전자우편(e-mail)주소:

손해배상(자)청구의 소

청 구 취 지

1. 피고는 원고 박◉◉에게 금 97,330,558원, 원고 이◉◉에게 금 72,330,558원, 원고 박◎◎에게 금 4,000,000원 및 각 이에 대하여 2000. 8. 22.부터 이 사건 소장 부본 송달일까지는 연 5%의, 그 다음날부터 다 갚을 때까지는 연 15%의 각 비율에 의한 돈을 지급하라.
2. 소송비용은 피고의 부담으로 한다.
3. 위 제1항은 가집행 할 수 있다.

라는 판결을 구합니다.

청 구 원 인

1. 당사자들의 지위

　　소외 망 박○○는 이 사건 사고로 사망한 사람인바, 원고 박◉◉, 원고 이◉◉는 위 소외 망 박○○의 부모이고, 원고 박◎◎는 소외 망 박○○의 오빠이고, 피고 ◇◇화재해상보험주식회사(다음부터 피고회사라고만 함)는 이 사건 가해차량의 자동차종합보험이 가입된 보험회사입니다.

2. 손해배상책임의 발생

  가. 소외 정◆◆는 2000. 8. 22. 16:20경 소외 ○○관광(주) 소유인 충남 ○○바○○○○호 관광버스를 운전하고 ○○ ○○군 ○○면 ○○길 ○○아파트부근 소외 황◆◆의 집 앞길을 ○○방면에서 ○○아파트 방면으로 시속 약60km의 속도로 진행함에 있어서 그곳은 차선이 그려져 있지 않은 주택가 도로(국도나 지방도 아님)로 사람의 통행이 빈번하여 사고지점 50m 못 미쳐 과속방지턱이 설치되어 있는 도로이고, 당시 피해자 소외 망 박○○(여, 4세)가 다른 아이의 3륜자전거를 뒤에서 밀면서 놀고 있는 것을 보았으므로 이러한 경우 운전업무에 종사하는 사람은 속도를 줄이고 충분한 간격을 두고 피해가거나 일단 정지하여 사고를 미연에 방지하여야 할 업무상 주의의무가 있음에도 불구하고 이를 게을리 한 채 그대로 진행한 과실로 사고차량을 보고 도로 중앙에서 사고차량 진행방향 좌측으로 급히 달려 피하는 피해자 소외 망 박○○를 사고차량 앞 범퍼 좌측부분으로 들이받아 도로에 넘어뜨린 후 계속 진행하여 좌측 앞바퀴로 피해자 소외 망 박○○의 머리부위를 넘어가 피해자 소외 망 박○○로 하여금 두개골 파열에 의한 뇌출혈로 그 자리에서 사망에 이르게 한 것입니다.

  나. 그렇다면 위 사고차량의 소유자인 소외 ○○관광(주)는 자동차손해배상보장법 제3조에서 규정한 자기를 위하여 자동차를 운행하는 자로서 이 사건 사고의 피해자인 소외 망 박○○ 및 소외 망 박○○의 유족인 원고들이 입은 재산적, 정신적 손해를 배상할 책임이 있다 할 것이고, 또한 위 가해자동차는 피고회사의 자동차종합보험에 가입되어 있으므로 상법 제726조의 2에 의하여 피고회사에 손해배상책임이 있다 할 것입니다.

3. 손해배상의 범위

  가. 기대수입 상실액

    1) 소외 망 박○○는 1996. 1. 5.생 신체 건강한 여자로서 이 사건 사고당시 만 4년 7개월 남짓한 정도이고, 그 기대여명은 75.79년이므로 특단의 사정이 없는 한 79세까지는 생존이 가능하다 할 것입니다.

    2) 소외 망 박○○는 미성년자로서 이 사건 사고가 아니었다면 성년이 되는 만 20세가 되는 2016. 1. 5.부터 위 기대여명 내 가동연한인 만 60세가 되는 2056. 1. 4.까지 최소한 도시일용노동자로서 종사하여 도시일용노임상당의 수입을 얻었을 것임에도 불구하고 이 사건 사고로 인하여 매월 순차적으로 이를 상실하였다고 할 것인데, 이를 사고당시를 기준하여 일시에 청구하므로 호프만식 계산법에 따라 월 12분의 5%의 중간이자를 공제하고 이 사건 사고 당시의 현가로 산정하면 아래와 같이 금 98,661,117원이 됩니다.

【계산】

[(37,052원×22일×2/3)×(317.9187-136.3659=181.5528)]=
  98,661,117원(월 미만 및 원 미만은 버림)

*성별 : 여자

*생년월일 : 1996. 1. 5.생

*거주지역 : 도시지역

*가동연한 : 만 60세가 되는 2056.1.4.까지 월 22일씩 가동

*소득실태(도시일용노임) : 금 37,052원(2000년 하반기 시중노임단가)

*망인의 생계비공제 : 월수입의 1/3정도

*호프만수치 : 181.5528(=317.9187 - 136.3659)

 - 317.9187(사고일부터 만 60세가 되는 2056. 1. 4.까지 664개월간 해당분)

 - 136.3659(사고일부터 만 20세가 되는 2016. 1. 4.까지 184개월간 해당분)

나. 소외 망 박○○의 위자료

　　소외 망 박○○는 이 사건 사고로 사망하는 순간 견딜 수 없는 고통과 이제 4세의 어린 나이로 부모를 앞에 둔 채 여명을 다하지 못하고 한을 품은 채 운명하였을 것이므로 피고는 소외 망 박○○에게 금 30,000,000원을 위자료로 지급함이 상당하다 할 것입니다.

다. 상속관계

　　소외 망 박○○의 재산적 손해 및 위자료를 합하면 금 128,661,117원(재산적 손해 금 98,661,117원 + 위자료 금 30,000,000원)인바, 소외 망 박○○의 부모인 원고 박◉◉ 원고 이◉◉에게 각 2분의 1씩 공동상속 되었다 할 것입니다.

라. 위자료

　　원고들도 소외 망 박○○의 사망으로 인하여 크나큰 정신적 고통을 받았을 것임은 경험칙상 명백하므로 위 망인의 부모인 원고 박◉◉, 원고 이◉◉에게 각 금 8,000,000원, 위 망인의 오빠인 원고 박◎◎에게 금 4,000,000원씩을 위자료로 지급함이 상당하다 할 것입니다.

마. 장례비

　　이 사건 사고를 당하여 원고 박◉◉는 소외 망 박○○의 장례를 위하여 장례비 및 장례를 위한 제반비용 등으로 금 2,500,000원을 지출하였으므로 피고는 원고 박◉◉에게 이를 배상할 책임이 있다 할 것입니다.

4. 결　론

　　그렇다면 피고는 원고 박◉◉에게 금 97,330,558원(망인의 일실수익 및 위자료 상속분 금 64,330,558원 + 위자료 금 8,000,000원 + 장례비 금 2,500,000원), 원고 이◉◉에게 금 72,330,558원(망인의 일실수익 및 위자료 상속분 금 64,330,558원 + 위자료 금 8,000,000원), 원고 박◎◎에게 금 4,000,000원 및

각 이에 대하여 이 사건 불법행위일인 2000. 8. 22.부터 이 사건 소장부본 송달일까지는 민법에서 정한 연 5%의, 그 다음날부터 다 갚는 날까지는 소송촉진등에관한특례법에서 정한 연 15%의 각 비율에 의한 지연손해금을 지급할 의무가 있다 할 것이므로, 그 지급을 구하기 위하여 이 사건 청구에 이른 것입니다.

입 증 방 법

1. 갑 제1호증　　　　　　　기본증명서
　　　 (단, 2007.12.31. 이전 사망한 경우 제적등본)
1. 갑 제2호증　　　　　　　가족관계증명서
　　　 (또는, 상속관계를 확인할 수 있는 제적등본)
1. 갑 제3호증　　　　　　　주민등록등본
1. 갑 제4호증　　　　　　　사망진단서
1. 갑 제5호증　　　　　　　사체검안서
1. 갑 제6호증　　　　　　　교통사고사실확인원
1. 갑 제7호증　　　　　　　자동차등록원부
1. 갑 제8호증의 1, 2　　　한국인표준생명표 표지 및 내용
1. 갑 제9호증의 1, 2　　　월간거래가격표지 및 내용

첨 부 서 류

1. 위 입증방법　　　　　　　각 1통
1. 법인등기사항증명서　　　　1통
1. 소장부본　　　　　　　　　1통
1. 송달료납부서　　　　　　　1통

20○○.　○.　○.
위 원고 1. 박●● (서명 또는 날인)
2. 이●● (서명 또는 날인)
3. 박◎◎
원고 박◎◎는 미성년자이므로 법정대리인
친권자 부 박●● (서명 또는 날인)
모 이●● (서명 또는 날인)

○○지방법원　귀중

[서식 ④] 손해배상(산)청구의 소(추락사고, 사망)

소   장

원   고   1. 김○○(주민등록번호)

　　　　　2. 이○○(주민등록번호)

　　　　　3. 김◎◎(주민등록번호)

　　　　　　 원고3은 미성년자이므로

　　　　　　 법정대리인 친권자 부 김○○, 모 이○○

　　　　　　 원고들의 주소:○○시○○구○○길 ○○ (우편번호)

　　　　　　 전화.휴대폰번호:

　　　　　　 팩스번호, 전자우편(e-mail)주소:

피   고   ◇◇건설(주)

　　　　　 ○○시 ○○구 ○○길 ○○(우편번호)

　　　　　 대표이사 ◇◇◇

　　　　　 전화.휴대폰번호:

　　　　　 팩스번호, 전자우편(e-mail)주소:

손해배상(산)청구의 소

청 구 취 지

1. 피고는 원고 김○○에게 금○○○원, 원고 이○○에게 금○○○원, 원고 김◎◎에
　게 금○○○원 및 각 이에 대하여 20○○. ○○. ○○.부터 이 사건 소장부본 송
　달일까지는 연 5%의, 그 다음날부터 다 갚는 날까지는 연 15%의 각 비율에 의
　한 돈을 지급하라.
2. 소송비용은 피고의 부담으로 한다.
3. 위 제1항은 가집행 할 수 있다.
라는 판결을 구합니다.

청 구 원 인

1. 당사자의 지위
　 소외 망 김◎◎는 피고 ◇◇건설(주)(다음부터 피고회사라고 함)에 고용되어 작업
　 을 하던 중 ○○소재 건설현장의 5층에서 추락하여 사망한 피해자 본인이고, 원

고 김○○는 소외 망 김◉◉의 아버지, 원고 이○○는 소외 망 김◉◉의 어머니이며, 원고 김◎◎는 소외 망 김◉◉의 여동생이며, 피고 ◇◇건설(주)는 소외 망 김◉◉의 고용주로 건설업을 전문으로 하는 건설회사입니다.

2. 사건의 개요

 (1) 소외 망 김◉◉는 피고회사에 20○○. ○. ○. 고용되어 피고회사가 서울 ○○구 ○○길 ○○에서 시공중인 ○○아파트 건설현장에 투입되었습니다.

 (2) 소외 망 김◉◉는 위 아파트 공사에 투입되어 작업을 하던 중 20○○. ○○. ○○. 40kg의 시멘트를 어깨에 메고 아파트 외곽에 설치되어 있는 패널을 이용하여 만든 이동통로(다음부터 비계라 함)를 따라 4층에서 5층으로 이동하던 중 피고회사의 직원인 소외 이◆◆가 잘못 설치한 패널이 밑으로 빠지면서 약 15m 정도의 높이에서 추락하여 과다출혈 및 심장 파열로 인해 그 자리에서 사망하였습니다.

3. 손해배상의 책임

 (1) 피고회사는 건설업을 전문으로 하는 회사로서, 소속직원 및 다른 근로자들이 작업을 함에 있어 안전하게 할 수 있도록 사전에 필요한 조치를 취해 사고를 미연에 방지해야 할 업무상 주의의무가 있음에도 불구하고, 비계에 부착해 있는 패널을 수시로 점검하여 교체, 수리 등의 적절한 조치를 취하지 않은 채 작업을 시킨 과실로 인해 이 사건 피해자 소외 망 김◉◉로 하여금 위 공사장의 15m 높이에서 떨어져 사망하게 하였습니다.

 (2) 따라서 이 사건 사고는 전적으로 피고회사의 감독소홀과 안전배려의무위반 및 공작물의 설치보존상의 하자 등으로 인해 발생된 것으로서, 피고회사는 공작물 등의 소유자, 점유자 및 소외 망 김◉◉의 사용자로서 이 사건 사고로 인하여 소외 망 김◉◉ 및 원고들이 입은 모든 손해를 배상할 책임이 있다 할 것입니다.

4. 손해배상의 범위

 (1) 일실수입

　　소외 망 김◉◉는 19○○. ○. ○○.생으로 이 건 사고로 사망한 20○○. ○○. ○○. 현재 만 33세 5개월 남짓한 신체 건강한 대한민국 남자로 기대여명은 40.33년이 되며, 만약 서울시내에 거주하고 있는 소외 망 김◉◉가 이 사건 사고로 사망하지 않았다면 사고일로부터 60세에 도달하는 날까지 향후 약○○개월간은 최소한 도시일용노동자로 종사하면서 매월 금 ○○○원(도시일용 보통인부 1일노임단가 금 ○○○원×22일)의 수입을 얻을 수 있으나 이 사건 사고로 사망하는 바람에 수입의 전부를 상실하게 되었습니다.

　　따라서 월 5/12%의 비율로 계산한 중간이자를 공제한 호프만식 계산법에 따른 소외 망 김◉◉의 일실수입을 계산하고 소외 망 김◉◉의 생활비를 그 소득에서 1/3을 공제해보면 이 사건 사고 당시의 현가금이 금 ○○○○원이 됩니다.

【계산】

금 ○○○원(도시일용보통인부 1일노임단가 금 ○○○원×22일)×202.2081(사고일부터 60세에 이르는 날까지 318개월에 해당하는 호프만계수)×2/3(생활비 1/3 공제)=금○○○원

(2) 소외 망 김◉◉의 위자료

소외 망 김◉◉는 평소 신체 건강한 미혼남자였는데 이 사건 사고로 부모를 남겨둔 채 불의에 사망하였으므로 상당한 정신적 고통을 받았을 것은 경험칙상 명백하고, 소외 망 김◉◉의 나이, 가족관계, 이 사건 사고경위 등을 고려할 때 피고회사는 소외 망 김◉◉에게 금 ○○○원을 위자료로 지급함이 마땅하다 할 것입니다.

(3) 상속관계

소외 망 김◉◉의 손해배상채권 금○○○원(일실수입: 금○○○원+위자료: 금○○○원)은 그의 상속인인 원고 김○○에게 1/2(금○○○원=소외 망 김◉◉의 손해배상채권 금○○○원×1/2), 이○○에게 1/2(금○○○원=소외 망 김◉◉의 손해배상채권 금○○○원×1/2)의 비율로 각 상속되었습니다.

(4) 원고들의 위자료

원고들도 소외 망 김◉◉의 사망으로 인하여 크나큰 정신적 고통을 받았을 것임은 경험칙상 명백하므로 피고회사는 소외 망 김◉◉의 부모인 원고 김○○, 원고 이○○에게 각 금 ○○○원, 소외 망 김◉◉의 여동생인 원고 김◎◎에게 금 ○○○원씩을 위자료로 지급함이 마땅하다 할 것입니다.

(5) 장례비

원고 김○○는 소외 망 김◉◉의 장례비로 금 ○○○원을 지출하였습니다.

5. 결론

따라서 피고회사는 원고 김○○에게 금 ○○○원(상속분 : 금 ○○○원+장례비 : 금 ○○○원+위자료 : 금 ○○○원), 원고 이○○에게 금 ○○○원(상속분 : 금 ○○○원+위자료 : 금 ○○○원), 원고 김◎◎에게 금○○○원 및 각 위 돈에 대하여 이 사건 사고 발생일인 20○○. ○○. ○○.부터 이 사건 소장부본 송달일까지는 민법에서 정한 연 5%의, 그 다음날부터 다 갚는 날까지는 소송촉진등에관한특례법에서 정한 연 15%의 각 비율에 의한 지연손해금을 지급할 의무가 있다 할 것이므로, 원고들은 청구취지와 같은 판결을 구하고자 이 사건 청구에 이르게 되었습니다.

입 증 방 법

1. 갑 제1호증 　　　　　　　　기본증명서

　　　　　(단, 2007.12.31. 이전 사망한 경우 제적등본)

1. 갑 제2호증 　　　　　　　　가족관계증명서

　　　　　(또는, 상속관계를 확인할 수 있는 제적등본)

1. 갑 제3호증 　　　　　　　　주민등록등본

1. 갑 제4호증 　　　　　　　　사체검안서

1. 갑 제5호증 　　　　　　　　사망진단서

1. 갑 제6호증의 1, 2 　　　한국인표준생명표 표지 및 내용

1. 갑 제7호증의 1, 2 　　　월간거래가격표지 및 내용

1. 갑 제8호증의 1 내지 5 　　　각 장례비 영수증

첨　부　서　류

1. 위 입증서류 　　　　　　　각 1통

1. 법인등기사항증명서 　　　　　1통

1. 소장부본 　　　　　　　　　1통

1. 송달료납부서 　　　　　　　1통

　　　　　　　20○○. 　○. 　○.

　　　　　　　위 원고 　1. 김○○(서명 또는 날인)

　　　　　　　　　　　　2. 이○○(서명 또는 날인)

　　　　　　　　　　　　3. 김◎◎

　　　　　　　　　　　원고 3은 미성년자이므로

법정대리인 　친권자 　부 　김○○(서명 　또는 　날인)
모 이○○(서명 또는 날인)

○○지방법원 ○○지원 　귀중

[서식 ⑤] 손해배상(의)청구의 소(출산 중 태아사망, 불법행위책임)

소　　　장

원　　고　1. 김○○ (주민등록번호)

　　　　　2. 이○○ (주민등록번호)

　　　　　위 원고들 주소: ○○시○○구○○길○○(우편번호)

　　　　　전화.휴대폰번호:

　　　　　팩스번호, 전자우편(e-mail)주소:

피　　고　◇◇◇ (주민등록번호)

　　　　　○○시 ○○구 ○○길 ○○(우편번호)

　　　　　전화.휴대폰번호:

　　　　　팩스번호, 전자우편(e-mail)주소:

손해배상(의)청구의 소

청 구 취 지

1. 피고는 원고 김○○에게 금 ○○○원, 원고 이○○에게 금 ○○○원 및 각 이에 대하여 20○○. ○○. ○○.부터 이 사건 소장부본 송달일까지는 연 5%의, 그 다음날부터 다 갚는 날까지는 연 15%의 각 비율에 의한 돈을 지급하라.
2. 소송비용은 피고의 부담으로 한다.
3. 위 제1항은 가집행 할 수 있다.

라는 판결을 구합니다.

청 구 원 인

1. 당사자 관계

　　원고들은 이 사건 의료사고로 출산 중에 사망한 태아의 친부모들이며, 피고는 이 사건 출산을 주도한 산부인과 의사입니다.
2. 사건의 진행과정

　(1) 원고 이○○는 출산을 하기 위하여 20○○. ○○. ○○. 피고가 운영하고 있는 서울시 ○○구 ○○길 ○○○ 소재 ○○산부인과에 입원을 하였고, 입원 후 얼마 되지 않아 양수가 터져 급히 출산을 하고자 분만실로 갔습니다.

　(2) 분만실에 이르러 태아의 건강상태를 확인해보니 아무런 이상이 없음이 확인되

었고 또한 분만과정을 통하여도 아무런 이상이 없었는데, 태아가 거꾸로 나오는 바람에 분만에 상당한 어려움이 발생하였습니다. 결국 분만의 고통을 견디지 못한 원고 이○○는 제왕절개수술을 해달라며 애원을 하였으나 당시 분만을 주도하던 피고는 자신의 경험상 조금만 참으면 될 것 같다며 원고 이○○의 애원을 뿌리치고는 무리하게 자연분만을 강행하였습니다.

(3) 그러나 태아가 나오지 못한 채 많은 시간이 흘러 산모인 원고 이○○가 실신하기에 이르자 그때서야 위험을 느낀 피고는 제왕절개수술을 준비하였으나 결국 태아는 나오지도 못한 채 분만진행정착에 빠져 결국 저산소증에 의한 뇌손상으로 사망을 하였습니다.

3. 손해배상의 책임
(1) 피고는 산부인과 전문의로 분만전후를 통하여 분만의 상황에 따른 적절한 분만방법을 택하여 제때에 필요한 조치를 취해야 할 의무가 있음에도 불구하고, 이를 게을리 한 과실로 인해 분만 전 검사결과 아무런 이상이 없었고 또한, 분만 중 전자태아심음측정기 등 태아감시장치를 통하여 아무런 이상이 없었던 태아를 사망하게 하였습니다.

(2) 따라서 피고는 의료법 및 민법상 불법행위자로서 원고들 및 사망한 태아가 입은 모든 피해   를 배상하여야 할 의무가 있다 할 것입니다.

4. 손해배상의 범위
(1) 위자료
원고 이○○ 및 사망한 태아는 이 사건 분만사고 전에는 모두 건강한 상태였는데, 이 사건 사고로 태아가 출생하기 전에 사망하는 바람에 원고들이 정신적 고통을 당한 것은 경험칙상 명백하므로, 피고는 원고 김○○에게 금 ○○○원, 원고 이○○에게 금 ○○○원을 각 지급하여 원고들의 정신적인 고통을 금전으로나마 위자하여야 마땅하다 할 것입니다.

(참고로, 위자료산정에 있어 우리나라 대법원은 태아의 권리능력에 대해 전부노출설 및 정지조건부주의를 취하고 있어 사산한 태아의 경우 권리능력이 없는 관계로 위자료만 인정하고 있음. 따라서 태아가 살아서 출생하느냐의 여부에 따라 태아의 손해배상범위에 차이가 많음. 그런데 사산시 태아는 권리능력이 없어 손해배상금이 적어지므로 이를 고려하여 사산시 위자료는 만일 태아가 출생 후 사망하였을 경우의 일실수입을 계산하여 이를 위자료의 청구금액으로 산정하는 것이 좋을 듯함)

(2) 분만비 및 치료비
원고 이○○는 이 사건 분만비 및 치료비로 금 ○○○원을 지출하였습니다.

5. 결론
따라서 피고는 원고 김○○에게 금 ○○○원(위자료), 원고 이○○에게 금 ○○

○원(위자료: 금 ○○○원＋분만비 및 치료비: 금 ○○○원) 및 각 이에 대하여 이 사건 사고일인 20○○. ○○. ○○.부터 이 사건 소장부본 송달일까지는 민법에서 정한 연 5%의, 그 다음날부터 다 갚는 날까지는 소송촉진등에관한특례법에서 정한 연 15%의 각 비율에 의한 지연손해금을 지급할 의무가 있다 할 것이므로, 원고들은 부득이 청구취지와 같은 돈을 각 청구하고자 이 사건 청구에 이르게 되었습니다.

입 증 방 법

1. 갑 제1호증   가족관계증명서
1. 갑 제2호증   ○○산부인과 접수증
1. 갑 제3호증   사망진단서
1. 갑 제4호증   태아수첩
1. 갑 제5호증   영수증
1. 갑 제6호증의 1, 2   한국인표준생명표 표지 및 내용
1. 갑 제7호증의 1, 2   월간거래가격표지 및 내용

첨 부 서 류

1. 위 입증방법   각 1통
1. 소장부본   1통
1. 송달료납부서   1통

20○○.   ○.   ○.

위 원고   1. 김○○   (서명 또는 날인)
           2. 이○○   (서명 또는 날인)

○○지방법원 ○○지원 귀중

9-2-4. 부당이득반환 청구의 소

[서식 ①] 부당이득반환 청구의 소(착오송금으로 인한)

소   장

원 고   ○○○ (주민등록번호)
         ○○시 ○○구 ○○길 ○○(우편번호)
         전화.휴대폰번호:
         팩스번호, 전자우편(e-mail)주소:
피 고   ◇◇◇
         주소불명

부당이득반환 청구의 소

청 구 취 지

1. 피고는 원고에게 500,000원 및 이에 대한 이 사건 소장 부본 송달 다음날부터 다 갚는 날까지 연 15%로 계산한 돈을 지급하라.
2. 소송비용은 피고가 부담한다.
3. 위 제1항은 가집행 할 수 있다.
라는 판결을 구합니다.

청 구 원 인

1. 사건내역
 원고는 2014. 3. 8경 소외 최○○ 명의의 계좌(제일은행   123-456-789)로 500,000원을 송금시키려 하였으나 착오로 피고 명   의의 계좌(제일은행 122-456-789)로 잘못 송금하게 되었습니다.   현재 피고와 연락이 되지 않고 있습니다.
2. 피고의 부당이득
 피고는 원고의 착오로 인해 법률상 원인 없이 청구금액 상당의   이득을 취했으며 이로 인해 원고는 손해를 보았으므로 부당이득   의 반환의무가 있습니다.
3. 사실조회 신청
 원고는 피고의 성명과 전화번호 외 송달가능한 주소 등 인적사항   을 알지 못합니다. 이에 소송유지 및 향후 강제집행 등을 위해   피고인적사항에 대한 사실조회를 동시에 신청하는 바입니다.

4. 결 어

 따라서 피고는 원고에게 500,000원 및 이에 대하여 본 사건 소장　부본 송달된 다음날부터 모두 지급할 때 까지 소송촉진등에관한특　례법상 연 15%의 비율로 계산한 돈을 지급할 의무가 있습니다.

입 증 방 법

　　1. 갑 제1호증　　　송금영수증 사본　　　1통.

첨 부 서 류

　　1. 위 입증방법　　　　1통.
　　1. 소장 부본　　　　　1통.
　　1. 사실조회 신청서　　1통.
　　1. 송달료 납부 영수증　1통.

○○지방법원　귀중

소   장

원   고   ○○○ (주민등록번호)
            ○○시 ○○구 ○○길 ○○(우편번호 ○○○○○)
            전화.휴대폰번호:
            팩스번호, 전자우편(e-mail)주소:
피   고   ◇◇◇ (주민등록번호)
            ○○시 ○○구 ○○길 ○○(우편번호 ○○○○○)
            전화.휴대폰번호:
            팩스번호, 전자우편(e-mail)주소:

부당이득반환 청구의 소

청 구 취 지

1. 피고는 원고에게 (   )원 및 이에 대한 이 사건 소장부본 송달일 다음
   날부터 다 갚는 날까지 연 15%로 계산한 돈을 지급하라.
2. 소송비용은 피고가 부담한다.
3. 위 제1항은 가집행 할 수 있다.
라는 판결을 구합니다.

청 구 원 인

1. **사실관계 – 전화금융사기에 따른 송금**
   (생략)
2. **피고의 의무**
   가. 부당이득반환의무의 성립
   본래 부당이득이란 공평관념에 위배되는 재산적 가치의 이동이 있는 경우 수익
   자로부터 그 이익을 되돌려 받아 손해자에게 주어 재산상태의 조정을 꾀하는 것
   이 그 목적입니다. 또한 송금의뢰인과 수취인 사이에 계좌이체의 원인이 되는 법
   률관계가 존재하지 않음에도 불구하고 계좌이체에 의하여 수취인이 계좌이체금액
   상당의 예금채권을 취득하게 되는 경우에는 송금의뢰인은 수취인에 대하여 당해
   금액상당의 부당이득반환청구권을 갖게 된다(대법원 2007. 11. 29. 선고 2007다

51239)고 봄이 상당합니다.

이는 보이스피싱에 사용되는 예금계좌 혹은 통장의 명의자와 그에 대한 송금의뢰인에 대하여도 동일한 논리가 적용된다고 봄이 상당할 것이므로 응당 예금계좌 혹은 통장의 명의자는 송금의뢰인에 대하여 부당이득반환의무를 부담하게 된다고 봄이 상당합니다.

따라서 피고는 원고에게 부당이득금 (   )원 및 이에 대한 이 사건 소장 부본 송달일 다음날부터 다 갚는 날까지 소송촉진 등에 관한 특례법이 정한 연 15%의 비율에 의한 금원을 지급할 의무가 있습니다.

나. 불법행위에 기한 손해배상책임의 성립

무릇 수인이 공동하여 타인에게 손해를 가하는 민법 제760조의 공동불법행위의 성립에 있어서 행위자 상호간의 공모는 물론 공동의 인식을 필요로 하지 아니하고, 다만 객관적으로 그 공동행위가 관련 공동되어 있으면 족하고 그 관련 공동성 있는 행위에 의하여 손해가 발생함으로써 그에 대한 배상책임을 지는 공동불법행위가 성립한다고 봄이 상당합니다. 아울러 공동불법행위에 있어 방조라 함은 불법행위를 용이하게 하는 직접·간접의 모든 행위를 가리키는 것으로서 형법과 달리 손해의 전보를 목적으로 하여 과실을 원칙적으로 고의와 동일시하는 민법의 해석으로서는 과실에 의한 방조도 가능하다고 할 것이며, 이 경우의 과실의 내용은 불법행위에 도움을 주지 않아야 할 주의의무가 있음을 전제로 하여 이 의무에 위반하는 것을 말한다(대법원 2009. 4. 23. 선고 2009다1313 판결 등 참조)고 볼 것입니다.

그런데 오늘날 우리 사회에서 타인 명의의 계좌를 이용한 보이스피싱 내지 메신저피싱 사기범행이 매우 빈발하여 사회적으로 커다란 문제가 되고 있음은 주지의 실정인바, 비록 대출을 받을 목적이었다고는 하더라도 만연히 통장 기타 거래매체를 타인에게 양도하여 준 행위는 이러한 사회실정에 비추어 볼 때 객관적인 일반인이라면 충분히 범죄에 이용될 수 있다는 예견가능성을 갖고 있었다고 봄이 상당할 것입니다.

따라서 위와 같은 예견가능성에도 불구하고 통장 기타 거래매체를 제공한 위 각 피고의 행위는 방조로서 공동불법행위를 구성한다고 봄이 상당할 것이므로 불법행위에 기한 손해배상책임이 성립한다고 봄이 상당합니다.

따라서 피고는 원고에게 손해배상금 (   )원 및 이에 대한 이 사건 소장 부본 송달일 다음날부터 다 갚는 날까지 소송촉진 등에 관한 특례법이 정한 연 15%의 각 비율에 의한 금원을 지급할 의무가 있습니다.

3. 결어

이에 원고는 위 각 금원의 지급을 구하기 위하여 이 사건 소 제기에 이르렀습니다.

증 명 방 법

(생 략)

첨 부 서 류

(생 략)

20○○.   ○.   ○.

위 원고 ○ ○ ○ (서명 또는 날인)

○○지방법원 귀중

9-2-5. 임차보증금반환 청구의 소

[서식 ①] 임차보증금반환청구의 소(계약기간 만료, 아파트)

소　　　장

원　　고　　○○○ (주민등록번호)
　　　　　　○○시 ○○구 ○○길 ○○(우편번호)
　　　　　　전화.휴대폰번호:
　　　　　　팩스번호, 전자우편(e-mail)주소:
피　　고　　◇◇◇ (주민등록번호)
　　　　　　○○시 ○○구 ○○길 ○○(우편번호)
　　　　　　전화.휴대폰번호:
　　　　　　팩스번호, 전자우편(e-mail)주소:

임차보증금반환청구의 소

청　구　취　지

1. 피고는 원고에게 금 68,000,000원 및 이에 대한 이 사건 소장부본 송달 다음날부터 다 갚는 날까지 연 12%의 비율에 의한 돈을 지급하라.
2. 소송비용은 피고의 부담으로 한다.
3. 위 제1항은 가집행 할 수 있다.
라는 판결을 구합니다.

청　구　원　인

1. 원고는 피고와 20○○. ○. ○. 피고 소유의 ○○시 ○○구 ○길 ○○ 소재 ○○아파트 203동 401호를 임차보증금 68,000,000원, 임대차기간 20○○. ○. ○.부터 2년으로 하여 임차한 사실이 있습니다.
2. 원고는 임대차계약기간이 끝나기 1개월 전에 임대인인 피고에게 임대차계약갱신 거절의 통지를 하고 임차보증금의 반환을 요구하였으나, 피고는 별다른 사유 없이 임차보증금의 반환을 계속 미루고 있습니다.
3. 따라서 원고는 피고로부터 위 임차보증금 68,000,000원 및 이에 대한 이 사건 소장부본 송달 다음날부터 다 갚는 날까지 소송촉진등에관한특례법에서 정한 연

12%의 비율에 의한 지연손해금을 지급 받기 위하여 이 사건 청구에 이른 것입니다.

입 증 방 법

1. 갑 제1호증   임대차계약서
1. 갑 제2호증   영수증
1. 갑 제3호증   통고서(내용증명우편)

첨 부 서 류

1. 위 입증방법   각 1통
1. 소장부본   1통
1. 송달료납부서   1통

20○○.　　○.　　○.

위 원고　　○○○　(서명 또는 날인)

○○지방법원　귀중

[서식 ②] 임차보증금반환청구의 소(임대차기간 2년 만료, 다세대 주택)

소   장

원   고   ○○○ (주민등록번호)
　　　　　 ○○시 ○○구 ○○길 ○○(우편번호)
　　　　　 전화.휴대폰번호:
　　　　　 팩스번호, 전자우편(e-mail)주소:
피   고   ◇◇◇ (주민등록번호)
　　　　　 ○○시 ○○구 ○○길 ○○(우편번호)
　　　　　 전화.휴대폰번호:
　　　　　 팩스번호, 전자우편(e-mail)주소:

임차보증금반환청구의 소

청 구 취 지

1. 피고는 원고에게 금 30,000,000원 및 이에 대한 이 사건 소장부본 송달 다음날부터 다 갚는 날까지 연 12%의 비율에 의한 돈을 지급하라.
2. 소송비용은 피고의 부담으로 한다.
3. 위 제1항은 가집행 할 수 있다.
라는 판결을 구합니다.

청 구 원 인

1. 원고는 피고와 피고 소유의 ○○시 ○○구 ○○길 ○○ 소재 ○○연립 301호를 계약기간은 2년, 임차보증금은 금 30,000,000원으로 하고, 월 임차료는 금 200,000원을 매월 15일 지급하기로 약정하여 임차하였습니다.
2. 위 임대차계약은 20○○. ○. ○. 임대차기간이 만료되었고 원고는 피고에게 기간이 만료되기 전부터 이사를 하겠다고 통보하였음에도 기간만료 후 수개월이 지난 지금까지 새로운 임차인이 나타나지 않는다는 이유로 위 임차보증금을 반환해주지 않고 있어 이사를 하지 못하고 있습니다.
3. 따라서 원고는 피고로부터 위 임차보증금 30,000,000원 및 이에 대한 이 사건 소장부본 송달 다음날부터 다 갚는 날까지 소송촉진등에관한특례법에서 정한 연 12%의 비율에 의한 지연손해금을 지급 받고자 부득이 이 사건 청구에 이른 것

입니다.

입 증 방 법

1. 갑 제1호증   임대차계약서
1. 갑 제2호증   보증금영수증
1. 갑 제3호증   통고서(내용증명우편)

첨 부 서 류

1. 위 입증방법   각 1통
1. 소장부본   1통
1. 송달료납부서   1통

20○○.　　○.　　○.

위 원고　　○○○　(서명 또는 날인)

○○지방법원　귀중

9-3. 형성의 소

9-3-1. 제3자 이의의 소

[서식 ①] 제3자이의의 소(아들의 채권자가 집행한 경우)

소　　　장

원　　　고　　○○○ (주민등록번호)
　　　　　　　○○시 ○○구 ○○로 ○○(우편번호 ○○○○○)
　　　　　　　전화·휴대폰번호:
　　　　　　　팩스번호, 전자우편(e-mail)주소:
피　　　고　　◇◇◇ (주민등록번호)
　　　　　　　○○시 ○○구 ○○로 ○○(우편번호 ○○○○○)
　　　　　　　전화·휴대폰번호:
　　　　　　　팩스번호, 전자우편(e-mail)주소:

제3자이의의 소

청　구　취　지

1. 피고가 소외 ◉◉◉에 대한 공증인가 ○○법률사무소 20○○증서 제○○○○호 집
　행력 있는 공정증서에 기하여 별지목록 기재 동산에 대하여 20○○. ○. ○. 한
　강제집행은 이를 불허한다.
2. 소송비용은 피고의 부담으로 한다.
라는 판결을 구합니다.

청　구　원　인

1. 별지목록 기재 동산에 대하여 피고가 소외 ◉◉◉를 상대로 공증인가 ○○법률
　사무소 20○○증 제○○○○호 집행력 있는 공정증서에 기하여 20○○. ○. ○.
　귀원 소속 집행관이 압류집행을 하고 매각기일이 같은 해 11. 3. 10시로 지정되었
　습니다.
2. 그런데 소외 ◉◉◉는 원고의 아들로서 소외 성명불상인 여자와 동거하면서 원고와
　별개의 세대를 구성하여 살다가 소외 성명불상인 여자가 도망가자 몸만 원고의
　집에 들어와 원고와 함께 살게 되었습니다. 그러므로 이 사건 별지목록 기재 동
　산 중 소외 ◉◉◉ 소유의 동산은 하나도 없고 모두 원고가 평생동안 모은 재산

들입니다.

3. 그럼에도 20○○. ○. ○. 11:55에 소속 집행관은 별지목록 기재 동산을 원고가 부재중일 때 소외 ◉◉◉의 동산으로 오인하여 집행하였던 것입니다.

4. 따라서 이 사건 별지목록 기재의 동산은 원고의 소유임이 명백하여 피고의 소외 ◉◉◉에 대한 동산압류집행조서등본에 기한 별지목록 기재의 동산에 대한 집행은 부당한 것이므로 청구취지와 같은 판결을 구하고자 이 사건 청구에 이른 것입니다.

입 증 방 법

1. 갑 제1호증   동산압류집행조서등본
1. 갑 제2호증   동산매각기일통지서

첨 부 서 류

1. 위 입증방법   각 1통
1. 소장부본   1통
1. 송달료납부서   1통

20○○. ○. ○.

위 원고 ○○○ (서명 또는 날인)

○○지방법원 ○○지원 귀중

[별 지]

물 건 목 록

품명	수량(대)
○○ 에어컨(23평형)	1
○○지펠 냉장고(676l)	1
○○ 16인치 스탠드 선풍기	1

물건소재지 : ○○시 ○○구 ○○로 ○○ 1층 점포내. 끝.

[서식 ②] 제3자이의의 소(부부 일방소유 입증가능 동산)

소　　　장

원　　고　　○○○ (주민등록번호)
　　　　　　○○시 ○○구 ○○로 ○○(우편번호 ○○○○○)
　　　　　　전화.휴대폰번호:
　　　　　　팩스번호, 전자우편(e-mail)주소:
피　　고　　◇◇◇ (주민등록번호)
　　　　　　○○시 ○○구 ○○로 ○○(우편번호 ○○○○○)
　　　　　　전화.휴대폰번호:
　　　　　　팩스번호, 전자우편(e-mail)주소:

제3자이의의 소

청　구　취　지

1. 피고가 소외 ◉◉◉에 대한 ○○지방법원 20○○. ○. ○. 선고 20○○가단○○○ 판결의 집행력 있는 정본에 기초하여 20○○. ○. ○. 별지 목록 기재 물건에 대하여 한 강제집행을 불허한다.
2. 소송비용은 피고가 부담한다.
라는 판결을 구합니다.

청　구　원　인

1. 피고는 소외 ◉◉◉에 대한 ○○지방법원 20○○가단○○○호 집행력 있는 판결 정본에 의하여 별지 목록 기재 유체동산에 대하여 강제집행을 신청하였고, 같은 법원 집행관에 의하여 ○○시 ○○구 ○○로 ○○에서 별지 목록 기재 유체동산 경매사건이 진행되었습니다.
2. 원고는 소외 ◉◉◉와 비록 부부관계에 있기는 하나, 결혼 전부터 원고는 조그만 옷가게 등을 운영하며 부부의 재산관계에 대하여 별도로 재산을 관리하여 왔고 위 경매사건이 20○○. ○. ○. 11:20부터 같은 일자 13:00에 종료되고 별지 목록 기재 유체동산은 원고가 낙찰을 받았으므로 별지 목록 기재 유체동산의 소유권은 원고에게 있다 할 것입니다.
3. 그런데 피고는 별지 목록 기재 유체동산에 대하여 20○○. ○. ○○. 다시 같은

집행관 20○○타기○○○호에 의하여 동산압류신청을 하여 유체동산을 경매하고자 하고 있습니다. 원고는 별지 목록 기재 물건에 대하여 정당한 소유자이므로 청구취지와 같은 판결을 구하고자 이 사건 청구에 이르렀습니다.

증 명 방 법

1. 갑 제1호증　　　　동산압류조서등본
1. 갑 제2호증　　　　유체동산 경매조서

첨 부 서 류

1. 위 증명방법　　　　각 1통
1. 소장부본　　　　　　1통
1. 송달료납부서　　　　1통

20○○.　　○.　　○.

위 원고　　○○○　(서명 또는 날인)

○○지방법원　귀중

[별　지] 생략

9-3-2. 사해행위취소 등 청구의 소

[서식 ①] 사해행위취소 등 청구의 소(사해행위취소 및 원상회복청구)

소　　　　　장

원　　고　　○○○ (주민등록번호)
　　　　　　○○시 ○○구 ○○로 ○○(우편번호 ○○○○○)
　　　　　　전화.휴대폰번호:
　　　　　　팩스번호, 전자우편(e-mail)주소:
피　　고　　◇◇◇ (주민등록번호)
　　　　　　○○시 ○○구 ○○로 ○○(우편번호 ○○○○○)
　　　　　　전화.휴대폰번호:
　　　　　　팩스번호, 전자우편(e-mail)주소:

사해행위취소 등 청구의 소

청　구　취　지

1. 피고와 소외 ◇◇◇ 사이에 별지목록 기재 부동산에 관하여 20○○. ○○. ○. 체결한 부동산매매계약을 취소한다.
2. 피고는 원고에게 위 부동산에 관하여 ○○지방법원 ○○등기소 20○○. ○○. ○○. 접수 제○○○호로써 20○○. ○○. ○. 매매를 원인으로 마친 소유권이전등기의 말소등기절차를 이행하라.
3. 소송비용은 피고의 부담으로 한다.
라는 판결을 구합니다.

청　구　원　인

1. 원고는 20○○. ○○. ○. 소외 ◇◇◇에게 금 30,000,000원을 이자 월 2%, 변제기 20○○. ○○. ○○.로 정하여 대여하였습니다. 위 돈을 대여할 당시, 원고가 채권회수에 대한 우려를 하자 ◇◇◇은 자신 소유의 별지목록 기재 부동산의 등기부등본을 보이면서 원고에게 만일 자신이 채무를 이행하지 못할 때에는 별지목록 기재 부동산을 임의대로 처분하여 대여금 변제에 충당하여도 아무런 이의를 제기하지 않겠다고 말하면서, 이를 증명하고자 위의 내용이 담긴 각서

및 별지목록 기재 부동산의 처분권에 대한 위임장을 작성하여 교부해주었습니다.

2. 한편, 피고는 ◆◆◆와 친분관계가 있는 바, ◆◆◆가 원고에게 위 각서 및 위임장을 써줄 당시 입회를 하여 별지목록 기재의 부동산을 처분하게 되면 원고가 채권확보를 할 수 없게 된다는 사실을 잘 알고 있었습니다.

3. 그럼에도 불구하고 피고는 20○○. ○○. ○○. ◆◆◆로부터 강제집행을 면하게 하여 달라는 부탁을 받고 별지목록 기재의 부동산에 관하여 ○○법원 ○○등기소(접수 제○○○호)에 매매를 원인으로 하여 소유권이전등기를 마쳤습니다.

4. 위에서 보듯이 ◆◆◆은 원고에 대한 강제집행을 면탈할 목적으로 별지목록 기재의 부동산을 피고에게 가장으로 처분한 사람이고, 피고는 소외인의 이러한 사정을 잘 알면서도 소외인과 공모하여 가장매매를 통하여 소외인의 별지목록 기재의 부동산을 취득한 악의의 수익자인 것이 명백하다 할 것입니다.

5. 따라서 피고와 소외인이 공모하여 행한 별지목록 기재 부동산에 대한 매매계약은 원고의 소외인에 대한 채권보전을 해하는 악의의 법률행위로서 취소되어야 할 것이며, 아울러 그로 인해 피고가 ○○지방법원 ○○등기소 20○○. ○○. ○○. 접수 제○○○호로 경료한 소유권이전등기는 말소되어야 마땅하다 할 것이므로, 원고는 부득이 청구취지와 같은 판결을 구하고자 이 사건 청구에 이르게 되었습니다.

입 증 방 법

1. 갑 제1호증 　　　　　　 차용증
1. 갑 제2호증 　　　　　　 각서
1. 갑 제3호증 　　　　　　 위임장
1. 갑 제4호증 　　　　　　 인감증명
1. 갑 제5호증의 1, 2 　　 각 부동산등기사항전부증명서
1. 갑 제6호증 　　　　　　 토지대장등본
1. 갑 제7호증 　　　　　　 건축물대장등본

첨 부 서 류

1. 위 입증방법 　　　　 각 1통
1. 소장부본 　　　　　　 1통
1. 송달료납부서 　　　　 1통

20○○.　○.　○.

위 원고　○○○　(서명 또는 날인)

○○지방법원　귀중

[별　지]

부동산의 표시

1동의 건물의 표시

　○○시 ○○구 ○○동 ○○ ○○○아파트 제5동

　[도로명주소] ○○시 ○○구 ○○로 ○○

전유부분의 건물표시

　　　　건물의 번호 : 5 - 2- 205

　　　　구　　　조 : 철근콘크리트라멘조 슬래브지붕

　　　　면　　　적 : 2층 205호 84.87㎡

대지권의 표시

　　　　토지의 표시 : ○○시 ○○구 ○○동 ○○

　　　　　　　　　　　대 9,355㎡

　　　　대지권의 종류 : 소유권

　　　　대지권의 비율 : 935500분의 7652. 끝.

[서식 ②] 사해행위취소 등 청구의 소(증여계약취소, 진정명의회복)

소 　 　 장

원 　 고 　 　○○○ (주민등록번호)
　 　 　 　 　 ○○시 ○○구 ○○로 ○○(우편번호 ○○○○○)
　 　 　 　 　 전화.휴대폰번호:
　 　 　 　 　 팩스번호, 전자우편(e-mail)주소:
피 　 고 　 　◇◇◇ (주민등록번호)
　 　 　 　 　 ○○시 ○○구 ○○로 ○○(우편번호 ○○○○○)
　 　 　 　 　 전화.휴대폰번호:
　 　 　 　 　 팩스번호, 전자우편(e-mail)주소:

사해행위취소 등 청구의 소

청 구 취 지

1. 피고와 소외 ◇◇◇ 사이에 별지목록 기재 부동산에 관하여 20○○. ○○. ○. 체결된 증여계약을 취소한다.
2. 피고는 소외 ◇◇◇에게 위 부동산에 관하여 서울○○지방법원 ○○등기소 20○○. 3. 3. 접수 제1234호로 마친 소유권이전등기의 말소등기절차를 이행하라.
3. 소송비용은 피고의 부담으로 한다.
라는 판결을 구합니다.

청 구 원 인

1. 원고와 소외 ◇◇◇는 중학교 때부터 친구로 가깝게 지내던 사이인 바, 원고는 20○○. ○. ○. 경 위◇◇◇로부터 '남편이 교통사고를 당해서 돈이 급하게 필요하다. 1달 안에 갚겠다'는 이야기를 듣고 20○○. ○. ○. 위 ◇◇◇에게 금 30,000,000원을 변제기 20○○. ○. ○.까지로 정하여 빌려주었습니다. 그런데 위 ◇◇◇는 위 변제기가 지나도록 계속 돈을 갚지 않았고, 이에 원고는 부득이 소외 ◇◇◇를 상대로 ○○지방법원 ○○지원 20○○가단○○○○호 대여금청구소송을 제기하여 20○○. ○. ○○. 승소판결을 받았습니다.
2. 한편, 소외 ◇◇◇는 위 판결이 선고된 직후인 20○○. ○○. ○. 자신의 유일한 재산인 별지목록 기재 부동산을 그 아들인 피고에게 증여하고 같은 날 피고의

명의로 소유권이전등기를 마쳤습니다.

3. 그런데 채무자인 소외 ◈◈◈의 위와 같은 증여는 채권자인 원고를 해함을 알고서 한 법률행위로서 사해행위에 해당함이 명백하다고 할 것이고, 피고도 소외 ◈◈◈의 아들로서 위와 같은 사해행위임을 알고 있었음이 명백하다고 할 것입니다.

4. 따라서 원고는 사해행위인 피고와 소외 ◈◈◈와의 위 부동산에 관한 증여계약을 취소하고, 사해행위 결과에 대한 원상회복을 원인으로 피고에 대하여 소외 ◈◈◈ 앞으로의 소유권이전등기절차의 이행을 구하기 위하여 이 사건 소를 제기합니다.

입 증 방 법

1. 갑 제1호증   집행력있는 판결문
1. 갑 제2호증   부동산등기사항전부증명서
1. 갑 제3호증   토지대장등본
1. 갑 제4호증   건축물대장등본

첨 부 서 류

1. 위 입증방법   각 1통
1. 소장부본   1통
1. 송달료납부서   1통

20○○.　　○.　　○.

위 원고　　○○○　（서명 또는 날인）

○○지방법원　귀중

[별　지]

부동산의 표시

1동의 건물의 표시
　○○시 ○○구 ○○동 ○○ ○○○아파트 제5동
　[도로명주소] ○○시 ○○구 ○○로 ○○
전유부분 건물의 표시
　건물의 번호 : 5-2-203

구　　　　조 : 철근콘크리트조
　면　　　　적 : 2층 203호 56.19㎡
대지권의 표시
　토지의 표시 : ○○시 ○○구 ○○동 ○○ 대 4003㎡
　대지권의 종류 : 위 토지의 소유권
　대지권의 비율 : 4003분의 36.124. 끝.

9-3-3. 공유물분할 청구의 소

[서식 ①] 공유물분할청구의 소(대금분할)

소　　　장

원　　고　　○○○ (주민등록번호)
　　　　　　○○시 ○○구 ○○길 ○○(우편번호 ○○○○○)
　　　　　　전화.휴대폰번호:
　　　　　　팩스번호, 전자우편(e-mail)주소:

피　　고　　1. 김◇◇ (주민등록번호)
　　　　　　　○○시 ○○구 ○○길 ○○(우편번호 ○○○○○)
　　　　　　　전화.휴대폰번호:
　　　　　　　팩스번호, 전자우편(e-mail)주소:
　　　　　　2. 이◇◇ (주민등록번호)
　　　　　　　○○시 ○○구 ○○길 ○○(우편번호 ○○○○○)
　　　　　　　전화.휴대폰번호:
　　　　　　　팩스번호, 전자우편(e-mail)주소:

공유물분할청구의 소

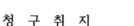

청 구 취 지

1. 별지목록1 기재의 부동산을 경매하고, 그 매각대금에서 경매비용을 공제한 금액
   을 분할하여 별지목록2 기재의 공유지분 비율에 따라 원.피고들에게 각 배당한다.
2. 소송비용은 피고들이 부담한다.
라는 판결을 구합니다.

청 구 원 인

1. 원고는 피고들과 별지목록1 기재의 부동산을 20○○. ○. ○. 경매절차에서 공
   동으로 매수신청하여 매각허가결정을 받아 별지목록2 기재 지분으로 공유하고
   있으며, 위 부동산에 관하여 공유자 사이에는 분할하지 않는다는 특약을 한 바
   없습니다.
2. 그 뒤 원고는 20○○. ○. 초순경 별지목록1 기재의 부동산을 팔아서 매각대금

을 지분대로 분할하려고 하였으나 피고들은 이 요구에 응하지 않고 있습니다.

3. 위와 같이 원고와 피고들 사이에 공유물분할에 관한 합의가 이루어지지 아니하고, 이 사건 부동산은 성질상 현물로 분할할 수 없으므로 별지목록1 기재의 부동산을 경매하여 그 매각대금을 공유지분비율에 따라 분할을 하는 것이 최선이라고 생각합니다.

4. 따라서 원고는 별지목록1 기재의 부동산을 경매에 붙여서 그 매각대금 중에서 경매비용을 공제한 다음 별지목록2 기재의 공유지분 비율에 따라 원.피고들에게 배당되도록 하여 공유관계를 해소하기 위하여 이 사건 청구에 이른 것입니다.

입 증 방 법

1. 갑 제1호증   부동산등기사항증명서
1. 갑 제2호증   토지대장등본
1. 갑 제3호증   공유에 관한 계약서
1. 갑 제4호증   통고서
1. 갑 제5호증   지적도등본

첨 부 서 류

1. 위 입증방법   각 1통
1. 소장부본   2통
1. 송달료납부서   1통

20○○. ○. ○.
위 원고   ○○○ (서명 또는 날인)

○○지방법원 귀중

[별지 1]

부동산의 표시

1동 건물의 표시
○○시 ○○구 ○○동 ○○
[도로명주소] ○○시 ○○구 ○○길 ○○
철근콘크리트조 슬래브지붕 6층 아파트

1층 201㎡

2층 260㎡

3층 260㎡

4층 260㎡

5층 260㎡

6층 260㎡

지층 238㎡

전유부분의 건물표시

제3층 제302호

철근콘크리트조

59㎡

대지권의 목적인 토지의 표시

○○시 ○○구 ○○동 ○○

대 1861.5㎡, 대 1909.9㎡

대지권의 표시

소유대지권

대지권비율 3771.4분의 37.67. 끝.

[별 지2]

공유자 및 지분표시

공 유 자	공 유 지 분
원 고 ○○○	1/3
피 고 1. 김◇◇	1/3
피 고 2. 이◇◇	1/3

[서식 ②] 공유물분할청구의 소(공동매수, 대지)

소　　　　　장

원　　고　　○○○ (주민등록번호)

　　　　　　○○시 ○○구 ○○길 ○○(우편번호 ○○○○○)

　　　　　　전화.휴대폰번호:

　　　　　　팩스번호, 전자우편(e-mail)주소:

피　　고　　1. 김◇◇ (주민등록번호)

　　　　　　　○○시 ○○구 ○○길 ○○(우편번호 ○○○○○)

　　　　　　　전화.휴대폰번호:

　　　　　　　팩스번호, 전자우편(e-mail)주소:

　　　　　　2. 박◇◇ (주민등록번호)

　　　　　　　○○시 ○○구 ○○길 ○○(우편번호 ○○○○○)

　　　　　　　전화.휴대폰번호:

　　　　　　　팩스번호, 전자우편(e-mail)주소:

공유물분할청구의 소

청 구 취 지

1. 별지 목록 기재의 부동산은 이를 경매하여 그 대금에서 경매비용을 공제한 금액을 3분하여 원고 및 피고들에게 각 3분의 1씩 배당한다.
2. 소송비용은 피고들이 부담한다.

라는 판결을 구합니다.

청 구 원 인

1. 원고는 피고들과 별지목록 기재의 토지 및 건물을 소외인 ◆◆◆로부터 금 ○○만원에 매수하여 균등한 지분으로 공유하고 있습니다. 그리고 위 공유물에 관하여는 공유자간에 분할하지 않는다고 특약을 한 바 없습니다.
2. 원고는 피고 김◇◇, 같은 박◇◇에 대하여 공유물의 분할을 청구하였으나 피고들은 위 공유물은 한 필의 토지 및 한 동의 건물로서 분할할 수 없다는 이유로 이에 응하지 않고 있습니다.
3. 그러나 위와 같이 분할하지 않는다는 계약이 없는 한, 원고의 청구에 의하여 언

제든지 분할하지 않으면 아니 되는 것이나, 건물의 분할에는 많은 난점이 있고, 또 토지에 관해서도 이를 분할하면 협소해져서 가격에 대단히 많은 손해를 볼 우려가 있으므로, 별지목록 기재의 토지 및 건물을 모두 경매하여 그 대금을 분할 하는 것이 최선의 방법이라 아니할 수 없습니다.

4. 따라서 원고는 별지목록 기재의 토지 및 건물을 모두 경매하여 그 대금 중에서 경매비용을 공제한 다음 3분하여 원고 및 피고들에게 각 3분의 1씩 배당되도록 하여 공유관계를 해소하기 위하여 이 사건 청구에 이른 것입니다.

입 증 방 법

1. 갑 제1호증　　　　　토지등기사항증명서
1. 갑 제2호증　　　　　토지대장등본
1. 갑 제3호증　　　　　지적도등본
1. 갑 제4호증　　　　　고정자산 평가증명서

첨 부 서 류

1. 위 입증방법　　　　　　　각 1통
1. 소장부본　　　　　　　　　2통
1. 송달료납부서　　　　　　　1통

20○○.　○.　○.

위 원고　　○○○　(서명 또는 날인)

○○지방법원 ○○지원　귀중

[별지]

부동산의 표시

1. ○○시 ○○구 ○○동 ○○-○○ 대 ○○○㎡
2. 위 지상 철근콘크리트 슬래브지붕 2층주택
　　1층 ○○㎡
　　2층 ○○㎡. 끝.

10. 답변서 작성에 대한 서식

[서식 ①] 답변서(건물 등 철거, 피고)

답 변 서

사　　건　　　20○○가단○○○　건물 등 철거
원　　고　　　○○○
피　　고　　　◇◇◇

위 사건에 관하여 피고의 소송대리인은 아래와 같이 답변합니다.

청구취지에 대한 답변

1. 원고의 청구를 기각한다.
2. 소송비용은 원고가 부담한다.
라는 재판을 구합니다.

청구원인에 대한 답변

1. 사실관계의 정리

　원고는 피고가 이 사건 건물의 소유자라고 주장하나 이는 사실과 다릅니다.

① 피고는 1984. 8. 24.경 소외 이00으로부터 이 사건 건물과 그 대지를 매수하기로 계약하였습니다. (을 제1호증 매매계약서 참조)

② 당시 이 사건 건물은 위 이00이 신축하여 소유하고 있던 미등기 건물이었습니다.

③ 피고는 위 이00과의 위 매매계약에 기하여 이 사건 건물을 인도받아 현재까지 살고 있습니다.

④ 한편, 위 이00은 1995년 경 사망하였는바, 이 사건 대지는 위 이00의 직계비속인 소외 이@@이 상속하였고, 그 무렵 이 사건 건물 역시 위 이@@에게 상속되었다 할 것입니다.

⑤ 2004년 경 피고는 당시까지 토지와 건물에 대한 등기이전을 하지 못한 관계로 이 사건 건물을 보수하기 위하여 토지의 소유자로 등기되어있던 위 이@@의 승낙이 필요하였고, 위 이@@의 승낙을 받아 이 사건 건물을 개보수 하였습니다. {을 제2호증 확인서(이@@) 참조}

⑥ 그 이후 2013. 1. 14.경 이 사건 토지는 강제경매에 의해 원고가 매수하였습니다.

2. 원고 주장의 부당성

가. 관습법상 법정지상권의 존재

(1) 관습법상 법정지상권은 ① 토지와 건물이 동일인의 소유에 속하였다가, ② 그 토지소유자와 건물소유자가 다르게 되었을 경우, ③ 위 건물에 대한 철거 특약이 없을 것을 조건으로 성립하게 됩니다.

(2) 이 사건 건물의 경우 최초 이 사건 건물을 신축한 위 망 이00이 원시취득한 이래로 미등기상태로 계속 존재하고 있어 현재까지도 위 이00의 상속인인 위 이@@의 소유라 할 것이고, 이 사건 토지의 경우에도 위 이@@이 위 이00로부터 상속하여 소유하고 있다가 2013년 경 강제경매에 의해 원고에게로 소유권이 이전된 것이므로, 관습법상 법정지상권의 첫 번째 성립요건인 ① 토지와 건물이 동일인의 소유에 속하였다는 것과 ② 그 토지소유자와 건물소유자가 다르게 되었을 것이라는 요건을 충족한다 할 것입니다.

또한, 강제경매로 인하여 이 사건 토지의 소유권이 이전된 이상 건물소유자와 토지소유자 사이에 이 사건 건물에 대한 철거 합의가 있는 것을 불가능하므로, 이를 이유로 ③ 위 건물에 대한 철거 특약이 없을 것이라는 요건도 충족합니다.

(3) 따라서 이 사건 건물에 대하여 현재 법정지상권이 성립되어있다 할 것입니다.

나. 피고의 점유 권원

(1) 피고는 과거 이 사건 건물과 토지를 위 망 이00로부터 매수하기로 계약하였고, 현재까지 점유·사용하고 있으므로 소유권이전등기청구권의 소멸시효는 중단된 상태라 할 것입니다.

(2) 또한 소외 이@@은 위 망 이00의 상속인으로 피고와 위 망 이00 사이의 매매계약에 따른 채무를 승계하고 있다 할 것이고, 비록 이 사건 토지에 대한 소유권이전등기청구는 이행불능에 빠졌지만, 이 사건 건물에 대하여는 여전히 피고가 위 매매계약에 따른 채권에 기하여 이 사건 건물을 점유·사용하고 있는 것인바, 민법 제213조 단서에 기하여 이 사건 건물 및 토지를 점유할 권리가 있다 할 것입니다.

다. 보론 - 피고의 관습법상 법정지상권 등기 및 이전 계획

(1) 현재 이 사건 건물의 대외적 소유권자는 위 이@@이라 할 것이고, 위 이@@은 이 사건 건물에 대한 관습법상 법정지상권을 취득한 상태입니다.

(2) 한편, 피고는 위 이@@로부터 이 사건 건물에 대한 소유권이전을 청구할 수 있는 채권을 보유하고 있고, 이 사건 건물의 유지를 위한 법정지상권도 함께 이전

을 청구할 권리를 가지고 있습니다.

(3) 위와 같은 이유로 현재 피고는 이 사건 건물에 대한 소유권보존등기를 경료하여 위 이@@로부터 소유권이전을 받고, 아울러 관습법상 법정지상권까지 함께 등기하여 이전받을 계획에 있으나, 이 사건 건물이 장기간 미등기로 존재하고 있던 건물이어서 건축 허가 등의 업무처리에 어려움이 있어 지연되고 있는 상황입니다.

3. 맺음말

요컨대, 이 사건 건물과 토지는 위 이@@의 소유였다가 강제경매로 인하여 소유권자가 달라진 상황으로, 이 사건 건물에 대한 관습법상 법정지상권이 성립되어 있어, 원고의 이 사건 청구는 이유 없다 할 것입니다.

입 증 방 법

1. 을 제1호증　　　　　　매매차계약서 사본
1. 을 제2호증　　　　　　확인서(이@@)

첨 부 서 류

1. 위 입증방법　　　　　　각 1통
2. 위임장　　　　　　　　1통
3. 납부서　　　　　　　　1통
4. 소장부본　　　　　1통

20○○.　　○○.　　○○.

위 피고　　◇◇◇ (서명 또는 날인)

○○지방법원 제○○민사단독　귀중

답 변 서

사   건   20○○가단○○○ 손해배상(자)
원   고   ○○○
피   고   ◇◇◇

위 사건에 관하여 피고는 다음과 같이 답변합니다.

청구취지에 대한 답변

1. 원고의 청구를 기각한다.
2. 소송비용은 원고의 부담으로 한다.
라는 판결을 구합니다.

청구원인에 대한 답변

1. 원고의 주장사실 가운데 이 사건 사고발생사실과 원고가 교통사고로 상해를 입은 사실은 인정합니다.
2. 과실상계의 주장
   원고는 오토바이를 무면허로 운전하였고, 안전모를 착용하지 않았으며 사고발생시 과속운전을 한 사실로 보아 이 사건 사고발생에 원고의 과실이 경합하여, 원고의 손해발생과 손해범위의 확대에 기여하였으므로 손해배상액산정에 있어서 원고의 과실부분은 참작되어야 할 것입니다.
3. 채무의 부존재
   가. 원고의 주장과는 달리 이 사건 사고로 인하여 원고가 입은 상해는 장기간의 치료를 요하거나 후유장해를 남기는 상해가 아니라 단순 좌측 팔골절상에 불과하였습니다.
   나. 이에 피고는 이 사건 소제기 전에 원고의 치료 요청에 따라 원고가 입은 손해의 전부인 치료비 전액 금 ○○○원 및 위자료로 금 ○○○원을 지급함으로써 이 사건 사고로 인한 배상책임을 모두 이행하였습니다.
      (피고는 추후 신체감정 및 형사기록이 송부되는 대로 원고가 주장하고 있는 사고발생 경위, 일실수입, 치료비 및 위자료에 대하여 적극적으로 다툴 예정입니다)

4. 결 어

피고는 피고에게 지급책임이 있는 범위내의 모든 채무를 이행하였으므로 원고의 이 사건 청구는 마땅히 기각되어야 할 것입니다.

20○○.   ○.   ○.

위 피고   ◇◇◇ (서명 또는 날인)

○○지방법원 제○민사단독   귀중

[서식 ③] 답변서(임차료청구에 대한 항변)

답　변　서

사　건　　20○○가소○○ 임차료 등
원　고　　○○○
피　고　　◇◇◇

　위 사건에 관하여 피고는 아래와 같이 답변합니다.

청구취지에 대한 답변

1. 원고의 청구를 기각한다.
2. 소송비용은 원고의 부담으로 한다.
라는 판결을 구합니다.

청구원인에 대한 답변

원고의 청구원인 사실 중,
1. 이 사건 건물이 원래 소외 김●●의 소유였다가 그 뒤 소외 ■■■가 상속한 사실,
2. 또한 피고의 남편 망 이◆◆가 임대료 월 금 70,000원씩 주고 임차하여 사용하다가 사망한 뒤 그의 처인 피고가 계속 사용하고 있다는 원고의 주장은 이를 인정하나, 위 건물을 소외 제3자에게 전대하였다거나, 월 임차료가 10개월 연체되었다는 원고의 주장은 전혀 사실이 아니거나 피고가 모르는 사실입니다.

20○○.　　○.　　○.
위 피고　　◇◇◇ (서명 또는 날인)

○○지방법원 제○○민사단독　귀중

[서식 ④] 답변서(대여금청구에 대한 부인)

답 변 서

사　　건　　20○○가단○○○○ 대여금
원　　고　　○○○
피　　고　　◇◇◇

　　위 사건에 관하여 피고는 다음과 같이 답변합니다.

다　　　　　　　음

1. 기초적인 사실관계
　　가. 원고는 20○○. ○. ○. 피고에게 금 30,000,000원을 대여하였다고 주장하며
　　　　그 돈의 지급을 구하고 있으나 이는 사실과 다릅니다.
　　나. 원고와 피고는 평소 잘 알고 지내던 사이로서 소외 ◉◉◉는 피고의 매형입니
　　　　다. 소외 ◉◉◉는 20○○. ○.경 사업문제로 인하여 급전이 필요하다고 하여
　　　　피고에게 돈을 빌릴 만한 사람이 없느냐고 물어왔고 피고는 잘 알고 있던 원
　　　　고에게 혹시 여유 있는 돈이 있느냐고 물었더니 가능하다고 하여 피고는 원
　　　　고를 소외 ◉◉◉에게 소개하여 주었던 것입니다.
　　다. 그 뒤 소외 ◉◉◉가 위 가항 일시에 원고로부터 금 30,000,000원을 차용한
　　　　것은 사실입니다.

2. 피고의 책임
　　비록 원고가 피고의 소개로 인하여 소외 ◉◉◉를 알게 되어 소외 ◉◉◉에게 돈
　　을 대여하였다고는 하나 이는 피고와는 직접적인 관련은 없는 것으로서 피고가
　　위 대여금의 지급을 보증한 적은 없습니다.
　　원고는 피고가 위 대여일시에 동석하였다는 이유만으로 피고가 책임을 져야 한다
　　는 취지로 주장하나 이는 타당하다고 볼 수 없으며, 어떠한 형태로든 피고가 위
　　지급의 보증의사를 표시한 적이 없으므로 피고가 이를 책임질 이유는 없다 할
　　것입니다.

3. 결론
　　원고는 소외 ◉◉◉로부터 대여금을 지급 받지 못하자 피고에게 소를 제기한 것
　　으로서 위와 같이 원고의 청구는 타당하지 않으므로 이를 기각하여 주시기 바랍
　　니다.

20○○.　○.　○.
위 피고　◇◇◇ (서명 또는 날인)

○○지방법원 제○○민사단독　귀중

11. 피고경정신청

[서식] 피고경정신청서

피 고 경 정 신 청 서

사　　건　　20○○가단○○○○ 약속어음금
원　　고　　○○○
피　　고　　◇◇◇

　위 사건에 관하여 원고는 이 사건 피고를 잘못 지정하였으므로 민사소송법 제260
조 제1항에 의하여 다음과 같이 피고의 경정을 신청하오니 허가하여 주시기 바랍니
다.

신 청 취 지

　이 사건의 당사자표시 중 "피고 ◇◇◇(주민등록번호 또는 한자) ○○시 ○○구 ○
○길 ○○(우편번호 ○○○-○○○)"로 된 것을 "피고 ◆◆주식회사 ○○시 ○○구
○○길 ○○○(우편번호 ○○○-○○○) 대표이사 ◇◇◇"로 경정한다.
라는 결정을 구합니다.

신 청 이 유

1. 원고는 개인 ◇◇◇를 피고로 하여 위 사건 약속어음금청구의 소를 제기하였습니
   다.
2. 그런데 이 사건 약속어음의 발행인란에는 발행인이 "◆◆주식회사 대표이사 ◇◇
   ◇"라고 기재되어 있으므로 이 사건 약속어음의 정당한 발행인은 ◆◆주식회사라
   고 하여야 할 것입니다.
3. 따라서 원고는 피고를 ◇◇◇ 개인에서 ◇◇◇가 대표이사로 재직하는 ◆◆주식
   회사로 경정허가결정을 얻고자 이 신청에 이른 것입니다.

첨 부 서 류

　1. 약속어음　　　　　　　　　　1통
　1. 신청서부본　　　　　　　　　1통

1. 송달료납부서   1통

                    20○○. ○. ○.
                    위 원고   ○○○ (서명 또는 날인)

위 피고경정에 동의합니다.

                    위 피고   ◇◇◇ (서명 또는 날인)

○○지방법원 제○민사단독 귀중

12. 청구변경에 대한 서식

[서식] 청구취지 및 청구원인변경신청서

청구취지 및 원인 변경신청서

사　　건　20○○가단○○○ 토지인도 등
원　　고　○○○
피　　고　◇◇◇

위 사건에 관하여 원고는 다음과 같이 청구취지 및 원인을 변경합니다.

변경한 청구취지

1. 피고는 원고에게,
 가. ○○시 ○○동 산○○ 임야 99㎡ 지상 벽돌조 슬래브지붕 단층주택 24.5㎡(별지
　　도면 표시 1, 2, 3, 8, 1의 각 점을 차례로 연결한 선내 ㉮부분) 및 시멘트블
　　록조 스레트지붕 단층창고 및 화장실 6.5㎡(별지도면 표시 9, 10, 11, 12, 9의
　　각 점을 차례로 연결한 선내 ㉯부분)를 각 철거하고 위 토지(별지도면 표시
　　ㄷ, ㄹ, ㅁ, ㅂ, ㅅ, ㄷ의 각 점을 차례로 연결한 선내 부분)를 인도하고,
 나. 19○○. ○. ○.부터 위 토지 인도 완료일까지 월 ○○○원의 비율에 의한 금원
　　을 지급하라.
2. 소송비용은 피고의 부담으로 한다.
3. 제1항은 가집행 할 수 있다.
라는 판결을 구합니다.

변경한 청구원인

1. 원고는 19○○. ○. ○. 분할 전 ○○시 ○○동 산○○ 임야 614㎡(다음부터 '분
　할 전 이 사건 토지'라 합니다)에 관하여 그 공유자 중 1인인 소외 ◉◉◉로 부
　터 그 소유지분 614분의 429지분을 취득하였고, 분할 전 이 사건 토지는 19○○.
　○. ○. 공유물분할의 확정판결에 의하여 같은 동 산 48의31 임야 185㎡가 분할되
　어 같은 동 산 48의20 임야 429㎡(별지도면 표시 ㄱ, ㄴ, ㄷ, ㄹ, ㄱ의 각 점을 차
　례로 연결한 선내 부분, 다음부터 '분할 후 이 사건 토지'라 합니다)는 원고 단독
　소유로 되었습니다{갑 제1호증(부동산등기부등본) 참조}.

2. 피고는 원고가 분할 전 이 사건 토지에 관하여 소유권을 취득한 19○○. ○. ○. 이전부터 현재까지 아무런 법률상 권원 없이 분할 전 이 사건 토지의 지상에 벽돌조 슬래브지붕 단층주택 1동 74㎡(별지도면 표시 1, 2, 3, 4, 5, 6, 7, 8, 1의 각 점을 차례로 연결한 선내 부분) 및 시멘트블록조 스레트지붕 단층창고 및 화장실 1동 6.5㎡(별지도면 표시 9, 10, 11, 12, 9의 각 점을 차례로 연결한 선내 ㉯ 부분)을 지어 분할 후 원고 소유의 이 사건 토지 중 99㎡ 부분(다음부터 '이 사건 피고 점유토지'라 합니다)을 배타적으로 점유, 사용·수익하여 임료 상당의 이익을 얻고 이로 인하여 같은 금액 상당의 손해를 원고에게 가하였습니다.

3. 피고의 이 사건 피고 점유토지를 사용·수익함으로써 얻은 부당이득액

 가. 원고는 19○○. ○. ○. 분할 후 이 사건 토지를 단독 소유하여 왔고 피고는 법률상 원인 없이 이 사건 피고 점유 토지를 사용·수익하여 왔으므로 피고는 부당이득을 원인으로 하여 원고에게 이 사건 피고 점유 토지에 관한 임료 상당액을 반환할 의무가 있다 할 것입니다.

 나. 또한 임료감정결과에 의하면, 19○○. ○. ○. 분할 후 이 사건 변론 종결일에 가까운 2000.○. ○.까지 이 사건 피고 점유 토지의 차임은 월 ○○○원 임을 인정할 수 있고 그 이후의 차임도 같은 금액일 것으로 추인됩니다.

 다. 따라서 피고는 원고에게 19○○. ○. ○. 분할 후부터 이 사건 토지의 인도완료일까지 월 ○○○원의 비율에 의한 금원을 부당이득으로 반환하여야할 의무가 있습니다.

4. 결 어

 그렇다면 피고는 원고에게, 변경된 청구취지 기재 각 건물을 철거하고 이 사건 피고 점유 토지를 인도할 의무가 있다 할 것이고, 19○○. ○. ○. 분할 후부터 이 사건 토지의 인도완료일까지 이 사건 피고 점유 토지에 대한 임료상당액에 해당하는 월 ○○○원의 비율에 의한 금원을 부당이득으로 반환하여야할 의무가 있습니다.

20○○.　　○.　　○.

위 원고　　○○○　(서명 또는 날인)

○○지방법원 ○○지원 제○민사단독 귀중

13. 소취하에 대한 서식

[서식 ①] 소취하서(피고의 동의를 받은 경우)

소 취 하 서

사   건   20○○가단○○○ 손해배상(자)

원   고   ○○○

피   고   ◇◇화재해상보험(주) 외 1

　위 사건에 관하여 당사자간에 원만히 합의되었으므로 원고는 소전부를 취하합니다.

　　　　　　　　　　20○○. ○. ○.

　　　　　　　　　　위 원고   ○○○ (서명 또는 날인)

　　　　　　위 취하에 동의함

　　　　　　　　　　위 피고   1. ◇◇화재해상보험(주)

　　　　　　　　　　　　　　　　　대표이사 ◈◈◈ (서명 또는 날인)

　　　　　　　　　　　　　　　　2. ◆◆◆ (서명 또는 날인)

○○지방법원 제○민사단독   귀중

[서식 ②] 소취하서(피고의 동의를 받지 않은 일방적 소취하)

소　취　하　서

사건번호　　20○○가단○○○ 손해배상(기)
원　　　고　　○○○
피　　　고　　◇◇◇

　　위 사건에 관하여 원고는 사정에 의하여 소 전부를 취하합니다.

　　　　　　　　　　　20○○.　　○.　　○.
　　　　　　　　　　　위 원고　　○○○ (서명 또는 날인)

○○지방법원 제○○민사단독　귀중

14. 반소에 대한 서식

[서식 ①] 반소장{손해배상(기)}

반 소 장

사　　　건(본소)　　20○○가단○○○○ 채무부존재확인

피고(반소원고)　　◇◇◇ (주민등록번호)

　　　　　　　　　○○시 ○○구 ○○길 ○○(우편번호)

　　　　　　　　　전화.휴대폰번호:

　　　　　　　　　팩스번호, 전자우편(e-mail)주소:

원고(반소피고)　　○○○ (주민등록번호)

　　　　　　　　　○○시 ○○구 ○○길 ○○(우편번호)

　　　　　　　　　전화.휴대폰번호:

　　　　　　　　　팩스번호, 전자우편(e-mail)주소:

위 사건에 관하여 피고(반소원고)는 다음과 같이 반소를 제기합니다.

손해배상(기)청구의 반소

반 소 청 구 취 지

1. 원고(반소피고)는 피고(반소원고)에게 금 91,062,000원 및 이에 대한 19○○. ○○. ○.부터 이 사건 반소장부본 송달일까지는 연 5%의, 그 다음날부터 다 갚는 날까지는 연 12%의 각 비율에 의한 돈을 지급하라.
2. 소송비용은 본소, 반소를 모두 원고(반소피고)가 부담한다.
3. 위 제1항은 가집행 할 수 있다.

라는 판결을 구합니다.

반 소 청 구 원 인

1. 손해배상책임의 발생

　가. 피고(반소원고, 다음부터 피고라고만 함)는 소외 김◆◆, 소외 이◆◆의 소개로 19○○. ○.초순경 피고의 집 앞 노상에서 고랭지 무를 원고(반소피고, 다음부터 '원고'라고 함)에게 금 6,000,000원에 밭떼기로 매도하기로 하는 계약을 체

결하였습니다. 피고는 계약당시 원고에게 무를 출하한 뒤 7월 말까지 배추를 심어야 하니 경작중인 무를 7월 20일경까지 모두 출하해 줄 것을 요구하였고 원고도 그 사정을 이해하고 7월 20일까지는 무를 모두 출하하겠다고 약속하고 이행지체시 배추를 심지 못하여 발생하는 손해 등 모든 손해를 배상하기로 하였습니다.

당시 피고는 무 작황이 좋지 않아 무를 팔아버리고 빨리 배추를 심어야겠다는 생각에 무의 생산원가에도 미치지 못하는 금 6,000,000원의 헐값에 매도하게 된 것입니다.

나. 원고는 피고의 무를 매수한 뒤 19○○. 7. 중순경 1차로 3필지를 작업한 뒤 출하를 완료하기로 약속한 같은 달 20일이 지난 같은 달 25.경 2일에 걸쳐 4필지를 작업하였습니다. 피고는 같은 달 25.경 출하작업 중이던 원고에게 배추를 심어야 하니 빨리 밭을 비워달라고 이야기하는 등 계속하여 무를 모두 출하해 줄 것을 요구하였으나 원고는 이를 이행하지 않았습니다.

피고는 배추 이모작을 위하여 이미 배추 종묘를 구입하였으나 원고가 19○○. 8. 말경까지도 피고의 무밭 나머지 3필지에 대한 작업을 마치지 아니하여 결국 배추 이모작을 해야 할 시기를 놓쳐버리고 말았습니다. 출하작업이 덜 끝난 무밭에는 이미 작업을 끝낸 부분에 트럭 등을 세워놓고 사람들이 출입하며 작업을 해야 하므로 이미 작업이 끝난 부분이라 하더라도 그곳에 다른 작물을 심는 것이 불가능하여 결국 피고는 구입해 놓은 배추 종묘를 하나도 심지 못한 것입니다.

다. 피고의 무밭은 해발 약 500m 정도에 위치하고 있는데 그 높이의 무밭에서 나오는 고랭지 무는 대개 7월 안에 출하되고, 해발 약 700m 이상에 위치한 밭에서 나오는 무는 8월 이후에 출하됩니다. 해발 500m 정도에 위치한 밭에서 나오는 무는 8월이 지나게 되면 무더위로 인하여 썩는 등 상품성을 잃게 되고 그 이후에는 그보다 높은 곳에서 나오는 무가 출하되는 것입니다. 따라서 피고의 경우에는 7월 말까지 무를 출하하고 난 뒤 바로 배추를 심게 되면 그로부터 약 60일이 지난 9월 말경 배추를 출하하는 것이므로 무와 배추의 이모작이 가능합니다.

라. 원고는 위와 같은 피고의 사정을 잘 알고 있으면서도 당초에 정한 출하작업 완료기한을 지키지 않아 피고로 하여금 배추이모작을 불가능하게 하였으므로 피고에 대하여 채무불이행에 기한 손해배상책임을 부담해야 할 것입니다.

2. 손해배상의 범위

가. 피고는 7월 말경 배추를 심은 뒤 60일 뒤인 9월 말경 배추를 출하할 예정이었으므로 배추의 출하에 따른 예상수입에서 부대비용을 제외하고 남는 순수익을 계산하면 다음과 같습니다.

(1) 배추 출하 예상수입

　　　피고는 19○○. 9. 말경 밭 10필지 총 22,830㎡에서 배추를 출하할 예정이었
　　　는데 그 분량을 계산해 보면 5톤 트럭으로 대략 20대 분량의 배추를 출하할
　　　수 있었습니다(평균적으로 991㎡에서 5톤 트럭 1대 분량이 나옴).

　　　19○○. 9. 경의 배추 도매가격은 평균적으로 5톤 트럭 1대당 금 5,365,000원
　　　이므로 피고가 출하할 수 있었던 배추는 합계 금 107,300,000원(금
　　　5,365,000원×20대)에 달합니다.

(2) 부대비용

　　5톤 트럭 1대당 부대비용을 계산하면 다음과 같습니다.

　　·산지 배추 1대 상차비 : 금 230,000원

　　·운송비(정선 -> 서울) : 금 240,000원

　　·배추 1대 포장비용 : 금 20,000원

　　·상장수수료(금 5,365,000원×6%) : 금 321,900원

　　·합계 금 811,900원.

　　　그러므로 총 부대비용은 금 16,238,000원입니다.

나. 따라서 피고의 총 손해액은 배추 판매예상수입에서 부대비용을 공제한 금
　　91,062,000원입니다.

3. 결 론

　　그렇다면 원고는 피고에게 금 91,062,000원 및 이에 대한 배추 출하시점 이후인
　　19○○. 10. 1.부터 이 사건 반소장부본 송달일까지는 민법에서 정한 연 5%의,
　　그 다음날부터 다 갚는 날까지는 소송촉진등에관한특례법에서 정한 연 12%의 각
　　비율에 의한 돈을 지급할 의무가 있다 할 것입니다.

입 증 방 법

1. 을 제9호증의 1,2　　　　　　　　각 농수산물가격월보 표지 및 내용

첨 부 서 류

1. 위 입증방법　　　　　　各 1통
1. 반소장부본　　　　　　　1통
1. 송달료납부서　　　　　　1통

20○○.　○.　○.

위 피고(반소원고) ◇◇◇ (서명 또는 날인)

○○지방법원 제○민사단독　귀중

[서식 ②] 반소장(임차보증금반환청구)

반　　소　　장

사　　　　건　　20○○가단○○○ 건물명도
피고(반소원고)　　◇◇◇ (주민등록번호)
　　　　　　　　　○○시 ○○구 ○○길 ○○(우편번호 ○○○○○)
　　　　　　　　　전화.휴대폰번호:
　　　　　　　　　팩스번호, 전자우편(e-mail)주소:
원고(반소피고)　　○○○ (주민등록번호)
　　　　　　　　　○○시 ○○구 ○○길 ○○(우편번호 ○○○○○)
　　　　　　　　　전화.휴대폰번호:
　　　　　　　　　팩스번호, 전자우편(e-mail)주소:

위 사건에 관하여 피고(반소원고)는 다음과 같이 반소를 제기합니다.

임차보증금반환청구의 소

청　구　취　지

1. 원고(반소피고)는 피고(반소원고) 에게 금 21,382,368원 및 이에 대한 건물명도
   일부터 다 갚는 날까지 연 5%의 비율에 의한 돈을 지급하라.
2. 반소에 관한 소송비용은 원고(반소피고)가 부담한다.
3. 위 제1항은 가집행 할 수 있다.
라는 판결을 구합니다.

청　구　원　인

1. 피고(반소원고)의 임대차보증금반환청구권의 발생
   가. 피고(반소원고, 다음부터 '피고'라고만 함)는 20○○. 10. 20. 소외 ◆◆◆ 소
   　유의 ○○시 ○○구 ○○길 ○○ 소재 주택(다음부터 '이 사건 주택'이라고만
   　함) 1층부분에 관하여, 소외 ◆◆◆와 임대차보증금 24,000,000원, 임대차기
   　간 ○○개월로 정하여 주택임대차계약을 체결하고(을 제1호증 임대차계약서
   　참조), 그 무렵 이 사건 주택에 입주하여 20○○. 10. 31. 전입신고를 마쳤
   　고(을 제2호증 주민등록표등본 참조), 20○○. 4. 8.자로 확정일자를 받았습

니다. 그 뒤 피고는 20○○. 6. 12. 이 사건 주택에 관하여 소외 ◆◆◆와 임대차보증금을 금 26,000,000원으로 증액하기로 하고 위 임대차계약을 갱신하였습니다(을 제3호증 임대차계약서 참조).

나. 한편, 이 사건 주택에 관하여는 20○○. 9. 28. ○○지방법원 20○○타경○○○호 근저당권실행에 의한 경매개시결정에 의하여 경매가 진행되었는바, 이 사건 주택은 소외 ◆◆◆에게 매각되어 20○○. 10. 17. 위 소외 ◆◆◆에게 소유권이전등기가 되었다가, 20○○. ○. ○. 다시 원고(반소피고, 다음부터 '원고'라고만 함)에게 매매를 원인으로 그 소유권이 이전되었습니다(을 제4호증의 1, 2 각 부동산등기부등본 참조).

다. 그리고 피고는 위 나.항의 경매절차에서 금 26,000,000원의 임대차보증금 중 금 2,167,632원을 배당 받았습니다(을 제5호증 배당표 참조).

라. 그런데 주택임대차보호법상 대항력과 우선변제권을 아울러 가지고 있는 주택 임차인은 경매절차에서 임차보증금 전액에 대하여 배당요구를 하였더라도 임차보증금 전액을 배당 받을 수 없었던 때에는 임차보증금 중 경매절차에서 배당 받을 수 있었던 금액을 공제한 잔액에 관하여 경매절차의 매수인에게 대항하여 이를 반환 받을 때까지 임대차관계의 존속을 주장할 수 있다고 봄이 상당하다고 할 것인데(대법원 1997. 8. 22. 선고 96다53628 판결 참조), 위에서 본 바와 같이 피고는 주택임대차보호법상 대항력과 우선변제권을 아울러 가지고 있었습니다.

마. 따라서 원고는 임차주택의 양수인으로서, 피고가 원고에 대하여 대항력을 가지는 금 24,000,000원 중 피고가 배당 받은 금 2,617,632원을 공제한 금 21,382,368원의 임대차보증금을 반환해야 할 의무가 있다 할 것입니다.

2. 결론

그렇다면 원고는 피고에게 위 임차보증금 잔액 금 21,382,368원 및 이에 대한 건물명도일부터 다 갚는 날까지 민법에서 정한 연 5%의 비율에 의한 지연손해금을 지급할 의무가 있다 할 것이므로, 피고는 이를 구하기 위하여 이 사건 반소청구를 하기에 이르렀습니다.

입 증 방 법

1. 을 제1호증   임대차계약서(증액되기 전)
1. 을 제2호증   주민등록표등본
1. 을 제3호증   임대차계약서(증액된 이후)
1. 을 제4호증의 1,2   각 부동산등기사항증명서
1. 을 제5호증   배당표

첨 부 서 류

1. 위 입증방법   각 1통
1. 반소장부본   1통
1. 송달료납부서   1통

20○○. ○. ○.

위 반소원고(본소피고) ◇◇◇ (서명 또는 날인)

○○지방법원 ○○지원 제○민사단독 귀중

반 소 장

사　　　　　건	20○○가소○○○ 손해배상(기)
피고(반소원고)	◇◇◇ (주민등록번호)
	○○시 ○○구 ○○길 ○○(우편번호 ○○○○○)
	전화.휴대폰번호:
	팩스번호, 전자우편(e-mail)주소:
원고(반소피고)	○○주식회사
	○○시 ○○구 ○○길 ○○(우편번호 ○○○○○)
	대표이사 ◉●◉
	전화.휴대폰번호:
	팩스번호, 전자우편(e-mail)주소:

위 사건에 관하여 피고(반소원고)는 아래와 같이 반소를 제기합니다.

퇴직금청구의 소

반 소 청 구 취 지

1. 원고(반소피고)는 피고(반소원고)에게 금 ○○○원 및 이에 대한 20○○. ○○. ○○.부터 20○○. ○○. ○○.까지는 연 6%의, 그 다음날부터 다 갚는 날까지는 연 20%의 각 비율에 의한 돈을 지급하라.
2. 소송비용은 원고(반소피고)가 부담한다.
3. 위 제1항은 가집행 할 수 있다.
라는 판결을 구합니다.

반 소 청 구 원 인

1. 피고(반소원고)는 ○○시 ○○구 ○○길 ○○-○에 소재한 원고(반소피고)회사에 20○○. ○. ○. 입사하여 20○○. ○○. ○. 퇴사할 때까지 ○○점 매장 및 ◎◎점 매장에서 의류를 판매하는 일에 종사하였습니다.
2. 피고(반소원고)는 매월 금 ○○○원 정도의 월급과 400%의 수당을 원고(반소피고)회사로부터 지급 받았습니다. 그리고 판매실적에 따라 판매수당을 지급 받았

습니다.

3. 그러나 피고(반소원고)가 20○○. ○○. ○. 퇴직할 당시 원고(반소피고)회사로부터 퇴직금을 지급 받지 못하였으며, 그 퇴직금은 금 ○○○원입니다. 또한, 단체협약서에 퇴직금의 지급시기에 관하여 별도로 정해진 바가 없으며, 근로기준법 제37조 소정의 금품청산제도는 근로관계가 종료된 후 사용자로 하여금 14일 내에 근로자에게 임금이나 퇴직금 등의 금품을 청산하도록 하는 의무를 부과하는 한편, 이를 불이행하는 경우 형사상의 제재를 가함으로써 근로자를 보호하고자 하는 것이지 사용자에게 위 기간 동안 임금이나 퇴직금지급의무의 이행을 유예하여 준 것이라고 볼 수는 없으므로 피고(반소원고)는 퇴직금청구권을 퇴직한 다음 날부터 행사할 수 있다고 봄이 타당합니다.

4. 따라서 피고(반소원고)는 원고(반소피고)회사에게 위 퇴직금 ○○○원 및 이에 대한 퇴직한 날의 다음날인 20○○. ○○. ○○.부터 20○○. ○○. ○○.까지는 상법에서 정한 연 6%의, 그 다음날부터 다 갚는 날까지는 근로기준법 제37조 및 동법 시행령 제17조에서 정한 연 20%의 각 비율에 의한 지연손해금의 지급을 구하기 위하여 이 사건 반소청구에 이르게 된 것입니다.

입 증 방 법

1. 을 제1호증　　　　　단체협약서
1. 을 제2호증　　　　　체불금품확인원

첨 부 서 류

1. 위 입증방법　　　　　각 1통
1. 반소장부본　　　　　　1통
1. 송달료납부서　　　　　1통

20○○.　○.　○.

위 피고(반소원고) ◇◇◇ (서명 또는 날인)

○○지방법원 ○○지원 제○○민사단독　귀중

반　소　장

반소원고　여 ○ ○ (주민등록번호)
(본소 피고)　　등록기준지 : ○○시 ○○구 ○○길 ○○
　　　　　　　주소 : ○○시 ○○구 ○○길 ○○

반 소 피 고　남 △ △(주민등록번호)
(본소 원고)　　　등록기준지 및 주소 : 반소원고(본소 피고)와 같음
　　　　　　　송달 장소 : ○○시 ○○구 ○○길 ○○(우편번호)

본소의　표시 :　귀원 20○○ 드단 ○○○ 이혼등

부양료청구의 소

반 소 청 구 취 지

1. 반소 피고(본소 원고)는 반소 원고(본소 피고)에게 이 사건 반소장 부본 송달
   일부터 별거 해소 또는 혼인관계의 종료시까지 매월 ○○○원을 매월 말일에
   지급하라.
2. 반소 소송비용은 반소 피고(본소 원고)의 부담으로 한다.
3. 위 제1항은 가집행 할 수 있다.
라는 판결을 구합니다.

반 소 청 구 원 인

1. 별거 경위
   반소 피고는 반소 원고를 며느리로 인정하지 못하는 부모와 반소 원고 사이에
   서 고민을 하다가 20○○. ○. ○. "부모도 싫고, 가정도 싫고, 중간에서 괴로우니
   유학을 가겠다"는 말을 남기고 일방적으로 가출하였고, "어린 아이를 봐서라도
   이혼하지 말고 가정을 지키자"는 반소 원고의 눈물겨운 호소에도 불구하고 이
   사건 본소인 이혼소송을 제기하였으며 지금까지 별거 상태입니다.
2. 부양의 필요성 및 부양의 정도
   가. 반소 피고는 가출 후에도 반소 원고에게 조금씩 생활비를 지급해 주었고 급여

의 절반 정도를 생활비로 주겠다는 취지의 약속도 한 사실이 있으나, 20○○. ○.월부터는 일체의 생활비 지급을 중단하고 있습니다.

나. 반소 원고는 현재 생후 12개월 정도 된 본소 사건본인 남□□을 양육하고 있고, 둘째 아이를 임신중이며 아무런 직업 및 소득이 없습니다.

　　취업을 하고자 하더라도 위 남□□이 너무 어리고 임신상태라 취업을 할 수도 없으며 현재 임신 3개월로 접어들면서 입덧도 심하고 남편의 가출과 이혼소송 제기로 인한 충격으로 정신적 육체적으로 건강 상태가 좋지 않습니다.

　　한편, 반소 피고는 소외 ☆☆증권(주)에 다니며 월 평균 ○○○원의 급여를 받고 있습니다.(반소 피고의 월급여는 상여금과 수당을 포함하여 월 평균 ○○○원이 넘는 것 같으나, 반소 원고로서는 정확한 금액을 알 수 없어 앞으로 필요하다면 위 소외회사에 대해 사실조회를 통해 입증하고자 함)

다. 반소 원고는 위 남□□의 분유, 이유식 비용, 기저귀 비용, 병원비등으로 한달 평균 약 ○○○원정도가 소요되고, 아파트 관리비, 가스, 수도등공과금, 전화요금, 반소 원고의 산부인과 진료비를 비롯한 병원비, 기타식비등 기등록기준지인 생활비로 월 평균 약 ○○○원 정도 소요됩니다.

　　그런데 반소 피고가 3개월째 전혀 생활비를 지급하지 않고 있어 돌을 앞둔 아이와 임신으로 생활비가 많이 들어갈 시기에 경제적으로 큰 어려움을 겪고 있습니다.

라. 민법 제826조에 의하면 부부는 동거하며 서로 부양하고 협조할 의무가 있고 이는 부부가 서로 협력하여 자녀를 양육하는 등의 가정 공동생활을 하면서 자기 생활을 유지하는 것과 동일한 수준으로 상대방의 생활을 유지해 주는 것을 의미하는 것이므로 부부는 가정 공동생활에 필요한 비용을 공동하여 부담할 의무가 있다고 할 것이며 미성숙 자녀의 양육비도 부부의 공동생활비용분담의 대상에 포함된다고 할 것입니다.

마. 따라서 반소 피고의 수입액, 사회적 지위, 부양이 필요한 정도 및 필요한 생활비 금액, 별거의 경위 및 유책 유무등을 종합해 볼 때, 반소 피고는 반소 원고에게 월 ○○○원을 부양료로 지급함이 상당합니다.

3. 결 론

　반소 원고는 반소 피고와의 혼인생활에서 재판상 이혼사유가 될 만큼 잘못한 사실이 없고 반소 피고에 대한 애정에는 변함이 없으므로, 반소 피고가 다시 돌아올 때까지 아들 남□□과 앞으로 태어날 아이를 위해 열심히 살아가고자 합니다. 이에 청구취지와 같은 판결을 바라와 이 건 반소 제기에 이르렀습니다.

입　증　방　법

1. 을 제1호증의 1, 2   진술서 및 인감증명
1. 을 제2호증의 1, 2   진술서 및 인감증명
1. 을 제3호증의 1, 2   진술서 및 인감증명
1. 을 제4호증   진술서
1. 을 제5호증의 1, 2   의무기록사본증명서 및 의무기록사본
1. 을 제6호증의 1 내지 5   각 산부인과 진료비 영수증

첨   부   서   류

1. 위 각 입증방법   각 1통
1. 반소장 부본   1통
1. 납부서   1통

20○○년 ○월 ○일

위 반소 원고(본소 피고) ○ ○ ○ (인)

○ ○ 가 정 법 원 (가사○단독)   귀중

제2장 변론과 그 준비

제272조(변론의 집중과 준비)

① 변론은 집중되어야 하며, 당사자는 변론을 서면으로 준비하여야 한다.

② 단독사건의 변론은 서면으로 준비하지 아니할 수 있다. 다만, 상대방이 준비하지 아니하면 진술할 수 없는 사항은 그러하지 아니하다.

제273조(준비서면의 제출 등)

준비서면은 그것에 적힌 사항에 대하여 상대방이 준비하는 데 필요한 기간을 두고 제출하여야 하며, 법원은 상대방에게 그 부본을 송달하여야 한다.

제274조(준비서면의 기재사항)

① 준비서면에는 다음 각호의 사항을 적고, 당사자 또는 대리인이 기명날인 또는 서명한다.

  1. 당사자의 성명·명칭 또는 상호와 주소
  2. 대리인의 성명과 주소
  3. 사건의 표시
  4. 공격 또는 방어의 방법
  5. 상대방의 청구와 공격 또는 방어의 방법에 대한 진술
  6. 덧붙인 서류의 표시
  7. 작성한 날짜
  8. 법원의 표시

② 제1항제4호 및 제5호의 사항에 대하여는 사실상 주장을 증명하기 위한 증거방법과 상대방의 증거방법에 대한 의견을 함께 적어야 한다.

제275조(준비서면의 첨부서류)

① 당사자가 가지고 있는 문서로서 준비서면에 인용한 것은 그 등본 또는 사본을 붙여야 한다.

② 문서의 일부가 필요한 때에는 그 부분에 대한 초본을 붙이고, 문서가 많을 때에는 그 문서를 표시하면 된다.

③ 제1항 및 제2항의 문서는 상대방이 요구하면 그 원본을 보여주어야 한다.

제276조(준비서면에 적지 아니한 효과)

준비서면에 적지 아니한 사실은 상대방이 출석하지 아니한 때에는 변론에서 주장하지 못한다. 다만, 제272조제2항 본문의 규정에 따라 준비서면을 필요로 하지 아니하는 경우에는 그러하지 아니하다.

제277조(번역문의 첨부)

외국어로 작성된 문서에는 번역문을 붙여야 한다.

제278조(요약준비서면)

재판장은 당사자의 공격방어방법의 요지를 파악하기 어렵다고 인정하는 때에는 변론을 종결하기에 앞서 당사자에게 쟁점과 증거의 정리 결과를 요약한 준비서면을 제출하도록 할 수 있다.

제279조(변론준비절차의 실시)

① 변론준비절차에서는 변론이 효율적이고 집중적으로 실시될 수 있도록 당사자의 주장과 증거를 정리하여야 한다.

② 재판장은 특별한 사정이 있는 때에는 변론기일을 연 뒤에도 사건을 변론준비절차에 부칠 수 있다.

제280조(변론준비절차의 진행)

① 변론준비절차는 기간을 정하여, 당사자로 하여금 준비서면, 그 밖의 서류를 제출하게 하거나 당사자 사이에 이를 교환하게 하고 주장사실을 증명할 증거를 신청하게 하는 방법으로 진행한다.

② 변론준비절차의 진행은 재판장이 담당한다.

③ 합의사건의 경우 재판장은 합의부원을 수명법관으로 지정하여 변론준비절차를 담당하게 할 수 있다.

④ 재판장은 필요하다고 인정하는 때에는 변론준비절차의 진행을 다른 판사에게 촉탁할 수 있다.

제281조(변론준비절차에서의 증거조사)

① 변론준비절차를 진행하는 재판장, 수명법관, 제280조제4항의 판사(이하 "재판장등"이라 한다)는 변론의 준비를 위하여 필요하다고 인정하면 증거결정을 할 수 있다.

② 합의사건의 경우에 제1항의 증거결정에 대한 당사자의 이의신청에 관하여는 제138조의 규정을 준용한다.

③ 재판장등은 제279조제1항의 목적을 달성하기 위하여 필요한 범위안에서 증거조사를 할 수 있다. 다만, 증인신문 및 당사자신문은 제313조에 해당되는 경우에만 할 수 있다.

④ 제1항 및 제3항의 경우에는 재판장등이 이 법에서 정한 법원과 재판장의 직무를 행한다.

제282조(변론준비기일)

① 재판장등은 변론준비절차를 진행하는 동안에 주장 및 증거를 정리하기 위하여 필요하다고 인정하는 때에는 변론준비기일을 열어 당사자를 출석하게 할 수 있다.

② 사건이 변론준비절차에 부쳐진 뒤 변론준비기일이 지정됨이 없이 4월이 지난 때에는 재판장등은 즉시 변론준비기일을 지정하거나 변론준비절차를 끝내야 한다.

③ 당사자는 재판장등의 허가를 얻어 변론준비기일에 제3자와 함께 출석할 수 있다.

④ 당사자는 변론준비기일이 끝날 때까지 변론의 준비에 필요한 주장과 증거를 정리하여 제출하여야 한다.

⑤ 재판장등은 변론준비기일이 끝날 때까지 변론의 준비를 위한 모든 처분을 할 수 있다.

제283조(변론준비기일의 조서)

① 변론준비기일의 조서에는 당사자의 진술에 따라 제274조제1항제4호와 제5호에 규정한 사항을 적어야 한다. 이 경우 특히 증거에 관한 진술은 명확히 하여야 한다.

② 변론준비기일의 조서에는 제152조 내지 제159조의 규정을 준용한다.

제284조(변론준비절차의 종결)

① 재판장등은 다음 각호 가운데 어느 하나에 해당하면 변론준비절차를 종결하여야 한다. 다만, 변론의 준비를 계속하여야 할 상당한 이유가 있는 때에는 그러하지 아니하다.

1. 사건을 변론준비절차에 부친 뒤 6월이 지난 때

2. 당사자가 제280조제1항의 규정에 따라 정한 기간 이내에 준비서면 등을 제출하지 아니하거나 증거의 신청을 하지 아니한 때

3. 당사자가 변론준비기일에 출석하지 아니한 때

② 변론준비절차를 종결하는 경우에 재판장등은 변론기일을 미리 지정할 수 있다.

제285조(변론준비기일을 종결한 효과)

① 변론준비기일에 제출하지 아니한 공격방어방법은 다음 각호 가운데 어느 하나에 해당하여야만 변론에서 제출할 수 있다.

1. 그 제출로 인하여 소송을 현저히 지연시키지 아니하는 때

2. 중대한 과실 없이 변론준비절차에서 제출하지 못하였다는 것을 소명한 때

3. 법원이 직권으로 조사할 사항인 때

② 제1항의 규정은 변론에 관하여 제276조의 규정을 적용하는 데에 영향을 미치지 아니한다.

③ 소장 또는 변론준비절차전에 제출한 준비서면에 적힌 사항은 제1항의 규정에 불구하고 변론에서 주장할 수 있다. 다만, 변론준비절차에서 철회되거나 변경된 때에는 그러하지 아니하다.

제286조(준용규정)

변론준비절차에는 제135조 내지 제138조, 제140조, 제142조 내지 제151조, 제225조 내지 제232조, 제268조 및 제278조의 규정을 준용한다.

제287조(변론준비절차를 마친 뒤의 변론)

① 법원은 변론준비절차를 마친 경우에는 첫 변론기일을 거친 뒤 바로 변론을 종결할 수 있도록 하여야 하며, 당사자는 이에 협력하여야 한다.

② 당사자는 변론준비기일을 마친 뒤의 변론기일에서 변론준비기일의 결과를 진술하여야 한다.

③ 법원은 변론기일에 변론준비절차에서 정리된 결과에 따라서 바로 증거조사를 하여야 한다.

제287조의2(비디오 등 중계장치 등에 의한 기일)

① 재판장·수명법관 또는 수탁판사는 상당하다고 인정하는 때에는 당사자의 신청을 받거나 동의를 얻어 비디오 등 중계장치에 의한 중계시설을 통하거나 인터넷 화상장치를 이용하여 변론준비기일 또는 심문기일을 열 수 있다.

② 법원은 교통의 불편 또는 그 밖의 사정으로 당사자가 법정에 직접 출석하기 어렵다고 인정하

는 때에는 당사자의 신청을 받거나 동의를 얻어 비디오 등 중계장치에 의한 중계시설을 통하거나 인터넷 화상장치를 이용하여 변론기일을 열 수 있다. 이 경우 법원은 심리의 공개에 필요한 조치를 취하여야 한다.

③ 제1항과 제2항에 따른 기일에 관하여는 제327조의2제2항 및 제3항을 준용한다.

1. 변론준비절차

1-1. 개념

① "변론준비절차"란 변론기일에 앞서 변론이 효율적이고 집중적으로 실시될 수 있도록 당사자의 주장과 증거를 정리해 소송관계를 명확하게 하는 절차를 말합니다.

② 변론준비절차는 서면에 의한 변론준비절차와 변론준비기일 방식으로 진행됩니다.

1-2. 서면에 의한 변론준비절차

① 서면에 의한 변론준비절차는 기간을 정해 당사자에게 준비서면, 그 밖의 서류를 제출하게 하거나 이를 교환하게 하고 주장사실을 증명할 증거를 신청하게 하는 방법으로 진행합니다(민사소송법 제280조 제1항).

② 기간

서면에 의한 변론준비절차는 4개월을 넘지 못합니다(민사소송법 제282조 제2항).

1-3. 변론준비기일

① 변론준비기일은 변론준비절차를 진행하는 재판장, 수명법관, 촉탁판사(이하 "재판장 등" 이라 함)가 서면에 의한 변론준비절차가 진행되는 동안에 주장 및 증거를 정리하기 위해 필요하다고 인정하는 때에 당사자를 출석하게 해 최종적으로 쟁점을 정리하는 기일을 말합니다(민사소송법 제282조 제1항).

② 당사자는 변론준비기일이 끝날 때까지 변론준비에 필요한 주장과 증거를 정리해 제출해야 합니다(민사소송법 제282조 제4항).

③ 변론준비절차를 진행하는 경우 재판장등은 법원서기관·법원사무관·법원주사 또는 법원주사보로 하여금 그 이름으로 준비서면, 증거신청서 및 그 밖의 서류의 제출을 촉구하게 할 수 있습니다(민사소송규칙 제70조의3 제1항).

④ 제3자의 출석

당사자는 재판장등의 허가를 얻어 변론준비기일에 제3자와 함께 출석할 수 있습니다(민사소송법 제282조 제3항).

⑤ 진행방법

변론준비기일에는 당사자가 말로 변론의 준비에 필요한 주장과 증거를 정리해 진술하거나, 법원이 당사자에게 말로 해당사항을 확인해 정리해야 합니다(민사소송규칙 제70조의2).

⑥ 법원은 다음과 같은 경우 원고 또는 피고가 제출한 소장·답변서, 그 밖의 준비서면에 적혀 있는 사항을 진술한 것으로 보고 출석한 상대방에게 변론을 명할 수 있습니다(민사소송법 제148조 제1항 및 제286조).

 - 원고 또는 피고가 변론준비기일에 출석하지 않은 경우

 - 출석하고서도 변론하지 않은 경우

㉠ 당사자가 변론준비기일에 상대방이 주장하는 사실을 명백히 다투지 않은 경우에는 그 사실을 자백한 것으로 봅니다(민사소송법 제150조 제1항 본문 및 제286조). 다만, 변론 전체의 취지로 보아 그 사실에 대해 다툰 것으로 인정되는 경우에는 그렇지 않습니다(민사소송법 제150조 제1항 단서 및 제286조).

㉡ 당사자가 변론기일에 출석하지 않은 경우에는 그 사실을 자백한 것으로 봅니다(민사소송법 제150조 제3항 본문·제1항 및 제286조). 다만, 공시송달의 방법으로 기일통지서를 송달받은 당사자가 출석하지 않은 경우에는 그렇지 않습니다(민사소송법 제150조 제3항 단서·제1항 단서 및 제286조).

㉢ 상대방이 주장한 사실에 대해 알지 못한다고 진술한 경우에는 그 사실을 다툰 것으로 추정됩니다(민사소송법 제150조 제2항 및 제286조).

⑦ 기간

변론준비절차는 서면에 의한 변론준비절차까지 포함해 모두 6개월을 넘지 못합니다(민사소송법 제284조 제1항 제1호).

1-4. 종결

① 재판장등은 다음 중 어느 하나에 해당하면 변론준비절차를 종결하고 변론기일을 지정할 수 있습니다(민사소송법 제284조 제1항 본문 및 제2항).

 - 사건을 변론준비절차에 부친 뒤 6월이 지난 경우

 - 당사자가 정해진 기간 이내에 준비서면 등을 제출하지 않거나 증거의 신청을 하지 않은 경우

- 당사자가 변론준비기일에 출석하지 않은 경우

② 다만, 변론의 준비를 계속해야 할 상당한 이유가 있는 경우에는 그렇지 않습니다(민사소송법 제284조 제1항 단서).

1-5. 종결의 효과

① 변론준비기일에 제출하지 않은 공격방어방법은 다음 중 어느 하나에 해당해야만 변론에서 제출할 수 있습니다(민사소송법 제285조 제1항).
- 그 제출로 인해 소송이 현저히 지연되지 않는 경우
- 중대한 과실 없이 변론준비절차에서 제출하지 못했다는 것을 소명한 경우
- 법원이 직권으로 조사할 사항인 경우

② 그러나 소장 또는 변론준비절차 전에 제출한 준비서면에 적힌 사항은 변론준비기일에 제출하지 않았다 하더라도 변론에서 주장할 수 있습니다(민사소송법 제285조 제3항 본문). 다만, 변론준비절차에서 철회되거나 변경된 경우에는 변론에서 주장할 수 없습니다(민사소송법 제285조 제3항 단서).

2. 입증책임

2-1. 개념

"입증책임"이란 소송에 나타난 일체의 증거자료에 의해서도 법원이 그 존부 여하를 결정할 수 없는 경우 이를 어느 당사자에게 불리하게 판단하지 않는 한 재판을 할 수 없게 됩니다. 이와 같은 경우에 당사자의 일방이 입을 불이익을 입증책임이라 합니다.

2-2. 입증책임의 분배

① 어느 당사자에게 불이익하게 그 사실의 존부를 인정할 것이냐의 결정을 입증책임의 분배라고 하는데, 일반적으로 권리관계의 발생·변경·소멸 등의 법률효과를 주장하는 자가 입증책임을 집니다.

② 원고에게 입증책임이 있는 경우
- 사용자에게 손해배상 청구를 하기 위해서는 사용자가 해당 근로로 근로자의 신체상의 재해가 발생할 수 있음을 알았거나 알 수 있었음에도 불구하고 별다른 안전조치를 취하지 않은 과실이 인정되어야만 하고, 이러한 과실의 존재는 손해배상을 청구하는 근로자(원고)가 입증해야 합니다.

- 미성년자의 불법행위와 감독의무자의 의무위반이 상당인과관계가 있으면 감독의무자는 일반불법행위자로서 손해배상책임을 지지만, 이 경우에 그러한 감독의무위반사실 및 손해발생과의 상당인과관계의 존재는 이를 주장하는 자(원고)가 입증해야 합니다.
- 대여금 청구소송에서 채무자의 이혼에 따른 재산분할이 채권자에 대한 공동담보가 감소되는 결과가 되더라도 특별한 사정이 없는 한 사해행위로서 취소되어야 할 것은 아니므로, 재산분할이 상당한 정도를 벗어나는 과대한 것이라고 볼 만한 특별한 사정에 대한 입증책임은 채권자(원고)에게 있습니다.
- 의료사고에 의한 손해배상 소송에서 의료상의 주의의무 위반과 손해의 발생이 있고 그 사이에 인과관계가 있어야 하므로, 먼저 환자측에서 일반인의 상식에 바탕을 두고 일련의 의료행위 과정에 의료상의 과실 있는 행위가 있었고 그 행위와 손해의 발생 사이에 다른 원인이 개재되지 않았다는 점을 입증해야 합니다.

③ 피고에게 입증책임이 있는 경우

- 물건의 점유자(원고)는 소유의 의사로 점유한 것으로 추정되므로 점유자가 취득시효를 주장하는 경우 스스로 소유의 의사를 입증할 책임은 없고, 오히려 점유자의 취득시효의 성립을 부정하는 자(피고)에게 그 입증책임이 있습니다.
- 방송 등 언론매체가 사실을 적시하여 개인의 명예를 훼손하는 행위를 한 경우 그 목적이 오로지 공공의 이익을 위한 것일 때에는 적시된 사실이 진실이라는 증명이 있거나 그 증명이 없다 하더라도 행위자가 그것을 진실이라고 믿었고 또 그렇게 믿을 상당한 이유가 있으면 위법성이 없다고 보아야 할 것이나, 그에 대한 입증책임은 어디까지나 명예훼손 행위를 한 방송 등 언론매체(피고)에게 있습니다.
- 원고가 망자의 대여금 채무를 상속인에게 청구한 경우 상속인이 한정승인을 할 수 있는 요건인 '상속채무가 상속재산을 초과하는 사실을 중대한 과실 없이 상속개시가 있음을 안 날로부터 3개월 내에 알지 못하였다'는 점에 대한 입증책임은 상속인(피고)에게 있다고 할 것입니다.
- 건물명도 청구소송에서 임대차계약의 성립 후 임대료를 지급했다는 입증책임은 임차인(피고)이 부담합니다.
- 채무자가 자기의 유일한 재산인 부동산을 매각하여 소비하기 쉬운 금전으로 바꾸거나 타인에게 무상으로 이전해 주는 행위는 특별한 사정이 없는 한 채권자에 대해 사해행위가 된다고 볼 것이므로 채무자의 사해 의사는 추정되고, 이를 매수하거나 이전 받은 자가 악의가 없었다는 입증책임은 수익자(피고)에게 있습니다.

3. 준비서면

3-1. 개념

"준비서면"이란 당사자가 변론에서 하고자 하는 진술사항을 기일 전에 예고적으로 기재해 법원에 제출하는 서면을 말합니다.

3-2. 기재사항

① 준비서면에는 다음의 사항을 적고, 당사자 또는 대리인이 기명날인 또는 서명해야 합니다(민사소송법 제274조 제1항 및 제2항).

- 당사자의 성명·명칭 또는 상호와 주소
- 대리인의 성명과 주소
- 사건의 표시
- 공격 또는 방어의 방법: 주장을 증명하기 위한 증거방법에 대한 의견 기재
- 상대방의 청구와 공격 또는 방어의 방법에 대한 진술: 상대방의 증거방법에 대한 의견 기재
- 덧붙인 서류의 표시
- 작성한 날짜
- 법원의 표시

② 첨부서류

㉠ 당사자가 가지고 있는 문서로서 준비서면에 인용한 것은 그 등본 또는 사본을 붙여야 합니다(민사소송법 제275조 제1항).

㉡ 문서의 일부가 필요한 경우에는 그 부분에 대한 초본을 붙이고, 문서가 많을 때에는 그 문서를 표시하면 됩니다(민사소송법 제275조 제2항).

㉢ 첨부서류는 상대방이 요구하면 그 원본을 보여주어야 합니다(민사소송법 제275조 제3항).

㉣ 외국어로 작성된 문서에는 번역문을 붙여야 합니다(민사소송법 제277조).

3-3. 준비서면의 분량

① 준비서면의 분량은 30쪽을 넘어서는 안 됩니다(민사소송규칙 제69조의4 제1항 본문).

② 재판장, 수명법관 또는 촉탁판사(이하 "재판장 등"이라 함)은 위를 어긴 당사자에게 해당 준비서면을 30쪽 이내로 제출하도록 명할 수 있습니다(민사소송규칙 제69조

의4 제2항). 다만, 재판장 등이 당사자와 준비서면의 분량에 관한 합의가 이루어진 경우에는 그렇지 않습니다(민사소송규칙 제69조의4 제1항 단서 및 제70조제4항).

③ 준비서면에는 소장, 답변서 또는 앞서 제출한 준비서면과 중복·유사한 내용을 불필요하게 반복 기재해서는 안 됩니다(민사소송규칙 제69조의4 제3항).

3-4. 제출

① 새로운 공격방어방법을 포함한 준비서면은 변론기일 또는 변론준비기일의 7일 전까지 상대방에게 송달될 수 있도록 적당한 시기에 제출해야 합니다(민사소송법 제273조 및 민사소송규칙 제69조의3).

② 법원은 상대방에게 그 부본을 송달합니다(민사소송법 제273조).

③ 요약준비서면

  ㉠ 재판장은 당사자의 공격방어방법의 요지를 파악하기 어렵다고 인정하는 경우 변론을 종결하기에 앞서 당사자에게 쟁점과 증거의 정리 결과를 요약한 준비서면을 제출하도록 할 수 있습니다(민사소송법 제278조).

② 위에 따른 요약준비서면을 작성할 때에는 특정 부분을 참조하는 뜻을 적는 방법으로 소장, 답변서 또는 앞서 제출한 준비서면의 전부 또는 일부를 인용해서는 안 됩니다(민사소송규칙 제69조의5).

3-5. 준비서면의 기재 효과

① 준비서면에 적지 않은 사실은 상대방이 출석해야 변론에서 주장할 수 있습니다(민사소송법 제276조 본문).

② 다만, 서면으로 변론을 준비하지 않는 단독사건의 경우(민사소송법 제272조제2항 본문)에는 상대방이 출석하지 않아도 변론에서 주장할 수 있습니다(민사소송법 제276조 단서).

4. 변론과 그 준비에 대한 대법원판례

① 항소장에 항소인 기명날인 등이 누락되었으나 기재에 의하여 항소인이 누구인지 알 수 있고 항소인 의사에 기하여 제출된 것으로 인정되는 경우, 위 항소장의 효력 유무(유효)

민사소송법 제398조, 제274조 제1항은 항소장에는 당사자 또는 대리인이 기명날인 또는 서명하여야 한다고 규정하고 있으나, 항소장에 항소인의 기명날인 등이 누락되었다고 하더라도 기재에 의하여 항소인이 누구인지 알 수 있고, 그것이 항소인 의사에 기하여 제출된 것으로 인정되면 이를 무효라고 할 수 없다[2011. 5. 13., 선고, 2010다84956, 판결].

② 준비서면 형식의 서면이 청구취지를 변경하는 뜻을 포함하고 있는 경우, 서면에 의한 청구취지의 변경이 있는 것으로 볼 수 있는지 여부(적극)

청구취지의 변경은 서면으로 신청하여야 한다(민사소송법 제262조 제2항). 그러나 나아가 청구취지를 변경하기 위하여 반드시 '청구취지 변경신청서'라는 제목 내지 형식을 갖춘 서면이 필요한 것은 아니라고 할 것이고, 준비서면의 형식에 따른 서면이라도 그 때까지 이루어진 소송의 경과 등에 비추어 그 내용이 청구취지를 변경하는 뜻을 포함하고 있다면 서면에 의한 청구취지의 변경이 있는 것으로 볼 수 있을 것이다[2009. 5. 28., 선고, 2008다86232, 판결].

③ 변론준비기일에서 양쪽 당사자 불출석의 효과가 변론기일에 승계되는지 여부(소극)

변론준비절차는 원칙적으로 변론기일에 앞서 주장과 증거를 정리하기 위하여 진행되는 변론 전 절차에 불과할 뿐이어서 변론준비기일을 변론기일의 일부라고 볼 수 없고 변론준비기일과 그 이후에 진행되는 변론기일이 일체성을 갖는다고 볼 수도 없는 점, 변론준비기일이 수소법원 아닌 재판장 등에 의하여 진행되며 변론기일과 달리 비공개로 진행될 수 있어서 직접주의와 공개주의가 후퇴하는 점, 변론준비기일에 있어서 양쪽 당사자의 불출석이 밝혀진 경우 재판장 등은 양쪽의 불출석으로 처리하여 새로운 변론준비기일을 지정하는 외에도 당사자 불출석을 이유로 변론준비절차를 종결할 수 있는 점, 나아가 양쪽 당사자 불출석으로 인한 취하간주제도는 적극적 당사자에게 불리한 제도로서 적극적 당사자의 소송유지의사 유무와 관계없이 일률적으로 법률적 효과가 발생한다는 점까지 고려할 때 변론준비기일에서 양쪽 당사자 불출석의 효과는 변론기일에 승계되지 않는다[2006. 10. 27., 선고, 2004다69581, 판결].

④ 배당이의 소송에서 원고가 변론준비기일에 출석한 적이 있더라도 첫 변론기일에 불출석하면 소를 취하한 것으로 간주되는지 여부(적극)

민사집행법 제158조의 문언이 '첫 변론기일'이라고 명시하고 있을 뿐만 아니라, 변론준비절차는 변론이 효율적이고 집중적으로 실시될 수 있도록 당사자의 주장과 증거를 정리하여 소송관계를 뚜렷이 하기 위하여(민사소송법 제279조 제1항) 마련된 제도로서 당사자는 변론준비기일을 마친 뒤의 변론기일에서 변론준비기일의 결과를 진술하여야 하는 등(민사소송법 제287조 제2항) 변론준비기일의 제도적 취지, 그 진행방법과 효과, 규정의 형식 등에 비추어 볼 때, 민사집행법 제158조에서 말하는 '첫 변론기일'에 '첫 변론준비기일'은 포함되지 않는다. 따라서 배당이의의 소송에서 첫 변론준비기일에 출석한 원고라고 하더라도 첫 변론기일에 불출석하면 민사집행법 제158조에 따라서 소를 취하한 것으로 볼 수밖에 없다[2007. 10. 25., 선고, 2007다34876, 판결].

5. 변론과 그 준비에 대한 서식

[서식 ①] 준비서면(대여금, 원고)

준 비 서 면

사　　건　　20○○가합○○○○○ 대여금
원　　고　　○○○
피　　고　　◇◇◇

　　위 사건에 관하여 원고는 다음과 같이 변론을 준비합니다.

다　　　음

1. 사실관계의 정리
가. 대여금 액수에 대하여

　　피고는 ○○구 ○○동에서 '○횟집'을 운영하였습니다. 그러던 중, 피고는 원고로부터 19○○년경 금 2,500만원, 19○○년경 금 3,500만원 합계 금 6,000만원을 빌렸습니다.

나. 다툼 없는 사실의 정리

　　피고는 19○○년경 금 2,500만원을 빌렸다는 것을 인정하고 있으나, 19○○년경 금 3,500만원을 빌렸다는 사실은 이를 부인하고 있으며, 피고가 오히려 원고에게 금 80,919,000원을 원금과 이자 조로 변제하였다고 주장하고 있습니다.

다. 따라서 이 사건의 쟁점은 피고가 19○○년경 금 3,500만원을 빌린 사실이 있는지, 피고가 원고에게 이자 및 원금의 상환조로 준 돈이 얼마인지라고 하겠습니다.

2. 금 3,500만원의 대여여부에 관하여
가. 피고의 주장

　　피고는 원고가 19○○년경 위 횟집의 전세보증금으로 투자한 금 2,800만원과 권리금 1,000만원을 합한 금액에서 금 300만원을 뺀 금 3,500만원에 이 사건 횟집을 인수하기로 피고와 합의하였으나 이를 이행하지 않았으므로, 결과적으로 피고는 채무를 지지 않고 있다는 것입니다.

나. 피고 주장의 부당성

　　원고는 피고가 먼저 빌려간 금 2,500만원의 원금은커녕 이자의 지급마저 게을리하고 있자, 이를 독촉하던 차에 피고가 자신에게 금 3,500만원을 추가로 빌려준다면 소외 ◉◉◉에게 들고 있던 계금 5,400만원의 명의를 원고에게 이전시

켜 주겠다고 기망하였습니다. 이에 원고는 소외 ◉◉◉로부터 피고가 위 계원으로 있는지 확인(수사기록 78면, 진술조서)을 하였고, 기존에 빌려주었던 금 2,500만원까지 확보하겠다는 욕심에 친구로부터 금 4,000만원을 차용하여 피고에게 금 3,500만원을 빌려 주었던 것입니다.

그러나 피고는 위 계금을 성실히 납부하지 않았고 원고는 빌려준 금 3,500만원을 위 계금으로 충당하지 못하게 된 것입니다.

3. 피고가 이자 및 원금상당의 금원을 변제하였는지

가. 피고의 주장

피고는 19○○. ○.경부터 19○○. ○.경까지 총액 금 80,919,000원을 갚았고 이것으로 이자뿐만이 아니라 원금까지 변제되었다고 주장하고 있습니다.

나. 피고 주장의 부당성

그러나 피고는 증거로 장부를 제출하고도 도대체 어느 부분이 피고의 주장 사실에 부합하는지 특정도 하지 않았으며, 게다가 위 장부와 사실확인서는 객관성도 없습니다.

원고는 총액 금 1,500여만원 정도를 피고로부터 받은 사실은 있으나 이는 어디까지나 이자조로 받은 것이지 원금이 상환된 것도 아닙니다. 이것은 각서상으로도 분명히 인정되고 있습니다.

4. 결 론

결국 피고의 주장은 어느 것도 이를 인정할 만한 정도로 입증되지 않은 허위의 진술에 지나지 않습니다. 오히려 원고는 금 6,000만원이나 되는 거금을 빌려주고도 6년이 지난 현재까지 원금은커녕 이자도 제대로 받지 못하였습니다. 특히 원고가 빌려준 금 3,500만원은 원고가 친구인 소외 ◎◎◎로부터 차용한 돈입니다. 원고는 친구의 빚 독촉에 못 이겨 동생 소외 ■■■의 집을 저당 잡혀 위 돈을 변제한 상태이며(수사기록 45면, 금전소비대차약정서), 생활고로 하루 하루 어려운 생활을 하던 중 자살까지 기도하였습니다. 따라서 원고의 권리회복을 위해 조속히 원고의 청구를 인용하여 주시기 바랍니다.

20○○. ○. ○.

위 원고 ○○○ (서명 또는 날인)

○○지방법원 제○○민사부 귀중

준 비 서 면

사 건 20○○가단○○○○ 손해배상(자)
원 고 황○○ 외 2
피 고 ◇◇화재해상보험주식회사

　위 사건에 관하여 원고들은 다음과 같이 변론을 준비합니다.

다　　음

1. 원고 황○○의 과실이라고 주장하는 부분에 관하여
　피고는 '이 사건 교통사고에서 택시운전자 소외 김◆◆를 비롯하여 원고와 같이 택시에 승차하였던 소외 이◉◉, 소외 박◉◉ 등은 경미한 부상을 입은 점, 피해차량의 파손부분 등 대물손해가 손해인 점에도 불구하고 원고 황○○는 전치 4주간의 요추부 등의 수핵탈출증의 중상해를 입은 점에 비추어 볼 때 그 스스로의 안전을 게을리 하였다고 추정된다 할 것'이라고 주장하며 원고 황○○의 과실비율은 20%를 상회한다는 취지로 주장합니다.
　황○○의 전치 4주의 상해에 비해 소외 이◉◉의 전치 3주의 상해(갑 제7호증의 4 범죄인지보고 참조)가 도대체 어떠한 근거에서 경미한 부상이라고 주장하는지, 그리고 금 426,690원의 차량손괴가 어떠한 근거에서 소액이라는 것인지를 알 수 없다는 사실은 차치 하더라도, 피고의 위와 같은 주장은 탑승위치에 따라서 그 부상의 정도가 크게 차이가 날 수 있다는 사실을 알지 못하고, 만연이 원고 황○○의 상해정도가 다른 탑승인에 비해 심하다는 사실로부터 원고 황○○에게도 과실이 있다는 식으로 추론을 하여 버림으로서 그 추론에 있어서 논리적 과오를 범하고 있는 것입니다.
2. 손익공제 주장에 관하여
　피고는 원고 황○○의 치료비로 ○○병원 등에 합계 금 13,848,270원을 지급하였으므로 이를 공제하여야 한다고 주장합니다.
　그러나 원고들은 그 치료비의 청구에 있어서 피고가 이미 지급한 치료비를 공제하고 원고들 자신이 지급한 치료비만을 청구하고 있으므로 피고의 위 주장은 이유 없는 주장이라 할 것입니다.

20○○.　○.　○.

                    위 원고   1. 황○○ (서명 또는 날인)
                             2. 정○○ (서명 또는 날인)
                             3. 황①○ (서명 또는 날인)

○○지방법원 제○○민사단독   귀중

준 비 서 면

사   건   20○○가단○○○○ 계약금 등 반환
원   고   ○○○
피   고   ◇◇◇

위 사건에 관하여 원고는 다음과 같이 변론을 준비합니다.

다   음

1. 중도금수령거절

피고는 원고가 중도금을 약정한 시기에 지급하지 아니하므로 계약해제 할 수밖에 없었다고 주장하나 이는 사실이 아닙니다.

원고와 피고는 20○○. ○. ○. 피고 소유의 ○○시 ○○동 ○○ 대 166㎡ 및 지상 주택을 대금 1억 2,000만원에 매매하기로 계약하고, 원고는 같은 날 피고에게 계약금 1,000만원을 지급하였고 같은 해 ○. ○○. 약속대로 피고의 집을 방문하여 중도금 5,000만원을 지급하려고 하였으나 집이 비어있는 관계로 중도금을 지급하지 못하였고, 피고의 처 소외 ◆◆◆가 운영하는 같은 동 소재 ○○갈비집으로 찾아가 중도금의 지급의사를 밝혔으나 피고의 처 소외 ◆◆◆는 피고가 중도금을 수령하지 말라고 했다면서 수령을 거부하였습니다.

2. 계약금의 반환

피고는 20○○. ○○. ○. 원고에게 전화로 부동산가격이 올랐으므로 매매가격을 조정할 것을 요청하였으며, 원고가 이에 대한 거부의사를 표시하자 원고가 중도금을 제때 지급하지 아니한다는 이유로 20○○. ○○. ○○. 계약금 중 금 500만원을 반환하며 계약해제의 의사표시를 하였습니다.

3. 위약금의 지급책임

이 사건 매매계약해제의 원인이 원고가 중도금을 약정된 시기에 지급하지 아니하였기 때문이라는 피고의 주장은 사실과 다르므로 부인합니다. 피고는 원고와는 무관하게 일방적으로 부동산가격의 상승을 이유로 중도금의 수령을 거부하고 계약해제통지를 하였으므로 피고가 이 사건 부동산매매계약의 해제로 인한 위약의 책임을 부담하여야 하며 위약의 책임범위는 피고가 지급 받은 계약금 1,000만원 중 원고에게 반환하지 아니한 금 500만원 이외에도 계약서상 명시된 대로 매도인이 계약해제한 경우에 지급하기로 되어있는 계약금에 해당하는 금 1,000만원

을 위약금으로 추가 지급하여야 할 것입니다

20○○.   ○.   ○.
위 원고   ○○○ (서명 또는 날인)

○○지방법원 제○민사단독   귀중

준 비 서 면

사　　건　20○○가합○○○○ 임차보증금반환
원　　고　○○○
피　　고　◇◇◇

　위 사건에 관하여 원고는 다음과 같이 변론을 준비합니다.

다　　음

1. 피고 주장에 대한 답변
 가. 피고는 원고가 이 사건 주택을 피고로부터 임차한 것이 아니라 이 사건 주택에 대해여 아무런 권한이 없는 소외 ◉◉◉와 사이에 임대차계약을 체결하였으므로 피고는 원고의 임차보증금반환청구에 응할 수 없다고 합니다.
 나. 그러나 원래 피고는 19○○. ○. ○. 소외 ◉◉◉에게 금 504,000,000원에 이 사건 주택이 포함된 연립주택(○○빌라) 건물의 신축공사를 도급하였는바, 그 공사가 완공된 뒤에도 그 공사대금 중 금 273,537,400원을 지급하지 못하게 되자 20○○. ○. ○. 위 연립주택 중 제101호(이 사건 주택)와 제102호에 대하여 소외 ◉◉◉에게 피고를 대리하여 이를 분양하거나 임대할 권리를 부여하고 그 분양대금으로 공사비에 충당하기로 약정하였던 것인데, 원고는 소외 ◉◉◉와 사이에 이 사건 주택에 대하여 20○○. ○. ○. 임대차기간 2년, 임대차보증금은 금 ○○○원으로 하는 임대차계약을 체결하고 그 임대보증금을 완불한 뒤 20○○. ○. ○.에 이 사건 주택에 입주하고 있는 것입니다.

2. 표현대리
 가. 설사 소외 ◉◉◉에게 피고를 대리하여 이 사건 주택을 매각할 권리만 있을 뿐이고 이를 임대할 대리권이 없다고 하더라도 ①소외 ◉◉◉에게 기본대리권이 존재하고, ②상대방으로서는 대리인에게 대리권이 있다고 믿고 또한 그렇게 믿을 만한 정당한 이유가 있는 경우라면 민법 제126조 표현대리가 성립되어 이 사건 임대차계약의 효력은 피고에게 미친다고 할 것입니다.
 나. 즉, 피고는 소외 ◉◉◉에게 이 사건 주택의 분양대리권을 준 것이고 분양대리권에는 당연히 임대할 대리권도 포함하는 것이 일반적이라고 할 것인바, 피고는 소외 ◉◉◉에게 분양권을 주는 각서를 만들어 교부하였고 소외 ◉◉◉는 자신에게 임대할 권리가 있다고 말하였는바, 위 인증서를 확인한 원고로서는

소외 ◉◉◉에게 이 사건 주택을 임대할 대리권이 있다고 믿음에 아무런 과실이 없다고 할 것인즉, 소외 ◉◉◉의 대리행위가 설사 무권대리라고 할지라도 권한을 넘는 표현대리로서 유효하다고 할 것입니다.

20○○.   ○.   ○.
위 원고   ○○○ (서명 또는 날인)

○○지방법원 제○민사부   귀중

제3장 증거

제1절 총칙

제288조(불요증사실)

법원에서 당사자가 자백한 사실과 현저한 사실은 증명을 필요로 하지 아니한다. 다만, 진실에 어긋나는 자백은 그것이 착오로 말미암은 것임을 증명한 때에는 취소할 수 있다.

제289조(증거의 신청과 조사)

① 증거를 신청할 때에는 증명할 사실을 표시하여야 한다.

② 증거의 신청과 조사는 변론기일전에도 할 수 있다.

제290조(증거신청의 채택여부)

법원은 당사자가 신청한 증거를 필요하지 아니하다고 인정한 때에는 조사하지 아니할 수 있다. 다만, 그것이 당사자가 주장하는 사실에 대한 유일한 증거인 때에는 그러하지 아니하다.

제291조(증거조사의 장애)

법원은 증거조사를 할 수 있을지, 언제 할 수 있을지 알 수 없는 경우에는 그 증거를 조사하지 아니할 수 있다.

제292조(직권에 의한 증거조사)

법원은 당사자가 신청한 증거에 의하여 심증을 얻을 수 없거나, 그 밖에 필요하다고 인정한 때에는 직권으로 증거조사를 할 수 있다.

제293조(증거조사의 집중)

증인신문과 당사자신문은 당사자의 주장과 증거를 정리한 뒤 집중적으로 하여야 한다.

제294조(조사의 촉탁)

법원은 공공기관·학교, 그 밖의 단체·개인 또는 외국의 공공기관에게 그 업무에 속하는 사항에 관하여 필요한 조사 또는 보관중인 문서의 등본·사본의 송부를 촉탁할 수 있다.

제295조(당사자가 출석하지 아니한 경우의 증거조사) 증거조사는 당사자가 기일에 출석하지 아니한 때에도 할 수 있다.

제296조(외국에서 시행하는 증거조사)

① 외국에서 시행할 증거조사는 그 나라에 주재하는 대한민국 대사·공사·영사 또는 그 나라의 관할 공공기관에 촉탁한다.

② 외국에서 시행한 증거조사는 그 나라의 법률에 어긋나더라도 이 법에 어긋나지 아니하면 효력을 가진다.

제297조(법원밖에서의 증거조사)

① 법원은 필요하다고 인정할 때에는 법원밖에서 증거조사를 할 수 있다. 이 경우 합의부원에게

명하거나 다른 지방법원 판사에게 촉탁할 수 있다.

② 수탁판사는 필요하다고 인정할 때에는 다른 지방법원 판사에게 증거조사를 다시 촉탁할 수 있다. 이 경우 그 사유를 수소법원과 당사자에게 통지하여야 한다.

제298조(수탁판사의 기록송부)

수탁판사는 증거조사에 관한 기록을 바로 수소법원에 보내야 한다.

제299조(소명의 방법)

① 소명은 즉시 조사할 수 있는 증거에 의하여야 한다.

② 법원은 당사자 또는 법정대리인으로 하여금 보증금을 공탁하게 하거나, 그 주장이 진실하다는 것을 선서하게 하여 소명에 갈음할 수 있다.

③ 제2항의 선서에는 제320조, 제321조제1항 · 제3항 · 제4항 및 제322조의 규정을 준용한다.

제300조(보증금의 몰취)

제299조제2항의 규정에 따라 보증금을 공탁한 당사자 또는 법정대리인이 거짓 진술을 한 때에 법원은 결정으로 보증금을 몰취(沒取)한다.

제301조(거짓 진술에 대한 제재)

제299조제2항의 규정에 따라 선서한 당사자 또는 법정대리인이 거짓 진술을 한 때에 법원은 결정으로 200만원 이하의 과태료에 처한다.

제302조(불복신청)

제300조 및 제301조의 결정에 대하여는 즉시항고를 할 수 있다.

1. 증거 등의 신청

1-1. 개념

① "증거"란 법원이 법률의 적용에 앞서서 당사자의 주장사실의 진위를 판단하기 위한 재료를 말합니다.

② "입증"이란 원고의 주장이나 피고의 항변을 증명할 수 있는 증거를 제출하는 것을 말합니다.

③ 입증의 방법에는 여러 가지가 있으나 서증, 증인, 당사자 본인신문, 감정, 검증, 문서송부촉탁, 사실조회촉탁, 증거보전, 녹음녹취 등이 많이 사용됩니다.

1-2. 증거가 필요하지 않은 사실

① 법원에서 당사자가 자백한 사실과 뚜렷한 사실은 증명을 필요로 하지 않습니다(민사소송법 제288조 본문).

② 다만, 진실에 어긋나는 자백은 그것이 착오로 인한 것임을 증명한 경우에는 취소할 수 있습니다(민사소송법 제288조 단서).

1-3. 신청시기

① 당사자는 변론준비기일이 끝날 때까지 증거를 정리해 제출해야 합니다(민사소송법 제282조 제4항).
② 증거를 신청할 때에는 증거와 증명할 사실의 관계를 구체적으로 밝혀야 합니다(민사소송규칙 제74조).

1-4. 사실조회촉탁신청

"사실조회촉탁신청"이란 당사자가 법원에 사실조회신청서를 제출하면 법원이 공공기관·학교, 그 밖의 단체·개인 또는 외국의 공공기관에 그 업무에 속하는 사항에 관해 필요한 조사 또는 보관 중인 문서의 등본·사본의 송부를 촉탁하는 것을 말합니다(민사소송법 제294조).

2. 전자문서에 대한 증거조사의 신청

2-1. 신청방법

① 전자문서에 대한 증거조사의 신청은 다음의 방법으로 합니다(민사소송 등에서의 전자문서 이용 등에 관한 규칙 제31조 제1항).
   - 전자문서가 전자소송시스템에 등재되어 있는 경우에는 그 취지를 진술합니다.
   - 전자문서가 자기디스크 등에 담긴 경우에는 이를 제출합니다.
   - 다른 사람이 전자문서를 가지고 있을 경우에는 그것을 제출하도록 명할 것을 신청합니다.
② 다음의 경우에는 증거신청을 하는 전자문서를 자기디스크 등에 담아 제출할 수 있습니다(민사소송 등에서의 전자문서 이용 등에 관한 규칙 제31조 제2항).
   - 전자문서에 대한 증거조사를 신청하는 자가 전자소송시스템을 이용한 소송의 진행에 동의하지 아니한 경우
   - 전자소송시스템 등을 이용할 수 없는 경우(민사소송 등에서의 전자문서 이용등에 관한 규칙 제14조 제1항)
   -- 전자소송시스템의 장애가 언제 제거될 수 있는지 알 수 없는 경우

-- 전자소송시스템의 장애가 제거될 시점에 서류를 제출하면 소송이 지연되거나 권리 행사에 불이익을 입을 염려가 있는 경우

-- 등록사용자가 사용하는 정보통신망의 장애가 제거될 시점에 서류를 제출하면 소송이 지연되거나 권리 행사에 불이익을 입을 염려가 있는 경우

③ 다음에 해당하는 서류가 전자문서로 작성되어 있을 경우(민사소송 등에서의 전자문서 이용 등에 관한 규칙 제15조 제1항 제3호 및 제4호)

- 서류에 당사자가 가지는 영업비밀(부정경쟁방지 및 영업비밀보호에 관한 법률 제2조 제2호)에 관한 정보가 담겨 있는 경우

- 사생활 보호 또는 그 밖의 사유로 필요하다고 인정하여 재판장 등(재판장, 수명법관, 수탁판사, 조정담당판사, 조정장 또는 사법보좌관을 말함)이 허가한 경우

④ 전자문서에 대한 증거조사를 신청하는 때에는 전자문서의 내용에 따라 다음의 내용을 밝혀야 합니다(민사소송 등에서의 전자문서 이용 등에 관한 규칙 제31조 제3항).

- 전자문서가 문자, 그 밖의 기호, 도면, 사진 등에 관한 정보인 경우 : 전자문서의 명칭과 작성자 및 작성일(전자문서로 변환하여 제출된 경우에는 원본의 작성자와 작성일을 말함)

- 전자문서가 음성·음향이나 영상정보인 경우 : 음성이나 영상에 녹음 또는 녹화된 사람, 녹음 또는 녹화를 한 사람 및 그 일시·장소, 음성이나 영상의 주요 내용, 용량, 입증할 사항과 음성·음향이나 영상정보와의 적합한 관련성

2-2. 전자문서에 대한 증거조사

전자문서에 대한 증거조사는 다음의 방법으로 할 수 있습니다(민사소송 등에서의 전자문서 이용 등에 관한 법률 제13조 제1항).

- 문자, 그 밖의 기호, 도면·사진 등에 관한 정보에 대한 증거조사 : 전자문서를 모니터, 스크린 등을 이용하여 열람하는 방법

- 음성이나 영상정보에 대한 증거조사 : 전자문서를 청취하거나 시청하는 방법

3. 증거에 대한 대법원판례

① '의사능력'의 의미 및 의사무능력을 이유로 법률행위의 무효를 주장하는 경우, 그에 대한 증명책임의 소재(=무효를 주장하는 측)

의사능력이란 자기 행위의 의미나 결과를 정상적인 인식력과 예기력을 바탕으로

합리적으로 판단할 수 있는 정신적 능력이나 지능을 말하고, 의사무능력을 이유로 법률행위의 무효를 주장하는 측은 그에 대하여 증명책임을 부담한다[2022. 12. 1., 선고, 2022다261237, 판결].

② **심결취소소송에서 무효사유에 관한 증명책임의 소재(=무효라고 주장하는 당사자)**

구 특허법(2006. 3. 3. 법률 제7871호로 개정되기 전의 것) 제33조 제1항 본문은 발명을 한 사람 또는 그 승계인은 특허법에서 정하는 바에 따라 특허를 받을 수 있는 권리를 가진다고 규정하고, 제133조 제1항 제2호는 제33조 제1항 본문의 규정에 의한 특허를 받을 수 있는 권리를 가지지 아니한 사람(이하 '무권리자'라고 한다)이 출원하여 특허받은 경우를 특허무효사유의 하나로 규정하고 있다. 무권리자의 출원을 무효사유로 한 특허무효심판 및 그에 따른 심결취소소송에서 위와 같은 무효사유에 관한 증명책임은 무효라고 주장하는 당사자에게 있다[2022. 11. 17., 선고, 2019후11268, 판결].

③ **상속인이 상속재산을 은닉하여 상속채권자를 사해할 의사가 있을 것을 필요로 하는지 여부(적극) 및 그 증명책임의 소재(=이를 주장하는 측)**

민법 제1026조 각호의 사유가 있으면 단순승인을 한 것으로 보게 되는데, 민법 제1026조에 정해진 법정단순승인 사유 중 제3호는 "상속인이 한정승인이나 포기를 한 후에 상속재산을 은닉하거나 부정소비하거나 고의로 재산목록에 기입하지 아니한 때"이다. 이러한 제3호의 법정단순승인 사유가 있으면 그 전에 상속인이 한 한정승인 또는 포기의 효력이 소멸하고 단순승인의 효과가 발생하여 상속인의 고유재산에 대하여도 집행할 수 있게 된다. 이러한 점 때문에 민법 제1026조 제3호는 상속인의 배신적 행위에 대한 제재로서 의미를 가지고 있다.

"상속인이 한정승인이나 포기를 한 후에 상속재산을 은닉하거나 부정소비하거나 고의로 재산목록에 기입하지 아니한 때"(민법 제1026조 제3호)에서 '고의로 재산목록에 기입하지 아니한 때'라 함은 한정승인을 함에 있어 상속재산을 은닉하여 상속채권자를 사해할 의사로써 상속재산을 재산목록에 기입하지 않는 것을 뜻하므로, 위 규정에 해당하기 위해서는 상속인이 어떠한 상속재산이 있음을 알면서 이를 재산목록에 기입하지 아니하였다는 사정만으로는 부족하고, 상속재산을 은닉하여 상속채권자를 사해할 의사, 즉 그 재산의 존재를 쉽게 알 수 없게 만들려는 의사가 있을 것을 필요로 한다. 위 사정은 이를 주장하는 측에서 증명하여야 한다 *[2022. 7. 28., 선고, 2019다29853, 판결].*

④ 재판부의 증거 채택 여부 결정에 대하여 항고 또는 특별항고를 할 수 있는지 여부 (소극)

재판부의 증거 채택 여부 결정은 소송지휘의 재판이므로, 민사소송법에서 일반적으로 항고의 대상으로 삼고 있는 같은 법 제439조 소정의 '소송절차에 관한 신청을 기각한 결정이나 명령'에 해당되지 아니하고, 또 이에 대하여 불복할 수 있음을 정하는 별도의 규정도 없으므로, 그 결정에 대하여는 항고를 할 수 없다. 뿐만 아니라 재판부의 증거 채택 여부 결정은 종국적 재판인 판결과 함께 상소심의 심판을 받는 중간적 재판의 성질을 가지는 것으로, 민사소송법 제449조에서 특별항고의 대상으로 정하고 있는 '불복할 수 없는 명령'에도 해당되지 않는다고 할 것이다. 따라서 이 사건 특별항고는 특별항고의 대상이 될 수 없는 재판에 대한 것으로서 부적법하다*(대법원 2009. 8. 25. 자 2009마1282 결정, 대법원 2017. 4. 25. 자 2017부1 결정 등 참조)[2022. 3. 22., 자, 2021그813, 결정].*

4. 증거에 대한 서식

[서식 ①] 사실조회신청서

사 실 조 회 신 청

사　　건　20○○가단○○○○ 손해배상(산)
원　　고　○○○
피　　고　주식회사 ◇◇◇

위 사건에 관하여 원고는 다음과 같이 사실조회를 신청합니다.

다　　　　　음

1. 조회할 곳
  (1) ○○교통 주식회사 노동조합
     주소 : ○○시 ○○구 ○○길 ○○ (우편번호 ○○○-○○○)
  (2) ○○기업 주식회사 노동조합
     주소 : ○○시 ○○구 ○○길 ○○ (우편번호 ○○○-○○○)
  (3) ○○교통 주식회사 노동조합
     주소 : ○○시 ○○구 ○○길 ○○ (우편번호 ○○○-○○○)
  (4) ○○운수 주식회사 노동조합
     주소 : ○○시 ○○구 ○○길 ○○ (우편번호 ○○○-○○○)

2. 조회할 사항
  20○○. ○.경부터 같은 해 ○.경까지 택시기사의 사납금 납입 후 1인당 일(日)수입금
  및 월(月)수입금의 평균금액

20○○.　○.　○.
위 원고　○○○ (서명 또는 날인)

○○지방법원 제○민사단독　귀중

사 실 조 회 신 청 서

사　　건　　2015가단△△△ 손해배상(기)
원　　고　　○ ○ ○
피　　고　　　△ △ △

　　　위 사건에 관하여 원고는 피고의 인적사항을 명확히 하기 위하여 다음과 같이 사실조회를 신청합니다.

다　　음

1. 사실조회의 목적
　　피고를 특정하기 위함.

2. 사실조회할 곳
　　　네이버 주식회사
　　　성남시 분당구 불정로 6

3. 사실조회사항
별지와 같습니다.

20○○.　　.　　.
위 원고 ○ ○ ○

○○지방법원　 귀중

[별　　지]

사 실 조 회 할 사 항

피고의 인적사항을 확인하기 위하여,
=a=bcdt=t=txxx@naver.com　　가입자의 인적사항(성명, 생년월일, 전화번호, 주소 등 일체)을 회신하여 주시기 바랍니다.

사 실 조 회 촉 탁 신 청

사 건   20○○가단○○○○임차보증금반환 [담당재판부 : 민사 제 ○단독]
원 고   ○ ○ ○
피 고   ○ ○ ○

    위 사건에 관하여 원고는 귀원의 보정명령에 의거하여 다음과 같이
사실조회를 신청합니다.

다   음

1. 사실조회 촉탁할 곳
  외교부
  주소: ○○시 ○○구 ○○로 ○○ (우편번호)

2. 사실조회의 목적
  피고 ○ ○ ○의 주민등록은 일본 현지이주말소 되어 있어 송달 가능한 국내주소를
  알 수 없는바, 피고 ○ ○ ○이 현재 외국(일본)에 거주하고 있는지 여부와 외국
  에 거주할 경우 현재 소송서류 등의 송달이 가능한 주소를 밝히기 위함.

3. 조회할 사항 : 별지와 같습니다.

4. 첨부서류 : 주민등록초본(말소자초본) 1통

5. 참고사항 : 다른 임차인 소외 ○ ○ ○의 피고에 대한 임차보증금 청구소송이 귀원
민사 ○단독에 같은 사유로 계류 중입니다. (20○○가단○○○○)

                20○○.   ○.   ○.
                  위 원고   ○○○ (서명 또는 날인)

○○지방법원 제○민사부 귀중

[별 지]

사 실 조 회 촉 탁 할 사 항

○ **확인대상자**

　성명 : ㅇ ㅇ ㅇ (ㅇ ㅇ ㅇ)

　주민등록번호 : ㅇㅇㅇㅇㅇㅇ-ㅇㅇㅇㅇㅇㅇㅇ

　최후주소 : ㅇㅇ시 ㅇㅇ구 ㅇㅇ로 ㅇㅇ (우편번호)

○ **사실조회 촉탁할 사항**

　1. 위 ㅇ ㅇ ㅇ 이 현재 외국(일본)에 거주하고 있는지 여부.

　2. (외국에 거주하고 있다면) 위 ㅇ ㅇ ㅇ 이 거주하고 있는 나라에서 소송서류 등을 송달받을 수 있는 ㅇ ㅇ ㅇ 거주국의 구체적인 주소. 끝.

금융자료제출명령신청

사　　건　2021가소　　　　　　　부당이득금반환
원　　고　홍길동
피　　고　김OO

위 사건에 관하여 원고는 다음과 같이 금융자료제출명령을 신청합니다.

다　　음

1. 촉탁목적
피고의 인적사항을 특정하고, 피고 계좌의 잔고를 확인하고자 합니다.
2. 촉탁처
한국스탠다드차타드은행
서울특별시 종로구 종로 47 (공평동 100)　　[우편번호: 03160]
3. 제출받고자 하는 금융자료
별지와 같음

2021.　　.　　.

위 원고　홍 길 동　(인)

인천지방법원 귀중

[별지]

제출받고자 하는 금융자료

■요구의 근거법령 : 금융실명거래 및 비밀보장에 관한 법률 제4조 제1항, 민사소송법 제294조, 가사소송법 제12조

1. SC제일은행 계좌번호 581-20-000000의 예금주 김OO의 인적사항(①주민등록번호, ②주소)
2. SC제일은행 계좌(계좌번호 581-00-0000000)의 잔고

제2절 증인신문

제303조(증인의 의무)

법원은 특별한 규정이 없으면 누구든지 증인으로 신문할 수 있다.

제304조(대통령·국회의장·대법원장·헌법재판소장의 신문)

대통령·국회의장·대법원장 및 헌법재판소장 또는 그 직책에 있었던 사람을 증인으로 하여 직무상 비밀에 관한 사항을 신문할 경우에 법원은 그의 동의를 받아야 한다.

제305조(국회의원·국무총리·국무위원의 신문)

① 국회의원 또는 그 직책에 있었던 사람을 증인으로 하여 직무상 비밀에 관한 사항을 신문할 경우에 법원은 국회의 동의를 받아야 한다.

② 국무총리·국무위원 또는 그 직책에 있었던 사람을 증인으로 하여 직무상 비밀에 관한 사항을 신문할 경우에 법원은 국무회의의 동의를 받아야 한다.

제306조(공무원의 신문)

제304조와 제305조에 규정한 사람 외의 공무원 또는 공무원이었던 사람을 증인으로 하여 직무상 비밀에 관한 사항을 신문할 경우에 법원은 그 소속 관청 또는 감독 관청의 동의를 받아야 한다.

제307조(거부권의 제한)

제305조와 제306조의 경우에 국회·국무회의 또는 제306조의 관청은 국가의 중대한 이익을 해치는 경우를 제외하고는 동의를 거부하지 못한다.

제308조(증인신문의 신청)

당사자가 증인신문을 신청하고자 하는 때에는 증인을 지정하여 신청하여야 한다.

제309조(출석요구서의 기재사항)

증인에 대한 출석요구서에는 다음 각호의 사항을 적어야 한다.

1. 당사자의 표시
2. 신문 사항의 요지
3. 출석하지 아니하는 경우의 법률상 제재

제310조(증언에 갈음하는 서면의 제출)

① 법원은 증인과 증명할 사항의 내용 등을 고려하여 상당하다고 인정하는 때에는 출석·증언에 갈음하여 증언할 사항을 적은 서면을 제출하게 할 수 있다.

② 법원은 상대방의 이의가 있거나 필요하다고 인정하는 때에는 제1항의 증인으로 하여금 출석·증언하게 할 수 있다.

제311조(증인이 출석하지 아니한 경우의 과태료 등)

① 증인이 정당한 사유 없이 출석하지 아니한 때에 법원은 결정으로 증인에게 이로 말미암은 소송비용을 부담하도록 명하고 500만원 이하의 과태료에 처한다.

② 법원은 증인이 제1항의 규정에 따른 과태료의 재판을 받고도 정당한 사유 없이 다시 출석하지 아니한 때에는 결정으로 증인을 7일 이내의 감치(監置)에 처한다.

③ 법원은 감치재판기일에 증인을 소환하여 제2항의 정당한 사유가 있는지 여부를 심리하여야 한다.

④ 감치에 처하는 재판은 그 재판을 한 법원의 재판장의 명령에 따라 법원공무원 또는 경찰공무원이 경찰서유치장·교도소 또는 구치소에 유치함으로써 집행한다.

⑤ 감치의 재판을 받은 증인이 제4항에 규정된 감치시설에 유치된 때에는 당해 감치시설의 장은 즉시 그 사실을 법원에 통보하여야 한다.

⑥ 법원은 제5항의 통보를 받은 때에는 바로 증인신문기일을 열어야 한다.

⑦ 감치의 재판을 받은 증인이 감치의 집행중에 증언을 한 때에는 법원은 바로 감치결정을 취소하고 그 증인을 석방하도록 명하여야 한다.

⑧ 제1항과 제2항의 결정에 대하여는 즉시항고를 할 수 있다. 다만, 제447조의 규정은 적용하지 아니한다.

⑨ 제2항 내지 제8항의 규정에 따른 재판절차 및 그 집행 그 밖에 필요한 사항은 대법원규칙으로 정한다.

제312조(출석하지 아니한 증인의 구인)

① 법원은 정당한 사유 없이 출석하지 아니한 증인을 구인(拘引)하도록 명할 수 있다.

② 제1항의 구인에는 형사소송법의 구인에 관한 규정을 준용한다.

제313조(수명법관·수탁판사에 의한 증인신문) 법원은 다음 각호 가운데 어느 하나에 해당하면 수명법관 또는 수탁판사로 하여금 증인을 신문하게 할 수 있다.

  1. 증인이 정당한 사유로 수소법원에 출석하지 못하는 때

  2. 증인이 수소법원에 출석하려면 지나치게 많은 비용 또는 시간을 필요로 하는 때

  3. 그 밖의 상당한 이유가 있는 경우로서 당사자가 이의를 제기하지 아니하는 때

제314조(증언거부권)

증인은 그 증언이 자기나 다음 각호 가운데 어느 하나에 해당하는 사람이 공소제기되거나 유죄판결을 받을 염려가 있는 사항 또는 자기나 그들에게 치욕이 될 사항에 관한 것인 때에는 이를 거부할 수 있다.

  1. 증인의 친족 또는 이러한 관계에 있었던 사람

  2. 증인의 후견인 또는 증인의 후견을 받는 사람

제315조(증언거부권)

① 증인은 다음 각호 가운데 어느 하나에 해당하면 증언을 거부할 수 있다.

1. 변호사 · 변리사 · 공증인 · 공인회계사 · 세무사 · 의료인 · 약사, 그 밖에 법령에 따라 비밀을 지킬 의무가 있는 직책 또는 종교의 직책에 있거나 이러한 직책에 있었던 사람이 직무상 비밀에 속하는 사항에 대하여 신문을 받을 때

2. 기술 또는 직업의 비밀에 속하는 사항에 대하여 신문을 받을 때

② 증인이 비밀을 지킬 의무가 면제된 경우에는 제1항의 규정을 적용하지 아니한다.

제316조(거부이유의 소명)

증언을 거부하는 이유는 소명하여야 한다.

제317조(증언거부에 대한 재판)

① 수소법원은 당사자를 심문하여 증언거부가 옳은 지를 재판한다.

② 당사자 또는 증인은 제1항의 재판에 대하여 즉시항고를 할 수 있다.

제318조(증언거부에 대한 제재)

증언의 거부에 정당한 이유가 없다고 한 재판이 확정된 뒤에 증인이 증언을 거부한 때에는 제311조제1항, 제8항 및 제9항의 규정을 준용한다.

제319조(선서의 의무)

재판장은 증인에게 신문에 앞서 선서를 하게 하여야 한다. 다만, 특별한 사유가 있는 때에는 신문한 뒤에 선서를 하게 할 수 있다.

제320조(위증에 대한 벌의 경고)

재판장은 선서에 앞서 증인에게 선서의 취지를 밝히고, 위증의 벌에 대하여 경고하여야 한다.

제321조(선서의 방식)

① 선서는 선서서에 따라서 하여야 한다.

② 선서서에는 "양심에 따라 숨기거나 보태지 아니하고 사실 그대로 말하며, 만일 거짓말을 하면 위증의 벌을 받기로 맹세합니다."라고 적어야 한다.

③ 재판장은 증인으로 하여금 선서서를 소리내어 읽고 기명날인 또는 서명하게 하며, 증인이 선서서를 읽지 못하거나 기명날인 또는 서명하지 못하는 경우에는 참여한 법원사무관등이나 그 밖의 법원공무원으로 하여금 이를 대신하게 한다.

④ 증인은 일어서서 엄숙하게 선서하여야 한다.

제322조(선서무능력)

다음 각호 가운데 어느 하나에 해당하는 사람을 증인으로 신문할 때에는 선서를 시키지 못한다.

1. 16세 미만인 사람

2. 선서의 취지를 이해하지 못하는 사람

제323조(선서의 면제)

제314조에 해당하는 증인으로서 증언을 거부하지 아니한 사람을 신문할 때에는 선서를 시키지

아니할 수 있다.

제324조(선서거부권)

증인이 자기 또는 제314조 각호에 규정된 어느 한 사람과 현저한 이해관계가 있는 사항에 관하여 신문을 받을 때에는 선서를 거부할 수 있다.

제325조(조서에의 기재)

선서를 시키지 아니하고 증인을 신문한 때에는 그 사유를 조서에 적어야 한다.

제326조(선서거부에 대한 제재)

증인이 선서를 거부하는 경우에는 제316조 내지 제318조의 규정을 준용한다.

제327조(증인신문의 방식)

① 증인신문은 증인을 신청한 당사자가 먼저 하고, 다음에 다른 당사자가 한다.

② 재판장은 제1항의 신문이 끝난 뒤에 신문할 수 있다.

③ 재판장은 제1항과 제2항의 규정에 불구하고 언제든지 신문할 수 있다.

④ 재판장이 알맞다고 인정하는 때에는 당사자의 의견을 들어 제1항과 제2항의 규정에 따른 신문의 순서를 바꿀 수 있다.

⑤ 당사자의 신문이 중복되거나 쟁점과 관계가 없는 때, 그 밖에 필요한 사정이 있는 때에 재판장은 당사자의 신문을 제한할 수 있다.

⑥ 합의부원은 재판장에게 알리고 신문할 수 있다.

제327조의2(비디오 등 중계장치에 의한 증인신문)

① 법원은 다음 각 호의 어느 하나에 해당하는 사람을 증인으로 신문하는 경우 상당하다고 인정하는 때에는 당사자의 의견을 들어 비디오 등 중계장치에 의한 중계시설을 통하거나 인터넷 화상장치를 이용하여 신문할 수 있다.

1. 증인이 멀리 떨어진 곳 또는 교통이 불편한 곳에 살고 있거나 그 밖의 사정으로 말미암아 법정에 직접 출석하기 어려운 경우

2. 증인이 나이, 심신상태, 당사자나 법정대리인과의 관계, 신문사항의 내용, 그 밖의 사정으로 말미암아 법정에서 당사자 등과 대면하여 진술하면 심리적인 부담으로 정신의 평온을 현저하게 잃을 우려가 있는 경우

② 제1항에 따른 증인신문은 증인이 법정에 출석하여 이루어진 증인신문으로 본다.

③ 제1항에 따른 증인신문의 절차와 방법, 그 밖에 필요한 사항은 대법원규칙으로 정한다.

제328조(격리신문과 그 예외)

① 증인은 따로따로 신문하여야 한다.

② 신문하지 아니한 증인이 법정(法廷)안에 있을 때에는 법정에서 나가도록 명하여야 한다. 다만, 필요하다고 인정한 때에는 신문할 증인을 법정안에 머무르게 할 수 있다.

제329조(대질신문)

재판장은 필요하다고 인정한 때에는 증인 서로의 대질을 명할 수 있다.

제330조(증인의 행위의무)

재판장은 필요하다고 인정한 때에는 증인에게 문자를 손수 쓰게 하거나 그 밖의 필요한 행위를 하게 할 수 있다.

제331조(증인의 진술원칙)

증인은 서류에 의하여 진술하지 못한다. 다만, 재판장이 허가하면 그러하지 아니하다.

제332조(수명법관 · 수탁판사의 권한)

수명법관 또는 수탁판사가 증인을 신문하는 경우에는 법원과 재판장의 직무를 행한다.

1. 증인신청

1-1. 신청

① 법원은 특별한 규정이 없으면 누구든지 증인으로 신문할 수 있습니다(민사소송법 제303조).

② 증인신문은 부득이한 사정이 없는 한 일괄하여 신청해야 합니다(민사소송규칙 제75조 제1항 전단).

③ 당사자신문을 신청하는 경우에도 일괄하여 신청해야 합니다(민사소송규칙 제75조 제1항 후단).

④ 증인신문을 신청할 경우에는 증인의 이름·주소·연락처·직업, 증인과 당사자의 관계, 증인이 사건에 관여하거나 내용을 알게 된 경위, 증인신문에 필요한 시간 및 증인의 출석을 확보하기 위한 협력방안을 밝혀야 합니다(민사소송규칙 제75조 제2항).

1-2. 증언에 갈음하는 서면

① 법원은 증인과 증명할 사항의 내용 등을 고려해 상당하다고 인정하는 경우에는 출석·증언에 갈음해 증언할 사항을 적은 서면을 제출하게 할 수 있습니다(민사소송법 제310조 제1항).

② 법원은 상대방의 이의가 있거나 필요하다고 인정하는 경우에는 증언에 갈음해 증언할 사항을 적은 서면을 제출한 증인에게 출석하여 증언하게 할 수 있습니다(민사소송법 제310조 제2항 및 제1항).

1-3. 증인진술서

① 법원은 효율적인 증인신문을 위해 필요하다고 인정하는 경우에는 증인을 신청한 당사자에게 증인진술서를 제출하게 할 수 있습니다(민사소송규칙 제79조 제1항).

② 증인진술서에는 증언할 내용을 그 시간 순서에 따라 적고, 증인이 서명날인해야 합니다(민사소송규칙 제79조 제2항).

1-4. 증인진술서 부본의 제출

증인진술서 제출명령을 받은 당사자는 법원이 정한 기한까지 원본과 함께 상대방의 수에 2(다만, 합의부에서는 상대방의 수에 3)를 더한 만큼의 사본을 제출해야 합니다(민사소송규칙 제79조 제3항).

1-5. 증인진술서 부본 송달

법원서기관·법원사무관·법원주사 또는 법원주사보(이하 "법원사무관등"이라 함)는 증인진술서 사본 1통을 증인신문기일 전에 상대방에게 송달해야 합니다(민사소송규칙 제79조 제4항).

1-6. 증인신문사항

① 증인신문을 신청한 당사자는 증인신문사항을 적은 서면을 제출해야 합니다(민사소송규칙 제80조 제1항 본문). 다만, 증인진술서를 제출하는 경우로 법원이 증인신문사항을 제출할 필요가 없다고 인정하는 때에는 제출하지 않아도 됩니다(민사소송규칙 제80조 제1항 단서).

② 재판장은 제출된 증인신문사항이 다음에 해당하는 경우 증인신문사항의 수정을 명할 수 있습니다(민사소송규칙 제80조 제3항 본문, 제95조 제2항 및 제91조부터 제94조까지).

  1. 개별적이고 구체적이지 않은 경우

  2. 증인을 모욕하거나 증인의 명예를 해치는 내용의 신문이 포함된 경우

  3. 유도신문이 포함된 경우

  4. 반대신문의 경우 재판장의 허가없이 주신문에 나타나지 않은 사항에 관한 신문이 포함된 경우

  5. 재주신문(再主訊問)의 경우 재판장의 허가없이 반대신문에 나타나지 않은 사항에

관한 신문이 포함된 경우

6. 증언의 증명력을 다투기 위한 신문에서 증인의 경험·기억 또는 표현의 정확성 등 증언의 신빙성에 관련된 사항 및 증인의 이해관계·편견 또는 예단 등 증인의 신용성에 관련된 사항과 무관한 내용의 신문이 포함된 경우

7. 의견 진술을 요구하는 신문

8. 증인이 직접 경험하지 않은 사항에 관한 진술을 요구하는 신문

③ 다만, 위 3.부터 8.까지의 신문에 관해 정당한 사유가 있는 경우에는 수정을 명하지 않을 수 있습니다(민사소송규칙 제80조 제3항 단서).

1-7. 증인신문사항 부본의 제출

① 증인신문을 신청한 당사자는 법원이 정한 기한까지 상대방의 수에 3(다만, 합의부에서는 상대방의 수에 4)을 더한 통수의 증인신문사항을 적은 서면을 제출해야 합니다(민사소송규칙 제80조 제1항 본문).

② 증인신문사항 부본 송달

법원사무관등은 증인신문사항의 기재서면 1통을 증인신문기일 전에 상대방에게 송달해야 합니다(민사소송규칙 제80조 제2항).

2. 증인신문에 대한 대법원판례

① 본안소송의 당사자가 제3자에 대한 문서제출명령에 대하여 위 심문절차의 누락을 이유로 즉시항고할 수 있는지 여부(소극)

민사소송법 제347조 제3항은 "제3자에 대하여 문서제출명령을 하는 경우에는 제3자 또는 그가 지정하는 자를 심문하여야 한다."라고 규정하고 있는바, 이는 그 제3자가 문서제출명령에 따르지 아니한 때에는 과태료의 제재를 받게 되는 점(민사소송법 제351조, 제318조, 제311조 제1항)을 고려하여 미리 그 진술 기회를 제공하고 이를 통하여 그 제3자의 문서 소지 여부 및 문서제출의무의 존부와 범위 등에 관하여 충실한 심리가 이루어지게 하려는 데에 그 입법 취지가 있다. 따라서 민사소송법 제347조 제3항의 규정에 따른 심문절차를 거쳤는지 여부에 관하여는 그 문서제출명령을 받은 제3자만이 법률상 이해관계를 가진다고 할 것이므로, 제3자에 대한 문서제출명령에 대하여는 그 제3자만이 자기에 대한 심문절차

의 누락을 이유로 즉시항고할 수 있을 뿐이고, 본안소송의 당사자가 그 제3자에 대한 심문절차의 누락을 이유로 즉시항고하는 것은 허용되지 아니한다고 할 것이다[2008. 9. 26., 자, 2007마672, 결정].

② **증인으로서 적법하게 선서를 마치고도 허위진술을 한 피고인의 행위는 위증죄에 해당**

민사소송법 제314조에 따라 증언거부권이 있는데도 재판장으로부터 증언거부권을 고지받지 않은 상태에서 허위의 증언을 한 사안에서, 민사소송법이 정하는 절차에 따라 증인으로서 적법하게 선서를 마치고도 허위진술을 한 피고인의 행위는 위증죄에 해당하고 기록상 달리 특별한 사정이 보이지 아니하는데도, 법적 근거가 없는 증언거부권의 고지절차가 없었다는 이유로 무죄를 인정한 원심판단에 민사소송절차의 증언거부권 고지에 관한 법리오해의 위법이 있다고 한 사례[2011. 7. 28., 선고, 2009도14928, 판결].

③ **민사소송법 제315조 제1항 제2호에서 정한 '직업의 비밀'의 의미 / 문서 소지자가 문서의 제출을 거부할 수 있으려면 직업의 비밀에 해당하는 정보가 보호가치 있는 비밀이어야 하는지 여부**

민사소송법 제344조 제2항 제1호, 제1항 제3호 (다)목, 제315조 제1항 제2호는 문서를 가지고 있는 사람은 제344조 제1항에 해당하지 아니하는 경우에도 원칙적으로 문서의 제출을 거부하지 못한다고 규정하면서 예외사유로서 기술 또는 직업의 비밀에 속하는 사항이 적혀 있고 비밀을 지킬 의무가 면제되지 아니한 문서를 들고 있다.

여기에서 '직업의 비밀'은 그 사항이 공개되면 직업에 심각한 영향을 미치고 이후 직업의 수행이 어려운 경우를 가리키는데, 어느 정보가 직업의 비밀에 해당하는 경우에도 문서 소지자는 비밀이 보호가치 있는 비밀일 경우에만 문서의 제출을 거부할 수 있다. 나아가 어느 정보가 보호가치 있는 비밀인지를 판단할 때에는 정보의 내용과 성격, 정보가 공개됨으로써 문서 소지자에게 미치는 불이익의 내용과 정도, 민사사건의 내용과 성격, 민사사건의 증거로 문서를 필요로 하는 정도 또는 대체할 수 있는 증거의 존부 등 제반 사정을 종합하여 비밀의 공개로 발생하는 불이익과 이로 인하여 달성되는 실체적 진실 발견 및 재판의 공정을 비교형량하여야 한다[2016. 7. 1., 자, 2014마2239, 결정].

3. 증인신문에 대한 서식

[서식 ①] 증인신청서(법원 비치서식)

<h3 style="text-align:center">증 인 신 청 서</h3>

1. 사건 : 20○○가단○○○ 대여금
2. 증인의 표시

성 명	◉◉◉	직 업		농 업
주민등록번호	○○○○○○-○○○○○○			
주 소	○○시 ○○구 ○○로 ○○-○○			
전 화 번 호	자택	(○○) ○○○-○○○○	사무실	(○○) ○○○-○○○○	휴대폰	○○○-○○○-○○○○
원.피고와의 관 계	원고 및 피고와 이웃에 거주			

3. 증인이 이 사건에 관여하거나 그 내용을 알게 된 경위
　　증인은 원고 및 피고와 이웃에 거주하고 있으며, 평소에 원고 및 피고의 집에 자주 드나들면서 가까이 지나는 사이였음. 그러던 중 20○○. ○.경 원고의 집에서 피고가 금 ○○○원을 차용할 때 함께 있었으며, 또한 20○○. ○○.경 피고의 집에서 피고가 원고에게 위 차용금을 갚을 때도 함께 있었음.
4. 신문할 사항의 개요
　①증인은 원고와 피고를 아는지
　②증인은 20○○. ○.경 피고가 원고의 집에서 원고로부터 금 ○○○원을 차용한 사실을 아는지
　③증인은 20○○. ○○.경 피고가 피고의 집에서 원고에게 위 차용금을 갚은 사실을 아는지
5. 기타 참고사항

20○○.　○.　○.

위 피고　◇◇◇ (서명 또는 날인)

○○지방법원 제○○민사단독　귀중

1. 증인이 이 사건에 관여하거나 그 내용을 알게 된 경위는 구체적이고 자세히 적어야 합니다.

2. 여러 명의 증인을 신청할 때에는 증인별로 따로 증인신청서를 작성하여야 합니다.

3. 신청한 증인이 채택된 경우에는 법원이 명하는 바에 따라 증인진술서나 증인신문 사항을 미리 제출하여야 하고 지정된 신문기일에 증인이 틀림없이 출석할 수 있도록 필요한 조치를 취하시기 바랍니다.

[서식 ②] 증인신청서(증인여비 청구포기서 첨부)

증 인 신 청 서

사 건 20○○가단○○○○○ 손해배상(기)

원 고 ○○○

피 고 ◇◇◇

　　위 사건에 관하여, 원고는 다음과 같이 증인신청을 합니다.

다　　음

1. 증인의 표시

　성 명 : ■■■

　주 소 : ○○시 ○○구 ○○로 ○○ (우편번호 ○○○-○○○)

　주민등록번호 : ○○○○○○-○○○○○○○

　전화.휴대폰번호 :

　직 업 : 농업

2. 증인이 이 사건에 관여하거나 그 내용을 알게 된 경위

　　증인은 원고의 아버지 소외 ◉◉◉와 잘 아는 사이로 소외 ◉◉◉가 만성질환으로 기도원에서 장기간 요양 중에 있었으므로 원고를 자주 찾아가 어려운 일이 있을 때 조언을 해주는 등 가까이 지내던 사이였으며, 원고가 피고의 부동산 중개사무실에서 주택을 임차하는 계약을 체결할 때 동행하여 부동산중개업자인 피고의 중개로 주택을 임차하는 과정에 입회하였고, 그 뒤로도 원고를 자주 방문하여 임차주택에 문제가 생겨 분쟁이 있는 것을 알고 여러 번 원고와 피고가 다투는 것을 목격하는 등 이 사건에 관하여 여러 사실을 알게 되었음.

3. 증인신문사항(별첨)

첨 부 서 류

　1. 증인신문사항　　　　　4통

　1. 증인여비포기서　　　　1통

　　　　　　　　　20○○. ○. ○.

　　　　　　　　　위 원고　　○○○ (서명 또는 날인)

○○지방법원 제○○민사단독　귀중

증인 ■■■에 대한 신문사항

1. 증인은 원고와 피고를 아는가요?

2. 증인은 원고와 교제하던 사이로서, 원고가 20○○. ○. ○.경 ○○구 ○○동 ○○
   ○-○○, ○○빌라 B01호(다음부터 이 사건 부동산이라 함)를 임차할 당시 원고
   와 함께 피고 부동산사무실에 찾아간 일이 있지요?

3. 피고는 원고로부터 보증금 2,100만원 상당의 주택을 구하려 한다는 말을 듣고
   이 사건 부동산을 보여주면서 "건축된 지 2년도 되지 않은 건물이고 보증금도
   시세에 비하여 저렴하다"면서 적극적으로 임차할 것을 권유하던가요?

4. 증인은 당시 이 사건 부동산에 들어가 방안을 살펴보니 낡은 침대 1개만 놓여
   있을 뿐 짐은 전혀 없고 살림하고 있는 집으로 보이지는 않던가요?

5. 피고는 원고 등과 자신의 사무실로 돌아온 뒤 원고가 이 사건 부동산을 임차하려
   면 돈이 부족하다고 하자 피고는 돈을 조금 더 마련하여 이 사건 부동산을 얻으
   라고 권유하였지요?

6. 원고가 마지못해 이에 응낙하자 피고는 다른 사람이 이 사건 부동산을 얻을 수도 있
   으니 우선 가계약금이라도 걸고 가라하여 원고는 3만원정도 가계약금을 피고에게
   지급하였지요?

7. 원고는 증인과 함께 3일 뒤인 20○○. ○. ○○. 피고 사무실에 찾아가 집주인 소
   외 ◆◆◆를 처음 보았고 소외 ◆◆◆와 보증금 ○○○원. 기간 20○○. ○○.
   ○.부터 12개월로 하는 전세계약서를 작성하고 계약금 ○○○원을 피고를 통하여
   소외 ◆◆◆에게 지급하였지요?

8. (갑 제1호증을 제시하며)이 계약서가 당시 피고가 작성한 계약서인가요?

9. 증인은 피고가 전세계약서를 작성하면서 또는 계약서작성전후에 이 사건 부동
   산의 등기부등본을 원고에게 보여주던가요?

10. 또한, 피고가 이 사건 부동산에 근저당권설정여부나 압류 등이 있는지에 대하

여 구두로 또는 서면으로 설명서를 작성하여 원고에게 제시하던가요?

11. 위 계약서를 작성할 당시 피고의 부동산중개사사무실에는 증인을 포함하여 누가 있었나요?

12. 원고는 모자라는 보증금일부를 증인으로부터 도움을 받아 20○○. ○○. ○. 잔금을 지급하고 이 사건 부동산으로 이사하게 되었지요?

13. 원고가 이 사건 부동산에 입주할 당시 원고의 아버지 소외 ◉◉◉는 만성질환으로 기도원에서 장기간 요양 중에 있었고, 원고의 어머니 소외 ◎◎◎는 원고가 중3때에 집을 나가 당시 만 18세이던 원고가 어린 동생 2명을 부양하는 가장역할을 하고 있었지요?

14. 따라서 나이 어린 원고가 직접 뛰어다니며 전셋집을 구하고, 이삿짐을 꾸려 이사하였으며, 고교 1학년을 마치고 학업을 중단하고 식당 주방 일을 하면서 생계를 꾸려나가고 있었지요?

15. 피고는 원고로부터 보증금 잔금 ○○○원을 받아 집주인 소외 ◈◈◈에게 건네주고 중개수수료 금 ○○○원을 요구하여 이를 수령하였지요?

16. 원고가 이 사건 부동산에 이사한 뒤 1개월이 못되어 경기 ○○시에 거주하는 원고의 고모 소외 ❶❶❶가 원고의 전셋집을 찾아오게 되었지요?

17. 소외 ❶❶❶는 어린 조카들의 살림살이를 살펴본 뒤, 원고에게 이 사건 부동산의 등기부등본을 떼어 보았는지 물어보게 되었지요?

18. 원고가 소외 ❶❶❶에게 부동산등기부등본이 무엇인지를 되묻자 소외 ❶❶❶는 원고를 야단치면서 즉시 등기소에 찾아가 이 사건 부동산의 등기부등본을 발급받아 오게 되어 비로소 근저당권이 설정된 사실과 2건의 압류등기가 되어 있는 사실을 알게 되었지요?

19. 이에 깜짝 놀란 원고가 다음날 피고사무실에 찾아가 "왜 근저당권설정사실이나 압류가 있었다는 사실을 알려주지 않았느냐"고 항의하자 피고는 이러한 근저당권설정이나 압류가 되어 있는 사실도 모르고 있다가 원고가 제시한 부동산등기부등본을 보고 집주인과 통화한 뒤 "근저당권은 집 지을 때 은행에서 빌린 돈이

고, 압류는 곧 해결할 테니 걱정하지 말라."고 무마하려 하던가요?

20. 그럼에도 원고가 피고의 부동산사무실 앞 노상에서 거칠게 "계약을 취소할 테니 당장 보증금을 내노라"라고 항의하였고 원고의 계속적인 항의에 고령인 피고가 이를 견디다 못해 인천에 거주하는 집주인 소외 ◈◈◈를 자신의 사무실로 부르게 되었지요?

21. 피고의 사무실에서 3인이 대면한 뒤 원고는 집주인 소외 ◈◈◈에게 당장 이사 갈 테니 돈을 돌려달라고 하자 피고는 원고를 달래면서 소외 ◈◈◈에게 " 20○○. ○○. ○. - 20○○. ○○. ○○. 그 날까지 집주인이 직접 반환하기로 함. 20○○. ○○. ○○.이전에 문제 있을 시는 집주인책임지기로 함."이라는 문구를 계약서 공란에 기재하도록 하고 지장까지 찍도록 하였지요?

22. 원고는 집주인 소외 ◈◈◈가 계약서 공란에까지 확인하여 주었으니 법적으로 전혀 걱정할 필요 없다고 생각하고 더 이상 피고에 대하여 문제를 삼지 않고 피고의 사무실에서 나오게 되었지요?

23. 원고는 집주인 소외 ◈◈◈가 계약서공란에 특약까지 하였으므로 보증금을 받는 데 문제없을 것으로 생각하면서도 이미 이 사건 부동산에서 살고 싶은 마음이 없게 되어 피고의 사무실과 집 근처 여러 곳의 중개사사무실에 중개의뢰를 하게 되었지요?

24. 그러나 중개의뢰한 사무실에서 가끔 원고의 집에 전화가 오기도 하였고 집을 보러오는 사람도 있었지만 계약이 체결된 일은 없었지요?

25. 그 뒤에도 원고는 집주인 소외 ◈◈◈에게 여러 차례 전화하고 소외 ◈◈◈가 살고 있는 인천까지 여러 차례 찾아갔으나 대부분은 만나지 못하고 겨우 2~3일 기다린 끝에 소외 ◈◈◈를 만나 보증금을 빼달라고 요구하였음에도 소외 ◈◈◈는 그때마다 조금만 기다리면 해결하겠다고 하였음에도 결국 계약기간만료일인 20○○. ○○. ○○.을 지나게 되었지요?

26. 계약기간이 만료된 뒤 원고는 집주인 소외 ◈◈◈에게 이제 기간도 만료되었으니 보증금을 내놓으라고 요구하자 돈이 없어서 또는 다른 세입자가 들어오지 않아 보증금을 내줄 수 없다는 말만 되풀이 한 것이지요?

27. 그러다가 20○○년 말경부터 집주인 소외 ◆◆◆는 사업에 실패하고 행방을 감추게 되어 그때부터 소외 ◆◆◆와 연락할 수 없게 되었는데, 소외 ◆◆◆는 현재 미국으로 도망갔다고 하지요?

28. 원고는 주택임대차보호법내용도 잘 몰라 집주인의 채권자 소외 ◑◑◑가 20○○. ○○.경 집으로 찾아와 집주인 소외 ◆◆◆를 수소문하였고, 원고는 소외 ◆◆◆가 빚에 시달리고 있는 것을 알고 나중에야 주위사람들의 말을 듣고 확정일자를 받게 된 것이지요?

29. 원고는 당시 나이가 어려 법에 대하여는 잘 몰랐고 경제적으로 어려운 나머지 집주인 소외 ◆◆◆를 상대로 소송을 제기하지 못한 것이지요?

30. 기타 참고사항.   - 끝 -

증 인 여 비 청 구 포 기 서

사   건   20○○가단○○○○○ 손해배상(기)
원   고   ○○○
피   고   ◇◇◇

위 사건에 관하여 아래 증인은 20○○. ○. ○. ○○:○○ 출석하는 증인으로 채택되었는데, 증인은 출석여비의 청구를 포기합니다.

20○○.   ○.   ○.
증   인   ■■■ (서명 또는 날인)

○○지방법원 제○○민사단독   귀중

제3절 감정

제333조(증인신문규정의 준용)

감정에는 제2절의 규정을 준용한다. 다만, 제311조제2항 내지 제7항, 제312조, 제321조제2항, 제327조 및 제327조의2는 그러하지 아니하다.

제334조(감정의무)

① 감정에 필요한 학식과 경험이 있는 사람은 감정할 의무를 진다.

② 제314조 또는 제324조의 규정에 따라 증언 또는 선서를 거부할 수 있는 사람과 제322조에 규정된 사람은 감정인이 되지 못한다.

제335조(감정인의 지정)

감정인은 수소법원·수명법관 또는 수탁판사가 지정한다.

제335조의2(감정인의 의무)

① 감정인은 감정사항이 자신의 전문분야에 속하지 아니하는 경우 또는 그에 속하더라도 다른 감정인과 함께 감정을 하여야 하는 경우에는 곧바로 법원에 감정인의 지정 취소 또는 추가 지정을 요구하여야 한다.

② 감정인은 감정을 다른 사람에게 위임하여서는 아니 된다.

제336조(감정인의 기피)

감정인이 성실하게 감정할 수 없는 사정이 있는 때에 당사자는 그를 기피할 수 있다. 다만, 당사자는 감정인이 감정사항에 관한 진술을 하기 전부터 기피할 이유가 있다는 것을 알고 있었던 때에는 감정사항에 관한 진술이 이루어진 뒤에 그를 기피하지 못한다.

제337조(기피의 절차)

① 기피신청은 수소법원·수명법관 또는 수탁판사에게 하여야 한다.

② 기피하는 사유는 소명하여야 한다.

③ 기피하는 데 정당한 이유가 있다고 한 결정에 대하여는 불복할 수 없고, 이유가 없다고 한 결정에 대하여는 즉시항고를 할 수 있다.

제338조(선서의 방식)

선서서에는 "양심에 따라 성실히 감정하고, 만일 거짓이 있으면 거짓감정의 벌을 받기로 맹세합니다."라고 적어야 한다.

제339조(감정진술의 방식)

① 재판장은 감정인으로 하여금 서면이나 말로써 의견을 진술하게 할 수 있다.

② 재판장은 여러 감정인에게 감정을 명하는 경우에는 다 함께 또는 따로따로 의견을 진술하게 할 수 있다.

③ 법원은 제1항 및 제2항에 따른 감정진술에 관하여 당사자에게 서면이나 말로써 의견을 진술할 기회를 주어야 한다.

제339조의2(감정인신문의 방식)

① 감정인은 재판장이 신문한다.

② 합의부원은 재판장에게 알리고 신문할 수 있다.

③ 당사자는 재판장에게 알리고 신문할 수 있다. 다만, 당사자의 신문이 중복되거나 쟁점과 관계가 없는 때, 그 밖에 필요한 사정이 있는 때에는 재판장은 당사자의 신문을 제한할 수 있다.

제339조의3(비디오 등 중계장치 등에 의한 감정인신문)

① 법원은 다음 각 호의 어느 하나에 해당하는 사람을 감정인으로 신문하는 경우 상당하다고 인정하는 때에는 당사자의 의견을 들어 비디오 등 중계장치에 의한 중계시설을 통하여 신문하거나 인터넷 화상장치를 이용하여 신문할 수 있다.

  1. 감정인이 법정에 직접 출석하기 어려운 특별한 사정이 있는 경우

  2. 감정인이 외국에 거주하는 경우

② 제1항에 따른 감정인신문에 관하여는 제327조의2제2항 및 제3항을 준용한다.

제340조(감정증인)

특별한 학식과 경험에 의하여 알게 된 사실에 관한 신문은 증인신문에 관한 규정을 따른다. 다만, 비디오 등 중계장치 등에 의한 감정증인신문에 관하여는 제339조의3을 준용한다.

제341조(감정의 촉탁)

① 법원이 필요하다고 인정하는 경우에는 공공기관·학교, 그 밖에 상당한 설비가 있는 단체 또는 외국의 공공기관에 감정을 촉탁할 수 있다. 이 경우에는 선서에 관한 규정을 적용하지 아니한다.

② 제1항의 경우에 법원은 필요하다고 인정하면 공공기관·학교, 그 밖의 단체 또는 외국 공공기관이 지정한 사람으로 하여금 감정서를 설명하게 할 수 있다.

③ 제2항의 경우에는 제339조의3을 준용한다.

제342조(감정에 필요한 처분)

① 감정인은 감정을 위하여 필요한 경우에는 법원의 허가를 받아 남의 토지, 주거, 관리중인 가옥, 건조물, 항공기, 선박, 차량, 그 밖의 시설물안에 들어갈 수 있다.

② 제1항의 경우 저항을 받을 때에는 감정인은 경찰공무원에게 원조를 요청할 수 있다.

1. 감정신청

1-1. 신청

① 감정을 신청할 경우 감정신청서와 감정을 요구하는 사항을 적은 서면을 함께 제출

해야 합니다(민사소송규칙 제101조 제1항 본문).

② 다만, 부득이한 사유가 있는 경우에는 재판장이 정하는 기한까지 제출하면 됩니다(민사소송규칙 제101조 제1항 단서).

1-2. 감정신청서 등의 송달

① 법원은 감정신청서와 감정을 요구하는 사항을 적은 서면을 상대방에게 송달해야 합니다(민사소송규칙 제101조 제2항 본문 및 제1항).

② 다만, 그 서면의 내용을 고려해 법원이 송달할 필요가 없다고 인정하는 경우에는 그렇지 않습니다(민사소송규칙 제101조 제2항 단서).

1-3. 상대방의 의견서 제출

① 상대방은 신청인의 감정신청서와 감정을 요구하는 사항을 적은 서면에 관해 의견이 있는 경우 의견을 적은 서면을 법원에 제출할 수 있습니다(민사소송규칙 제101조 제3항 전단 및 제1항).

② 재판장은 미리 의견 제출기한을 정할 수 있습니다(민사소송규칙 제101조 제3항 후단).

1-4. 법원의 감정사항 결정

① 법원은 신청인의 감정신청서와 감정을 요구하는 사항을 적은 서면을 토대로 하되, 상대방이 의견서를 제출한 경우에는 그 의견을 고려해 감정사항을 정해야 합니다. 이 경우 법원이 감정사항을 정하기 위해 필요한 경우 감정인의 의견을 들을 수 있습니다(민사소송규칙 제101조 제4항 및 제1항).

② 법원은 감정에 필요한 자료를 감정인에게 보낼 수 있으며, 당사자는 감정에 필요한 자료를 법원에 내거나 법원의 허가를 받아 직접 감정인에게 건네줄 수 있습니다(민사소송규칙 제101조의2 제1항·제2항).

③ 감정인은 부득이한 사정이 없으면 위의 자료가 아닌 자료를 감정의 전제가 되는 사실 인정에 사용할 수 없습니다(민사소송규칙 제101조의2 제3항)

④ 법원은 감정인의 의견진술이 있는 경우 당사자에게 기한을 정해 그에 관한 의견을 적은 서면을 제출하게 할 수 있습니다(민사소송규칙 제101조의3 제1항).

⑤ 법원은 감정인의 서면 의견진술이 있는 경우에 말로 설명할 필요가 있다고 인정되면 감정인에게 법정에 출석하게 할 수 있습니다(민사소송규칙 제101조의3 제2항).

2. 감정에 대한 대법원판례

① **당사자가 서증으로 제출한 감정의견의 채용 여부에 대한 판단 기준**

감정의견이 반드시 소송법상 감정인신문 등의 방법에 의하여 소송에 현출되지 않고 소송 외에서 전문적인 학식과 경험이 있는 자가 작성한 감정의견이 기재된 서면이 서증의 방법으로 제출된 경우라도 사실심법원이 이를 합리적이고 믿을 만하다고 인정하여 사실인정의 자료로 삼는 것을 위법하다고 할 수 없지만, 원래 감정은 법관의 지식과 경험을 보충하기 위하여 하는 증거방법으로서 학식과 경험이 있는 사람을 감정인으로 지정하여 선서를 하게 한 후에 이를 명하거나 또는 필요하다고 인정하는 경우에 공공기관·학교, 그 밖에 상당한 설비가 있는 단체 또는 외국의 공공기관 등 권위 있는 기관에 촉탁하여 하는 것을 원칙으로 하고 있으므로, 당사자가 서증으로 제출한 감정의견이 법원의 감정 또는 감정촉탁에 의하여 얻은 그것에 못지않게 공정하고 신뢰성 있는 전문가에 의하여 행하여진 것이 아니라고 의심할 사정이 있거나 그 의견이 법원의 합리적 의심을 제거할 수 있는 정도가 되지 아니하는 경우에는 이를 쉽게 채용하여서는 안 되고, 특히 소송이 진행되는 중이어서 법원에 대한 감정신청을 통한 감정이 가능함에도 그와 같은 절차에 의하지 아니한 채 일방이 임의로 의뢰하여 작성한 경우라면 더욱더 신중을 기하여야 한다[2010. 5. 13., 선고, 2010다6222, 판결].

② **법원의 착오로 선서를 누락한 감정인이 작성한 감정 결과의 서면이 당사자에 의하여 서증으로 제출된 경우, 법원이 이를 사실인정의 자료로 삼을 수 있는지 여부**

선서하지 아니한 감정인에 의한 감정 결과는 증거능력이 없으므로, 이를 사실인정의 자료로 삼을 수 없다 할 것이나, 한편 소송법상 감정인 신문이나 감정의 촉탁 방법에 의한 것이 아니고 소송 외에서 전문적인 학식 경험이 있는 자가 작성한 감정의견을 기재한 서면이라 하더라도 그 서면이 서증으로 제출되었을 때 법원이 이를 합리적이라고 인정하면 이를 사실인정의 자료로 할 수 있다는 것인바, 법원이 감정인을 지정하고 그에게 감정을 명하면서 착오로 감정인으로부터 선서를 받는 것을 누락함으로 말미암아 그 감정인에 의한 감정 결과가 증거능력이 없게 된 경우라도, 그 감정인이 작성한 감정 결과를 기재한 서면이 당사자에 의하여 서증으로 제출되고, 법원이 그 내용을 합리적이라고 인정하는 때에는, 이를 사실인정의 자료로 삼을 수 있다[2006. 5. 25., 선고, 2005다77848, 판결].

③ 민사소송법 제335조에 따른 법원의 감정인 지정결정 또는 같은 법 제341조 제1항에 따른 법원의 감정촉탁을 받은 경우, 감정평가업자가 아닌 사람이더라도 그 감정사항에 포함된 토지 등의 감정평가를 할 수 있는지 여부(적극)

소송의 증거방법 중 하나인 감정은 법관의 지식과 경험을 보충하기 위하여 특별한 학식과 경험을 가진 제3자에게 그 전문적 지식이나 이를 구체적 사실에 적용하여 얻은 판단을 법원에 보고하게 하는 것으로, 감정신청의 채택 여부를 결정하고 감정인을 지정하거나 단체 등에 감정촉탁을 하는 권한은 법원에 있고(민사소송법 제335조, 제341조 제1항 참조), 행정소송사건의 심리절차에서 공익사업을 위한 토지 등의 취득 및 보상에 관한 법률상 토지 등의 손실보상액에 관하여 감정을 명할 경우 그 감정인으로 반드시 감정평가사나 감정평가법인을 지정하여야 하는 것은 아니다. 법원은 소송에서 쟁점이 된 사항에 관한 전문성과 필요성에 대한 판단에 따라 감정인을 지정하거나 감정촉탁을 하는 것이고, 감정결과에 대하여 당사자에게 의견을 진술할 기회를 준 후 이를 종합하여 그 결과를 받아들일지 여부를 판단하므로, 감정인이나 감정촉탁을 받은 사람의 자격을 감정평가사로 제한하지 않더라도 이러한 절차를 통하여 감정의 전문성, 공정성 및 신뢰성을 확보하고 국민의 재산권을 보호할 수 있기 때문이다.

그렇다면 민사소송법 제335조에 따른 법원의 감정인 지정결정 또는 같은 법 제341조 제1항에 따른 법원의 감정촉탁을 받은 경우에는 감정평가업자가 아닌 사람이더라도 그 감정사항에 포함된 토지 등의 감정평가를 할 수 있고, 이러한 행위는 법령에 근거한 법원의 적법한 결정이나 촉탁에 따른 것으로 형법 제20조의 정당행위에 해당하여 위법성이 조각된다고 보아야 한다[2021. 10. 14., 선고, 2017도10634, 판결].

④ 선서 또는 촉탁 감정인이 제출한 항공기소음에 관한 감정결과의 증명력

항공기소음의 측정은 전문적인 학식이나 경험이 있는 자의 감정에 의할 수밖에 없고, 또한 항공기소음은 그 영향 범위가 넓고 지속적이기 때문에 실측만으로 이를 평가하는 것은 사실상 어려우므로, 감정대상 지역 중 대표적인 지점을 선정하여 일정 기간 항공기소음을 실측한 값과 공인된 프로그램에 의하여 예측한 소음

값을 비교하여 그 예측 값이 일정한 오차의 허용 범위 내에 들면 그 지역의 신빙성 있는 항공기소음도로 인정하는 것이 일반적이다. 따라서 법정의 절차에 따라 선서하였거나 법원의 촉탁에 의한 감정인이 전문적인 학식과 경험을 바탕으로 위와 같은 과정을 거쳐 제출한 감정결과는 그 소음 실측이나 예측 과정에서 상당히 중한 오류가 있었다거나 상대방이 그 신빙성을 탄핵할 만한 객관적인 자료를 제출하지 않는다면 실측 과정 등에서 있을 수 있는 사소한 오류의 가능성을 지적하는 것만으로 이를 쉽게 배척할 수는 없다*[대법원 2010. 11. 25., 선고, 2007다74560, 판결].*

⑤ 감정인의 감정 결과의 증명력 및 불법행위로 인한 손해배상청구 사건에서 책임감경사유에 관한 사실인정이나 비율을 정하는 것이 사실심의 전권사항인지 여부(원칙적 적극)

감정인의 감정 결과는 감정 방법 등이 경험칙에 반하거나 합리성이 없는 등 현저한 잘못이 없는 한 이를 존중하여야 한다.

가해행위와 피해자 측의 요인이 경합하여 손해가 발생하거나 확대된 경우 피해자 측의 귀책사유와 무관한 것이라고 할지라도 가해자에게 손해의 전부를 배상시키는 것이 공평의 이념에 반하는 경우에는 법원은 배상액을 정하면서 과실상계의 법리를 유추적용하여 손해의 발생이나 확대에 기여한 피해자 측의 요인을 참작할 수 있다. 불법행위로 인한 손해배상청구 사건에서 책임감경사유에 관한 사실인정이나 비율을 정하는 것은 그것이 형평의 원칙에 비추어 현저히 불합리하다고 인정되지 않는 한 사실심의 전권사항에 속한다*[2020. 6. 25., 선고, 2019다292026, 292033, 292040, 판결].*

⑥ 법관이 감정 결과에 따라 사실을 인정한 경우, 위법이라 할 수 있는지 여부(원칙적 소극)

감정은 법원이 어떤 사항을 판단하면서 특별한 지식과 경험칙을 필요로 하는 경우에 그 판단의 보조수단으로서 그러한 지식과 경험을 이용하는 것이다. 법관이 감정 결과에 따라 사실을 인정한 경우에 그것이 경험칙이나 논리법칙에 위배되지 않는 한 위법이라고 할 수 없다*[2017. 6. 8., 선고, 2016다249557, 판결].*

3. 감정에 대한 서식

[서식 ①] 감정신청서

감 정 신 청

사　건　　20○○가합○○○○ 손해배상(기)
원　고　　○○○
피　고　　◇◇◇

　위 사건에 관하여 원고는 그 주장사실을 입증하기 위하여 다음과 같이 감정을 신청합니다.

다　　　음

1. 감정의 목적
　　이 사건 건물의 지반을 원상복구하고 파손된 건물을 원상회복하는데 소요되는 비용을 명백히 함에 있다.
2. 감정목적물
　　○○시 ○○구 ○○동 ○○ 지상 원고소유 건물
3. 감정사항
　　이 사건 건물 파손부분을 원상대로 복구하고 내려앉은 지반과 건물경사　상태를 원상회복하기 위하여 소요되는 경비
4. 감정인 선임의견
　　법률에 의하여 등록하여 개업하고 있는 공인감정사를 선임하여 주시기 바랍니다.

20○○.　○.　○.
위 원고　○○○ (서명 또는 날인)

○○지방법원 제○민사부　귀중

필 적 감 정 신 청

사　건　20○○가단○○○　소유권이전등기
원　고　○○○
피　고　◇◇◇

　위 사건에 관하여 원고는 원고의 주장사실을 입증하기 위하여 필적감정을 신청하니 감정인에게 감정을 명하여 주시기 바랍니다.

1. 감정대상
　피고의 시필(試筆)과 부동산매매계약서 상의 "○○시 ○○면 ○○리 ○○○ 임야 소유주 ◇◇◇, 476㎡"이라는 필적이 동일인의 필적인지 여부

2. 감정인 및 감정기일
　귀원에서 적의 지정해 주시기 바랍니다.

3. 피고의 시필 채취
　피 고 ◇◇◇의 시필을 채취하여 주시기 바랍니다.

20○○.　　○.　　○.

위 원고　　○○○ (서명 또는 날인)

○○지방법원 제○민사단독　귀중

진료기록 감정 신청

사 건   ○○가합○○○○호 손해배상(의)
원 고   ○○○
피 고   ○○병원

　　　　위 사건에 관하여 원고는 주장사실을 입증하기 위하여 아래와 같이 진료기록 감정촉탁을 신청합니다.

- 아　래 -

1. 피감정 진료기록의 표시
　　별첨과 같음
2. 감정 촉탁 희망지
　　대한의사협회 신경외과학회
3. 감정 사항 : 별지기재와 같음

* 첨부 서류 : 1. 진료기록 사본 1부.

20○○.　　.　　.
원고 ○○○ (서명 또는 날인)

○○지방법원 귀중

(별지)

감 정 사 항

1. 20○○. ○○.○○.자 진료기록과 관련하여
　　의무기록(의사처방, 경과기록, 간호기록 등)에 대한 피고의 번역이 정확한지 여부 및 부정확하다면 피고의 번역문과 올바른 번역문과의 구체적인 차이는

2. 20○○. ○○.○○.자 진료기록에 기재된 진료과정과 관련하여
　가. 20○○. ○○.○○.자 내원 당시의 임상의학수준(의학문헌)에 기초하여 내원 당

시의 증상에 대한 일반적인 치료방법의 내용 및 필요성, 예후 및 예상되는 위험과 부작용, 그 발생확률(%)

나. 20○○. ○○.○○..자 진료기록을 기초로 피고병원 의사들이 환자에 대하여 시행한 외과적, 내과적 치료를 포함한 모든 진료행위의 경과(특히 위 진료행위 중 이사건의 의학적 핵심이 되는 부분에 관하여 시간적 순서에 따라 기재 요망)

다. 위 진료과정(진단, 검사, 치료, 경과관찰 등)에서 일반적으로 의사들이 주의하여야 할 점(특히 위 진료행위 중 이 사건의 의학적인 핵심이 되는 부분에 관하여 중점적으로 설명 요망)

라. 위 가, 나, 다항에 비추어 볼 때, 결과적으로 피고병원 의사들의 진료가 적절하였는지 여부, 부적절하였다면 구체적으로 어떠한 지적을 할 수 있는지

마. 긴급성의 유무(치료가 시간적으로 긴급을 요하였는지, 또는 치료과정이 극히 위험하기는 하나 그대로 방치할 수 없어 치료를 시작한 것인지 여부) 및 그 정도

3. 본건 진료행위 중 발생한 나쁜 결과 및 현재의 나쁜 결과와 관련하여

가. 위 각 나쁜 결과에 대한 의학적 진단명, 일반적인 발생원인, 각 원인별 발생가능성 및 정도(%)

나. ①위 원인 중 본건 진료행위와 관련성이 있는 것, 그 이유
위 원인 중 본건 진료행위와 관련성이 없는 것, 그 이유
②본건 진료행위로 인하여 나쁜 결과가 발생할 가능성 및 그 정도(%)

다. 20○○. ○○.○○.자 진료당시의 의학수준에 비추어
①진료 당시 위 각 나쁜 결과의 발생을 예견할 수 있는지 여부, 예견 가능하였다면 이를 예방할 가능성이 있는지 여부, 있다면 어떠한 조치를 취하여야 하는지
②위와 같은 예방조치를 취하였을 경우 위 각 나쁜 결과의 발생을 막을 수 있었는지 여부 및 막을 수 있는 확률(%)

- 끝 -

제4절 서증

제343조(서증신청의 방식)

당사자가 서증(書證)을 신청하고자 하는 때에는 문서를 제출하는 방식 또는 문서를 가진 사람에게 그것을 제출하도록 명할 것을 신청하는 방식으로 한다.

제344조(문서의 제출의무)

① 다음 각호의 경우에 문서를 가지고 있는 사람은 그 제출을 거부하지 못한다.

1. 당사자가 소송에서 인용한 문서를 가지고 있는 때
2. 신청자가 문서를 가지고 있는 사람에게 그것을 넘겨 달라고 하거나 보겠다고 요구할 수 있는 사법상의 권리를 가지고 있는 때
3. 문서가 신청자의 이익을 위하여 작성되었거나, 신청자와 문서를 가지고 있는 사람 사이의 법률관계에 관하여 작성된 것인 때. 다만, 다음 각목의 사유 가운데 어느 하나에 해당하는 경우에는 그러하지 아니하다.
   가. 제304조 내지 제306조에 규정된 사항이 적혀있는 문서로서 같은 조문들에 규정된 동의를 받지 아니한 문서
   나. 문서를 가진 사람 또는 그와 제314조 각호 가운데 어느 하나의 관계에 있는 사람에 관하여 같은 조에서 규정된 사항이 적혀 있는 문서
   다. 제315조제1항 각호에 규정된 사항중 어느 하나에 규정된 사항이 적혀 있고 비밀을 지킬 의무가 면제되지 아니한 문서

② 제1항의 경우 외에도 문서(공무원 또는 공무원이었던 사람이 그 직무와 관련하여 보관하거나 가지고 있는 문서를 제외한다)가 다음 각호의 어느 하나에도 해당하지 아니하는 경우에는 문서를 가지고 있는 사람은 그 제출을 거부하지 못한다.

1. 제1항제3호나목 및 다목에 규정된 문서
2. 오로지 문서를 가진 사람이 이용하기 위한 문서

제345조(문서제출신청의 방식)

문서제출신청에는 다음 각호의 사항을 밝혀야 한다.

1. 문서의 표시
2. 문서의 취지
3. 문서를 가진 사람
4. 증명할 사실
5. 문서를 제출하여야 하는 의무의 원인

제346조(문서목록의 제출)

제345조의 신청을 위하여 필요하다고 인정하는 경우에는, 법원은 신청대상이 되는 문서의 취지나 그 문서로 증명할 사실을 개괄적으로 표시한 당사자의 신청에 따라, 상대방 당사자에게 신청

내용과 관련하여 가지고 있는 문서 또는 신청내용과 관련하여 서증으로 제출할 문서에 관하여 그 표시와 취지 등을 적어 내도록 명할 수 있다.

제347조(제출신청의 허가여부에 대한 재판)

① 법원은 문서제출신청에 정당한 이유가 있다고 인정한 때에는 결정으로 문서를 가진 사람에게 그 제출을 명할 수 있다.

② 문서제출의 신청이 문서의 일부에 대하여만 이유 있다고 인정한 때에는 그 부분만의 제출을 명하여야 한다.

③ 제3자에 대하여 문서의 제출을 명하는 경우에는 제3자 또는 그가 지정하는 자를 심문하여야 한다.

④ 법원은 문서가 제344조에 해당하는지를 판단하기 위하여 필요하다고 인정하는 때에는 문서를 가지고 있는 사람에게 그 문서를 제시하도록 명할 수 있다. 이 경우 법원은 그 문서를 다른 사람이 보도록 하여서는 안된다.

제348조(불복신청)

문서제출의 신청에 관한 결정에 대하여는 즉시항고를 할 수 있다.

제349조(당사자가 문서를 제출하지 아니한 때의 효과)

당사자가 제347조제1항·제2항 및 제4항의 규정에 의한 명령에 따르지 아니한 때에는 법원은 문서의 기재에 대한 상대방의 주장을 진실한 것으로 인정할 수 있다.

제350조(당사자가 사용을 방해한 때의 효과)

당사자가 상대방의 사용을 방해할 목적으로 제출의무가 있는 문서를 훼손하여 버리거나 이를 사용할 수 없게 한 때에는, 법원은 그 문서의 기재에 대한 상대방의 주장을 진실한 것으로 인정할 수 있다.

제351조(제3자가 문서를 제출하지 아니한 때의 제재)

제3자가 제347조제1항·제2항 및 제4항의 규정에 의한 명령에 따르지 아니한 때에는 제318조의 규정을 준용한다.

제352조(문서송부의 촉탁)

서증의 신청은 제343조의 규정에 불구하고 문서를 가지고 있는 사람에게 그 문서를 보내도록 촉탁할 것을 신청함으로써도 할 수 있다. 다만, 당사자가 법령에 의하여 문서의 정본 또는 등본을 청구할 수 있는 경우에는 그러하지 아니하다.

제352조의2(협력의무)

① 제352조에 따라 법원으로부터 문서의 송부를 촉탁받은 사람 또는 제297조에 따른 증거조사의 대상인 문서를 가지고 있는 사람은 정당한 사유가 없는 한 이에 협력하여야 한다.

② 문서의 송부를 촉탁받은 사람이 그 문서를 보관하고 있지 아니하거나 그 밖에 송부촉탁에 따

를 수 없는 사정이 있는 때에는 법원에 그 사유를 통지하여야 한다.

제353조(제출문서의 보관)

법원은 필요하다고 인정하는 때에는 제출되거나 보내 온 문서를 맡아 둘 수 있다.

제354조(수명법관 · 수탁판사에 의한 조사)

① 법원은 제297조의 규정에 따라 수명법관 또는 수탁판사에게 문서에 대한 증거조사를 하게 하는 경우에 그 조서에 적을 사항을 정할 수 있다.

② 제1항의 조서에는 문서의 등본 또는 초본을 붙여야 한다.

제355조(문서제출의 방법 등)

① 법원에 문서를 제출하거나 보낼 때에는 원본, 정본 또는 인증이 있는 등본으로 하여야 한다.

② 법원은 필요하다고 인정하는 때에는 원본을 제출하도록 명하거나 이를 보내도록 촉탁할 수 있다.

③ 법원은 당사자로 하여금 그 인용한 문서의 등본 또는 초본을 제출하게 할 수 있다.

④ 문서가 증거로 채택되지 아니한 때에는 법원은 당사자의 의견을 들어 제출된 문서의 원본 · 정본 · 등본 · 초본 등을 돌려주거나 폐기할 수 있다.

제356조(공문서의 진정의 추정)

① 문서의 작성방식과 취지에 의하여 공무원이 직무상 작성한 것으로 인정한 때에는 이를 진정한 공문서로 추정한다.

② 공문서가 진정한지 의심스러운 때에는 법원은 직권으로 해당 공공기관에 조회할 수 있다.

③ 외국의 공공기관이 작성한 것으로 인정한 문서에는 제1항 및 제2항의 규정을 준용한다.

제357조(사문서의 진정의 증명)

사문서는 그것이 진정한 것임을 증명하여야 한다.

제358조(사문서의 진정의 추정)

사문서는 본인 또는 대리인의 서명이나 날인 또는 무인(拇印)이 있는 때에는 진정한 것으로 추정한다.

제359조(필적 또는 인영의 대조)

문서가 진정하게 성립된 것인지 어떤지는 필적 또는 인영(印影)을 대조하여 증명할 수 있다.

제360조(대조용문서의 제출절차)

① 대조에 필요한 필적이나 인영이 있는 문서, 그 밖의 물건을 법원에 제출하거나 보내는 경우에는 제343조, 제347조 내지 제350조, 제352조 내지 제354조의 규정을 준용한다.

② 제3자가 정당한 사유 없이 제1항의 규정에 의한 제출명령에 따르지 아니한 때에 법원은 결정으로 200만원 이하의 과태료에 처한다.

③ 제2항의 결정에 대하여는 즉시항고를 할 수 있다.

제361조(상대방이 손수 써야 하는 의무)

① 대조하는 데에 적당한 필적이 없는 때에는 법원은 상대방에게 그 문자를 손수 쓰도록 명할 수 있다.

② 상대방이 정당한 이유 없이 제1항의 명령에 따르지 아니한 때에는 법원은 문서의 진정여부에 관한 확인신청자의 주장을 진실한 것으로 인정할 수 있다. 필치(筆致)를 바꾸어 손수 쓴 때에도 또한 같다.

제362조(대조용문서의 첨부)

대조하는 데에 제공된 서류는 그 원본·등본 또는 초본을 조서에 붙여야 한다.

제363조(문서성립의 부인에 대한 제재)

① 당사자 또는 그 대리인이 고의나 중대한 과실로 진실에 어긋나게 문서의 진정을 다툰 때에는 법원은 결정으로 200만원 이하의 과태료에 처한다.

② 제1항의 결정에 대하여는 즉시항고를 할 수 있다.

③ 제1항의 경우에 문서의 진정에 대하여 다툰 당사자 또는 대리인이 소송이 법원에 계속된 중에 그 진정을 인정하는 때에는 법원은 제1항의 결정을 취소할 수 있다.

1. 문서제출신청

1-1. 신청

① 문서제출신청은 당사자가 법원에 문서를 제출하는 방식 또는 문서를 가진 사람에게 그것을 제출하도록 명할 것을 요청하는 신청을 말합니다(민사소송법 제343조).

② 문서제출신청은 서면으로 해야 하고, 서면에는 다음의 사항을 기재해야 합니다(민사소송법 제345조 및 민사소송규칙 제110조 제1항).
  - 문서의 표시
  - 문서의 취지
  - 문서를 가진 사람
  - 증명할 사실
  - 문서를 제출해야 하는 의무의 원인

1-2. 문서제출의무

① 다음의 경우 문서를 가지고 있는 사람은 그 제출을 거부하지 못합니다(민사소송법 제344조 제1항 제1호, 제2호, 제3호 본문 및 제2항).

- 당사자가 소송에서 인용한 문서를 가지고 있는 경우
- 신청자가 문서를 가지고 있는 사람에게 그것을 넘겨 달라고 하거나 보겠다고 요구할 수 있는 사법상의 권리를 가지고 있는 경우
- 문서가 신청자의 이익을 위해 작성된 경우
- 신청자와 문서를 가지고 있는 사람 사이의 법률관계에 관해 작성된 경우
- 오로지 문서를 가진 사람이 이용하기 위한 문서가 아닌 경우

1-3. 법원의 문서제출명령을 거부할 수 있는 경우

다음의 경우에는 법원의 문서제출명령을 거부할 수 있습니다(민사소송법 제344조제1항 제3호 단서).
- 공무원 또는 공무원이었던 사람이 그 직무와 관련해 보관하거나 가지고 있는 문서
- 대통령·국회의장·대법원장 및 헌법재판소장 또는 그 직책에 있었던 사람을 증인으로 하여 직무상 비밀에 관한 사항을 신문한 내용(민사소송법 제304조)을 기재한 문서로 증인의 동의를 받지 않은 문서
- 국회의원 또는 그 직책에 있었던 사람을 증인으로 하여 직무상 비밀에 관한 사항을 신문한 내용(민사소송법 제305조 제1항)을 기재한 문서로 국회의 동의를 받지 않은 문서
- 국무총리·국무위원 또는 그 직책에 있었던 사람을 증인으로 하여 직무상 비밀에 관한 사항을 신문한 내용(민사소송법 제305조 제2항)을 기재한 문서로 국무회의의 동의를 받지 않은 문서
- 공무원 또는 공무원이었던 사람을 증인으로 하여 직무상 비밀에 관한 사항을 신문한 내용(민사소송법 제306조)을 기재한 문서로 그 소속 관청 또는 감독 관청의 동의를 받지 않은 문서
- 문서를 가진 사람이나 다음에 해당하는 사람(민사소송법 제314조)이 공소 제기되거나 유죄판결을 받을 염려가 있는 사항 또는 자기나 그들에게 치욕이 될 사항이 기재된 문서
  가. 문서를 가진 사람의 친족 또는 이런 관계에 있었던 사람
  나. 문서를 가진 사람의 후견인 또는 문서를 가진 사람의 후견을 받는 사람
- 변호사·변리사·공증인·공인회계사·세무사·의료인·약사, 그 밖에 법령에 따라 비밀을 지킬 의무가 있는 직책 또는 종교의 직책에 있거나 이러한 직책에 있었던 사람의

직무상 비밀에 속하는 사항(민사소송법 제315조 제1항 제1호)이 적혀 있고 비밀을 지킬 의무가 면제되지 않은 문서

- 기술 또는 직업의 비밀에 속하는 사항(민사소송법 제315조 제1항 제2호)이 적혀 있고 비밀을 지킬 의무가 면제되지 않은 문서

1-4. 문서목록의 제출

법원은 필요하다고 인정하는 경우 상대방 당사자에게 신청내용과 관련해 가지고 있는 문서 또는 신청내용과 관련해 서증으로 제출할 문서의 표시와 취지 등을 적어 내도록 명할 수 있습니다(민사소송법 제346조).

1-5. 문서송부촉탁신청

① 문서송부촉탁신청은 당사자가 법령에 의해 문서의 정본 또는 등본을 청구할 수 없는 경우 법원이 직접 문서를 가지고 있는 사람에게 그 문서를 보내라는 촉탁을 하도록 요청하는 신청을 말합니다(민사소송법 제352조).

② 제3자가 가지고 있는 문서를 서증으로 신청할 수 없거나 신청하기 어려운 사정이 있는 경우 법원은 촉탁신청을 받아 조사할 수 있습니다(민사소송규칙 제112조제1항).

③ 법원·검찰청, 그 밖의 공공기관이 보관하고 있는 기록의 불특정한 일부에 대해서도 촉탁을 신청할 수 있습니다(민사소송규칙 제113조 제1항).

2. 서증에 대한 대법원판례

① 민사소송법 제344조 제1항 제1호에서 정하고 있는 인용문서의 범위 및 이에 해당하면 같은 조 제2항에서 정하고 있는 '공무원이 그 직무와 관련하여 보관하거나 가지고 있는 문서'라도 문서 제출의무를 부담하는지 여부(원칙적 적극)

민사소송법 제344조는 '문서의 제출의무'에 관하여 정하고 있는데, 제1항 제1호는 당사자가 소송에서 인용한 문서(이하 '인용문서'라 한다)를 가지고 있는 때에는 문서를 가지고 있는 사람은 그 제출을 거부하지 못한다고 정하고 있다. 제2항은 제1항의 경우 외에도 문서의 제출의무가 인정되는 사유를 정하면서 '공무원 또는 공

무원이었던 사람이 그 직무와 관련하여 보관하거나 가지고 있는 문서'에 대해서는 제2항에 따른 문서 제출의무의 대상에서 제외하고 있다.

민사소송법 제344조 제1항 제1호에서 정하고 있는 인용문서는 당사자가 소송에서 문서 그 자체를 증거로서 인용한 경우뿐만 아니라 자기주장을 명백히 하기 위하여 적극적으로 문서의 존재와 내용을 언급하여 자기주장의 근거나 보조 자료로 삼은 문서도 포함한다. 또한 위 조항의 인용문서에 해당하면, 그것이 같은 조 제2항에서 정하고 있는 '공무원이 그 직무와 관련하여 보관하거나 가지고 있는 문서'라도 특별한 사정이 없는 한 문서 제출의무를 면할 수 없다[2017. 12. 28., 자, 2015무423, 결정].

② 법원이 문서제출이 필요한지 및 문서제출신청에 정당한 이유가 있는지 판단할 때 고려할 사항

민사소송법 제344조 제2항은 문서를 가지고 있는 사람은 제344조 제1항에 해당하지 아니하는 경우에도 원칙적으로 문서의 제출을 거부하지 못한다고 규정하면서 예외사유로서 '오로지 문서를 가진 사람이 이용하기 위한 문서'(이른바 '자기이용문서')를 들고 있다.

어느 문서가 오로지 문서를 가진 사람이 이용할 목적으로 작성되고 외부자에게 개시하는 것이 예정되어 있지 않으며 개시할 경우 문서를 가진 사람에게 심각한 불이익이 생길 염려가 있다면, 문서는 특별한 사정이 없는 한 위 규정의 자기이용문서에 해당한다. 여기서 어느 문서가 자기이용문서에 해당하는지는 문서의 표제나 명칭만으로 판단하여서는 아니 되고, 문서의 작성 목적, 기재 내용에 해당하는 정보, 당해 유형·종류의 문서가 일반적으로 갖는 성향, 문서의 소지 경위나 그 밖의 사정 등을 종합적으로 고려하여 객관적으로 판단하여야 하는데, 설령 주관적으로 내부 이용을 주된 목적으로 회사 내부에서 결재를 거쳐 작성된 문서일지라도, 신청자가 열람 등을 요구할 수 있는 사법상 권리를 가지는 문서와 동일한 정보 또는 직접적 기초·근거가 되는 정보가 문서의 기재 내용에 포함되어 있는 경우, 객관적으로 외부에서의 이용이 작성 목적에 전혀 포함되어 있지 않다고는 볼 수 없는 경우, 문서 자체를 외부에 개시하는 것은 예정되어 있지 않더라도 문서에 기재된 '정보'의 외부 개시가 예정되어 있거나 정보가 공익성을 가지는 경우 등에는

내부문서라는 이유로 자기이용문서라고 쉽게 단정할 것은 아니다.

한편 자기이용문서 등 문서제출 거부사유가 인정되지 아니하는 경우에도 법원은 민사소송법 제290조에 따라 제출명령신청의 대상이 된 문서가 서증으로서 필요하지 아니하다고 인정할 때에는 제출명령신청을 받아들이지 아니할 수 있고, 민사소송법 제347조 제1항에 따라 문서제출신청에 정당한 이유가 있다고 인정한 때에 결정으로 문서를 가진 사람에게 제출을 명할 수 있으므로, 문서가 쟁점 판단이나 사실의 증명에 어느 정도로 필요한지, 다른 문서로부터 자료를 얻는 것이 가능한지, 문서 제출로 얻게 될 소송상 이익과 피신청인이 문서를 제출함으로 인하여 받게 될 부담이나 재산적 피해 또는 개인의 프라이버시나 법인 내부의 자유로운 의사 형성 및 영업 비밀, 기타 권리에 대한 침해와의 비교형량 및 기타 소송에 나타난 여러 가지 사정을 고려하여 과연 문서제출이 필요한지 및 문서제출신청에 정당한 이유가 있는지를 판단하여야 한다*[2016. 7. 1., 자, 2014마2239, 결정]*.

③ **문서제출신청의 허가 여부에 관한 재판을 할 때, 그 절차와 심리 내용**

민사소송법 제347조 제1항이 정하는 문서제출명령은 문서제출신청의 상대방이 소지하고 있는 문서가 서증으로 필요한 경우 민사소송법 제344조에 의하여 문서의 제출의무를 부담하는 문서제출신청의 상대방에 대하여 그 문서의 제출을 명하는 것으로서, 이에 따르지 아니한 때에는 그 상대방이 당해 소송의 당사자인지 여부에 따라 민사소송법 제349조에 의하여 법원이 문서의 기재에 관한 문서제출신청인의 주장을 진실한 것으로 인정하거나 민사소송법 제351조에 의하여 과태료의 제재를 할 수 있게 되는 효과가 있을 뿐 아니라, 민사소송규칙 제110조 제2항은 그 상대방이 문서제출신청에 관한 의견을 적은 서면을 제출할 수 있도록 규정하고 있다. 따라서 이와 같은 문서제출신청의 허가 여부에 관한 재판을 함에 있어서는 그 때까지의 소송 경과와 문서제출신청의 내용에 비추어 신청 자체로 받아들일 수 없는 경우가 아닌 한 상대방에게 문서제출신청서를 송달하는 등 문서제출신청이 있음을 알림으로써 그에 관한 의견을 진술할 기회를 부여하고, 그 결과에 따라 당해 문서의 존재와 소지 여부, 당해 문서가 서증으로 필요한지 여부, 문서제출신청의 상대방이 민사소송법 제344조에 따라 문서제출의무를 부담하는지 여부 등을 심리한 후, 그 허가 여부를 판단하여야 한다*(대법원 2009. 4. 28.자 2009무12 결정 참조)*.

그런데 기록에 의하면, 원심은 이 사건 문서제출신청 후 이를 상대방인 재항고인에게 송달하는 등 문서제출신청에 대한 의견을 진술할 기회를 부여함에 필요한 조치를 취하지 않고 문서제출명령의 요건에 관하여 별다른 심리 없이 문서제출명령을 하였음을 알 수 있다. 이러한 원심의 조치는 앞서 본 법리에 비추어 위법하고, 이 점을 지적하는 재항고이유는 이유 있다[2019. 11. 1., 자, 2019무798, 결정].

④ 문서제출 신청에 관한 결정에 불복하는 이해관계인이 대법원에 특별항고를 제기할 수 있는지 여부(소극)

민사소송법 제380조는 "증거보전의 결정에 대하여는 불복할 수 없다."고 규정하면서도 같은 법 제348조는 "문서제출의 신청에 관한 결정에 대하여는 즉시항고를 할 수 있다."고 규정하고 있다. 이는 증거보전을 허용한 결정 자체에 대하여는 불복할 수 없지만, 그에 기하여 증거조사를 실시하는 결정으로서 법원이 문서제출을 명한 경우에 이에 대하여 불복이 있는 이해관계인은 즉시항고를 제기할 수 있다는 의미로 해석되고, 위와 같이 즉시항고가 허용되는 경우에는 대법원에 민사소송법 제449조에 규정된 특별항고를 제기할 수는 없다 .

2. 기록에 의하면, 신청외 1 외 11명이 특별항고인을 상대로 주민총회결의무효확인의소를 제기하기 전에 증거를 보전하기 위하여 특별항고인이 소지하고 있는 주민총회 개최를 위한 주민총회 개최요구서 원본 등의 문서제출명령 신청을 하자, 서울북부지방법원은 2011. 12. 30. 문서제출명령에 관한 증거보전을 허용하는 취지의 결정 및 그에 기하여 민사소송법 제344조에 따라 특별항고인에게 특정된 문서들을 제출하도록 명하는 결정을 하였고, 이에 대하여 특별항고인은 2012. 1. 12. 서울북부지방법원에 원본을 소지하지 않고 있다는 사유로 위 문서들의 제출을 명하는 결정에 불복하여 항고를 제기한다는 취지의 항고장을 제출하였는데, 서울북부지방법원은 이를 특별항고로 보아 대법원에 기록을 송부하였음을 알 수 있다.

앞서 본 법리에 비추어 보면, 특별항고인이 위 문서들의 제출을 명하는 결정에 불복이 있어 제기한 이 사건 항고는 특별항고가 아니라 민사소송법 제348조에 근거하여 제기된 즉시항고로 취급되어야 할 것이고, 그 관할법원은 서울북부지방법원 합의부이다[2012. 3. 20., 자, 2012그21, 결정].

⑤ 민사소송에서 당사자 일방이 일부가 훼손된 문서를 증거로 제출하였는데 상대방이

훼손된 부분에 잔존 부분의 기재와 상반된 내용이 기재되어 있다고 주장하는 경우, 증거가치 판단과 사실인정의 방법

민사소송에서 당사자 일방이 일부가 훼손된 문서를 증거로 제출하였는데 상대방이 훼손된 부분에 잔존 부분의 기재와 상반된 내용이 기재되어 있다고 주장하는 경우, 문서제출자가 상대방의 사용을 방해할 목적으로 문서를 훼손하였다면 법원은 훼손된 문서 부분의 기재에 대한 상대방의 주장을 진실한 것으로 인정할 수 있을 것이나(민사소송법 제350조), 그러한 목적 없이 문서가 훼손되었다고 하더라도 문서의 훼손된 부분에 잔존 부분과 상반되는 내용의 기재가 있을 가능성이 인정되어 문서 전체의 취지가 문서를 제출한 당사자의 주장에 부합한다는 확신을 할 수 없게 된다면 이로 인한 불이익은 훼손된 문서를 제출한 당사자에게 돌아가야 한다[2015. 11. 17., 선고, 2014다81542, 판결].

⑥ 미확정 상태의 소송기록에 적혀 있는 영업비밀의 보호 필요성

확정 판결서에 대하여는 누구든지 열람 및 복사를 할 수 있고(민사소송법 제163조의2), 확정된 소송기록은 학술연구 등 일정한 목적하에 열람할 수 있도록(민사소송법 제162조 제2항) 정한 반면, 미확정 상태의 소송기록에 관하여는 당사자나 이해관계를 소명한 제3자만이 열람 등이 가능하도록(민사소송법 제162조 제1항) 정하고 있다.

그런데 민사소송법 제352조에 따라 미확정 상태의 다른 소송기록을 대상으로 하는 문서의 송부가 촉탁된 경우, 해당 소송기록을 보관하는 법원은 정당한 사유가 없는 한 이에 협력할 의무를 부담한다(민사소송법 제352조의2). 이에 따라 이해관계의 소명이 없는 제3자라 할지라도 다른 미확정 상태의 소송기록을 대상으로 문서송부촉탁을 신청하여 채택된다면, 대상 기록에 관해 민사소송법 제163조의 소송기록 열람 등 제한이 되어 있지 않는 경우에는, 제한 없이 미확정 상태의 소송기록을 열람할 수 있는 결과가 된다. 대상문서를 지정하지 않은 채로 법원의 송부촉탁 결정이 이루어지고, 송부촉탁 결정 이후 신청인이 직접 대상 기록을 열람한 후에 필요한 부분을 지정하여 문서송부촉탁이 이루어지고 있는 현실에 비추어 본다면, 미확정 상태의 소송기록에 적혀 있는 영업비밀을 보호할 필요성이 더욱 크다[2020. 1. 9., 자, 2019마6016, 결정].

⑦ 작성명의인의 인영에 의하여 처분문서의 진정성립을 추정할 때 요구되는 심리의 정도

처분문서는 진정성립이 인정되면 기재 내용을 부정할 만한 분명하고도 수긍할 수 있는 반증이 없는 이상 문서의 기재 내용에 따른 의사표시의 존재와 내용을 인정하여야 한다는 점을 감안하면 작성명의인의 인영에 의하여 처분문서의 진정성립을 추정함에 있어서는 신중하여야 하고, 특히 처분문서의 소지자가 업무 또는 친족관계 등에 의하여 문서명의자의 위임을 받아 그의 인장을 사용하기도 하였던 사실이 밝혀진 경우라면 더욱 그러하다[2014. 9. 26., 선고, 2014다29667, 판결].

⑧ 민사소송법 제356조 제1항에서 정한 공문서의 진정성립 추정이 번복되는 경우

민사소송법 제356조 제1항은 문서의 작성방식과 취지에 의하여 공무원이 직무상 작성한 것으로 인정한 때에는 이를 진정한 공문서로 추정한다고 규정하고 있으나, 위조 또는 변조 등 특별한 사정이 있다고 볼 만한 반증이 있는 경우에는 위와 같은 추정은 깨어진다[2018. 4. 12., 선고, 2017다292244, 판결].

⑨ 문서에 대한 진정성립의 인정 여부를 판단하는 방법 및 진정성립이 인정되는 처분문서의 증명력

사문서는 본인 또는 대리인의 서명이나 날인 또는 무인이 있는 때에는 진정한 것으로 추정한다(민사소송법 제358조).

문서에 대한 진정성립의 인정 여부는 법원이 모든 증거자료와 변론의 전체 취지에 의하여 자유심증에 따라 판단할 수 있다. 처분문서는 진정성립이 인정되면 그 기재 내용을 부정할 만한 분명하고도 수긍할 수 있는 반증이 없는 이상 문서의 기재 내용에 따른 의사표시의 존재와 내용을 인정해야 한다(대법원 2003. 4. 8. 선고 2001다29254 판결 참조).

사문서의 작성명의인이 해당 사문서에 서명·날인·무인하였음이 인정되는 경우, 즉 인영 부분 등의 성립이 인정되는 경우에는 반증으로 그러한 추정이 번복되는 등의 특별한 사정이 없는 한 문서 전체에 관한 진정성립이 추정되고, 인영 부분 등의 진정성립이 인정된다면 특별한 사정이 없는 한 해당 문서는 전체가 완성되어 있는 상태에서 작성명의인이 그러한 서명·날인·무인을 하였다고 추정할 수 있다. 문서의 전부 또는 일부가 미완성된 상태에서 서명날인만을 먼저 하였다는 등의 사정은 이례에 속하므로 완성문서로서 진정성립의 추정력을 뒤집으려면 그럴 만한

합리적인 이유와 이를 뒷받침할 간접반증 등의 증거가 필요하다*(대법원 2003. 4. 11. 선고 2001다11406 판결 참조)[2021. 9. 30., 선고, 2019다245457, 판결].*

⑩ **민사소송법 제363조에 정한 과태료재판을 하는 경우, 법원은 과태료재판을 하기 전에 당사자의 진술을 들어야 하는지 여부(적극)**

민사소송법에 따른 과태료재판에는 검사에 관한 규정을 제외하고 비송사건절차법 제248조 및 제250조가 적용되는 것이므로(민사소송법 제224조 제2항), 당사자 또는 그 대리인이 고의나 중대한 과실로 진실에 어긋나게 문서의 진정을 다투었음을 이유로 하여 민사소송법 제363조에 정한 과태료재판을 함에 있어서도 법원은 과태료재판을 하기 전에 당사자의 진술을 들어야 하고, 상당하다고 인정할 때에는 당사자의 진술을 듣지 아니하고 과태료재판(약식재판)을 할 수 있으나, 이러한 약식재판은 당사자의 이의신청에 의하여 그 효력을 잃고 법원은 당사자의 진술을 듣고 다시 재판을 하여야 한다*[2010. 1. 29., 자, 2009마2050, 결정].*

3. 서증에 대한 서식

[서식 ①] 서증조사신청서

서 증 조 사 신 청

사　건　20○○가단○○○ 손해배상(자)
원　고　○○○
피　고　◇◇◇

　　위 사건에 관하여 원고는 다음과 같이 형사사건기록의 서증조사를 신청합니다.

다　　　음

1. 문서보관 장소
　　○○지방법원 제○형사단독

2. 서증조사할 목적물
　　20○○고합○○○ 피고인 ○○○에 대한 교통사고처리특례법위반 피고사건의 수사기록 및
　　공판기록 일체

3. 서증조사의 목적
　　피고에게 교통사고의 과실이 있음을 입증

20○○.　○.　○.
위 원고　○○○ (서명 또는 날인)

○○지방법원 제○민사단독　귀중

[서식 ②] 문서송부촉탁신청(피고가 사망한 경우)

문 서 송 부 촉 탁 신 청

사 건   2015가소○○○ 손해배상

원 고   이○○

피 고   정○○

위 사건에 관하여 원고는 다음과 같이 문서송부촉탁을 신청합니다.

1. 입증 취지

원고에게 손해배상 채무를 지고 있는 피고가 사망하였으므로 그 상속인을 파악하여 피고의 표시를 정정하기 위함입니다.

2. 문서의 보관처

부천시청

주소 : (우편번호) 부천시 원미구 길주로 210(중동 1156)

연락처 : 032-320-3000

3. 송부촉탁할 문서의 표시

별지와 같음

2015.   .   .

위 원고   이○○

인천지방법원 부천지원 민사과 민사○단독(소액) 귀 중

[별지]

송부촉탁할 문서의 표시
(부천시청)

1. 귀 관내에 주소지를 두고 있는 아래 사람은 인천지방법원 부천지원 2015가소○○○ 손해배상 사건의 피고이나 현재 사망하였습니다.

   성   명 : 정○○

   주민등록번호 : 470707-*******

   주   소 : 부천시 오정구 ○○○

2. 위 정○○의 상속인을 확인하고자 하오니 다음의 자료를 송부하여 주시기 바랍니다.

   가. 위 사람의 **폐쇄가족관계증명서**

   나. 위 사람의 **배우자, 자녀의 각 주민등록표 초본**. 끝.

문 서 송 부 촉 탁 신 청

사　건　　2015가소○○○○　손해배상
원　고　　이○○
피　고　　정○○

　　위 사건에 관하여 원고는 다음과 같이 문서송부촉탁을 신청합니다.

1. 입증 취지
　　원고에게 손해배상 채무를 지고 있는 피고가 미성년자이므로 그 부모의 인적사항을 파악하여 피고의 표시를 정정하기 위함입니다.

2. 문서의 보관처
　　부천시청
　　주소 : (우편번호) 부천시 원미구 길주로 210(중동 1156)
　　연락처 : 032-320-3000

3. 송부촉탁할 문서의 표시
　　별지와 같음

2015.　　.　　.

위 원고　　이○○

○○지방법원　귀 중

[별지]

송부촉탁할 문서의 표시
(부천시청)

1. 귀 관내에 주소지를 두고 있는 아래 사람은 인천지방법원 부천지원 2015가소○○
　　○○ 손해배상 사건의 피고입니다.
　　성　　　　　명 : 정○○
　　주민등록번호 : 021028-*******
　　주　　　　　소 : 부천시 오정구 ○○○

2. 위 피고는 미성년자이므로 그 법정대리인을 확인하여 피고의 표시를 정정하고자
   하오니 다음의 자료를 송부하여 주시기 바랍니다.
   가. 위 사람의 **가족관계증명서**
   나. 위 사람의 **부모의 각 주민등록표 초본**   끝.

문 서 제 출 명 령 신 청

사　건　　20○○가합○○○ 손해배상(기) 등
원　고　　○○○
피　고　　◇◇◇

　위 사건에 관하여 원고의 주장사실을 입증하기 위하여 아래의 문서에 대하여 제출 명령을 하여 줄 것을 신청합니다.

1. 문서의 표시 및 소지자
　피고가 소지하고 있는 원고와 피고간에 20○○. ○. ○. 체결한 물품매매계약서 1통

2. 문서의 취지
　20○○. ○. ○. 원고가 피고로부터 방망이 등 물품을 금 500만원을 주고 매수하였 을 때 피고는 방망이 등을 매매대금과 동시이행으로 제공하기로 하는 내용의 계 약문서입니다.

3. 입증취지
　이 사건 매매계약에 의하여 원고는 매수인으로서 매매대금을 지급하였으므로　매 도인인 피고의 의무불이행으로 인하여 원고에게 손해가 발생하였음을 입증하고자 합니다.

20○○.　　○.　　○.
위 원고　　○○○ (서명 또는 날인)

○○지방법원 ○○지원 제○민사부　귀중

제5절 검증

> ## 제364조(검증의 신청)
> 당사자가 검증을 신청하고자 하는 때에는 검증의 목적을 표시하여 신청하여야 한다.
>
> ## 제365조(검증할 때의 감정 등)
> 수명법관 또는 수탁판사는 검증에 필요하다고 인정할 때에는 감정을 명하거나 증인을 신문할 수 있다.
>
> ## 제366조(검증의 절차 등)
> ① 검증할 목적물을 제출하거나 보내는 데에는 제343조, 제347조 내지 제350조, 제352조 내지 제354조의 규정을 준용한다.
> ② 제3자가 정당한 사유 없이 제1항의 규정에 의한 제출명령에 따르지 아니한 때에는 법원은 결정으로 200만원 이하의 과태료에 처한다. 이 결정에 대하여는 즉시항고를 할 수 있다.
> ③ 법원은 검증을 위하여 필요한 경우에는 제342조제1항에 규정된 처분을 할 수 있다. 이 경우 저항을 받은 때에는 경찰공무원에게 원조를 요청할 수 있다.

1. 검증신청

① "검증"이란 법관이 다툼이 있는 사실을 판단하기 위해 사람의 신체 또는 현장 등 그 사실에 관계되는 물체를 자기의 감각으로 스스로 실험하는 증거조사를 말합니다.

② 당사자가 검증을 신청할 경우에는 검증의 목적을 표시하여 신청해야 합니다(민사소송법 제364조).

2. 검증에 대한 대법원판례

① 변론기일에는 빠짐없이 출석하여 정상적으로 소송을 수행하였으나 판결정본이 공시송달됨으로 인하여 판결 선고사실을 알지 못한 당사자에게 추완항소를 허용한 사례

제1심 소송절차에서 한 번도 빠짐없이 변론기일에 출석하여 소송을 수행하였는데 법원이 직권으로 선고기일을 연기하면서 당사자에게 이를 통지하는 절차를 누락하였고 판결정본에 관하여는 한여름 휴가철에 연속하여 송달하였으나 폐문부재로 송달불능되자 이를 공시송달한 사안에서, 당사자로서는 선고기일과 멀지 않은 날짜에 법원에 가서 판결정본을 직접 수령하기 전까지는 자기가 책임을 질 수 없는 사유로 판결 선고사실을 알 수 없었다고 봄이 상당하고, 정상적으로 소송을 수행

하여 오던 당사자가 원래 예정된 선고기일 직후의 재판진행상황을 그 즉시 알아보지 아니함으로써 불변기간을 준수하지 못하게 되었다 할지라도 그 책임을 당사자에게 돌릴 수 없다고 보아 추완항소를 허용한 사례[2001. 2. 23., 선고, 2000다19069, 판결].

② 판결정본이 적법하게 송달되지 않은 경우, 항소기간의 진행 여부(소극)

제1심 판결정본의 적법하게 송달된 바 없으면 그 판결에 대한 항소기간은 진행되지 아니하므로 그 판결은 형식적으로도 확정되었다고 볼 수 없고, 따라서 소송행위 추완의 문제는 나올 수 없으며 그 판결에 대한 항소는 제1심 판결정본 송달 전에 제기된 것으로서 적법하다[1997. 5. 30., 선고, 97다10345, 판결].

③ 상고인이 착오로 상고장을 고등법원과 동일 청사 내에 있는 지방법원에 잘못 접수시킨 경우, 상고제기기간 준수 여부의 기준일

상고인이 상고장에 불복대상 판결을 서울고등법원 판결로 명시하여 서울고등법원에 상고장을 제출하려는 의사를 분명히 가지고 있었으나 다만 이를 현실로 제출함에 있어서 서울고등법원이 서울지방법원과 동일한 청사 내에 위치하고 있는 관계로 서울지방법원 종합접수과를 서울고등법원 종합접수실로 혼동, 착각하여 서울지방법원에 상고장을 접수시키고 접수담당 공무원도 이를 간과하여 접수한 경우, 접수담당 공무원이 접수 당일 착오 접수를 발견하고 지체없이 상고장을 서울고등법원으로 송부하였는지 여부와 같은 우연한 사정에 의하여 상고인의 상고제기기간 도과 여부가 결정된다는 것은 불합리하므로, 이러한 경우에는 상고인이 원심법원인 서울고등법원의 종합접수실로 혼동, 착각하고 서울지방법원 종합접수과에 상고장을 제출한 날을 기준으로 하여 상고제기기간 준수 여부를 가려 보는 것이 상고인의 진정한 의사에도 부합하고 상고인에게 회복할 수 없는 손해도 방지할 수 있는 타당한 처리이다[1996. 10. 25., 자, 96마1590, 결정].

④ 허위주소로 소송서류가 송달되어 피고 아닌 원고가 그 서류를 받아 의제자백의 형식으로 원고 승소판결이 선고되고 그 판결정본 역시 허위주소로 보내어져 송달된 것으로 처리된 경우, 그 판결에 대한 항소기간의 진행개시 여부

원고가 피고의 주소를 허위로 기재하여 소를 제기함으로써 그 허위주소로 소송서류가 송달되어 피고 아닌 원고가 그 서류를 받아 의제자백의 형식으로 원고승소

의 제1심판결이 선고되고 그 판결정본 역시 허위의 주소로 보내어져 송달된 것으로 처리되었다면, 제1심판결정본은 피고에게 적법하게 송달되었다고 할 수 없으므로 그 판결에 대한 항소기간은 진행을 개시하지 아니한다 할 것이어서 그 판결은 형식적으로 확정되었다고 할 수 없고, 따라서 소송행위추완의 문제는 나올 수 없고, 피고는 제1심판결정본의 송달을 받지 않은 상태에 있다*[1994. 12. 22., 선고, 94다45449, 판결].*

⑤ **판결정본이 공시송달된 경우 당사자가 사건기록을 열람한 때에는 판결정본의 송달을 알았다고 할 것인지 여부(한정적극)**

가. 판결정본이 공시송달의 방법으로 송달됨으로써 판결정본의 송달사실을 알지 못하여 항소기간을 준수하지 못한 경우 항소기간을 준수할 수 없었던 사유가 종료된 때란 판결정본이 자기에게 송달된 사실을 알았던 때를 말하므로, 당사자가 사건기록을 열람하였다면 특별한 사정이 없는 한 이로써 판결정본의 송달을 알았다고 할 것이다*[1993. 4. 23., 선고, 93다5055, 판결].*

⑥ **요건미비의 공시송달에 의하여 판결정본이 송달되어 항소기간이 지난 경우의 판결의 형식적 확정 여부(적극)**

판결정본이 공시송달의 방법에 의하여 피고에게 송달되었다면 비록 피고의 주소가 허위이거나 그 요건에 미비가 있다 할지라도 그 송달은 유효한 것이므로 항소기간이 지남으로써 위 판결은 형식적으로 확정되어 기판력이 발생한다 할 것이다 *[1990. 11. 27., 선고, 90다카28559, 판결].*

3. 검증에 대한 서식

[서식 ①] 검증신청서

검 증 신 청 서

사　　　　　　건　20○○가단○○○○(본소), 20○○가단○○○○(반소)
원　고(반소피고)　○○○
피　고(반소원고)　(주)◇◇◇

위 사건에 관하여 원고(반소피고)는 주장사실을 입증하기 위하여 아래와 같이 검증신청을 합니다.

- 아　　　　　　래 -

1. 검증장소
   ○○시 ○○구 ○○길 ○○(피고회사 본사 사무실)
2. 검증의 목적물
   ○피고가 원고에게 20○○. ○. ○. 우편으로 송부한 이 사건 웹사이트 및 관리프로그램의 검수용 컴팩트디스크(CD)
   ○원고 보관중이며 검증기일에 현장에서 제출할 예정임
3. 검증에 의하여 명확하게 하려는 사항
   원고가 이 사건 용역계약의 해제통보 후 피고가 우편으로 송부한 위 검증 목적물도 이 사건 용역계약에 따른 완성품이 아니라는 사실
4. 첨부 : 검증장소약도

20○○. ○. ○.
위 원고(반소피고)　○○○ (서명 또는 날인)

○○지방법원 제○○민사단독　귀중

현 장 검 증 신 청

사 건   20○○가단○○○ 손해배상(기)
원 고   ○○○
피 고   ◇◇◇

 위 사건에 관하여 원고는 그 주장사실을 입증하기 위하여 다음과 같이 현장검증을 신청합니다.

다   음

1. **검증할 사실**
    원고들 경작농지의 상태 및 경작보리의 피해현황
2. **검증할 목적물**
    ○○시 ○○구 ○○동 ○○ 외 4필지 및
     ○○시 ○○구 ○○동 ○○ 외 17필지
3. **검증으로 명백히 하려는 사항**
    제초제의 사용으로 인한 보리피해의 현황

                    20○○.   ○.   ○.
                    위 원고   ○○○ (서명 또는 날인)

○○지방법원 ○○지원 제○민사단독 귀중

검증 및 감정신청

사 건   ○○가합○○○○
원 고   ○○○
피 고   ○○○

위 사건에 대하여 피고는 다음과 같이 검증 및 감정을 신청합니다.

다   음

1. 검증 및 감정할 장소
   서울 ○○구 ○○동 ○○

2. 검증할 목적
   위 장소 소재 토지(대 739.8㎡)를 공유하고 있는 원고와 피고가 공유물분할에 따
   라 각자가 분할 받을 면적을 산출하고 그 위치를 특정하기 위함

3. 감정할 목적
   위 토지에 대하여 위 피고가 분할 받을 부분을 귀원이 지정하는 측량사로 하여금
   측량감정하게 하기 위함.(위 피고로서는 현재 점유부분인 별지 도면상의 고, 노,
   도, 로, 고의 각점을 순차 연결한 선내 ① 부분을 포함한 부근 토지를 분할받기
   를 원하며, 그것이 어렵다면 위 ① 부분은 그대로 유지하고, 위 피고의 지분에서
   위 ①부분의 면적을 공제한 나머지는 위 도면상의 가, 나, 다, 라, 가의 각 점을
   순차 연결할 선내 ② 부분으로 분할 받기를 원함)

   * 첨부 서류 : 토지 도면 1부

                    20○○.   .   .
                    피 고 ○ ○ ○ (서명 또는 날인)

○○ 지방법원 귀중

[별지] 생략

제6절 당사자신문

제367조(당사자신문)

법원은 직권으로 또는 당사자의 신청에 따라 당사자 본인을 신문할 수 있다. 이 경우 당사자에게 선서를 하게 하여야 한다.

제368조(대질)

재판장은 필요하다고 인정한 때에 당사자 서로의 대질 또는 당사자와 증인의 대질을 명할 수 있다.

제369조(출석·선서·진술의 의무)

당사자가 정당한 사유 없이 출석하지 아니하거나 선서 또는 진술을 거부한 때에는 법원은 신문사항에 관한 상대방의 주장을 진실한 것으로 인정할 수 있다.

제370조(거짓 진술에 대한 제재)

① 선서한 당사자가 거짓 진술을 한 때에는 법원은 결정으로 500만원 이하의 과태료에 처한다.

② 제1항의 결정에 대하여는 즉시항고를 할 수 있다.

③ 제1항의 결정에는 제363조제3항의 규정을 준용한다.

제371조(신문조서)

당사자를 신문한 때에는 선서의 유무와 진술 내용을 조서에 적어야 한다.

제372조(법정대리인의 신문)

소송에서 당사자를 대표하는 법정대리인에 대하여는 제367조 내지 제371조의 규정을 준용한다. 다만, 당사자 본인도 신문할 수 있다.

제373조(증인신문 규정의 준용)

이 절의 신문에는 제309조, 제313조, 제319조 내지 제322조, 제327조, 제327조의2와 제330조 내지 제332조의 규정을 준용한다.

1. 당사자 신문에 대한 대법원판례

① 민사소송법 제369조에서 정하는 '당사자가 출석할 수 없는 정당한 사유'의 의미 및 그에 관한 증명책임의 소재(=불출석 당사자)

당사자신문절차에서 당사자가 정당한 사유 없이 출석·선서·진술의 의무를 불이행한 경우에 민사소송법 제369조의 규정에 의하여 법원은 재량에 따라 '신문사항에 관한 상대방의 주장'을 진실한 것으로 인정할 수 있는바, 이 경우 당사자가 출석할 수 없는 정당한 사유란 법정에 나올 수 없는 질병, 교통기관의 두절, 관혼상제, 천재지변 등을 말한다고 할 것이고, 그러한 정당한 사유의 존재는 그 불출석

당사자가 이를 주장·입증하여야 한다[2010. 11. 11., 선고, 2010다56616, 판결].

② 민사소송법 제370조 제1항이 상대방 당사자의 과태료 재판 신청권에 관하여 규정하지 않은 것이 헌법에 위배되는지 여부(소극)

민사소송법 제370조 제1항은 "선서한 당사자가 거짓 진술을 한 때에는 법원은 결정으로 500만 원 이하의 과태료에 처한다."로 규정하고 있는바, 위 법조항에 따라 당사자를 과태료의 제재에 처할지 여부는 법원의 재량에 맡겨져 있는 것이므로, 상대방 당사자에게는 법원에 대하여 그 직권발동을 촉구하는 것을 넘어 과태료 재판을 할 것을 신청할 권리는 없다(대법원 1988. 11. 14. 자 88마990 결정, 대법원 1998. 4. 13.자 98마413 결정 등 참조).

같은 취지에서 이 사건 신청을 각하한 제1심결정을 유지한 원심의 조치는 정당하고, 거기에 주장하는 바와 같은 재판에 영향을 미친 헌법·법률·명령 또는 규칙의 위반이 없다. 또한, 민사소송법 제370조 제1항이 상대방 당사자의 과태료 재판 신청권에 관하여 규정하지 않았다고 하여 이를 헌법에 위반된다고 볼 수도 없다(헌법재판소 2008. 9. 25. 선고 2007헌바23 결정 참조)[대법원 2008. 11. 4., 자, 2007스28, 결정].

2. 당사자 신문에 대한 서식

[서식] 당사자본인신문신청서

당사자본인신문신청

사　건　20○○가합○○○ 대여금
원　고　○○○
피　고　◇◇◇

위 사건에 관하여 피고는 다음과 같이 원고 본인신문을 신청합니다.

다　　　음

1. 원고 본인의 표시 : ○○○
　　　　　　　　　　　　○○시 ○○구 ○○길 ○○○

2. 증명할 사항 : 피고 항변사실을 입증하고자 함.

3. 신문사항 : 별지와 같음

　　　　　　　　　20○○.　○.　○.
　　　　　　　　　위 피고　◇◇◇ (서명 또는 날인)

○○지방법원 제○민사부　귀중

< 20○○가합○○○ >

당사자(원고) 본인 신문사항

1. 원고는 피고로부터 20○○. ○. ○. 금 ○○○원을 받은 사실이 있는지요?

2. 원고는 위 돈을 원고가 20○○. ○. ○. 피고에게 빌려준 금 ○○○○원의 원금 중 일부금으로 받은 것인지요?

3. 원고는 위 돈을 피고로부터 받을 때 위 돈을 공제한 나머지 대여금 ○○○원의

갚을 날짜를 20○○. ○. ○.로 연기해준 사실이 있는지요?

4. 기타 필요한 사항

-끝-

제7절 그 밖의 증거

> ### 제374조(그 밖의 증거)
> 도면 · 사진 · 녹음테이프 · 비디오테이프 · 컴퓨터용 자기디스크, 그 밖에 정보를 담기 위하여 만들어진 물건으로서 문서가 아닌 증거의 조사에 관한 사항은 제3절 내지 제5절의 규정에 준하여 대법원규칙으로 정한다.

1. 그 밖의 증거신청

1-1. 의의

그 밖의 증거는 도면·사진·녹음테이프·비디오테이프·컴퓨터용 자기디스크, 그 밖에 정보를 담기 위해 만들어진 물건 등을 말합니다(민사소송법 제374조).

1-2. 자기디스크 등의 증거신청

① 컴퓨터용 자기디스크·광디스크, 그 밖에 이와 비슷한 정보저장매체(이하 "자기디스크등"이라 함)에 기억된 문자정보, 도면, 사진을 증거자료로 하는 경우에는 읽을 수 있도록 출력한 문서, 도면, 사진을 제출할 수 있습니다(민사소송규칙 제120조 제1항 및 제3항).

② 자기디스크등에 기억된 문자정보, 도면, 사진에 대한 증거조사를 신청한 당사자는 법원이 명하거나 상대방이 요구하면 자기디스크등에 입력한 사람과 입력한 일시, 출력한 사람과 출력한 일시를 밝혀야 합니다(민사소송규칙 제120조 제2항 및 제3항).

1-3. 녹음테이프 등의 증거신청

① 녹음·녹화테이프, 컴퓨터용 자기디스크·광디스크, 그 밖에 이와 비슷한 방법으로 음성이나 영상을 녹음 또는 녹화(이하 "녹음등"이라 함)해 재생할 수 있는 매체(이하 "녹음테이프등"이라 함)에 대한 증거조사를 신청하는 경우 음성이나 영상이 녹음등이 된 사람, 녹음등을 한 사람 및 녹음등을 한 일시·장소를 밝혀야 합니다(민사소송규칙 제121조 제1항).

② 녹음테이프등에 대한 증거조사는 녹음테이프등을 재생해 검증하는 방법으로 합니다(민사소송규칙 제121조 제2항).

③ 녹음테이프등에 대한 증거조사를 신청한 당사자는 법원이 명하거나 상대방이 요구

하면 녹음테이프등의 녹취서, 그 밖에 그 내용을 설명하는 서면을 제출해야 합니다 (민사소송규칙 제121조 제3항).

2. 그 밖의 증거신청에 대한 대법원판례

◎ 검증의 대상인 동영상 파일을 문서제출명령에 포함시킨 것이 정당하다고 판단한 원심의 조치에는 문서제출명령의 대상에 관한 법리오해의 잘못이 있다고 한 사례

민사소송법 제344조 제1항 제1호, 제374조를 신청 근거 규정으로 기재한 동영상 파일 등과 사진의 제출명령신청에 대하여, 동영상 파일은 검증의 방법으로 증거조사를 하여야 하므로 문서제출명령의 대상이 될 수는 없고, 사진의 경우에는 그 형태, 담겨진 내용 등을 종합하여 감정·서증·검증의 방법 중 가장 적절한 증거조사 방법을 택하여 이를 준용하여야 함에도, 제1심법원이 사진에 관한 구체적인 심리 없이 곧바로 문서제출명령을 하고 검증의 대상인 동영상 파일을 문서제출명령에 포함시킨 것이 정당하다고 판단한 원심의 조치에는 문서제출명령의 대상에 관한 법리를 오해한 잘못이 있다고 한 사례*[2010. 7. 14., 자, 2009마2105, 결정].*

제8절 증거보전

제375조(증거보전의 요건)

법원은 미리 증거조사를 하지 아니하면 그 증거를 사용하기 곤란할 사정이 있다고 인정한 때에는 당사자의 신청에 따라 이 장의 규정에 따라 증거조사를 할 수 있다.

제376조(증거보전의 관할)

① 증거보전의 신청은 소를 제기한 뒤에는 그 증거를 사용할 심급의 법원에 하여야 한다. 소를 제기하기 전에는 신문을 받을 사람이나 문서를 가진 사람의 거소 또는 검증하고자 하는 목적물이 있는 곳을 관할하는 지방법원에 하여야 한다.

② 급박한 경우에는 소를 제기한 뒤에도 제1항 후단에 규정된 지방법원에 증거보전의 신청을 할 수 있다.

제377조(신청의 방식)

① 증거보전의 신청에는 다음 각호의 사항을 밝혀야 한다.

   1. 상대방의 표시
   2. 증명할 사실
   3. 보전하고자 하는 증거
   4. 증거보전의 사유

② 증거보전의 사유는 소명하여야 한다.

제378조(상대방을 지정할 수 없는 경우)

증거보전의 신청은 상대방을 지정할 수 없는 경우에도 할 수 있다. 이 경우 법원은 상대방이 될 사람을 위하여 특별대리인을 선임할 수 있다.

제379조(직권에 의한 증거보전)

법원은 필요하다고 인정한 때에는 소송이 계속된 중에 직권으로 증거보전을 결정할 수 있다.

제380조(불복금지)

증거보전의 결정에 대하여는 불복할 수 없다.

제381조(당사자의 참여)

증거조사의 기일은 신청인과 상대방에게 통지하여야 한다. 다만, 긴급한 경우에는 그러하지 아니하다.

제382조(증거보전의 기록)

증거보전에 관한 기록은 본안소송의 기록이 있는 법원에 보내야 한다.

제383조(증거보전의 비용)

증거보전에 관한 비용은 소송비용의 일부로 한다.

> **제384조(변론에서의 재신문)**
> 증거보전절차에서 신문한 증인을 당사자가 변론에서 다시 신문하고자 신청한 때에는 법원은 그 증인을 신문하여야 한다.

1. 증거보전에 대한 대법원판례

① 수개의 청구 중 각 일부를 인용한 제1심판결에 대하여 적법한 항소의 제기가 있는 경우, 불복하지 아니한 부분의 확정 여부(소극)

수개의 청구 중 각 일부를 인용한 제1심판결에 대하여 적법한 항소의 제기가 있으면 그 청구 전부의 확정이 차단되어 항소심에 이심되고, 다만 불복하지 아니한 부분은 항소심의 심리판단의 대상이 될 수 없을 뿐이다[2002. 4. 23., 선고, 2000다 9048, 판결].

② 주위적 청구를 인용한 제1심판결에 대하여 피고가 항소한 경우, 예비적 청구도 이심되는지 여부(적극)

청구의 예비적 병합이란 병합된 수개의 청구 중 주위적 청구(제1차 청구)가 인용되지 않을 것에 대비하여 그 인용을 해제조건으로 예비적 청구(제2차 청구)에 관하여 심판을 구하는 병합형태로서, 이와 같은 예비적 병합의 경우에는 원고가 붙인 순위에 따라 심판하여야 하며 주위적 청구를 배척할 때에는 예비적 청구에 대하여 심판하여야 하나 주위적 청구를 인용할 때에는 다음 순위인 예비적 청구에 대하여 심판할 필요가 없는 것이므로, 주위적 청구를 인용하는 판결은 전부판결로서 이러한 판결에 대하여 피고가 항소하면 제1심에서 심판을 받지 않은 다음 순위의 예비적 청구도 모두 이심되고 항소심이 제1심에서 인용되었던 주위적 청구를 배척할 때에는 다음 순위의 예비적 청구에 관하여 심판을 하여야 하는 것이다[2000. 11. 16., 선고, 98다22253, 전원합의체 판결].

③ 주문과 이유를 '교환적으로 변경된 청구를 기각한다'고 경정할 수 있는지 여부(적극)

항소심에서 청구의 교환적 변경이 이루어져 항소심이 그 판결의 청구취지로 변경된 청구를 기재하고 판결 이유에서 변경된 청구에 대하여 판단하였음에도 주문에서 '원고의 항소를 기각한다'고 기재한 경우, 그 이유의 결론 및 주문에서 원고의 항소를 기각한다고 기재한 것은 항소심에서 교환적으로 변경된 원고의 청구를 기각한다고 할 것을 잘못 표현한 것이 명백하므로 항소심 법원은 그 판결의 주문과 이유의 결론 부분을 바로 잡는 판결경정 결정을 할 수 있다[1999. 10. 22., 선고, 98 다21953, 판결].

④ 문서제출 신청에 관한 결정에 불복하는 이해관계인이 대법원에 특별항고를 제기할 수 있는지 여부(소극)

민사소송법 제380조는 "증거보전의 결정에 대하여는 불복할 수 없다."고 규정하면서도 같은 법 제348조는 "문서제출의 신청에 관한 결정에 대하여는 즉시항고를 할 수 있다."고 규정하고 있다. 이는 증거보전을 허용한 결정 자체에 대하여는 불복할 수 없지만, 그에 기하여 증거조사를 실시하는 결정으로서 법원이 문서제출을 명한 경우에 이에 대하여 불복이 있는 이해관계인은 즉시항고를 제기할 수 있다는 의미로 해석되고, 위와 같이 즉시항고가 허용되는 경우에는 대법원에 민사소송법 제449조에 규정된 특별항고를 제기할 수는 없다.

2. 기록에 의하면, 신청외 1 외 11명이 특별항고인을 상대로 주민총회결의무효확인의소를 제기하기 전에 증거를 보전하기 위하여 특별항고인이 소지하고 있는 주민총회 개최를 위한 주민총회 개최요구서 원본 등의 문서제출명령 신청을 하자, 서울북부지방법원은 2011. 12. 30. 문서제출명령에 관한 증거보전을 허용하는 취지의 결정 및 그에 기하여 민사소송법 제344조에 따라 특별항고인에게 특정된 문서들을 제출하도록 명하는 결정을 하였고, 이에 대하여 특별항고인은 2012. 1. 12. 서울북부지방법원에 원본을 소지하지 않고 있다는 사유로 위 문서들의 제출을 명하는 결정에 불복하여 항고를 제기한다는 취지의 항고장을 제출하였는데, 서울북부지방법원은 이를 특별항고로 보아 대법원에 기록을 송부하였음을 알 수 있다[2012. 3. 20., 자, 2012그21, 결정].

2. 증거보전에 대한 서식

[서식] 증거보전신청서

증 거 보 전 신 청

신 청 인   ○○○
       ○○시 ○○구 ○○길 ○○(우편번호 ○○○○○)
       전화.휴대폰번호:
       팩스번호, 전자우편(e-mail)주소:
상 대 방   대한민국
        위 법률상 대표자 법무부장관 ◇◇◇
      ◆◆시
        위 대표자 시장 ◆◆◆

  신청인을 원고로 상대방들을 피고로 하여 귀원에 양식어업면허연장불허에 따른 손실보상금청구의 소를 제기하고자 준비중에 있으나 본안 심리가 진행되기 전에 어업시설물을 철거하게 되면 증거를 보전할 수가 없어서 위 사건의 증거를 보전하기 위하여 다음과 같이 검증.감정을 신청합니다.

다   음

1. 증명할 사실
  신청인이 ○○시 ○○구 ○○동 ○○ 내 500㎡의 어장에 양식하고 있는 현장을 검증하고 양식물의 종류와 어업수익금과 어업시설물 잔존가를 감정하여 명확히 입증함에 있음.

2. 증거의 표시
  피면허자   ○○○(○○시 ○○구 ○○길 ○○)
  허가구역   ○○시 ○○구 ○○동 ○○
  면   적   500㎡

3. 증거보전의 사유
  양식어업면허연장불허에 따른 손실보상금청구의 소에 있어서 어업수익금의 산출과 시설물 잔존가를 산출하여 입증하는 것이 필수적일 것인바, 어장을 철거하기 전에

이 사건 현장을 검증하고 어업수익금과 시설물의 잔존가를 감정하지 아니하면
위 증거를 입증하기가 곤란함.

소 명 자 료

1. 소갑 제1호증   어업면허장등본
1. 소갑 제2호증   내수면양식어업면허기간만료통보서등본
1. 소갑 제3호증   내수면양식어업면허기간만료재통보서등본
1. 소갑 제4호증   민원서류보완요구서등본
1. 소갑 제5호증   민원서류반려서등본
1. 소갑 제6호증   민원서류보완요구(2차)등본
1. 소갑 제7호증   어업면허만료에 따른 청문실시서등본

첨 부 서 류

1. 위 소명자료   각 1통
1. 송달료납부서   1통

2000.   0.   0.

위 신청인   000 (서명 또는 날인)

○○지방법원 귀중

제4장 제소전화해(提訴前和解)의 절차

제385조(화해신청의 방식)

① 민사상 다툼에 관하여 당사자는 청구의 취지·원인과 다투는 사정을 밝혀 상대방의 보통재판적이 있는 곳의 지방법원에 화해를 신청할 수 있다.

② 당사자는 제1항의 화해를 위하여 대리인을 선임하는 권리를 상대방에게 위임할 수 없다.

③ 법원은 필요한 경우 대리권의 유무를 조사하기 위하여 당사자본인 또는 법정대리인의 출석을 명할 수 있다.

④ 화해신청에는 그 성질에 어긋나지 아니하면 소에 관한 규정을 준용한다.

제386조(화해가 성립된 경우)

화해가 성립된 때에는 법원사무관등은 조서에 당사자, 법정대리인, 청구의 취지와 원인, 화해조항, 날짜와 법원을 표시하고 판사와 법원사무관등이 기명날인 또는 서명한다.

제387조(화해가 성립되지 아니한 경우)

① 화해가 성립되지 아니한 때에는 법원사무관등은 그 사유를 조서에 적어야 한다.

② 신청인 또는 상대방이 기일에 출석하지 아니한 때에는 법원은 이들의 화해가 성립되지 아니한 것으로 볼 수 있다.

③ 법원사무관등은 제1항의 조서등본을 당사자에게 송달하여야 한다.

제388조(소제기신청)

① 제387조의 경우에 당사자는 소제기신청을 할 수 있다.

② 적법한 소제기신청이 있으면 화해신청을 한 때에 소가 제기된 것으로 본다. 이 경우 법원사무관등은 바로 소송기록을 관할법원에 보내야 한다.

③ 제1항의 신청은 제387조제3항의 조서등본이 송달된 날부터 2주 이내에 하여야 한다. 다만, 조서등본이 송달되기 전에도 신청할 수 있다.

④ 제3항의 기간은 불변기간으로 한다.

제389조(화해비용)

화해비용은 화해가 성립된 경우에는 특별한 합의가 없으면 당사자들이 각자 부담하고, 화해가 성립되지 아니한 경우에는 신청인이 부담한다. 다만, 소제기신청이 있는 경우에는 화해비용을 소송비용의 일부로 한다.

1. 제소전화해

1-1. 의의

"제소전화해"란 민사분쟁에 대한 소송을 제기하기 전 화해를 원하는 당사자의 신청으로 지방법원 단독판사 앞에서 행해지는 화해를 말합니다.

1-2. 제소전화해의 효력

① 제소전화해는 당사자가 서로 합의된 내용을 적어 법원에 미리 화해신청을 하는 제도로 화해가 성립되면 법원이 화해조서를 작성하는데 이 화해조서는 확정판결과 같은 효력을 가집니다.

② 따라서 화해조서를 기초로 강제집행을 할 수 있습니다(민사집행법 제56조 제5호).

1-3. 제소전화해 신청 절차

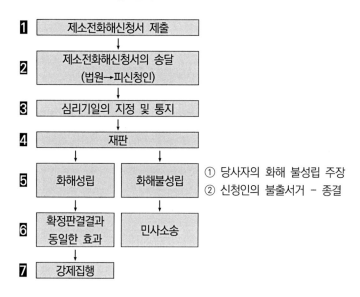

1-4. 제소전화해 신청서의 제출

제소전화해 신청서에는 민사상 다툼에 관한 청구 취지·원인과 다투는 사정을 밝혀야 합니다(민사소송법 제385조 제1항).

1-5. 관할

① 신청인은 다음과 같이 상대방의 보통재판적이 있는 곳의 지방법원에 화해를 신청하면 됩니다(민사소송법 제385조 제1항 및 제3조부터 제6조까지).

- 피신청인의 주소지 또는 거소지
- 대사(大使)·공사(公使), 그 밖에 외국의 재판권 행사대상에서 제외되는 대한민국민이 주소지 또는 거소지가 없는 경우 대법원이 있는 곳
- 법인, 그 밖의 사단 또는 재단일 경우 주된 사무소 또는 영업소 소재지(만약 사

무소와 영업소가 없는 경우에는 주된 업무담당자의 주소)

- 국가가 피신청인일 경우에는 해당 건과 관련해 국가를 대표하는 관청 또는 대법
원이 있는 곳

1-6. 대리인 선임

당사자는 화해를 위해 대리인을 선임할 수 있으나, 대리인을 선임하는 권리를
상대방에게 위임할 수는 없습니다(민사소송법 제385조 제2항).

1-7. 송달

제소전화해 신청서는 지체 없이 피신청인에게 송달해야 합니다(민사소송법 제385조
제4항 및 제178조 제1항).

1-8. 심리기일의 지정

① 재판장은 바로 심리기일을 정해야 합니다(민사소송법 제385조 제4항 및 제258조
제1항).

② 법원은 필요한 경우 대리권의 유무를 조사하기 위해 당사자본인 또는 법정대리인의
출석을 명할 수 있습니다(민사소송법 제385조 제3항).

1-9. 제소전화해의 성립

① 화해가 성립되면 법원의 법원서기관·법원사무관·법원주사 또는 법원주사보(이하 '"법
원사무관등"이라 함)는 조서에 당사자, 법정대리인, 청구 취지와 원인, 화해조항, 날
짜와 법원을 표시하고 판사와 법원사무관등이 기명날인 또는 서명합니다(민사소송
법 제386조).

② 제소전화해 조서의 효력
제소전화해 조서는 확정판결과 동일한 효력이 있습니다(민사소송법 제220조).

1-10. 제소전화해의 불성립

① 화해가 성립되지 않은 경우 법원사무관등은 그 사유를 조서에 적어야 합니다(민사
소송법 제387조 제1항).

② 신청인 또는 상대방이 기일에 출석하지 않은 경우 법원은 이들의 화해가 성립되지 않은 것으로 볼 수 있습니다(민사소송법 제387조 제2항).

③ 법원사무관등은 제소전화해 불성립조서 등본을 당사자에게 송달해야 합니다(민사소송법 제387조 제3항).

1-11. 소송의 제기

① 제소전화해가 불성립 된 경우 당사자는 소송을 제기할 수 있습니다(민사소송법 제388조 제1항).

② 소송제기 시점

㉠ 적법한 소송제기의 신청이 있으면 화해신청을 한 때에 소송이 제기된 것으로 봅니다(민사소송법 제388조 제2항 전단).

㉡ 소송이 제기되면 법원사무관등은 바로 소송기록을 관할법원에 보냅니다(민사소송법 제388조 제2항 후단).

③ 소송제기 기한

소송의 제기는 제소전화해 불성립조서 등본이 송달된 날부터 2주 이내에 해야 합니다(민사소송법 제388조 제3항 본문). 다만, 조서등본이 송달되기 전에도 신청할 수 있습니다(민사소송법 제388조제3항 단서).

2. 제소전화해에 대한 대법원판례

① 제소전 화해에 기하여 마쳐진 소유권이전등기가 원인무효라고 주장하며 말소등기절차의 이행을 청구하는 것이 기판력에 저촉되는지 여부(적극)

제소전 화해조서는 확정판결과 같은 효력이 있어 당사자 사이에 기판력이 생기는 것이므로, 원고가 피고에게 토지에 관하여 신탁해지를 원인으로 한 소유권이전등기절차를 이행하기로 한 제소전 화해가 준재심에 의하여 취소되지 않은 이상, 그 제소전 화해에 기하여 마쳐진 소유권이전등기가 원인무효라고 주장하며 말소등기절차의 이행을 청구하는 것은 제소전 화해에 의하여 확정된 소유권이전등기청구권을 부인하는 것이어서 그 기판력에 저촉된다[2002. 12. 6., 선고, 2002다44014, 판결].

② 제소전 화해의 창설적 효력이 미치는 범위

제소전 화해는 확정판결과 동일한 효력이 있고 당사자 사이의 사법상 화해계약이 그 내용을 이루는 것이면 화해는 창설적 효력을 가져 화해가 이루어지면 종전의 법률관계를 바탕으로 한 권리의무관계는 소멸한다. 그러나 제소전 화해의 창설적 효력은 당사자 간에 다투어졌던 권리관계에만 미치는 것이지 당사자가 다툰 사실이 없었던 사항은 물론 화해의 전제로서 서로 양해하고 있는 사항에 관하여는 미치지 않는다. 따라서 제소전 화해가 있다고 하더라도 화해의 대상이 되지 않은 종전의 다른 법률관계까지 소멸하는 것은 아니다.

법률행위의 해석은 당사자가 표시행위에 부여한 객관적 의미를 명백하게 확정하는 것으로서, 서면에 사용된 문구에 구애받는 것은 아니지만 어디까지나 당사자의 내심적 의사의 여하에 관계없이 서면의 기재 내용에 의하여 당사자가 표시행위에 부여한 객관적 의미를 합리적으로 해석하여야 하는 것이고, 당사자가 표시한 문언에 의하여 객관적인 의미가 명확하게 드러나지 않는 경우에는 문언의 내용과 법률행위가 이루어진 동기 및 경위, 당사자가 법률행위에 의하여 달성하려는 목적과 진정한 의사, 거래의 관행 등을 종합적으로 고려하여 사회정의와 형평의 이념에 맞도록 논리와 경험의 법칙, 그리고 사회 일반의 상식과 거래의 통념에 따라 합리적으로 해석하여야 할 것인데, 이러한 법리는 당사자 사이에 제소전 화해가 성립한 후 화해조항의 해석에 관하여 다툼이 있는 경우에도 마찬가지로 적용되어야 한다*[2022. 1. 27., 선고, 2019다299058, 판결].*

③ 제소전 화해의 창설적 효력이 미치는 범위 및 화해조서를 해석하는 방법

제소전 화해는 확정판결과 동일한 효력이 있고 당사자 사이의 사법상 화해계약이 그 내용을 이루는 것이면 화해는 창설적 효력을 가져 화해가 이루어지면 종전의 법률관계를 바탕으로 한 권리의무관계는 소멸한다. 그러나 제소전 화해의 창설적 효력은 당사자 간에 다투어졌던 권리관계에만 미치는 것이지 당사자가 다툰 사실이 없었던 사항은 물론 화해의 전제로서 서로 양해하고 있는 사항에 관하여는 미치지 않는다. 따라서 제소전 화해가 있다고 하더라도 화해의 대상이 되지 않은 종전의 다른 법률관계까지 소멸하는 것은 아니다*(대법원 1997. 1. 24. 선고 95다32273 판결, 대법원 2001.4. 27. 선고 99다17319 판결 등 참조).*

화해조서의 내용은 원칙적으로 그 문언에 따라 해석하여야 한다. 따라서 화해조서에 있는 조항을 이른바 예문이라고 하여 쉽사리 그 효력을 부정해서는 안 된다.

그러나 그 문언만으로 그 의미가 명확하지 않은 경우에는 문언의 내용, 화해조서를 작성한 동기와 경위, 당사자가 화해조서에 의하여 달성하려고 하는 목적과 진정한 의사 등을 종합적으로 고찰하여 논리와 경험의 법칙에 따라 합리적으로 해석하여야 한다[2017. 4. 7., 선고, 2016다251727, 판결].

3. 제소전화해에 대한 서식

[서식] 제소전화해신청서(건물명도관련)

제 소 전 화 해 신 청

신 청 인   O   O   O   (OOOOOO-OOOOOOO)
                    서울 OO구 OOO 7-OO
                    위 신청인 대리인 변호사 O   O   O
                     서울

피신청인   한   O   O   (OOOOOO-OOOOOOO)
                    서울 OO구 OO동 OO4-10
                    OOO아파트 OOO동 603호

건물명도 등 청구의 화해

신 청 취 지

신청인과 피신청인은 다음 화해조항기재 취지의 제소전화해를 신청합니다.

신 청 원 인

1. 신청인과 피신청인은 OOOO. 1. 23. 신청인 소유 별지목록기재 건물 지하1층 OO5㎡(등기면적 : OO3.57㎡)을 OO방 용도로 계약기간 3년, 임차보증금 5,000만원, 월 임대료 350만원(부가가치세 별도), 관리비 매월 금 76만원(부가가치세 별도)을 지급하는 조건 등 특약사항을 포함한 제 18조항 내용의 임대차계약을 체결한바 있습니다.

2. 따라서 신청인과 피신청인은 위 계약에 관한 모든 사항을 상호 성실히 이행키로 약속하였으며, 당사자간 아래 사항에 대해 화해성립이 가능하므로 이건 신청에 이르게 된 것입니다.

화 해 조 항

1. 피신청인과 신청인간 체결한 이 사건 건물 임대차계약에 따라 피신청인은 임차권 및 임차보증금을 타인에게 양도, 전대, 담보할 수 없으며, 위 계약종료 및 계약해지 사유 등으로 인한 계약해지시에는 피신청인이 설치한 시설물, 장비 등 일체를 피신청인 비용으로 철거한 후 목적물을 원상복구한 상태로 신청인에게 즉시 명도한다.

2. 피신청인은 신청인에 대해 이 사건 임차건물에 대한 권리금, 영업권, 유익비 등을 일체 청구하지 아니한다.

3. 피신청인이 제1항에 따른 명도를 이행하지 아니할 경우 신청인이 강제집행을 실시할 수 있으며, 그 비용은 피신청인의 부담으로 하고 임차보증금 잔액에서 공제할 수 있다.

4. 화해비용은 각자의 부담으로 한다.

첨 부 서 류

1. 부동산목록	1통
2. 임대차계약서	1통
3. 건물등기부등본	1통
4. 일반건축물대장	1통
5. 토지대장(개별공시지가 확인서)	1통
6. 소송위임장(신청인, 피신청인)	각 1통
7. 인감증명서(신청인, 피신청인)	각 1통
8. 주민등록등본(신청인)	1통

2000. . .

위 신청인의 대리인

변호사　ㅇ　ㅇ　ㅇ(서명 또는 날인)

ㅇㅇ지방법원　귀중

[별지]

부 동 산 목 록

서울 서초구 OOO 철근콘크리트조 스라브지붕
7층 근린생활시설, 업무시설 건물
지하1층 273.57평방미터

제 소 전 화 해 신 청

신 청 인   박 O O
피신청인   한 O O

(건물명도 등 청구의 화해)

소송물가액 : 금 OOO,898,273원
첩용인지액 : 금   OOO,300원
송달료 액 : 금   OO,160원

OO지방법원   귀중

<소송물가액계산>
건물 : 분류 53번, 1998년 신축, 토지공시지가 9,560,000원/㎡
        사무실 점포, ㎡당 621,000원
       ° 273.57㎡ × 621,000원 = 169,886,970원
       ° 5층이상 건물의 지하 1층 10% 감산
        - 169,886,970원 × 90/100 = 152,898,273원
       *소송물가액 : 152,898,273원

<첩용인지액>
  (152,898,273원 × 0.004 + 55,000원) × 1/5 = 133,300원

제3편
상 소

제1장 항소

제390조(항소의 대상)

① 항소(抗訴)는 제1심 법원이 선고한 종국판결에 대하여 할 수 있다. 다만, 종국판결 뒤에 양쪽 당사자가 상고(上告)할 권리를 유보하고 항소를 하지 아니하기로 합의한 때에는 그러하지 아니하다.

② 제1항 단서의 합의에는 제29조제2항의 규정을 준용한다.

제391조(독립한 항소가 금지되는 재판)

소송비용 및 가집행에 관한 재판에 대하여는 독립하여 항소를 하지 못한다.

제392조(항소심의 판단을 받는 재판)

종국판결 이전의 재판은 항소법원의 판단을 받는다. 다만, 불복할 수 없는 재판과 항고(抗告)로 불복할 수 있는 재판은 그러하지 아니하다.

제393조(항소의 취하)

① 항소는 항소심의 종국판결이 있기 전에 취하할 수 있다.

② 항소의 취하에는 제266조제3항 내지 제5항 및 제267조제1항의 규정을 준용한다.

제394조(항소권의 포기)

항소권은 포기할 수 있다.

제395조(항소권의 포기방식)

① 항소권의 포기는 항소를 하기 이전에는 제1심 법원에, 항소를 한 뒤에는 소송기록이 있는 법원에 서면으로 하여야 한다.

② 항소권의 포기에 관한 서면은 상대방에게 송달하여야 한다.

③ 항소를 한 뒤의 항소권의 포기는 항소취하의 효력도 가진다.

제396조(항소기간)

① 항소는 판결서가 송달된 날부터 2주 이내에 하여야 한다. 다만, 판결서 송달전에도 할 수 있다.

② 제1항의 기간은 불변기간으로 한다.

제397조(항소의 방식, 항소장의 기재사항)

① 항소는 항소장을 제1심 법원에 제출함으로써 한다.

② 항소장에는 다음 각호의 사항을 적어야 한다.

  1. 당사자와 법정대리인

  2. 제1심 판결의 표시와 그 판결에 대한 항소의 취지

제398조(준비서면규정의 준용)

항소장에는 준비서면에 관한 규정을 준용한다.

제399조(원심재판장등의 항소장심사권)

① 항소장이 제397조제2항의 규정에 어긋난 경우와 항소장에 법률의 규정에 따른 인지를 붙이지 아니한 경우에는 원심재판장은 항소인에게 상당한 기간을 정하여 그 기간 이내에 흠을 보정하도록 명하여야 한다. 원심재판장은 법원사무관등으로 하여금 위 보정명령을 하게 할 수 있다.

② 항소인이 제1항의 기간 이내에 흠을 보정하지 아니한 때와, 항소기간을 넘긴 것이 분명한 때에는 원심재판장은 명령으로 항소장을 각하하여야 한다.

③ 제2항의 명령에 대하여는 즉시항고를 할 수 있다.

제400조(항소기록의 송부)

① 항소장이 각하되지 아니한 때에 원심법원의 법원사무관등은 항소장이 제출된 날부터 2주 이내에 항소기록에 항소장을 붙여 항소법원으로 보내야 한다.

② 제399조제1항의 규정에 의하여 원심재판장등이 흠을 보정하도록 명한 때에는 그 흠이 보정된 날부터 1주 이내에 항소기록을 보내야 한다.

제401조(항소장부본의 송달)

항소장의 부본은 피항소인에게 송달하여야 한다.

제402조(항소심재판장등의 항소장심사권)

① 항소장이 제397조제2항의 규정에 어긋나거나 항소장에 법률의 규정에 따른 인지를 붙이지 아니하였음에도 원심재판장등이 제399조제1항의 규정에 의한 명령을 하지 아니한 경우, 또는 항소장의 부본을 송달할 수 없는 경우에는 항소심재판장은 항소인에게 상당한 기간을 정하여 그 기간 이내에 흠을 보정하도록 명하여야 한다. 항소심재판장은 법원사무관등으로 하여금 위 보정명령을 하게 할 수 있다.

② 항소인이 제1항의 기간 이내에 흠을 보정하지 아니한 때, 또는 제399조제2항의 규정에 따라 원심재판장이 항소장을 각하하지 아니한 때에는 항소심재판장은 명령으로 항소장을 각하하여야 한다.

③ 제2항의 명령에 대하여는 즉시항고를 할 수 있다.

제403조(부대항소)

피항소인은 항소권이 소멸된 뒤에도 변론이 종결될 때까지 부대항소(附帶抗訴)를 할 수 있다.

제404조(부대항소의 종속성)

부대항소는 항소가 취하되거나 부적법하여 각하된 때에는 그 효력을 잃는다. 다만, 항소기간 이내에 한 부대항소는 독립된 항소로 본다.

제405조(부대항소의 방식)

부대항소에는 항소에 관한 규정을 적용한다.

제406조(가집행의 선고)

① 항소법원은 제1심 판결중에 불복신청이 없는 부분에 대하여는 당사자의 신청에 따라 결정으

로 가집행의 선고를 할 수 있다.

② 제1항의 신청을 기각한 결정에 대하여는 즉시항고를 할 수 있다.

제407조(변론의 범위)

① 변론은 당사자가 제1심 판결의 변경을 청구하는 한도안에서 한다.

② 당사자는 제1심 변론의 결과를 진술하여야 한다.

제408조(제1심 소송절차의 준용)

항소심의 소송절차에는 특별한 규정이 없으면 제2편제1장 내지 제3장의 규정을 준용한다.

제409조(제1심 소송행위의 효력)

제1심의 소송행위는 항소심에서도 그 효력을 가진다.

제410조(제1심의 변론준비절차의 효력)

제1심의 변론준비절차는 항소심에서도 그 효력을 가진다.

제411조(관할위반 주장의 금지)

당사자는 항소심에서 제1심 법원의 관할위반을 주장하지 못한다. 다만, 전속관할에 대하여는 그 러하지 아니하다.

제412조(반소의 제기)

① 반소는 상대방의 심급의 이익을 해할 우려가 없는 경우 또는 상대방의 동의를 받은 경우에 제기할 수 있다.

② 상대방이 이의를 제기하지 아니하고 반소의 본안에 관하여 변론을 한 때에는 반소제기에 동 의한 것으로 .본다.

제413조(변론 없이 하는 항소각하)

부적법한 항소로서 흠을 보정할 수 없으면 변론 없이 판결로 항소를 각하할 수 있다.

제414조(항소기각)

① 항소법원은 제1심 판결을 정당하다고 인정한 때에는 항소를 기각하여야 한다.

② 제1심 판결의 이유가 정당하지 아니한 경우에도 다른 이유에 따라 그 판결이 정당하다고 인 정되는 때에는 항소를 기각하여야 한다.

제415조(항소를 받아들이는 범위)

제1심 판결은 그 불복의 한도안에서 바꿀 수 있다. 다만, 상계에 관한 주장을 인정한 때에는 그 러하지 아니하다.

제416조(제1심 판결의 취소)

항소법원은 제1심 판결을 정당하지 아니하다고 인정한 때에는 취소하여야 한다.

제417조(판결절차의 위법으로 말미암은 취소)

제1심 판결의 절차가 법률에 어긋날 때에 항소법원은 제1심 판결을 취소하여야 한다.

> **제418조(필수적 환송)**
>
> 소가 부적법하다고 각하한 제1심 판결을 취소하는 경우에는 항소법원은 사건을 제1심 법원에 환송(還送)하여야 한다. 다만, 제1심에서 본안판결을 할 수 있을 정도로 심리가 된 경우, 또는 당사자의 동의가 있는 경우에는 항소법원은 스스로 본안판결을 할 수 있다.
>
> **제419조(관할위반으로 말미암은 이송)**
>
> 관할위반을 이유로 제1심 판결을 취소한 때에는 항소법원은 판결로 사건을 관할법원에 이송하여야 한다.
>
> **제420조(판결서를 적는 방법)**
>
> 판결이유를 적을 때에는 제1심 판결을 인용할 수 있다. 다만, 제1심 판결이 제208조제3항에 따라 작성된 경우에는 그러하지 아니하다.
>
> **제421조(소송기록의 반송)**
>
> 소송이 완결된 뒤 상고가 제기되지 아니하고 상고기간이 끝난 때에는 법원사무관등은 판결서 또는 제402조의 규정에 따른 명령의 정본을 소송기록에 붙여 제1심 법원에 보내야 한다.

1. 항소 절차

1-1. 항소 제기

① 항소는 판결서가 송달된 날부터 2주 이내에 해야 하고, 판결서 송달전에도 가능합니다(민사소송법 제396조 제1항).

② 항소는 항소장에 다음의 사항을 적어 제1심 법원에 제출하면 제기됩니다(민사소송법 제397조).

- 당사자와 법정대리인
- 제1심 판결의 표시와 그 판결에 대한 항소의 취지

1-2. 관할

제2심을 심판하는 법원은 다음과 같습니다(법원조직법 제28조 본문, 제32조 제2항 및 민사 및 가사소송의 사물관할에 관한 규칙 제4조).

구 분	내 용
고등법원	1. 지방법원 합의부, 가정법원 합의부, 회생법원 합의부 또는 행정법원의 제1심 판결·심판에 대한 항소사건 2. 지방법원단독판사, 가정법원단독판사의 제1심 판결·심판에 대한 항소사건으로서 형사사건을 제외한 사건 중 다음에 해당하는 사건(다만, 「민사 및

	가사소송의 사물관할에 관한 규칙」 제2조에 해당하는 사건은 제외)
	① 소송목적의 값이 소제기 당시 또는 청구취지 확장(변론의 병합 포함) 당시 2억원을 초과한 민사소송사건
	② 위 ①의 사건을 본안으로 하는 민사신청사건 및 이에 부수하는 신청사건(가압류, 다툼의 대상에 관한 가처분 신청사건 및 이에 부수하는 신청사건은 제외)
	3. 다음의 어느 하나에 해당하는 사건에 대한 가정법원 단독판사의 제1심 판결·결정·명령에 대한 항소 또는 항고사건을 심판합니다.
	① 소송목적의 값이 소제기 당시 또는 청구취지 확장 당시 2억원을 초과한 다류 가사소송사건
	②「가사소송법」 제2조제1항제2호나목4) 사건 중 청구목적의 값이 소제기 당시 또는 청구취지 확장 당시 2억원을 초과한 사건
	③ 다류 가사소송사건과「가사소송법」 제2조제1항제2호나목4) 사건을 병합한 사건으로서 그 소송목적의 값과 청구목적의 값을 더한 금액이 소제기 당시 또는 청구취지 확장 당시 2억원을 초과한 사건
	④ 위 ①부터 ③까지의 사건을 본안으로 하는 가사신청사건 및 이에 부수하는 신청사건(가압류, 다툼의 대상에 관한 가처분 신청사건 및 이에 부수하는 신청사건은 제외)
	4. 다른 법률에 따라 고등법원의 권한에 속하는 사건
지방법원 본원 합의부 및 춘천지방법원 강릉지원 합의부	지방법원단독판사의 판결에 대한 항소사건 중 위 2.에 해당하지 않는 사건

※ 다만, 특허법원의 권한에 속하는 사건은 제외합니다(법원조직법 제28조 단서).

1-3. 원심재판장의 항소장 심사

① 다음의 경우 원심재판장은 항소인에게 상당한 기간을 정해 그 기간 이내에 흠을 보정하도록 명해야 합니다(민사소송법 제399조 제1항 전단 및 제397조 제2항).

  - 항소장에 당사자와 법정대리인, 제1심 판결의 표시와 그 판결에 대한 항소의 취지가 제대로 기재되어 있지 않은 경우

  - 항소장에 법률의 규정에 따른 인지를 붙이지 않은 경우

1-4. 원심재판장의 각하명령

① 다음의 경우 원심재판장은 명령으로 항소장을 각하합니다(민사소송법 제399조 제2항).

  - 보정기간 내에 보정을 하지 않은 경우

  - 항소기간을 넘겨 항소를 제기한 경우

② 원심재판장의 항소각하명령에 대해서는 즉시항고를 할 수 있습니다(민사소송법 제399조 제3항).

1-5. 항소기록의 송부

① 항소장이 각하되지 않은 경우 원심법원의 법원서기관·법원사무관·법원주사 또는 법원주사보(이하 "법원사무관등"이라 함)는 항소장이 제출된 날부터 2주 이내에 항소기록에 항소장을 붙여 항소법원으로 보내야 합니다(민사소송법 제400조 제1항).

② 원심재판장 등의 보정명령이 있는 경우에는 당사자가 보정을 한 날부터 1주 이내에 항소기록을 보내야 합니다(민사소송법 제400조 제2항).

③ 전자소송에서 심급사이 또는 이송결정에 따른 전자기록 송부는 전자적 방법으로 합니다. 다만, 전자문서가 아닌 형태로 제출되어 별도로 보관하는 기록 또는 문서는 그 자체를 송부합니다(민사소송 등에서의 전자문서 이용 등에 관한 규칙 제40조 제1항 및 제20조 제1항).

1-6. 항소장 부본의 송달

법원은 항소장의 부본을 피항소인에게 송달해야 합니다(민사소송법 제401조).

1-7. 항소심재판장의 항소장 심사

다음의 경우 항소심재판장은 항소인에게 상당한 기간을 정해 그 기간 이내에 흠을 보정하도록 명해야 합니다(민사소송법 제402조 제1항 전단, 제397조 제2항 및 제399조 제1항).

- 항소장에 당사자와 법정대리인, 제1심 판결의 표시와 그 판결에 대한 항소의 취지가 제대로 기재되어 있지 않았거나 항소장에 법률의 규정에 따른 인지를 붙이지 않았음에도 원심재판장이 보정명령을 하지 않은 경우
- 피항소인에게 항소장의 부본을 송달할 수 없는 경우

1-8. 항소심재판장의 각하명령

① 다음의 경우 항소심재판장은 항소장을 각하합니다(민사소송법 제402조 제2항 및 제399조 제2항).

- 보정기간 내에 보정을 하지 않은 경우
- 항소기간을 넘겨 항소를 제기한 것이 확실함에도 원심재판장이 항소장을 각하하지 않은 경우

② 항소심재판장의 항소각하명령에 대해서는 즉시항고를 할 수 있습니다(민사소송법

제402조 제3항).

1-9. 본안 심리

항소심의 소송절차는 특별한 규정이 없으면 제1심 소송절차에 준해 진행됩니다(민사소송법 제408조).

1-10. 변론의 범위

① 변론은 당사자가 제1심 판결의 변경을 청구하는 한도 내에서 해야 하며, 판결 또한 그 불복의 한도 내에서 바꿀 수 있습니다(민사소송법 제407조 제1항 및 제415조 본문).

② 당사자는 제1심 변론의 결과를 진술해야 하는데 그 방식은 다음과 같습니다(민사소송법 제407조 제2항 및 민사소송규칙 제127조의2).
- 당사자가 사실상 또는 법률상의 주장, 정리된 쟁점 및 증거조사 결과의 요지 등을 진술하는 방식
- 법원이 당사자에게 해당사항을 확인하는 방식

1-11. 준비서면 등 제출

① 항소인은 항소의 취지를 분명하게 하기 위해 항소장 또는 항소심에서 처음 제출하는 준비서면에 다음의 사항을 적어야 합니다(민사소송규칙 제126조의2 제1항).
- 제1심 판결 중 사실을 잘못 인정한 부분 또는 법리를 잘못 적용한 부분
- 항소심에서 새롭게 주장할 사항
- 항소심에서 새롭게 신청할 증거와 그 입증취지
- 항소심에서 새롭게 제기하는 주장과 증거를 제1심에서 제출하지 못한 이유

② 재판장등은 피항소인에게 상당한 기간을 정해 제1심 판결 중 사실을 잘못 인정한 부분 또는 법리를 잘못 적용한 부분에 따른 항소인의 주장에 대한 반박내용을 기재한 준비서면을 제출하게 할 수 있습니다(민사소송규칙 제126조의2제2항 및 제1항 제1호).

2. 항소심 종결

2-1. 항소각하

부적법한 항소로서 흠을 보정할 수 없으면 변론 없이 판결로 항소는 각하됩니다(민

사소송법 제413조).

2-2. 항소기각

항소법원이 다음과 같이 판단하면 항소는 기각됩니다(민사소송법 제414조).
- 제1심 판결을 정당하다고 인정한 경우
- 제1심 판결의 이유가 정당하지 않더라도 다른 이유에 따라 그 판결이 정당하다고 인정되는 경우

2-3. 항소인용

① 다음과 같은 경우 제1심 판결은 취소됩니다(민사소송법 제416조 및 제417조).
- 항소법원이 제1심 판결을 정당하지 않다고 인정한 경우
- 제1심 판결의 절차가 법률에 어긋난 경우
② 소송이 부적법하다고 각하한 제1심 판결을 취소하는 경우 항소법원은 사건을 제1심 법원에 환송(還送)합니다(민사소송법 제418조 본문). 다만, 제1심에서 충분히 심리가 되어 항소법원이 이를 토대로 본안판결을 할 수 있을 정도로 심리가 된 경우나 당사자의 동의가 있는 경우, 항소법원은 스스로 본안판결을 할 수 있습니다(민사소송법 제418조 단서).

2-4. 불이익변경금지의 원칙

불이익변경금지의 원칙은 원고만이 항소를 한 경우(즉, 상대방의 항소나 부대항소가 없는 경우) 항소심의 판결이 제1심 판결보다 원고에게 불리하게 판결되어서는 안 된다는 원칙입니다(대법원 1983.12.27. 선고 83다카1503 판결).

3. 항소에 대한 대법원판례

① 재판이 상소인에게 불이익한 것인지 판단하는 기준

상소는 자기에게 불이익한 재판에 대하여서만 제기할 수 있는 것이고, 재판이 상소인에게 불이익한 것인지의 여부는 재판의 주문을 표준으로 하여 상소제기 당시를 기준으로 판단되어야 할 것인데(대법원 1995. 12. 26. 선고 95누10587 판결 등 참조), 원심에서 원고가 2017. 8. 31. 자 해고의 무효확인을 구하는 이 사건 소를 각하

하는 피고 승소판결을 선고하였음이 기록상 분명하므로, 피고는 원심판결에 대하여 상고를 제기할 아무런 이익이 없다[2021. 12. 30., 선고, 2019다282494, 판결].

② **항소심에서 항소장 부본을 송달할 수 없는 경우, 항소심재판장은 민사소송법 제402조 제1항, 제2항에 따라 항소인에게 상당한 기간을 정하여 그 기간 이내에 피항소인의 주소를 보정하도록 명하여야 하는지 여부(적극)**

[다수의견] 대법원은 항소심에서 항소장 부본을 송달할 수 없는 경우 항소심재판장은 민사소송법 제402조 제1항, 제2항에 따라 항소인에게 상당한 기간을 정하여 그 기간 이내에 피항소인의 주소를 보정하도록 명하여야 하고, 항소인이 그 기간 이내에 피항소인의 주소를 보정하지 아니한 때에는 명령으로 항소장을 각하하여야 한다는 법리를 선언하여 왔고, 항소장의 송달불능과 관련한 법원의 실무도 이러한 법리를 기초로 운용되어 왔다. 위와 같은 대법원 판례는 타당하므로 그대로 유지되어야 한다. 그 이유는 다음과 같다.

① 현재 판례의 태도는 민사소송법 제402조 세1항, 제2항의 문언 해석에 부합하고, 그 입법연혁을 고려하면 더욱 그러하다.

민사소송법 제402조 제1항, 제2항의 문언에 의하면, 항소장 부본이 피항소인에게 송달되지 않는 경우 항소심재판장은 항소장 부본이 피항소인에게 송달될 수 있도록 항소인에게 항소장의 흠을 보정하도록 명하여야 한다. 여기서 '흠을 보정한다.'는 것은 항소장 부본의 송달불능 원인을 보정하여야 한다는 의미이므로, 그 송달불능 원인이 피항소인의 주소 때문이라면, 항소인은 피항소인이 항소장 부본을 송달받을 수 있는 주소를 보정하여야 한다는 의미로 해석할 수밖에 없다.

입법연혁에 비추어 보더라도, 소장 부본이 송달불능에 이른 경우 재판장이 주소보정명령을 하고 원고가 이를 이행하지 아니한 때 소장각하명령을 하여야 하는 것과 마찬가지로 항소장 부본이 송달불능에 이른 경우에는 재판장이 주소보정명령을 하고 항소인이 이를 이행하지 아니한 때 항소장각하명령을 하여야 한다고 해석함이 타당하다.

② 현재의 판례는 항소인이 항소심재판 진행에 필요한 최소한의 요건을 갖추지 않는 데 대한 제재의 의미라고 이해할 수 있다.

③ 항소심재판장이 항소인에게 항소장 부본이 송달될 수 있는 피항소인의 주소를

보정하라고 명령하는 것은 항소인에게 수인하지 못할 정도의 과중한 부담을 부과한 것도 아니다.

④ 실무상 주소보정명령에서 항소장각하명령을 예고하고 있으므로, 항소장각하명령은 항소인이 충분히 예측할 수 있는 재판이다.

⑤ 현재의 판례는 제1심 재판을 충실화하고 항소심을 사후심에 가깝게 운영하기 위한 향후의 발전 방향에도 부합한다.

[대법관 박상옥, 대법관 이기택, 대법관 이동원의 반대의견] 소송절차의 연속성을 고려할 때 항소장 부본의 송달불능은 소송계속 중 소송서류가 송달불능된 것에 불과한 점, 항소인이 항소장 부본의 송달불능을 초래한 것이 아닌데도 그 송달불능으로 인한 불이익을 오로지 항소인에게만 돌리는 것은 부당한 점, 소장각하명령과 항소장각하명령은 본질적으로 다른 재판인 점 등을 종합하여 고려할 때, 항소장 부본이 송달불능된 경우 민사소송법 제402조 제1항, 제2항에 근거하여 항소인에게 주소보정명령을 하거나 그 불이행 시 항소장각하명령을 하는 것은 허용될 수 없다고 보아야 한다. 또한 관련 법 조항의 문언해석상으로도 그러하다[2021. 4. 22., 자, 2017마6438, 전원합의체 결정].

③ **소송비용의 재판에 대하여 독립한 상소를 금지하는 민사소송법 제391조, 제425조, 제443조가 적용되는지 여부(소극)**

소송대리인에게 대리권이 없다는 이유로 소가 각하되고 민사소송법 제108조에 따라 소송대리인이 소송비용 부담의 재판을 받은 경우에는, 일반적인 소송비용 부담의 경우와는 달리 소송비용을 부담하는 자가 본안의 당사자가 아니어서 소송비용의 재판에 대하여 독립한 상소를 금지하는 민사소송법 제391조, 제425조, 제443조가 적용되지 아니하나, 위 소송비용 부담의 재판에 따라 소송대리인이 소송의 당사자가 되는 것은 아니고 법원으로서도 당사자 사이에서 분쟁에 관하여 재판을 한 것이라고 할 수 없으므로 당사자 등을 상대방으로 한 항소나 상고를 제기할 수는 없고, 소송대리인으로서는 자신에게 비용부담을 명한 재판에 대하여 재판의 형식에 관계없이 즉시항고나 재항고에 의하여 불복할 수 있다[2016. 6. 17., 자, 2016마371, 결정].

④ **항소심에 이르러 새로운 청구가 추가된 경우, 항소심이 기존의 청구와 추가된 청구**

를 모두 배척할 때의 주문 표시 방법

항소심에 이르러 새로운 청구가 추가된 경우 항소심은 추가된 청구에 대해서는 실질상 제1심으로서 재판하여야 한다. 제1심이 기존의 청구를 기각한 데 대하여 원고가 항소하였고 항소심이 기존의 청구와 항소심에서 추가된 청구를 모두 배척할 경우 단순히 "원고의 항소를 기각한다."라는 주문 표시만 해서는 안 되고, 이와 함께 항소심에서 추가된 청구에 대하여 "원고의 청구를 기각한다."라는 주문 표시를 해야 한다[2021. 5. 7., 선고, 2020다292411, 판결].

⑤ 당사자 사이에 항소취하의 합의가 있는데도 항소취하서가 제출되지 않는 경우, 상대방이 이를 항변으로 주장할 수 있는지 여부(적극)

당사자 사이에 항소취하의 합의가 있는데도 항소취하서가 제출되지 않는 경우 상대방은 이를 항변으로 주장할 수 있고, 이 경우 항소심법원은 항소의 이익이 없다고 보아 그 항소를 각하함이 원칙이다. 청구의 교환적 변경은 기존 청구의 소송계속을 소멸시키고 새로운 청구에 대하여 법원의 판단을 받고자 하는 소송법상 행위이다. 항소심의 소송절차에는 특별한 규정이 없으면 제1심의 소송절차에 관한 규정이 준용되므로(민사소송법 제408조), 항소심에서도 청구의 교환적 변경을 할 수 있다. 청구의 변경 신청이나 항소취하는 법원에 대한 소송행위로서, 청구취지의 변경은 서면으로 신청하여야 하고(민사소송법 제262조 제2항), 항소취하는 서면으로 하는 것이 원칙이나 변론 또는 변론준비기일에서 말로 할 수도 있다(민사소송법 제393조 제2항, 제266조 제3항).

항소심에서 청구의 교환적 변경 신청이 있는 경우 그 시점에 항소취하서가 법원에 제출되지 않은 이상 법원은 특별한 사정이 없는 한 민사소송법 제262조에서 정한 청구변경의 요건을 갖추었는지에 따라 허가 여부를 결정하면 된다.

항소심에서 청구의 교환적 변경이 적법하게 이루어지면, 청구의 교환적 변경에 따라 항소심의 심판대상이었던 제1심판결이 실효되고 항소심의 심판대상은 새로운 청구로 바뀐다. 이러한 경우 항소심은 제1심판결이 있음을 전제로 한 항소각하 판결을 할 수 없고, 사실상 제1심으로서 새로운 청구의 당부를 판단하여야 한다[2018. 5. 30., 선고, 2017다21411, 판결].

⑥ 항소기간 경과 후에 항소취하가 있는 경우, 제1심판결이 확정되는 시기(=항소기간

만료 시)

항소취하가 있으면 소송은 처음부터 항소심에 계속되지 아니한 것으로 보게 되나(민사소송법 제393조 제2항, 제267조 제1항), 항소취하는 소의 취하나 항소권 포기와 달리 제1심 종국판결이 유효하게 존재하므로, 항소기간 경과 후에 항소취하가 있는 경우에는 항소기간 만료 시로 소급하여 제1심판결이 확정된다*[2017. 9. 21., 선고, 2017다233931, 판결]*.

⑦ 이는 피항소인이 항소기간이 지난 뒤에 실질적으로 제1심판결 중 자신이 패소한 부분에 대하여 불복하는 취지의 내용이 담긴 항소장을 제출한 경우에도 마찬가지인지 여부(적극)

부대항소란 피항소인이 제기한 불복신청으로 항소심의 심판 범위가 항소인의 불복 범위에 한정되지 않도록 함으로써 자기에게 유리하게 제1심판결을 변경하기 위한 것이므로, 피항소인은 항소권이 소멸된 뒤에도 변론이 종결될 때까지 부대항소를 제기할 수 있으나(민사소송법 제403조), 항소에 관한 규정이 준용됨에 따라 민사소송법 제397조 제2항에서 정한대로 부대항소 취지가 기재된 '부대항소장'을 제출하는 방식으로 하여야 함이 원칙이다(민사소송법 제405조). 그러나 피항소인이 항소기간이 지난 뒤에 단순히 항소기각을 구하는 방어적 신청에 그치지 아니하고 제1심판결보다 자신에게 유리한 판결을 구하는 적극적·공격적 신청의 의미가 객관적으로 명백히 기재된 서면을 제출하고, 이에 대하여 상대방인 항소인에게 공격방어의 기회 등 절차적 권리가 보장된 경우에는 비록 그 서면에 '부대항소장'이나 '부대항소취지'라는 표현이 사용되지 않았더라도 이를 부대항소로 볼 수 있다. 이는 피항소인이 항소기간이 지난 뒤에 실질적으로 제1심판결 중 자신이 패소한 부분에 대하여 불복하는 취지의 내용이 담긴 항소장을 제출한 경우라고 하여 달리 볼 것은 아니다*[2022.10.14., 선고, 2022다252387, 판결]*.

⑧ 항소장에 항소의 범위나 이유를 기재하여야 하는지 여부(소극) 및 항소의 객관적, 주관적 범위를 판단하는 기준

민사소송법 제397조 제2항은 항소장에 당사자와 법정대리인, 제1심판결의 표시와 그 판결에 대한 항소의 취지를 적도록 하고 있을 뿐이므로, 항소장에는 제1심판결의 변경을 구한다는 항소인의 의사가 나타나면 충분하고 항소의 범위나 이유까지

기재되어야 하는 것은 아니다. 따라서 항소의 객관적, 주관적 범위는 항소장에 기재된 항소취지만을 기준으로 판단할 것은 아니고, 항소취지와 함께 항소장에 기재된 사건명이나 사건번호, 당사자의 표시, 항소인이 취소를 구하는 제1심판결의 주문 내용 등을 종합적으로 고려해서 판단해야 한다[2020. 1. 30., 자, 2019마5599, 5600, 결정].

⑨ 보정의 기회를 부여하지 않은 채 상소장을 각하하는 것이 위법한지 여부

상소장에 법률의 규정에 따른 인지를 붙이지 않은 경우 원심 재판장은 상당한 기간을 정하여 그 기간 내에 흠을 보정하도록 명해야 하고, 상소인이 위 기간 내에 흠을 보정하지 않은 때에는 원심 재판장은 명령으로 상소장을 각하해야 한다(민사소송법 제399조, 제425조).

상소인이 인지의 보정명령에 따라 인지액에 해당하는 현금을 수납은행에 납부하면서 잘못하여 인지로 납부하지 않고 송달료로 납부한 경우에는 인지가 납부되었다고할 수 없어 인지 보정의 효과가 발생하지 않으나, 그 경우에도 인지액에 해당하는현금을 송달료로 잘못 납부한 상소인에게는 다시 인지를 보정할 수 있는 기회를 부여함이 타당하다. 원심 재판장은 인지 보정명령 이후 수납은행의 영수필확인서와 영수필통지서가 보정기간 내에 제출되지 않았다고 하더라도 곧바로 상소장을 각하해서는 안 된다. 인지액에 해당하는 현금이 송달료로 납부된 사실이 있는지를 관리은행 또는 수납은행에 전산 그 밖에 적당한 방법으로 확인하고 만일 그러한 사실이 확인되는 경우 상소인에게 인지를 보정하는 취지로 송달료를 납부한 것인지에 관하여 석명을 구하고 다시 인지를 보정할 수 있는 기회를 부여해야 한다. 이러한 보정의 기회를 부여하지 않은 채 상소장을 각하하는 것은 석명의무를 다하지 않아 심리를 제대로 하지 않은 것으로 위법하다[2021. 3. 11., 자, 2020마7755, 결정].

⑩ 서면에 '부대항소장'이나 '부대항소취지'라는 표현이 사용되지 않았더라도 부대항소로 볼 수 있는지 여부(적극)

부대항소란 피항소인이 제기한 불복신청으로 항소심의 심판 범위가 항소인의 불복범위에 한정되지 않도록 함으로써 자기에게 유리하게 제1심판결을 변경하기 위한것이므로, 피항소인은 항소권이 소멸된 뒤에도 변론이 종결될 때까지 부대항소를 제기할 수 있으나(민사소송법 제403조), 항소에 관한 규정이 준용됨에 따라 민사

소송법 제397조 제2항에서 정한대로 부대항소 취지가 기재된 '부대항소장'을 제출하는 방식으로 하여야 함이 원칙이다(민사소송법 제405조). 그러나 피항소인이 항소기간이 지난 뒤에 단순히 항소기각을 구하는 방어적 신청에 그치지 아니하고 제1심판결보다 자신에게 유리한 판결을 구하는 적극적·공격적 신청의 의미가 객관적으로 명백히 기재된 서면을 제출하고, 이에 대하여 상대방인 항소인에게 공격방어의 기회 등 절차적 권리가 보장된 경우에는 비록 그 서면에 '부대항소장'이나 '부대항소취지'라는 표현이 사용되지 않았더라도 이를 부대항소로 볼 수 있다. 이는 피항소인이 항소기간이 지난 뒤에 실질적으로 제1심판결 중 자신이 패소한 부분에 대하여 불복하는 취지의 내용이 담긴 항소장을 제출한 경우라고 하여 달리 볼 것은 아니다[2022.10.14., 선고, 2022다252387, 판결].

⑪ 항소인에게 불리하게 변경하는 것이 불이익변경금지 원칙에 반하는지 여부(원칙적 적극)

항소심은 당사자의 불복신청 범위 내에서 제1심판결의 당부를 판단할 수 있을 뿐이므로, 설령 제1심판결이 부당하다고 인정되는 경우라 하더라도 그 판결을 불복 당사자의 불이익으로 변경하는 것은 당사자가 신청한 불복의 한도를 넘어 제1심판결의 당부를 판단하는 것이 되어 허용될 수 없고, 당사자 일방만이 항소한 경우에 항소심으로서는 제1심보다 항소인에게 불리한 판결을 할 수는 없다.

불이익하게 변경된 것인지는 기판력의 범위를 기준으로 하나, 일방 당사자의 금전채권에 기한 동시이행 주장을 받아들인 판결의 경우 반대 당사자는 그 금전채권에 관한 이행을 제공하지 아니하고는 자신의 채권을 집행할 수 없으므로, 동시이행 주장을 한 당사자만 항소하였음에도 항소심이 제1심판결에서 인정된 금전채권에 기한 동시이행 주장을 공제 또는 상계 주장으로 바꾸어 인정하면서 그 금전채권의 내용을 항소인에게 불리하게 변경하는 것은 특별한 사정이 없는 한 불이익변경금지 원칙에 반한다[2022. 8. 25., 선고, 2022다211928, 판결].

⑫ 항소심에서 수 개의 청구가 선택적으로 병합된 경우의 심리방법과 항소심 판결의 주문

제1심에서 원고의 청구가 기각되어 원고가 항소한 다음 항소심에서 청구를 선택적으로 병합한 경우 법원은 병합된 수 개의 청구 중 어느 하나의 청구를 선택하

여 심리할 수 있고, 어느 한 개의 청구를 심리한 결과 그 청구가 이유 있다고 인정될 경우에는 원고의 청구를 기각한 제1심판결을 취소하고 이유 있다고 인정되는 청구를 인용하는 주문을 선고하여야 한다*[2021. 7. 15., 선고, 2018다298744, 판결]*.

⑬ 항소심에서 공시송달 판결을 하는 경우, 민사소송법 제208조 제3항 제3호에 따라 판결서의 이유에 청구를 특정함에 필요한 사항과 같은 법 제216조 제2항의 판단에 관한 사항만을 간략하게 표시할 수 있는지 여부(소극)

민사소송법 제208조 제2항의 규정에도 불구하고 제1심판결로서 '피고가 민사소송법 제194조 내지 제196조의 규정에 의한 공시송달로 기일통지를 받고 변론기일에 출석하지 아니한 경우의 판결'(이하 '공시송달 판결'이라 한다)에 해당하는 경우에는 판결서의 이유에 청구를 특정함에 필요한 사항과 같은 법 제216조 제2항의 판단에 관한 사항만을 간략하게 표시할 수 있다(민사소송법 제208조 제3항 제3호). 한편 항소심의 소송절차에는 특별한 규정이 없으면 민사소송법 제2편 제1장 내지 제3장에서 정한 제1심의 소송절차에 관한 규정을 준용하지만(민사소송법 제408조), 같은 법 제208조 제3항 제3호를 준용하는 규정은 별도로 두고 있지 않다. 오히려 항소심이 판결이유를 적을 때에는 제1심판결을 인용할 수 있지만, 제1심판결이 민사소송법 제208조 제3항 제3호에 따라 작성된 경우에는 이를 인용할 수 없다(민사소송법 제420조). 위와 같은 규정들의 내용과 그 취지를 종합하면, 공시송달 판결을 하는 경우 제1심은 민사소송법 제208조 제3항 제3호에 따라 판결서의 이유에 청구를 특정함에 필요한 사항과 같은 법 제216조 제2항의 판단에 관한 사항만을 간략하게 표시할 수 있지만, 당사자의 불복신청 범위에서 제1심판결의 당부를 판단하는 항소심은 그와 같이 간략하게 표시할 수 없고, 같은 법 제208조 제2항에 따라 주문이 정당하다는 것을 인정할 수 있을 정도로 당사자의 주장과 그 밖의 공격·방어방법에 관한 판단을 표시하여야 한다*[2021. 2. 4., 선고, 2020다259506, 판결]*.

4. 항소에 대한 서식

[서식 ①] 항소장(대여금, 전부불복, 항소이유서 추후제출의 경우)

항 소 장

항소인(원고)　○○○
　　　　　　　　○○시 ○○구 ○○길 ○○(우편번호)
　　　　　　　　전화.휴대폰번호:
　　　　　　　　팩스번호, 전자우편(e-mail)주소:
피항소인(피고)　◇◇◇
　　　　　　　　○○시 ○○구 ○○길 ○○(우편번호)
　　　　　　　　전화.휴대폰번호:
　　　　　　　　팩스번호, 전자우편(e-mail)주소:

대여금청구의 항소

　　위 당사자간 ○○지방법원 20○○가단○○○ 대여금청구사건에 관하여 항소인(원고)은 같은 법원의 20○○. ○○. ○. 선고한 판결에 대하여 전부 불복이므로 이에 항소를 제기합니다(항소인은 위 판결정본을 20○○. ○○. ○○.에 송달 받았습니다).

원판결의 주문표시

1. 원고의 청구를 기각한다.
2. 소송비용은 원고의 부담으로 한다.

항 소 취 지

1. 원판결을 취소한다.
2. 피고(피항소인)는 원고(항소인)에게 금 15,000,000원 및 이에 대한 20○○. ○. ○.부터 다 갚는 날까지 연 15%의 비율에 의한 돈을 지급하라.
3. 소송비용은 1, 2심 모두 피고(피항소인)의 부담으로 한다.
라는 판결을 구합니다.

항 소 이 유

추후 제출하겠습니다.

첨 부 서 류

1. 항소장부본   1통
1. 송달료납부서   1통

20○○.   ○○.   ○○.
위 항소인(원고) ○○○ (서명 또는 날인)

○○지방법원 귀중

[서식 ②] 항소장(채무부존재확인 등, 전부불복, 항소이유서 추후제출의 경우)

항 소 장

항소인(피고, 반소원고) ◇◇◇
　　　　　　　　　　○○시 ○○구 ○○길 ○○(우편번호)
　　　　　　　　　　전화.휴대폰번호:
　　　　　　　　　　팩스번호, 전자우편(e-mail)주소:
피항소인(원고, 반소피고) ○○○
　　　　　　　　　　○○시 ○○구 ○○길 ○○(우편번호)
　　　　　　　　　　전화.휴대폰번호:
　　　　　　　　　　팩스번호, 전자우편(e-mail)주소:

　　위 당사자간 ○○지방법원 20○○가단○○○(본소), 20○○가단○○○○(반소) 채무부존재확인청구 등 사건에 관하여 같은 법원에서 20○○. ○○. ○. 판결선고 하였는바, 항소인(피고, 반소원고)은 위 판결에 불복하고 다음과 같이 항소를 제기합니다(판결정본 수령일:20○○. ○. ○○.)

원판결의 주문표시

1. 20○○. ○. ○. 11: 30경 ○○시 ○○구 ○○길 4거리 교차로 상에서 원고(반소피고) 소유의 광주○무○○○○호 승용차와 피고(반소원고) 운전의 광주○마○○○○호 오토바이가 충돌한 교통사고에 관하여 원고(반소피고)의 피고(반소원고)에 대한 손해배상금지급채무가 존재하지 아니함을 확인한다.
2. 피고(반소원고)의 반소청구를 기각한다.
3. 소송비용은 피고(반소원고)의 부담으로 한다.

불복의 정도 및 항소를 하는 취지의 진술

　　항소인(피고, 반소원고)은 위 판결의 피고(반소원고) 패소부분에 대하여 불복이므로 항소를 제기합니다.

항 소 취 지

1. 원심판결 중 피고(반소원고) 패소부분을 취소하고, 원고(반소피고)는 피고(반소원

고)에게 금 33,116,065원 및 이에 대한 20○○. ○. ○.부터 이 사건 소장부본 송달일까지는 연 5%의, 그 다음날부터 다 갚는 날까지는 연 15%의 각 비율에 의한 돈을 지급하라.
2. 소송비용은 제1, 2심 모두 원고(반소피고)의 부담으로 한다.
라는 판결을 구합니다.

항 소 이 유

추후 제출하겠습니다.

첨 부 서 류

1. 항소장부본   1통
1. 송달료납부서   1통

20○○.   ○○.   ○○.
위 항소인(피고, 반소원고) ◇◇◇ (서명 또는 날인)

○○지방법원 귀중

항　소　장

항소인(원고) 1. ○○○

　　　　　 2. ◉◉◉

　　　　　 3. ○①○

　　　　　　　원고들 1 내지 3 주소 ○○시 ○○구 ○○길 ○○(우편번호)

　　　　　　　원고3 ○①○은 미성년자이므로 법정대리인

　　　　　　　친권자 부 ○○○, 모 ◉◉◉

　　　　　　　전화.휴대폰번호:

　　　　　　　팩스번호, 전자우편(e-mail)주소:

　　　　　 4. ○②○

　　　　　 5. ○③○

　　　　　　　원고들 4, 5 주소　 ○○시 ○○구 ○○길 ○○○(우편번호)

　　　　　　　전화.휴대폰번호:

　　　　　　　팩스번호, 전자우편(e-mail)주소:

피항소인(피고) ◇◇◇

　　　　　　　 ○○시 ○○구 ○○길 ○○(우편번호)

　　　　　　 전화.휴대폰번호:

　　　　　　 팩스번호, 전자우편(e-mail)주소:

　위 당사자간 ○○지방법원 20○○가단○○○ 손해배상(산)청구사건에 관하여 같은 법원에서 20○○. ○○. ○. 판결선고 하였는바, 원고는 위 판결에 모두 불복하고 다음과 같이 항소를 제기합니다(원고는 위 판결정본을 20○○. ○○. ○○. 송달 받았습니다).

제1심판결의 표시

주문 : 원고들의 청구를 모두 기각한다.

　　　　소송비용은 원고들의 연대 부담으로 한다.

불복의 정도 및 항소를 하는 취지의 진술

　항소인(원고)들은 위 판결에 모두 불복하고 항소를 제기합니다.

항 소 취 지

1. 원심판결을 취소한다.
2. 피고(피항소인)는 원고(항소인) ○○○에게 금 78,800,411원, 원고(항소인) ◉◉◉에게 금 5,000,000원, 원고(항소인) ○①○, 원고(항소인) ○②○, 원고(항소인) ○③○에게 각 금 2,500,000원 및 위 각 금액에 대하여 20○○. ○. ○.부터 이 사건 제1심 판결선고일까지는 연 5%의, 그 다음날부터 다 갚는 날까지는 연 15%의 각 비율에 의한 돈을 지급하라.
3. 소송비용은 1, 2심 모두 피고(피항소인)의 부담으로 한다.
4. 위 제2항은 가집행할 수 있다.
라는 판결을 구합니다.

항 소 이 유

1. 이 사건 사고의 원인에 관하여
제1심 판결은 이유 1의 다항에서 원고(항소인, 다음부터 원고라고만 함) ○○○가 로울러에 감긴 틀줄이 서로 엉키게 되자 이를 풀기 위해 로울러의 작동을 멈추었다가 로울러가 거꾸로 회전하도록 클러치를 작동하는 순간 틀줄이 끊어지면서 오른손이 틀줄과 함께 로울러에 빨려 들어가 우측 제2, 3, 4, 5 수지 절단창을 입게 되었다고 판시하였습니다. 그렇다면 제1심 판결도 이 사건 사고가 틀줄이 서로 엉키게 되었음에 기인함을 인정하였다고 할 것입니다.
로울러의 한가운데가 마모되어 홈이 패어 있음은 을 제1호증(사진), 갑 제5호증의 9(소외 선장 김■■의 진술), 갑 제5호증의 17(소외 이■■의 진술)에 의하여 인정할 수 있습니다. 그리고 이처럼 패여진 로울러의 홈이 틀줄을 엉키게 하는 하나의 원인이 되었다고 보아야 할 것입니다.
그런데 제1심 판결은 틀줄이 엉키게 된 원인에 대하여는 아무런 설시도 없이 이 사건 사고에 대하여 피의자로서 조사를 받았던 소외 선장 김■■와 피고(피항소인, 다음부터 피고라고만 함)의 남편인 소외 이■■의 증언을 기초로 하여 원고(항소인) ○○○의 과실로 이 사건 사고가 발생한 것처럼 설시하고 있습니다.
그러나 제1심 판결이 설시하고 있는 원고 ○○○의 과실은 사실과 다를 뿐 아니라 부득이 사실로 인정된다고 하더라도 그 내용이 틀줄을 여러 번 감아 말뚝에 감아 놓고 앉아서 작업하던 중 로울러를 역회전시키다가 틀줄이 끊어져 사고를 당하였다는 것으로서 과실상계로서 참작됨은 별론으로 하고 피고를 면책하도록 할 정도에 이른다고는 할 수 없는 것입니다.

2. 안전교육에 관하여

증인 박■■는 선원들에게 조심하여 일하라고 할 뿐 정기적으로 안전교육을 실시하지는 아니한다고 증언하였습니다.

산업안전보건법 제3조 제1항, 같은 법 시행령 제2조의2 제1항의 별표1에 따르면 어업에도 같은 법을 일부 적용하도록 되어 있습니다.

같은 법 제14조에 의하면 사업주는 당해 사업장의 관리감독자에게 당해 직무와 관련된 안전·보건상의 업무를 수행하도록 하여야 한다고 하며, 같은 법 제31조 제1항에 의하면 사업주는 당해 사업장의 근로자에 대하여 노동부령이 정하는 바에 의하여 정기적으로 안전·보건에 관한 교육을 실시하여야 한다고 합니다.

같은 법 시행규칙 제33조 제1항의 별표8에 의하면 매월 2시간이상의 정기교육을 하여야 한다고 하며 별표8의2에 의하면 산업안전보건법령에 관한 사항, 작업공정의 유해·위험에 관한 사항, 표준안전작업방법에 관한 사항 등을 교육내용으로 하여야 한다고 합니다.

사업주인 피고는 물론 관리감독자라 할 수 있는 소외 선장 김■■도 근로자인 원고 ○○○에게 위와 같은 정기적인 안전교육을 실시하지 아니하여 안전배려의무를 다하지 아니하였으므로 이 사건 사고에 대하여 책임을 져야 할 것입니다.

첨 부 서 류

1. 항소장부본   1통
1. 송달료납부서   1통

20○○.   ○○.   ○○.
위 항소인(원고) 1. ○○○ (서명 또는 날인)
　　　　　　　　 2. ◉◉◉ (서명 또는 날인)
　　　　　　　　 3. ○①○
　　　　　　　　　　원고3 ○①○은 미성년자이므로
　　　　　　　　　　법정대리인 친권자
　　　　　　　　　　부 ○○○ (서명 또는 날인)
　　　　　　　　　　모 ◉◉◉ (서명 또는 날인)
　　　　　　　　 4. ○②○ (서명 또는 날인)
　　　　　　　　 5. ○③○ (서명 또는 날인)

○○지방법원   귀중

항 소 이 유 서

사   건   20○○나○○○ 계약금반환
원   고(피항소인)   ○○○
피   고(항 소 인)   ◇◇◇

위 사건에 대하여 피고(항소인)는 다음과 같이 항소이유를 제출합니다.

다   음

1. 제1심 판결에 대한 불복 범위
   주문 모두에 대하여 불복하므로 원고(피항소인)의 청구를 기각하여 주시기 바랍니다.

2. 불복이유
   원심은 원고(피항소인, 다음부터 "원고"라고만 함)와 피고(항소인, 다음부터 "피고"라고만 함)가 임야매매계약을 합의해제 한 사실을 인정하고 피고에게 계약금을 반환하라는 판결을 내렸으나, 피고는 위 계약을 합의해제 한 사실이 전혀 없습니다.

 가. 이 사건 매매계약과 계약 후의 사정 등
   (1) 피고는 19○○. 12. 3. 소외 ◉◉◉ 운영의 ◉◉부동산에서 소외 ◉◉◉의 소개로 피고 소유의 이 사건 임야를 매도하는 계약을 체결하고 계약금 8,000,000원을 받았습니다. 갑 제1호증 매매계약서의 기재대로 중도금 1억 5천만 원은 19○○. 2. 23.에, 잔금은 같은 해 3. 29.에 지급 받기로 약정하였습니다.
   (2) 한편, 위 계약일로부터 약 6개월 전에 피고는 소외 ◎◎◎에게 이 사건 임야를 매도할 것을 제의 받은 사실이 있었는데, 피고는 소외 ◎◎◎가 전에 사업을 하다가 부도를 낸 경험이 있어 임야대금을 못 줄 수도 있을 것이라 판단하여 매도제의를 거절한 사실이 있습니다. 그런데 피고는 19○○. 2. 19.경 소외 ◉◉◉의 처인 소외 ◈◈◈(소외 ◈◈◈는 ◉◉부동산을 남편인 소외 ◉◉◉와 함께 운영하며 이 사건에서 주도적으로 중개를 하였습니다.)로부터 이 사건 매매에 소외 ◎◎◎가 돈을 투자하였다는 사실과 이 사건 임야에 아파트를 지을 예정이라는 사실을 처음으로 듣게 되었습니다.
   (3) 피고는 아무래도 원고가 중도금과 잔금의 지급을 미룰 것으로 생각되어 19○○. 2. 19.경 원고에게 전화를 하여 중도금과 잔금을 19○○. 3. 15.까지

일시에 지급하여 줄 것을 요구하였고, 원고는 이를 승인하였습니다(을 제1호증 19○○. 3. 27.자 내용증명 참조). 그 뒤 같은 해 3. 13.경 피고는 ◉◉부동산의 소외 ◉◉◉로부터 피고 소유 임야에 대하여 건축허가가 나오지 않으니 중도금 및 잔금 지급기일을 2개월 연기해주어 건축허가가 나면 전액 지급하고 허가가 나오지 않으면 원고가 계약금을 포기하겠다는 말을 들었습니다. 피고는 소외 ◎◎◎에게 건축허가여부는 계약 당시 전혀 언급이 없었던 사실이므로 그렇게 할 수 없고, 원래의 잔금지급기일인 19○○. 3. 29.까지는 중도금과 잔금 모두를 받아야겠다고 자신의 의사를 전하였습니다.

(4) 그러던 중 원고는 최초로 19○○. 3. 27.자 내용증명(을 제1호증)을 보내왔고, 계속하여 갑 제3, 4, 5호증의 각 내용증명을 보내왔습니다. 피고는 해약한 사실도 없으므로 당연히 계약내용대로 이행되어야 한다고 생각하였으며, 원고가 괜히 계약금을 손해 본 것이 억울하여 트집을 잡는 것이라 생각하고 돈을 줄 어떠한 이유도 없으므로 원고에게 전혀 대응하지 않고 있었습니다.

(5) 그런데 19○○. 5. 4.에 법원으로부터 부동산가압류결정을 송달 받았고(을 제2호증 참조), 피고는 제소명령을 신청하여 결국 이 사건에 이르게 된 것입니다.

나. 갑 제6호증 내용증명의 허위여부에 관하여

(1) 원심은 갑 제6호증을 중요한 증거로 채택하여 원고와 피고 사이의 매매계약이 합의해제 된 것으로 판단한 듯 합니다. 그러나 피고는 피고 명의로 되어있는 갑 제6호증 내용증명을 보낸 사실이 전혀 없습니다. 위 갑 제6호증이 피고가 보낸 것이 아니라는 사실은 갑 제6호증을 면밀히 검토하면 알 수 있습니다.

(2) 갑 제6호증의 하단 내용을 보면 '귀하께서 본인과 해약합의시 본인은 막대한 경제적 손실에도 불구하고 2800만원을 차후로 건내주기로 합의하였는데 3800만원의 가압류를 잡은데 대해서 납득이 가질 않으며 해약금 2800만원에 대해서는 19○○. 6. 30.까지 보내드리겠습니다.' 라고 되어 있습니다. 그런데 위 내용증명은 19○○. 4. 29. 보낸 것으로 되어있으나, 피고가 부동산가압류결정이 된 사실을 알게 된 것은 부동산가압류결정정본을 송달 받은 19○○. 5. 4.입니다. 따라서 19○○. 4. 29.당시에는 부동산가압류결정을 받은 것을 전혀 몰랐으므로 위와 같은 내용의 내용증명을 보낼 수는 없는 것이 자명합니다.

(3) 위 내용증명의 내용자체를 보아도 피고가 이를 작성하였다고 보기 어렵습니다. 위 내용증명 세 번째 문장에서 '또한 쌍방의 합의하에 중도금과 잔금을 19○○. 3. 15. 일시에 결제하기로 하였으나 이를 이행치 않고 귀하께서는 허가문제로 2개월간 연장하기를 원하였던바, 이는 잔금을 치른 다음 허가신

청을 해야 하는 것이 아닙니까?'라고 되어 있어 중도금과 잔금지급을 독촉하는 내용으로 되어 있습니다. 이는 합의해제가 되지 않았음을 전제로 하여야 청구 가능한 내용입니다. 그런데 바로 다음 문장에서 '쌍방의 합의시에 해약으로 인하여 본인은 막대한 손해를 입었는데도 불구하고 계약금의 일부 2800만원을 차후로 건네주기로 하고 해약을 하였는데...'라고 되어 있어 해약을 합의한 것으로 되어 있습니다. 위 두 문장을 보더라도 앞뒤가 맞지 않아 피고가 작성한 것이라고는 할 수 없으며 가사 피고가 합의해제 하였더라도 스스로 손해를 보면서까지 계약금을 돌려주기로 하면서 해제한다는 것은 상식에 맞지 않는다고 할 것입니다.

(4) 또한, 위 내용증명에는 피고 명의의 도장이 날인되지 아니하였으며, 확인한 결과 내용증명을 보내는 사람의 신분증을 확인하는 절차는 전혀 거치지 않는다고 합니다. 따라서 위 내용증명은 소송에서 유리한 자료로 삼기 위하여 원고 또는 소외 ◎◎◎가 피고의 명의로 보낸 내용증명임이 분명하다 할 것입니다.

다. 원심 증인의 증언에 관하여

원심은 또한 이 사건 계약이 합의해제 된 증거로 증인 ◎◎◎와 ■■■의 증언을 들고 있습니다. 그러나 위 증인들의 증언은 합의해제를 인정할 충분한 증거가 될 수 없다고 할 것입니다.

(1) 먼저 증인 ◎◎◎의 증언내용을 보면, 매매계약 해약에 대하여 ◉◉부동산 측(소외 ◆◆◆)으로부터 들었다고 진술하고 있지 합의해제 된 것을 직접 보았다는 진술은 없습니다. 또한 반대신문사항 2항에서 원고는 허가가 나지 않으면 계약금을 포기하겠다고 말한 사실을 역시 소외 ◆◆◆로부터 들었다고 진술하고 있습니다. 또한 반대신문사항 3항에서 당시 피고에게 더 많은 금액을 주겠다고 하는 다른 매수자가 있다는 것을 역시 소외 ◆◆◆로부터 들었다고 진술하고 있어 증인 ◎◎◎의 증언만으로 계약을 합의해제 한 사실을 인정하기 어렵습니다.

(2) 또한 증인 ■■■ 역시 이 사건과 관련된 내용을 모두 증인 ◎◎◎에게 들어서 안다고 진술하고 있으므로 위 합의해제의 직접적인 증거로 보기 어렵다고 할 것입니다.

(3) 따라서 위 증인들의 증언으로는 합의해제를 인정하기 어렵다고 할 것이어서 피고는 별도로 소외 ◆◆◆를 증인으로 신청하고자 합니다.

3. 결어

피고는 결코 계약을 합의해제 한 사실이 없어 계약금을 반환할 의무가 없으므로, 원고의 이 사건 소는 기각되어야 마땅합니다.

입 증 방 법

1. 을 제1호증   내용증명(19○○. 3. 27.자)
1. 을 제2호증   우편송달통지서

첨 부 서 류

1. 위 입증방법   각 1통
1. 증거설명서   각 1통
1. 항소이유서 부본   1통

20○○.   ○○.   ○○.

위 피고(항소인)   ◇◇◇ (서명 또는 날인)

○○지방법원 제○민사부 귀중

부 대 항 소 장

부대항소인(원고, 피항소인) ○○○
       ○○시 ○○구 ○○길 ○○(우편번호)
       전화.휴대폰번호:
       팩스번호, 전자우편(e-mail)주소:
부대피항소인(피고, 항소인) ◇◇◇
       ○○시 ○○구 ○○길 ○○(우편번호)
       전화.휴대폰번호:
       팩스번호, 전자우편(e-mail)주소:

손해배상(기)청구 부대항소

 위 당사자간 귀원 20○○나○○○ 손해배상(기)청구 항소사건에 관하여 부대항소인 (원고, 피항소인)은 위 항소에 부대하여 위 항소사건의 제1심 판결(○○지방법원 20○ ○. ○. ○. 선고 20○○가합○○○) 가운데 원고패소부분에 대하여 불복이므로 부대항소 를 제기합니다.

부 대 항 소 취 지

1. 원심판결 중 원고의 패소부분을 취소한다.
2. 피고는 원고에게 금 20,000,000원 및 이에 대하여 20○○. ○. ○.부터 20○○. ○. ○○.까지는 연 5%의, 그 다음날부터 다 갚는 날까지는 연 15%의 각 비율에 의한 돈을 지급하라.
3. 소송비용은 제1, 2심 모두 피고들의 부담으로 한다.
4. 위 제2항은 가집행 할 수 있다.
라는 판결을 구합니다.

부 대 항 소 이 유

 추후 제출하겠습니다.

첨 부 서 류

1. 부대항소장부본   1통
1. 송달료납부서   1통

　　　　　　　　　20○○.　○○.　○○.
　　　　　　　　　위 부대항소인(원고, 피항소인) ○○○ (서명 또는 날인)

○○고등법원 제○민사부 귀중

부 대 항 소 장

부대항소인(원고, 피항소인) ○○○
                ○○시 ○○구 ○○길 ○○(우편번호)
                전화.휴대폰번호:
                팩스번호, 전자우편(e-mail)주소:
부대피항소인(피고, 항소인) 1. ◇①◇
                ○○시 ○○구 ○○길 ○○(우편번호)
                전화.휴대폰번호:
                팩스번호, 전자우편(e-mail)주소:
              2. ◇②◇
                ○○시 ○○구 ○○길 ○○(우편번호)
                전화.휴대폰번호:
                팩스번호, 전자우편(e-mail)주소:

손해배상(기)청구의 부대항소

위 당사자간 귀원 20○○나○○○ 손해배상(기)청구항소사건에 대하여 부대항소인 (원고, 피항소인)은 위 항소에 부대하여 위 항소사건의 제1심 판결(○○지방법원 ○○ 지원 20○○. ○. ○. 선고 20○○가단○○○) 가운데 원고패소부분에 대하여 불복이 므로 아래와 같이 부대항소를 제기합니다.

부 대 항 소 취 지

1. 원심 판결 중 원고의 패소부분을 취소한다.
2. 피고들은 각자 원고에게 금 ○○○원 및 이에 대하여 20○○. ○. ○.부터 이 사 건 제2심 판결선고일까지는 연 5%의, 그 다음날부터 다 갚는 날까지는 연 15% 의 각 비율에 의한 돈을 지급하라.
3. 소송비용은 제1, 2심 모두 피고들의 부담으로 한다.
4. 위 제2항은 가집행 할 수 있다.
라는 판결을 구합니다.

부 대 항 소 이 유

1. 원심은 비록 원고가 만 66세의 고령으로 부동산의 권리관계에 대하여 잘 알지 못하였다고 하더라도 원고는 이 사건 계약체결 이전에 2-3회에 걸쳐 이 사건 부동산을 답사한 바 있어 이 사건 부동산에 다수의 임차인들이 거주하고 있음을 알 수 있었으므로, 그렇다면 원고로서도 모르는 사람과 고액의 보증금을 지급하고 전세계약을 체결함에 있어 단지 중개업자의 말만 믿고 계약을 체결할 것이 아니라 스스로 임차인의 수 및 보증금의 합산 액에 대하여 문의하는 등 전세금의 반환이 충분히 담보될 수 있는지 여부를 확인하고 계약을 체결함으로써 이 사건과 같은 손해를 방지하였어야 함에도 불구하고 만연이 피고들의 말만을 믿고 섣불리 계약을 체결한 과실이 있고, 이러한 과실이 이 사건 손해발생 및 확대의 한 원인이 되었음을 전제로 피고들의 책임비율을 50%만 인정하였습니다.

2. 그러나 이 사건은 단순히 피고들이 부동산중개업자로서 중개의뢰인에게 중개 목적물에 대한 권리관계를 성실.정확하게 설명하여야 할 업무상 주의의무를 위반한 것에 그치지 않고, 임대인인 소외 최■■에 대한 자신들의 채권을 변제 받을 목적으로, 원고의 전세보증금반환이 보장될 수 없음을 충분히 인식하면서도 고의적으로 고령에 아무것도 모르는 원고를 이용했다는 특별한 사정이 있으므로 원심이 인정한 피고들의 책임비율 50%는 너무 적고, 70%가 합당하다 할 것입니다.

3. 이에 원고는 부대항소취지와 같은 판결을 구하기 위하여 이 사건 부대항소에 이르렀습니다.

첨 부 서 류

1. 부대항소장부본	1통
1. 송달료납부서	1통

20○○. ○○. ○○.

위 부대항소인(원고, 피항소인) ○○○ (서명 또는 날인)

○○지방법원 제○민사부 귀중

추 완 항 소 장

항 소 인(피고) ◇◇◇
　　　　　　○○시 ○○구 ○○길 ○○(우편번호 ○○○○○)
　　　　　　전화.휴대폰번호:
　　　　　　팩스번호, 전자우편(e-mail)주소:
피항소인(원고) ○○○
　　　　　　○○시 ○○구 ○○길 ○○(우편번호 ○○○○○)
　　　　　　전화.휴대폰번호:
　　　　　　팩스번호, 전자우편(e-mail)주소:

계금청구 추완항소사건

　　위 당사자간 ○○지방법원 20○○가단○○○ 계금청구사건에 관하여 같은 법원에서 20○○. 7. 21. 판결선고 하였는바, 항소인(피고)은 위 판결에 전부불복하고 다음과 같이 항소를 제기합니다.

원판결의 주문표시

1. 피고는 원고에게 금 10,659,023원 및 이에 대하여 19○○. 5. 7.부터 20○○. 3. 9.까지는 연 5%의, 그 다음날부터 다 갚는 날까지는 연 ○○%의 각 비율에 의한 돈을 지급하라.
2. 소송비용은 피고의 부담으로 한다.
3. 위 제1항은 가집행 할 수 있다.

항 소 취 지

1. 원심판결을 취소한다.
2. 원고의 청구를 모두 기각한다.
3. 소송비용은 제1, 2심 모두 원고의 부담으로 한다.
라는 판결을 구합니다.

소송행위추완에 대한 주장

1. 원심판결은 20○○. 8. 6.에 공시송달의 방법에 의하여 20○○. 8. 21.에 항소인(피고)에게 송달된 것으로서 송달의 효력이 발생되어 20○○. 9. 5.에 형식상 확정되었습니다.

2. 그런데 항소인(피고)는 제1심 법원으로부터 항소인(피고)의 주소지인 ○○ ○○구 ○○동 ○○○ ○○아파트 ○○○동 ○○○호에서 이 사건 소장부본 및 최초의 변론기일소환장을 송달 받고 그 변론기일에 출석한 이후 변호사의 도움 없이 직접 소송을 수행하면서 변론기일에 한 번도 빠짐없이 출석하여 소송을 회피하거나 지연하려는 행위를 한 적이 없었는데, 제3차 변론기일에서 변론이 종결되고 판결선고기일이 20○○. 7. 7.로 고지되었습니다.

   그 뒤 제1심 법원은 변론종결 당시 고지한 선고기일에 판결선고를 하지 않고 직권으로 선고기일을 연기하면서 다음 선고기일에 대한 기일소환을 하지 아니한 채 20○○. 7. 21.에 당사자 쌍방이 출석하지 아니한 가운데 판결선고를 하였고, 그 뒤 판결정본을 즉시 송달하지 아니하고 그로부터 10일이나 경과한 20○○. 7. 30.에야 이를 발송함으로써 마침 항소인(피고)이 휴가를 가서 주소지에 거주하고 있지 아니한 기간인 20○○. 8. 3.부터 3일간 집배원의 3차에 걸친 배달시에 모두 폐문부재로 송달불능 되자 20○○. 8. 6. 판결정본을 공시송달 하여 20○○. 8. 21.에 피고에게 송달된 것으로서 송달의 효력이 발생되어 20○○. 9. 5.에 형식상 확정된 것입니다.

3. 그러나 제1심 법원은 한여름 휴가철인 8. 3.부터 8. 5. 사이에 판결정본의 송달이 불능으로 되었다면 피고가 여름 휴가철로 집을 비웠을 가능성을 고려하여 보충송달 등의 방법으로 재송달 하였어야 할 것인데 별다른 조치를 취하지 아니한 채 바로 공시송달결정을 하였으므로, 제1심 법원의 이 사건 공시송달결정은 요건을 결여한 부적법한 것이고, 피고는 제1심 판결이 이러한 부적법한 공시송달의 방법에 의하여 송달된 사실을 모르고 있다가 시일이 오래 지나도록 판결문이 송달되지 않자 20○○. 9. 9.에야 직접 원심법원을 찾아가 기록을 열람해 보고 판결문을 수령한 것입니다.

4. 그렇다면 피고는 위와 같은 피고가 책임질 수 없는 사유로 항소기간을 준수할 수 없었던 것이므로 피고의 이 사건 추완항소는 적법하다고 할 것입니다.

항 소 이 유

추후 제출하겠습니다.

입 증 방 법

1. 을 제3호증   주민등록표등본
1. 을 제4호증   판결등본교부신청증명

첨 부 서 류

1. 위 입증방법   각 1통
1. 추완항소장부본   1통
1. 송달료납부서   1통

20○○.   ○○.   ○○.

위 항소인(피고) ◇◇◇ (서명 또는 날인)

○○지방법원 귀중

항 소 취 하 서

사   건   20○○나○○○○ 대여금
원고(항소인)   ○○○
피고(피항소인)   ◇◇◇

　위 사건에 관하여 원고(항소인)는 항소를 전부 취하합니다.

　　　　　　　　20○○.　○○.　○○.
　　　　　　　　위 원고(항소인)　○○○ (서명 또는 날인)

○○고등법원 제○민사부 귀중

항소권포기서

사　건　20○○가합○○○ 근저당권설정등기말소
원　고　○○○
피　고　　◇◇◇

　위 사건에 관하여 20○○. ○. ○. 피고 패소판결이 선고되었으나, 피고는 위 판결에 대한 항소권을 포기합니다.

　　　　　　　　　　20○○.　　○.　　○.
　　　　　　　　　　위 피고　◇◇◇ (서명 또는 날인)

○○지방법원 제○민사부　귀중

불 항 소 합 의 서

사　건　20○○가합○○○ 근저당권설정등기말소
원　고　○○○
피　고　◇◇◇

　위 사건 제1심 판결에 대하여 쌍방 당사자(원고, 피고)는 모두 항소하지 않기로 합의한다.

20○○.　○.　○.
위 원고　○○○ (서명 또는 날인)
위 피고　◇◇◇ (서명 또는 날인)

○○지방법원 제○민사부　귀중

제2장 상고

제422조(상고의 대상)

① 상고는 고등법원이 선고한 종국판결과 지방법원 합의부가 제2심으로서 선고한 종국판결에 대하여 할 수 있다.

② 제390조제1항 단서의 경우에는 제1심의 종국판결에 대하여 상고할 수 있다.

제423조(상고이유)

상고는 판결에 영향을 미친 헌법·법률·명령 또는 규칙의 위반이 있다는 것을 이유로 드는 때에만 할 수 있다.

제424조(절대적 상고이유)

① 판결에 다음 각호 가운데 어느 하나의 사유가 있는 때에는 상고에 정당한 이유가 있는 것으로 한다.

1. 법률에 따라 판결법원을 구성하지 아니한 때
2. 법률에 따라 판결에 관여할 수 없는 판사가 판결에 관여한 때
3. 전속관할에 관한 규정에 어긋난 때
4. 법정대리권·소송대리권 또는 대리인의 소송행위에 대한 특별한 권한의 수여에 흠이 있는 때
5. 변론을 공개하는 규정에 어긋난 때
6. 판결의 이유를 밝히지 아니하거나 이유에 모순이 있는 때

② 제60조 또는 제97조의 규정에 따라 추인한 때에는 제1항제4호의 규정을 적용하지 아니한다.

제425조(항소심절차의 준용)

상고와 상고심의 소송절차에는 특별한 규정이 없으면 제1장의 규정을 준용한다.

제426조(소송기록 접수의 통지)

상고법원의 법원사무관등은 원심법원의 법원사무관등으로부터 소송기록을 받은 때에는 바로 그 사유를 당사자에게 통지하여야 한다.

제427조(상고이유서 제출)

상고장에 상고이유를 적지 아니한 때에 상고인은 제426조의 통지를 받은 날부터 20일 이내에 상고이유서를 제출하여야 한다.

제428조(상고이유서, 답변서의 송달 등)

① 상고이유서를 제출받은 상고법원은 바로 그 부본이나 등본을 상대방에게 송달하여야 한다.

② 상대방은 제1항의 서면을 송달받은 날부터 10일 이내에 답변서를 제출할 수 있다.

③ 상고법원은 제2항의 답변서의 부본이나 등본을 상고인에게 송달하여야 한다.

제429조(상고이유서를 제출하지 아니함으로 말미암은 상고기각)

상고인이 제427조의 규정을 어기어 상고이유서를 제출하지 아니한 때에는 상고법원은 변론 없

이 판결로 상고를 기각하여야 한다. 다만, 직권으로 조사하여야 할 사유가 있는 때에는 그러하지 아니하다.

제430조(상고심의 심리절차)

① 상고법원은 상고장·상고이유서·답변서, 그 밖의 소송기록에 의하여 변론없이 판결할 수 있다.

② 상고법원은 소송관계를 분명하게 하기 위하여 필요한 경우에는 특정한 사항에 관하여 변론을 열어 참고인의 진술을 들을 수 있다.

제431조(심리의 범위)

상고법원은 상고이유에 따라 불복신청의 한도 안에서 심리한다.

제432조(사실심의 전권)

원심판결이 적법하게 확정한 사실은 상고법원을 기속한다.

제433조(비약적 상고의 특별규정)

상고법원은 제422조제2항의 규정에 따른 상고에 대하여는 원심판결의 사실확정이 법률에 어긋난다는 것을 이유로 그 판결을 파기하지 못한다.

제434조(직권조사사항에 대한 예외)

법원이 직권으로 조사하여야 할 사항에 대하여는 제431조 내지 제433조의 규정을 적용하지 아니한다.

제435조(가집행의 선고)

상고법원은 원심판결중 불복신청이 없는 부분에 대하여는 당사자의 신청에 따라 결정으로 가집행의 선고를 할 수 있다.

제436조(파기환송, 이송)

① 상고법원은 상고에 정당한 이유가 있다고 인정할 때에는 원심판결을 파기하고 사건을 원심법원에 환송하거나, 동등한 다른 법원에 이송하여야 한다.

② 사건을 환송받거나 이송받은 법원은 다시 변론을 거쳐 재판하여야 한다. 이 경우에는 상고법원이 파기의 이유로 삼은 사실상 및 법률상 판단에 기속된다.

③ 원심판결에 관여한 판사는 제2항의 재판에 관여하지 못한다.

제437조(파기자판)

다음 각호 가운데 어느 하나에 해당하면 상고법원은 사건에 대하여 종국판결을 하여야 한다.

  1. 확정된 사실에 대하여 법령적용이 어긋난다 하여 판결을 파기하는 경우에 사건이 그 사실을 바탕으로 재판하기 충분한 때
  2. 사건이 법원의 권한에 속하지 아니한다 하여 판결을 파기하는 때

제438조(소송기록의 송부)

사건을 환송하거나 이송하는 판결이 내려졌을 때에는 법원사무관등은 2주 이내에 그 판결의 정본을 소송기록에 붙여 사건을 환송받거나 이송받을 법원에 보내야 한다.

1. 상고의 대상 및 이유

1-1. 상고의 대상

① 상고는 고등법원이 선고한 종국판결과 지방법원 합의부가 제2심으로서 선고한 종국 판결에 대해 할 수 있습니다(민사소송법 제422조제1항).

② 제1심 종국판결 뒤에 양 쪽 당사자가 상고할 권리를 유보하고 항소를 하지 않기로 합의한 경우 제1심 종국판결에 대해 상고(비약적 상고)를 할 수 있습니다(민사소송 법 제422조 제2항 및 제390조 제1항 단서).

③ 다만, 비약적 상고의 경우 대법원은 원심판결의 사실확정이 법률에 어긋난다는 것 을 이유로 그 판결을 파기하지 못합니다(민사소송법 제433조).

1-2. 상고의 이유

① 일반적 상고이유

상고는 판결에 영향을 미친 헌법·법률·명령 또는 규칙의 위반을 이유로 드는 경우 에만 할 수 있습니다(민사소송법 제423조). 원심판결이 적법하게 확정한 사실은 상 고법원을 기속하므로(민사소송법 제432조), 상고심에서 새로운 청구를 하거나 사실 심리에 대한 판단을 요청할 수 없습니다.

② 절대적 상고이유

판결에 다음 중 어느 하나의 사유가 있는 경우 상고에 정당한 이유가 있다고 봅니 다(민사소송법 제424조).

- 법률에 따라 판결법원을 구성하지 않은 경우
- 법률에 따라 판결에 관여할 수 없는 판사가 판결에 관여한 경우
- 전속관할에 관한 규정에 어긋난 경우
- 법정대리권·소송대리권 또는 대리인의 소송행위에 대한 특별한 권한의 수여에 흠 이 있는 경우(보정된 당사자나 법정대리인이 이를 추인한 경우 제외)
- 변론을 공개하는 규정에 어긋난 경우
- 판결의 이유를 밝히지 않거나 이유에 모순이 있는 경우

1-3. 상고이유의 기재례

① 법리오해

법리오해는 법령 해석의 잘못, 법령 적용의 잘못 등이 있는 경우에 기재합니다*(대법*

원 2010.7.14. 선고, 2009마2105 결정).

② 채증법칙위반

"채증법칙"이란 증거를 채택·결정함에 있어 법관이 지켜야 할 논리적이고 경험칙에 합당하게 사실관계를 확정하는 것을 말합니다. 이는 법관에게 부여된 권한인 자유심증주의와 관련이 있는데 법관이 경험칙에 반해 합리성을 잃어버린 경우 채증법칙위반으로 상소이유를 기재합니다.

③ 이유불비

이유불비는 이유를 전혀 기재하지 않은 경우, 이유의 일부를 빠뜨리거나 이유의 어느 부분이 불명확한 경우 등에 기재합니다(*대법원 2005. 1. 28. 선고 2004다38624 판결*).

④ 이유모순

이유모순은 판결이유의 문맥에 모순이 있어 일관성이 없는 경우 등에 기재합니다 (*대법원 1989.6.27. 선고 88다카14076 판결*).

⑤ 심리미진

법령의 해석 등에 필요한 심리를 다하고 선고를 했어야 하는데 이를 다 하지 않은 경우 등에 기재합니다. 즉 "원심은 그 판시와 같은 이유만으로 피고인에게 판시 범죄사실에 대한 고의가 있다고 보았으니, 이는 법리를 오해하여 심리를 다하지 않은 위법이 있다"라고 판시하는 경우를 말합니다(*대법원 2010.7.22. 선고 2010도6960 판결*).

2. 상고 절차

2-1. 상고 제기

① 상고는 판결서가 송달된 날부터 2주 이내에 해야 합니다(민사소송법 제396조 제1항 본문 및 제425조). 다만, 판결서 송달전에도 상고를 제기할 수 있습니다(민사소송법 제396조 제1항 단서).

② 상고는 상고장에 다음의 사항을 적어 원심(항소심) 법원에 제출하면 제기됩니다(민사소송법 제397조 및 제425조).
- 당사자와 법정대리인
- 제2심 판결의 표시와 그 판결에 대한 상고의 취지

2-2. 관할

대법원은 다음의 사건을 최종심으로 심판합니다(법원조직법 제14조 제1호 및 제3호).

- 고등법원 또는 항소법원·특허법원의 판결에 대한 상고사건
- 다른 법률에 따라 대법원의 권한에 속하는 사건

2-3. 원심(항소심)재판장의 상고장 심사

① 다음의 경우 항소심 재판장은 상고인에게 상당한 기간을 정해 그 기간 이내에 흠을 보정하도록 명해야 합니다(민사소송법 제399조 제1항 전단, 제397조 제2항 및 제425조).
- 상고장에 당사자와 법정대리인, 제2심 판결의 표시와 그 판결에 대한 상고의 취지가 제대로 기재되어 있지 않은 경우
- 상고장에 법률의 규정에 따른 인지를 붙이지 않은 경우

2-4. 항소심 재판장의 각하명령

① 다음의 경우 항소심 재판장은 상고장을 각하합니다(민사소송법 제399조 제2항 및 제425조).
- 보정기간 내에 보정을 하지 않은 경우
- 상고기간을 넘겨 상고를 제기한 경우
② 항소심 재판장의 상고각하명령에 대해서는 즉시항고를 할 수 있습니다(민사소송법 제399조 제3항 및 제425조).

2-5. 상고기록의 송부

① 상고장이 각하되지 않은 경우 항소심 법원의 법원서기관·법원사무관·법원주사 또는 법원주사보(이하 "법원사무관등"이라 함)는 상고장이 제출된 날부터 2주 이내에 상고기록에 상고장을 붙여 대법원으로 보내야 합니다(「민사소송법」 제400조제1항 및 제425조).
항소심 재판장의 보정명령이 있는 경우에는 당사자가 보정을 한 날부터 1주 이내에 상고기록을 보내야 합니다(민사소송법 제400조 제2항 및 제425조).
② 전자소송에서 심급사이 또는 이송결정에 따른 전자기록 송부는 전자적 방법으로 합니다. 다만, 전자문서가 아닌 형태로 제출되어 별도로 보관하는 기록 또는 문서는 그 자체를 송부합니다(민사소송 등에서의 전자문서 이용 등에 관한 규칙 제40조 제1항 및 제20조 제1항).

2-6. 소송기록 접수의 통지

상고법원의 법원사무관등은 항소심 법원의 법원사무관등으로부터 소송기록을 받은 때에 바로 그 사유를 당사자에게 통지해야 합니다(민사소송법 제426조).

2-7. 상고심 재판장의 상고장 심사

다음의 경우 상고심 재판장은 상고인에게 상당한 기간을 정해 그 기간 이내에 흠을 보정하도록 명해야 합니다(민사소송법 제402조 제1항, 제397조 제2항 및 제399조 제1항, 제425조).

- 상고장에 ① 당사자와 법정대리인, ② 제2심 판결의 표시와 그 판결에 대한 상고의 취지가 제대로 기재되어 있지 않았거나 상고장에 법률의 규정에 따른 인지를 붙이지 않았음에도 항고심 재판장이 보정명령을 하지 않은 경우
- 피상고인에게 상고장의 부본을 송달할 수 없는 경우

2-8. 상고심 재판장의 각하명령

① 다음의 경우 상고심 재판장은 명령으로 상고장을 각하합니다(민사소송법 제402조 제2항, 제399조 제2항 및 제425조).
- 보정기간 내에 보정을 하지 않은 경우
- 상고기간을 넘겨 상고를 제기한 것이 확실함에도 항고심 재판장이 상고장을 각하하지 않은 경우

② 상고심 재판장의 상고각하명령에 대해서는 즉시항고를 할 수 있습니다(「민사소송법」 제402조제3항 및 제425조).

3. 상고이유서 제출 및 송달

3-1. 상고이유서의 제출

상고장에 상고이유를 적지 않은 경우 상고인은 소송기록 접수의 통지를 받은 날부터 20일 이내에 상고이유서를 제출해야 합니다(민사소송법 제427조).

3-2. 송달

① 상고이유서를 제출받은 상고법원은 바로 그 부본이나 등본을 상대방에게 송달해야 합니다(민사소송법 제428조 제1항).

② 상대방은 상고이유서의 부본이나 등본을 송달받은 날부터 10일 이내에 답변서를 제출할 수 있습니다(민사소송법 제428조 제2항).

③ 상고법원은 상대방이 제출한 답변서의 부본이나 등본을 상고인에게 송달해야 합니다(민사소송법 제428조 제3항).

3-3. 상고심의 심리

① 상고법원은 상고장·상고이유서·답변서, 그 밖의 소송기록에 따라 변론 없이 판결할 수 있습니다(민사소송법 제430조 제1항).

② 상고법원은 소송관계를 분명하게 하기 위해 필요한 경우 특정한 사항에 관해 변론을 열어 참고인의 진술을 들을 수 있습니다(민사소송법 제430조 제2항).

③ 상고법원은 상고이유에 따라 불복신청의 한도 안에서 심리합니다(민사소송법 제431조).

④ 상고심의 소송절차는 특별한 규정이 없으면 제1심 소송절차에 준해 진행됩니다(민사소송법 제408조 및 제425조).

4. 상고심 종결

4-1. 상고각하

부적법한 상고로서 흠을 보정할 수 없으면 변론 없이 판결로 상고는 각하됩니다(민사소송법 제413조 및 제425조).

4-2. 상고기각

① 상고심 법원이 다음과 같이 판단하면 상고는 기각됩니다(민사소송법 제414조 및 제425조).
- 제2심 판결을 정당하다고 인정한 경우
- 제2심 판결의 이유가 정당하지 않더라도 다른 이유에 따라 그 판결이 정당하다고 인정되는 경우

② 상고이유서를 제출하지 않은 경우
- 상고인이 기한 내에 상고이유서를 제출하지 않은 경우 상고법원은 변론 없이 판결로 상고를 기각합니다(민사소송법 제429조 본문).
- 다만, 직권으로 조사해야 할 사유가 있는 경우에는 그렇지 않습니다(민사소송법 제429조 단서).

③ 심리불속행

　대법원은 상고이유에 관한 주장이 다음 중 어느 하나의 사유를 포함하지 않으면 심리를 하지 않고 판결로 상고를 기각합니다(상고심절차에 관한 특례법 제4조 제1항 및 민사소송법 제424조 제1항).

1. 원심판결이 헌법에 위반되거나, 헌법을 부당하게 해석한 경우
2. 원심판결이 명령·규칙 또는 처분의 법률위반 여부에 대해 부당하게 판단한 경우
3. 원심판결이 법률·명령·규칙 또는 처분에 대해 대법원 판례와 상반되게 해석한 경우
4. 법률·명령·규칙 또는 처분에 대한 해석에 관해 대법원 판례가 없거나 대법원 판례를 변경할 필요가 있는 경우
5. 위 1.부터 4.까지 외에 중대한 법령위반에 관한 사항이 있는 경우
6. 법률에 따라 판결법원을 구성하지 않은 경우
7. 법률에 따라 판결에 관여할 수 없는 판사가 판결에 관여한 경우
8. 전속관할에 관한 규정에 어긋난 경우
9. 법정대리권·소송대리권 또는 대리인의 소송행위에 대한 특별한 권한의 수여에 흠이 있는 경우
10. 변론을 공개하는 규정에 어긋난 경우

④ 대법원은 상고이유에 관한 주장이 위의 사유(가압류 및 가처분에 관한 판결의 경우에는 위 1.부터 3.까지의 사유)를 포함하는 경우에도 다음의 어느 하나에 해당하는 경우에는 심리를 하지 않고 판결로 상고를 기각합니다(상고심절차에 관한 특례법 제4조 제3항 및 제1항).

　- 그 주장 자체로 보아 이유가 없는 경우
　- 원심판결과 관계가 없거나 원심판결에 영향을 미치지 않는 경우

⑤ 상고인용

파기환송 또는 이송

　- 상고법원은 상고에 정당한 이유가 있다고 인정할 경우 원심판결을 파기하고 사건을 원심법원에 환송하거나, 동등한 다른 법원에 이송합니다(민사소송법 제436조 제1항).
　- 사건을 환송받거나 이송받은 법원은 다시 변론을 거쳐 재판을 해야 합니다. 이 경우 사건을 환송받거나 이송받은 법원은 상고법원이 파기의 이유로 삼은 사실상 및 법률상 판단에 기속됩니다(민사소송법 제436조 제2항).

- 원심판결에 관여한 판사는 환송받거나 이송되어 이루어지는 재판에 관여하지 못합니다(민사소송법 제436조 제3항).
⑥ 파기자판
- 다음의 경우 상고법원은 사건을 파기환송 또는 이송을 시키지 않고 상고법원 스스로 종국판결을 할 수 있습니다(민사소송법 제437조).
가. 확정된 사실에 대해 법령적용이 어긋난다 하여 판결을 파기할 때 이미 제1, 2심을 통해 충분히 판결이 이루어져 그 사실을 바탕으로 재판하기 충분한 경우
나. 사건이 법원의 권한에 속하지 않아 판결을 파기하는 경우

5. 상고에 대한 대법원판례

① 재판이 상소인에게 불이익한 것인지 판단하는 기준

상소는 자기에게 불이익한 재판에 대하여서만 제기할 수 있는 것이고, 재판이 상소인에게 불이익한 것인지의 여부는 재판의 주문을 표준으로 하여 상소제기 당시를 기준으로 판단되어야 할 것인데(대법원 1995. 12. 26. 선고 95누10587 판결 등 참조), 원심에서 원고가 2017. 8. 31. 자 해고의 무효확인을 구하는 이 사건 소를 각하하는 피고 승소판결을 선고하였음이 기록상 분명하므로, 피고는 원심판결에 대하여 상고를 제기할 아무런 이익이 없다[2021. 12. 30., 선고, 2019다282494, 판결].

② 전부 승소한 판결에 대하여 판결의 이유에 불만이 있다는 이유로 제기한 상고에 상고의 이익이 있는지 여부(원칙적 소극)

상소는 자기에게 불이익한 재판에 대하여 자기에게 유리하도록 그 취소·변경을 구하는 것이므로 전부 승소한 원심판결에 대한 상고는 상고를 제기할 이익이 없어 허용될 수 없고, 이 경우 비록 그 판결의 이유에 불만이 있더라도 특별한 사정이 없는 한 상고의 이익이 없다(대법원 2009. 7. 23. 선고 2008후2770 판결 등 참조). 위 법리와 기록에 비추어 보면, 원심은 이 사건 심결의 취소를 구하는 원고의 청구를 그대로 인용하였는데, 원고는 그 판결이유에 제시된 원심 판시 기간 2(55일) 부분의 판단을 다투면서 상고를 제기하고 있음을 알 수 있고, 이 부분 판단에 대하여는 취소판결의 기속력이 발생하는 것도 아니다(대법원 2021. 1. 14. 선고 2017후1830 판결 등 참조). 따라서 전부 승소한 원고로서는 원심의 판결이유에 불만이 있다 하더라도 상고를 제기할 이익이 없다[2021. 10. 28., 선고, 2020후11752, 판결].

③ 전부 승소한 판결에 대한 상고의 허용 여부(소극)

상소는 자기에게 불리한 재판에 대하여 유리하게 취소·변경을 구하는 것이므로 전부 승소한 판결에 대한 상고는 상고를 제기할 대상이나 이익이 없어 허용되지 않는다(대법원 2002. 6. 14. 선고 99다61378 판결 등 참조).

기록에 따르면, 제1심은 선정자 2의 소외 1, 소외 2(제1심과 원심의 피고들이다)에 대한 채권양도 통지의 이행 청구를 전부 인용하였고, 원심은 소외 1, 소외 2의 항소를 모두 기각하였음을 알 수 있다. 선정자 2에 관한 상고는 전부 승소한 판결에 대한 것으로 상고를 제기할 대상이나 이익이 없어 부적법하다[2019. 7. 11., 선고, 2015다47389, 판결].

④ 주장이 배척될 것임이 분명한 경우, 판단누락의 잘못이 있다고 할 수 있는지 여부(소극)

법원의 판결에 당사자가 주장한 사항에 대한 구체적·직접적인 판단이 표시되어 있지 않더라도 판결 이유의 전반적인 취지에 비추어 그 주장을 인용하거나 배척하였음을 알 수 있는 정도라면 판단누락이라고 할 수 없다. 설령 판결에서 실제로 판단을 하지 않았더라도 그 주장이 배척될 것이 분명하다면 판결 결과에 영향이 없어 판단누락의 잘못이 있다고 할 수 없다[2022. 11. 30., 선고, 2021다287171, 판결].

⑤ 민사소송법 제424조 제1항 제4호를 유추적용하여 절대적 상고이유가 있다고 보아야 하는지 여부(적극)

피고는 책임질 수 없는 사유로 불변기간인 상고기간을 지킬 수 없었고, 위에서 보았듯이 원심판결이 선고된 사실을 알게 된 때부터 2주일 이내에 상고를 추완하여 제기하였으므로 피고의 이 사건 상고는 적법하다. 나아가 피고는 자신의 주장에 부합하는 증거를 제출할 기회를 상실함으로써 당사자로서 절차상 부여된 권리를 침해당하였으므로 원심판결에는 민사소송법 제424조 제1항 제4호에서 정한 절대적 상고이유가 있다. 이를 지적하는 상고이유 주장은 정당하다[2021. 9. 16., 선고, 2021므13217, 판결].

⑥ 상고이유서에 원심판결의 법령 위반에 관하여 구체적이고 명시적인 이유를 기재하지 않은 경우, 상고이유서를 제출하지 않은 것으로 취급되는지 여부(적극)

상고심법원은 상고이유로 불복신청한 한도에서만 조사·판단할 수 있으므로, 상고

이유서에는 상고이유를 특정하여 원심판결의 어떤 부분이 법령에 어떻게 위반되었는지에 관하여 구체적이고 명시적인 이유를 기재하여야 한다. 상고인이 제출한 상고이유서에 위와 같은 구체적이고 명시적인 이유를 기재하지 않은 때에는 상고이유서를 제출하지 않은 것으로 취급할 수밖에 없다*(대법원 1998.3. 27. 선고 97다55126 판결, 대법원 2008.1.24. 선고 2007두23187 판결 등 참조).*

원고 27이 제출한 상고장에는 상고이유의 기재가 없고, 이후 제출한 상고이유서에는 위 원고가 청구하지 않은 2012. 1. 19. 이후의 CCTV 수당의 통상임금성을 다투는 취지의 주장만 기재되어 있을 뿐이며, 위 원고에 대한 원심판결의 어떤 부분이 법령에 어떻게 위반되었는지를 기재하지 않았다.

앞서 본 법리에 비추어 보면, 이와 같은 상고장과 상고이유서는 상고이유를 특정하여 원심판결 중 어떤 부분이 법령에 어떻게 위반되었는지에 관하여 구체적이고 명시적인 이유를 밝히지 않은 것으로 적법한 상고이유를 기재한 것으로 보기 어렵다*[2020. 4. 29., 선고, 2016다7647, 판결].*

⑦ **주위적 청구를 배척하면서 예비적 청구에 대하여 판단하지 않은 경우, 상소가 제기되면 판단이 누락된 예비적 청구 부분도 상소심으로 이심이 되는지 여부(적극)**

예비적 병합의 경우에는 수 개의 청구가 하나의 소송절차에 불가분적으로 결합되어 있기 때문에 주위적 청구를 먼저 판단하지 않고 예비적 청구만을 인용하거나 주위적 청구만을 배척하고 예비적 청구에 대하여 판단하지 않는 등의 일부판결은 예비적 병합의 성질에 반하는 것으로서 법률상 허용되지 않는다. 그런데도 주위적 청구를 배척하면서 예비적 청구에 대하여 판단하지 않은 판결을 한 경우에는 그 판결에 대한 상소가 제기되면 판단이 누락된 예비적 청구 부분도 상소심으로 이심이 되고 그 부분이 재판의 누락에 해당하여 원심에 계속 중이라고 볼 것은 아니다. 이러한 법리는 부진정 예비적 병합의 경우에도 달리 볼 이유가 없다*[2021. 5. 7., 선고, 2020다292411, 판결].*

6. 상고에 대한 서식

[서식 ①] 상고장(상고이유서 추후 제출 – 손해배상(자)청구사건)

상 고 장

원고(상고인) 1. ○○○
2. ◎◎◎
3. ◉◉◉
원고들 주소 ○○시 ○○구 ○○길 ○○(우편번호 ○○○○○)
전화.휴대폰번호:
팩스번호, 전자우편(e-mail)주소:

피고(피상고인) 1. ◇◇◇
○○시 ○○구 ○○길 ○○(우편번호 ○○○○○)
전화.휴대폰번호:
팩스번호, 전자우편(e-mail)주소:

2. ◆◆상운주식회사
○○시 ○○구 ○○길 ○○(우편번호 ○○○○○)
대표이사 ◆◆◆
전화.휴대폰번호:
팩스번호, 전자우편(e-mail)주소:

3. ◈◈택시운송사업조합연합회
○○시 ○○구 ○○길 ○○(우편번호 ○○○○○)
대표자 회장 ◈◈◈
전화.휴대폰번호:
팩스번호, 전자우편(e-mail)주소:

손해배상(자)청구의 상고

위 당사자간 ○○지방법원 20○○나○○○ 손해배상(자)청구사건에 관하여 원고들은 20○○. ○. ○. 선고한 판결에 대하여 불복이므로 상고를 제기합니다.

제2심판결의 표시

1. 원고들의 항소를 기각한다.
2. 항소비용은 원고들의 부담으로 한다.
   (위 판결정본을 20○○. ○. ○○. 수령하였습니다.)

불복정도 및 상고범위

원고들은 원심판결에 관하여 전부 불복입니다.

상 고 취 지

원심판결을 파기하고 이 사건을 ○○지방법원으로 환송한다.
라는 판결을 구합니다.

상 고 이 유

추후 제출하겠습니다.

첨 부 서 류

1. 상고장부본   1통
1. 송달료납부서   1통

20○○.   ○○.   ○○.

위 상고인(원고) 1. ○○○ (서명 또는 날인)
2. ◎◎◎ (서명 또는 날인)
3. ◉◉◉ (서명 또는 날인)

대법원 귀중

상 고 장

상고인(원고)   ○○○
　　　　　　　○○시 ○○구 ○○길 ○○(우편번호 ○○○○○)
　　　　　　　전화.휴대폰번호:
　　　　　　　팩스번호, 전자우편(e-mail)주소:
피상고인(피고) ◇◇◇
　　　　　　　○○시 ○○구 ○○길 ○○(우편번호 ○○○○○)
　　　　　　　전화.휴대폰번호:
　　　　　　　팩스번호, 전자우편(e-mail)주소:

소유권이전등기청구의 상고

　　위 당사자간 ○○고등법원 20○○나○○○○ 소유권이전등기청구사건에 관하여 같은 법원에서 20○○. ○○. ○. 판결선고 하였는바, 원고는 위 판결에 모두 불복하고 다음과 같이 상고를 제기합니다.

항소심판결의 표시

주문 : 원고의 항소를 기각한다.
　　　　항소비용은 원고의 부담으로 한다.
* 원고는 위 판결정본을 20○○. ○○. ○○. 송달 받았습니다.

불복의 정도 및 상고를 하는 취지의 진술

　원고는 위 판결에 모두 불복하고 상고를 제기합니다.

상 고 취 지

1. 원심판결을 취소한다.
2. 주위적으로, 피고는 원고에게 별지목록 기재 각 부동산에 관하여 20○○. ○. ○. 취득시효완성을 원인으로 한 소유권이전등기절차를 이행하라.
　　예비적으로, 피고는 원고에게 별지목록 기재 각 부동산에 관하여 이 사건 변론종결일 취득시효완성을 원인으로 한 소유권이전등기절차를 이행하라.

3. 소송비용은 제1, 2, 3심 모두 피고의 부담으로 한다.

라는 재판을 구합니다.

상 고 이 유

1. 법령위반 (이유불비)

원고는 이 사건 소로써 원고의 시아버지 소외 망 ◉◉◉가 1946. 일자 불상경 소외 망 ◉◉◉로부터 이 사건 토지를 매수하여 소유의 의사로 평온, 공연하게 점유하기 시작하였고, 원고의 남편 소외 망 ◎◎◎가 소외 망 ◉◉◉의 점유를, 원고가 소외 망 ◎◎◎의 점유를 각 승계 하여 이 사건 토지를 20여년간 점유하였으므로 취득시효완성을 원인으로 한 소유권이전등기절차이행을 소외 망 ◉◉◉의 상속인 피고에게 구하고 있습니다.

원고는 이 사건 제1심 소송절차에서 증거서류일체(갑 제1호증부터 갑 제8호증까지)를 제출하고 증인 ◐◐◐, ◐◐◐의 증인신문을 마쳤고 이 사건 제2심 소송절차에서는 증인 ■■■의 증인신문을 하였습니다.

그런데 이 사건 제2심 판결은 증인 ■■■의 증언을 인용증거로서 거시하지도 아니하고 배척증거로서 거시하지도 아니하여 아무런 판단을 하지 아니하고 있습니다. 이는 이 사건 제2심 판결이 증인 ■■■의 증언을 간과한 것으로 보여집니다.

증인 ■■■는 원고의 집 바로 뒷집에서 1946년경부터 현재까지 농사를 지으면서 거주하였으며 소외 망 ◎◎◎과 형님 아우하면서 절친하게 지내오던 사이였습니다. 증인 ■■■는 소외 망 ◎◎◎의 생전에 그로부터 소외 망 ◎◎◎가 이 사건 토지를 매수하였다는 말을 여러 번 들었고 원고의 집안에서 타인에게 이 사건 토지의 사용료를 지급하지 아니하였다는 취지의 증언을 하였습니다.

따라서 증인 ■■■의 증언은 원고의 주장을 뒷받침하는 유력한 증거임에도 제2심 판결이 이에 관한 아무런 판단을 하지 아니한 것은 이유불비로서 중대한 법령위반에 해당한다 할 것입니다.

2. 채증법칙위배

제2심 판결은 피고측 증인 ◐◐◐, ◐◐◐의 각 증언 등에 의하여 "이 사건 부동산의 소유자로서 서울에 살고 있던 소외 망 ◉◉◉는 ○○군 일대에 이 사건 부동산이외에도 상당히 많은 토지를 소유하고 있었던 터라 김포에 살고 있던 친척인 소외 망 ◆◆◆, 망 ◆◆◆에게 ○○군 일대 토지의 관리를 맡겼고, 이에 따라 소외 망 ◆◆◆가 1970년대 초반까지 원고의 집에 와서 이 사건 부동산에 관한 임료를 받아 소외 망 ◉◉◉에게 전달하였는데, 소외 망 ◉◉◉이 질병으로 병원에 여러 차례 입원하고(1975년 사망), 소외 망 ◆◆◆의 기력도 쇠하여지자(1979년 사망) 점차 이 사건 부동산에 관한 임료를 받지 못하게 되었다."는 사실 인정하에 이 사건 부동산에 관한 점유는 그 시초에 타주점유라고 할 것이므로 자주점유임을 전제로 한 원고의 점유취득시효주장은 이유없다고 판시하고 있습니다.

그러나 원고의 점유는 자주점유로서 추정되는 것인바, 과연 피고측에서 그 추정을 깨뜨릴만한 입증을 하였는지에 관하여는 의문스럽다 할 것입니다.

(1) 증인 ◐◑◐의 증언에 관하여

먼저, 증인 ◐◑◐는 2년 전 피고로부터 들어서야 이 사건 토지에 관하여 알게 되었다고 진술하고 있으므로 그 증언내용은 피고 자신의 진술 이상의 증거가치가 있다고 하기 어렵다고 할 것입니다.

(2) 증인 ◐◐◐의 증언에 관하여

다음으로, 증인 ◐◐◐는 자신의 아버지 소외 망 ◆◆◆가 피고의 아버지 소외 망 ◉◉◉ 소유인 이 사건 토지를 포함한 ○○군 일대의 토지를 관리하는 일을 맡아 하였던 관계로 소외 망 ◆◆◆로부터 들어서 소외 망 ◆◆◆이 1970년대 초반까지 이 사건 토지의 사용료를 받았다는 사실을 알고 있다고 증언하였습니다. 그러나 증인 ◐◐◐의 증언내용을 정사하여 볼 때 그 신빙성은 희박하다 할 것입니다.

증인 ◐◐◐의 증언에 의하면 소외 망 ◆◆◆은 ○○군 일대에 100여만평의 토지를 소유하던 지주였다고 합니다. 그리고 증인 ◐◐◐의 증언에 의하면 소외 망 ◆◆◆는 소외 망 ◆◆◆, 소외 망 ◆◆◆로 하여금 ○○군 일대의 토지를 관리하도록 맡기고 그 사용료를 받아왔다고 합니다. 그렇다면 소외 망 ◆◆◆가 관리한 토지가 아무리 적다 하여도 수십만평에 이를 것으로 보여집니다.

이 사건 토지는 2필지로서 합계 182평에 불과합니다. 그런데 증인 ◐◐◐는 소외 망 ◆◆◆의 아들로서 그로부터 전해 들어서 소외 망 ◆◆◆가 이 사건 토지의 사용료를 받아 왔다고 증언하고 있습니다. 소외 망 ◆◆◆가 증인 ◐◐◐에게 수십만평에 이르는 토지 가운데 얼마 되지 아니하는 이 사건 토지에 관하여 알려주었다는 것도 의문이거니와 증인 ◐◐◐는 소외 망 ◉◉◉의 토지를 관리한 바도 없음에도 얼마 안 되는 이 사건 토지에 관하여 기억하고 있다는 것도 쉽사리 납득하기 어렵다 할 것입니다.

더욱이 피고측은 증인 ◐◑◐에 대한 증인신문에 있어서는 소외 망 ◆◆◆가 이 사건 토지를 관리하여 왔다는 내용의 신문을 전혀 하지 아니하였습니다. 이는 소외 망 ◆◆◆가에 관한 주장이 증인 ◐◐◐의 증언에 이르러 급조된 것이 아닌가 하는 의심도 품게 하고 있습니다.

원고는 증인 ◐◐◐의 증언의 소외 망 ◉◉◉에 관한 위와 같은 주장을 이미 제

2심 소송절차에서 하였습니다. 그런데 피고는 이에 대하여 제2심의 마지막 준비서면에서 증인 ◑◑◑가 이 사건 토지를 포함한 여러 필지의 토지를 관리하고 그 사용료를 받아 소외 망 ◉◉◉에게 전달하여 이 사건 토지에 관하여 잘 알고 있다는 취지의 주장을 하고 있는바, 이는 증인 ◑◑◑에 대한 반대신문 3의 가항 "증인이 이 사건 토지를 관리한 것은 아니다."라는 증언과 정면으로 배치되어 증인 ◑◑◑의 증언의 신빙성에 대한 의구심을 더욱 짙게 하고 있습니다. 따라서 신빙성이 희박한 증인 ◑◑◑의 증언에 의한 사실인정하에 판시된 이 사건 제2심 판결은 채증법칙위배에 해당된다 할 것입니다.

첨 부 서 류

1. 상고장부본   1통
1. 송달료납부서   1통

20○○.   ○○.   ○○.
위 상고인(원고) ○○○ (서명 또는 날인)

대법원   귀중

상 고 이 유 서

사 건 20○○다○○○ 부당이득금반환
원 고(상 고 인)   ○○○
피 고(피상고인)   ◇◇◇

　　위 사건에 관하여 원고(상고인)는 아래와 같이 상고이유서를 제출합니다.

- 아　래 -

1. 상고이유 제1점

　원심판결에는 주택임대차보호법상 우선변제권이 있는 임차인이 배당요구는 하였으나 배당기일에 불참하는 바람에 배당이의를 하지 못한 경우 부당이득반환청구권의 존부에 관하여 대법원 판례에 상반되는 판단을 함으로써 판결에 영향을 미친 잘못이 있습니다.

　가. 원심은 "이 사건 청구원인으로, 원고는 소외 ◇◇◇로부터 그 소유의 이 사건 주택 중 2층 방 1칸을 임대차보증금 19,000,000원을 전액 지급하고 임차한 뒤 이주하여 주민등록전입신고까지 마친 주택임대차보호법 제8조, 같은 법 시행령 제4조 소정의 우선변제권이 있는 소액임차인이나, 위 현황조사 당시 신혼여행 중이어서 그 조사에 제대로 응하지 못한 바람에 위 임대차보증금에 관하여 배당요구를 하였음에도 경매법원으로부터 소액임차인으로서의 지위를 인정받지 못하였다고 주장하면서, 피고에 대하여 원고가 배당 받아야 할 같은 법 시행령 제3조 소정의 금 12,000,000원 중 금 6,005,133원을 부당이득으로 원고에게 반환할 것을 구한다. 살피건대 앞서 본 바와 같이 원고는 위 경매절차에서 위 임대차보증금에 관하여 배당요구를 하여 적법한 소환을 받고도 그 배당기일에 불출석함으로써 배당에 관한 이의를 하지 아니하였는바, 배당요구 채권자에게는 배당표의 확정에 관한 처분권한이 인정되고, 배당절차에서 자신의 이해관계를 주장하고 나아가 배당이의 및 배당이의 소송을 통해 권리를 구제할 수 있는 기회가 보장되어 있으며, 적법한 소환을 받고도 배당기일에 출석하지 아니한 배당요구 채권자는 배당표의 실시에 동의한 것으로 간주되므로, 확정된 배당표에 의하여 배당이 실시된 이상 이를 법률상 원인이 없는 부당이득이라고 볼 수 없다 할 것이다"라고 하고 있습니다.

　나. 그러나 이와 관련한 대법원 판례를 보면,

대법원 1997. 2. 14. 선고 96다51585 판결은 "확정된 배당표에 의하여 배당을 실시하는 경우 실체법상의 권리를 확정하는 것이 아니므로 배당을 받아야 할 자가 배당을 받지 못하고 배당을 받지 못할 자가 배당을 받은 경우에는 배당을 받지 못한 우선채권자는 배당을 받은 자에 대하여 부당이득반환청구권이 있다고 함이 당원의 확립된 견해이다."라고 하고 있고, 1996. 12 .20. 선고 95다28304 판결도 같은 취지의 판결입니다.

더욱이 대법원 1988. 11. 8. 선고 86다카2949 판결에서는 임금 및 퇴직금채권자로서 배당기일에 이의가 없다고 진술까지 한 경우에도 부당이득반환청구권을 인정하고 있습니다.

다. 따라서 원심 판결은 위와 같이 배당요구는 하였으나 배당이의를 하지 못한 주택임대차보호법상 우선채권자의 부당이득반환청구에 관한 법리를 오해하여 대법원판례와 상반되는 판단을 함으로써 판결에 영향을 미친 잘못이 있으므로 파기됨이 마땅합니다.

2. 상고이유 제2점

원심 판결은 채증법칙 위배로 인한 사실 오인과 심리미진의 잘못으로 판결에 영향을 미친 잘못이 있습니다.

가. 원심은 "원고가 19○○ .6. 19. 이 사건 주택의 소재지인 ○○시 ○○구 ○○길 ○○에 주민등록전입신고를 마친 사실은 앞서 인정한 바와 같으나, 피고가 소외 ◈◈◈로부터 위 임차하였다는 원고의 주장사실에 부합하는 갑 제1호증(전세계약서), 갑 제2호증(임대차보증금 영수증), 갑 제6호증(원고와 소외 ◈◈◈ 사이의 임대차보증금에 관한 조정결정), 갑 제7호증(인근주민들의 거주확인서)의 각 기재는, 위 현황 조사당시 소외 ◈◈◈의 처 소외 ◎◎◎ 등이 원고가 소외 ◈◈◈와 임대차계약을 체결한 것은 아니라고 진술하고 있는 점, 원고가 당심에 이르기까지 위 현황조사 당시 실제로 신혼여행을 가는 바람에 위 임차목적물에 부재중이었음을 인정할 만한 증거를 제출하지 못하고 있는 점, 원고가 위 경매절차에서 이 사건 주택의 임차인이라고 주장하면서 위 임대차보증금에 관하여 배당요구를 하였음에도 적법한 소환을 받은 뒤 정작 그 배당기일에는 출석하지 않음으로써 정당한 임차인이었다면 마땅히 행사하였을 배당이의 등에 관한 권리를 전혀 행사하지 아니한 점 등에 비추어 선뜻 믿기 어렵고, 달리 이를 인정할 증거가 없으므로 원고의 주장은 어느 모로 보나 이유 없다."라고 하고 있습니다.

나. 그러나 원고는 이 사건 임차목적물의 임대인인 소외 ◈◈◈와 아무런 친인척관계가 없는 사이입니다. 그리고 원고는 이 사건 임대차보증금에 관하여 소외 ◈◈◈를 상대로 소송을 제기하여 조정에 갈음하는 결정을 받은 증거(갑 제6호증), 19○○. 6. 10. 이 사건 임대차계약을 체결하고 같은 달 14일 입주한 뒤

같은 달 19일 주민등록전입신고를 마치고 계속 이 사건 임차목적물에 거주한 사실을 입증하는 증거 (갑 제3호증의 1, 2(주민등록등본 및 등본주소변경)와 같이 원고의 주장사실을 입증하는 객관적으로 명백한 증거가 있습니다.

그 뿐만 아니라 원고와 결코 이해관계를 같이 한다고 볼 수 없는 이 사건 임차목적물(다가구 주택임)의 세입자 10가구 중 5가구의 사실확인서(갑 제7호증)도 증거로 제출한 바 있습니다. 위 확인서의 서명날인한 사람 중 ■■■는 갑 제5호증(배당표)에 기재된 바와 같이 이 사건 배당절차에서 배당을 받은 임차인으로서 원고와의 이해관계를 고려해볼 때 허위로 원고를 임차인이라고 사실확인을 해줄 사람이 결코 아닙니다.

다. 원고는 위 증거 외에도 증인 등 추가 입증방법이 있었음에도 불구하고 제1심 소송절차에서 위와 같은 증거만으로도 충분하고 추가 입증의 필요성은 없다고 하여 더 이상 입증을 하지 않았습니다.

그리고 제1심에서 원고가 승소한 뒤 제1심 공동피고 ◆◆◆는 항소를 포기하고 피고(◇◇◇)만 항소를 제기하였는데, 피고는 항소를 제기한 뒤 항소이유서를 제출하지 않아 재판이 계속 공전되었습니다. 그러는 동안 피고는 재판외에서 원고에게 피고 ◆◆◆가 허위채권으로 이 사건 법원 배당금을 받아 갔으니 원고는 물론 피고 자신도 피해자라고 할 수 있다며 위 피고 ◆◆◆로부터 돈을 받아 낼 수 있도록 공동으로 노력하자는 등의 제의를 하였으며, 피고가 뒤늦게 항소심 법원에 제출한 항소이유서에서도 원고가 적법한 임차인이 아니라는 취지로 다투는 내용도 없었고 항소취지도 명확하지 않았을 뿐만 아니라 아무런 추가 입증도 하지 않았으므로 피고가 항소이유서를 진술한 당일 재판이 결심되었던 것입니다.

당시 원고 입장에서는 항소인인 피고가 추가 입증이나 주장은커녕 항소이유조차 명확히 밝히지 못하였고 법원에서도 원고에게 적법한 임차인인 사실에 대한 추가 입증을 촉구하거나 이에 대해 언급한 사실도 없었기 때문에 결심에 이의가 없었던 것입니다.

라. 원심은 판결이유에서 원고가 경매법원의 조사기간 중 신혼여행을 가는 바람에 이 사건 임차목적물에 부재중이었음을 인정할 만한 증거를 제출하지 못하고 있는 점이나 배당기일에 출석하지 않은 사실 등을 문제삼고 있으나 원고는 당시 신혼여행을 간 사실을 입증하지 못한 것이 아니라 다른 증거에 의하여 임차인인 사실이 명백하게 입증되므로 굳이 신혼여행 간 사실에 대한 증거까지 제출할 필요성을 느끼지 못해 입증을 하지 않았던 것이고, 배당기일에 불출석한 것은 당시 원고가 직장에 급한 사정이 생겨 부득이 배당기일에 불출석한 것으로서 원고로서는 자신이 배당에서 누락될 것을 예상하지 못했기 때문에 자신이 불참하더라도 법원에서 잘 알아서 배당해줄 것으로 믿고 있었습니다. 또한 적

법한 임차인이라 하더라도 부득이한 사유로 배당기일에 불참하는 사례는 종종 있으므로 배당기일에 불참하였다고 적법한 임차인이 아니라고 보는 경험칙은 없다 할 것입니다.

마. 위와 같이 원심 판결은 채증법칙 위반 및 심리미진으로 인한 사실오인의 잘못이 있다 할 것인 바, 원심은 상고이유 제1점과 같은 법리 오해의 관점을 전제로 하였기 때문에 위와 같은 심리미진 등의 잘못을 범한 것으로 보이므로 위 채증법칙위반 및 심리미진의 잘못도 위 법리오해의 잘못과 연계하여 상고이유로 채택됨이 마땅하다 사료됩니다.

3. 이상의 이유로 상고하였으니 상고이유를 면밀히 검토하시어 원심판결을 파기하여 주시기 바랍니다.

 첨부 : 대법원 판례 3부

20○○.   ○○.   ○○.
위 원고(상고인) ○○○ (서명 또는 날인)

대법원 제○부(○) 귀중

상 고 이 유 서

사 건 20○○다○○○ 손해배상(자)
원 고(상 고 인) ○○○ 외2
피 고(피상고인) ◇◇◇ 외2

    위 사건에 관하여 원고(상고인)는 아래와 같이 상고이유서를 제출합니다.

- 아　　　　래 -

1. 상고이유 제1점
  원심은 자동차손해배상보장법에 의한 자동차손해배상책임에 있어 면책사유에 관한 입증책임의 법리를 오해한 위법이 있습니다.
 가. 자동차손해배상보장법 제3조에 의하면 자기를 위하여 자동차를 운행하는 자는 그 운행으로 인하여 다른 사람을 사망하게 하거나 부상하게 한 때에는 그 손해를 배상할 책임을 진다고 규정하면서 단서로서 다만, 승객이 아닌 자가 사망하거나 부상한 경우에 있어서 자기와 운전자가 자동차의 운행에 관하여 주의를 게을리 하지 아니하고, 피해자 또는 자기 및 운전자 외의 제3자에게 고의 또는 과실이 있으며, 자동차의 구조상의 결함 또는 기능에 장해가 없었다는 것을 증명한 때에 한하여 면책되도록 규정하고 있습니다.
   따라서 이 사건 사고의 가해차량인 서울○○사○○○○호 택시의 소유자인 피고 ◇◇상운(주)는 자동차손해배상보장법상의 "자기를 위하여 자동차를 운행하는 자"로서 위 택시의 운행으로 인하여 원고 ○○○을 부상하게 하였으므로 위 법 제3조에 의한 손해배상책임이 있다고 할 것이고 그 책임을 면하기 위해서는 위 법 제3조 단서의 면책조항에 해당하는 사유를 입증할 책임이 있다고 할 것이고 위 피고와 공제계약을 체결한 피고 ◆◆택시운송사업조합연합회에게도 같은 법리가 적용된다 할 것입니다.
 나. 그러나 원심판결은 "원고들은 먼저, 이 사건 교통사고는 피고 ◇◇◇가 위 3거리 교차로에서 정지신호를 무시한 채 좌회전한 과실로 인하여 발생하게 된 것이라고 주장하나, 이에 부합하는 갑 제6호증의 1, 갑 제7, 11호증의 각 기재는 갑 제6호증의 2, 3, 갑 제8, 9, 12호증의 각 기재에 비추어 믿지 아니하고 달리 이를 인정할 증거가 없어 위 주장은 이유 없다."는 이유로 원고들의 주장을 배척하였습니다.

따라서 원심은 원고들이 자동차손해배상보장법상의 손해배상책임을 묻고 있는 피고 ◈◈상운(주)와 피고 ◆◆택시운송사업조합연합회에 대해서도 원고들에게 피고 ◇◇◇의 과실에 관한 입증책임이 있음을 전제로 하여 원고들이 그 입증을 다하지 못하였다는 취지로 판시한 것이므로 자동차손해배상보장법상 자동차 운행자의 손해배상책임에 관한 입증책임의 법리를 오해한 위법이 있고, 이는 판결결과에 영향을 미쳤음이 분명하다 할 것입니다.

2. 상고이유 제2점

  원심판결은 채증법칙을 위배하여 사실을 오인한 위법이 있습니다.

가. 원심은 원고들의 예비적 주장에 대하여 판단하면서 갑 제6호증의 2, 3, 갑 제8, 9, 12호증의 각 기재에 변론의 전취지를 종합하여 "이 사건 교통사고 당시는 위 교차로의 신호체계상 ○○로타리 방면에서 ○○교 및 ○○대학교 방면으로 직진 및 좌회전신호가 진행 중이다가 ○○대학교 방면에서 ○○교 방면으로 좌회전 신호가 시작되는 시점으로서 위 시내버스(원고 ○○○의 오토바이와 약 3-4m 간격으로 선행하던 번호 불상 시내버스)는 그 진행방향의 신호가 계속하여 정지신호임에도 불구하고 이른 새벽으로 ○○대학교에로 좌회전하여 들어가는 차량이 없게 되자 그대로 직진하였고, 원고 ○○○ 역시 신호를 제대로 살피지 아니한 채 만연이 위 버스를 따라 그대로 위 교차로에 진입하였던 것으로 보여진다."라고 인정하여 이 사건 사고가 원고 ○○○의 전적인 신호위반으로 인하여 발생한 것으로 인정하였습니다.

나. 그러나

 (1) 원심이 채택한 증거를 보면 갑 제6호증의 2, 3은 피고 ◇◇◇에 대한 형사판결이고, 갑 제8, 12호증은 피고 ◇◇◇에 대한 수사기관의 피의자신문조서이며 갑 제9호증은 도로교통안전협회 사고 조사과에서 작성한 교통사고 종합 분석서입니다.

     그런데 갑 제8, 12호증은 피고 ◇◇◇의 일방적 진술을 기재한 조서이므로 객관성이 없고, 갑 제9호증은 그 결론이 목격자 ◑◑◑의 진술에 사고장소의 신호체계를 고려하면 피고 ◇◇◇의 택시가 신호위반 하였을 가능성이 높다는 것이므로 오히려 원고들 주장에 부합하는 증거라 할 것입니다.

     따라서 원심은 피고 ◇◇◇에 대한 형사확정판결을 주된 증거로 한 것으로 보이나, 위 형사판결은 원고 ○○○의 오토바이가 교차로에서 신호위반을 하였다는 명백한 증거를 기초로 한 판결이 아니라 피고 ◇◇◇가 교차로에서 신호위반을 하였다고 볼 신빙성 있는 증거가 없다는 이유로 무죄를 선고한 판결입니다.

     대법원 1996. 3. 8. 선고 95도3081 판결에 의하면 "형사재판에 있어서 공소된 범죄사실에 대한 거증책임은 검사에게 있는 것이고, 유죄의 인정은 법관으로 하여금 합리적인 의심을 할 여지가 없을 정도로 공소사실이 진실한 것이라는 확신을 가지게 하는 증명력을 가진 증거에 의하여야 하므로 그와 같은 증거가 없다면 설령 피고인에게 유죄의 의심이 간다고 하더라도 피고인의 이익으로 판단할 수밖에 없으며, 민사재판이었더라면 입증책임을 지게 되었을 피고인이 그 쟁점이 된 사항에 대하여 자신에게 유리한 입증을 하지 못하고 있다 하여 위와 같은 원칙이 달리 적용되는 것은 아니다."라고 한 바 있고 유사 판례가 다수 있습니다.

따라서 피고 ◇◇◇에 대한 형사판결은 위와 같은 판례의 입장에서 이루어진 것이므로 피고 ◇◇◇가 무죄판결을 받았다고 하여 그 무죄판결이 이 사건 교통사고가 원고 ○○○의 신호위반으로 인하여 발생한 사실에 대한 증거가 될 수는 없다 할 것입니다.

(2) 위와 같이 원심이 설시한 증거는 이 사건 교통사고가 원고 ○○○의 신호 위반으로 인하여 발생한 사실을 명백하고 객관적으로 밝혀 주는 증거라 할 수 없으며, 달리 원고 ○○○의 신호위반사실을 입증하는 증거도 없다 할 것입니다.

오히려 원고들 주장에 부합하는 명백한 증거로 사고 목격자 ●●●의 진술이 있고(갑 제11호증), 목격자 ●●●의 진술과 이 사건 사고장소의 신호체계를 고려하면 피고 ◇◇◇가 신호위반 하였을 가능성이 높다는 교통사고 종합 분석서(갑 제9호증)가 있습니다.

(3) 목격자 ●●●는 피고 ◇◇◇에 대한 항소심 형사재판에서 직접 증인으로 출석하여 동일한 진술을 한 사실이 있으며{갑 제6호증의 3(항소심 판결)} 원고들이 이 사건 민사 항소심 재판에서도 증인으로 신청하였으나 사고시로부터 오랜 기간이 지나 연락이 단절되는 바람에 절차를 밟지 못해 증인으로 출석시키지 못한 사실이 있습니다.

따라서 비록 목격자 ●●●가 민사재판에서는 증인으로 출석한 사실은 없다 하더라도 수사기관에서 진술하고 형사재판에 증인으로 출석한 사실이 있고 그 진술내용에 비추어 이 사건 교통사고의 가장 결정적인 증인이라 할 것임에도 원심판결은 물론 제1심 판결에서도 목격자 ●●●의 진술을 배척하는 합리적인 이유를 설시한 사실이 없습니다.

피고 ◇◇◇에 대한 형사판결에서는 목격자 ●●●가 원고 ○○○과 같은 공사현장에서 일하는 관계로 평소 잘 아는 사이인 데다가 같은 사고 목격자인 소외 ●●●가 자신이 사고현장에 처음 도착하였음에도 사고현장을 떠날 때까지 목격자 ●●●가 운전하여 온 오토바이를 보지 못하였다는 이유로 목격자 ●●●의 진술을 믿기 어렵다고 되어 있으나, 원고 ○○○ 및 목격자 ●●● 모두 공사판을 전전하며 일하는 일용노동자들이므로 같은 공사장에서

일을 한다고 하여 위증을 할 만큼 서로간에 끈끈한 친분관계는 없는 사이입니다.

그리고 갑 제10호증에 의하면 목격자 ●●◑는 당시 사고현장에 자신 외에 몇 명 더 있었다고 진술한 사실이 있고 갑 제8호증에 의하면 피고 ◇◇◇도 사고현장에 목격자 ●●◑와 자신을 포함하여 4명이 더 있었다고 진술한 사실이 있음에 비추어 볼 때 목격자 ●●◑가 사고현장에 있었을 가능성이 높다고 할 것이고, 사람이 택시에 받쳐 중상을 입고 쓰러져 있는 상황에서는 사람들이 그 부상자에 집중하기 마련이고 그 주변에 다른 사람이나 그 사람이 타고 온 오토바이까지 관심을 가지는 사람은 없으므로 소외 ●●◑가 목격자 ●●◑가 타고 온 오토바이를 현장에서 본 사실이 없다고 진술한다고 하여 그 자리에 목격자 ●●◑가 없었다고 보는 것은 무리한 추측입니다.

(4) 원심은 이 사건 사고 당시 원고 ○○○가 약 3-4m의 간격을 두고 버스를 뒤따라가는 상황이었으므로 버스에 가려 위 교차로상의 신호등을 보기 어려웠을 것이라고 하고 있어 그 사실을 전제로 주행방향 신호가 녹색등에서 황색등으로 교체되는 순간 교차로에 진입하였다는 원고의 주장이 신빙성이 없다고 본 것 같습니다.

그러나 원고 ○○○는 ○○교 방면에서 ○○로터리 방면으로 편도 3차로 중 3차로를 따라 시속 30㎞로 주행하다가 이 사건 사고장소인 교차로 부근 한양대학교 정문 횡단보도 바로 앞 도로변에 번호 불상의 택시가 정차하고 있어 2차로로 진로를 변경하여 횡단보도에 이르렀을 때 횡단보도 바로 위에 설치된 차량신호등이 황색으로 바뀌었으나 달리는 탄력으로 인하여 즉시 정차하지 못하고 앞서가던 시내버스를 3-4m 간격으로 계속 뒤따라 교차로로 진행하다가 ○○대학교 쪽에서 신호를 위반하여 좌회전하던 피고 ◇◇◇ 운전의 택시와 충돌한 것으로 수사기관에서부터 진술해왔습니다. 따라서 위 진술내용에 비추어 보면 원고 ○○○는 이 사건 교차로 부근 황단보도 직전까지는 시야의 장애가 없는 상태에서 3차로 주행하였으므로 교차로 신호등을 확인할 수 있었다고 할 것이고 3차로에서 주행할 때 교차로 신호가 녹색등이었으므로 신호가 바뀌기 전에 교차로를 통과하기 위해 2차로로 차선변경을 하여 교차로 진입을 시도하였다고 봄이 경험칙에 합당합니다.

만약 원심이 인정한 바와 같이 이 사건 사고발생 순간 피고 ◇◇◇의 진행방향이 좌회전신호라면 신호체계상 원고 ○○○의 진행방향은 피고 ◇◇◇의 진행방향신호가 좌회전 신호로 변경된 이후는 물론 변경되기 이전에도 12초동안 정지신호이므로 원고 ○○○가 3차로로 진행하고 있을 때부터 그 진행방향신호는 이미 정지신호였다고 할 것입니다. 따라서 원고 ○○○로서는 그가 3차로로 진행할 때 이미 교차로 신호가 정지신호 상태였고 그래서 교차로부근 횡단보도 앞에 택시가 정차중인 것이었다면 원고 ○○○ 본인도 그 차선에서 정지하였지 2차로로 차로를 변경하여 버스를 뒤따라 무리하게 교차로 진입을 시도할 리가 없다고 보는 것이 경험칙에 합당한 추정입니다.

(5) 또한, 피고 ◇◇◇에 대한 형사재판 항소심에서 증인으로 나왔다는 소외 ◉◉◉ 의 진술은 원고 ○○○의 주행방향과 같은 방향으로 택시를 타고 가던 중 위 교차로 앞 횡단보도에 이르러 앞서가던 승용차 2대를 뒤따라 정차하는데 곧 이어 '탕'하는 사고 소리가 났다는 것이므로(갑 제6호증의 2), 위 진술에 의해 명확히 입증되는 사실은 이 사건 원고 ○○○의 오토바이와 피고 ◇◇◇의 택 시가 충돌하는 순간 원고 ○○○의 진행방향신호가 정지신호였다는 사실뿐입 니다.

그런데 원고 ○○○의 주장도 이 사건 충돌 순간 원고 ○○○의 진행방향신 호는 정지신호일 가능성이 있다는 것은 인정하고 있으므로(왜냐하면 원고 ○ ○○의 주장은 자신의 진행방향신호가 녹색등에서 황색 등으로 바뀌는 순 간 교차로에 진입하였다는 것이므로) 소외 ◉◉◉의 진술은 결코 위 원고 주 장에 대한 반증이라고 할 수 없습니다.

다. 따라서 이 사건 교통사고가 원고 ○○○의 일방적인 신호위반으로 인하여 발생 하였다고 인정한 원심판결에 채증법칙 위배로 인한 사실오인의 위법이 있고 이 는 판결에 영향을 미쳤다고 할 것입니다.

3. 결 론

위와 같은 이유로 원심판결의 파기를 바라와 이 사건 상고에 이르렀는바, 원고들 은 원고 ○○○가 이 사건 교통사고로 중상을 입고 아무런 손해배상을 받지 못하는 바람에 그 치료비 등으로 가정이 파탄상태에 이르렀으므로 원심기록 및 상고이유를 면밀히 검토하시어 원심판결을 파기하여 주시기 바랍니다.

20○○. ○○. ○○.

위 원고(상고인) 1. ○○○ (서명 또는 날인)

2. ○①○ (서명 또는 날인)

3. ○②○ (서명 또는 날인)

대법원 제○부(○) 귀중

답 변 서

사건　20○○다○○○ 어음금
원고(피상고인) ○○○
피고(상 고 인) ◇◇◇

　위 사건에 관하여 원고(피상고인)는 아래와 같이 상고이유에 대한 답변을 제출합니다.

- 아　　　래 -

상고취지에 대한 답변

1. 피고의 상고를 기각한다.
2. 상고비용은 피고의 부담으로 한다.
라는 판결을 구합니다.

상고이유에 대한 답변

1. 상고이유 제1점(약속어음의 무효)에 대하여
　피고는 이 사건 약속어음이 발행일 기재가 없어 무효의 어음이라고 주장하나, 이 사건 약속어음에는 발행일이 20○○. ○. ○.로 기재되어 있으므로 발행일 누락을 전제로 한 피고의 무효주장은 일고의 가치도 없는 주장입니다.
　이 사건 약속어음은 발행일 기재 위에 지급지 관련 기재가 겹쳐 그 사본으로 볼 때는 발행일이 명확하게 드러나지 않고 희미하게 보이는 정도이나, 원본에는 발행일 기재가 식별이 가능한 정도로 나타나 있습니다.
　따라서 원심판결에서 이 사건 약속어음의 발행일을 20○○. ○. ○.로 인정하였던 것입니다.
2. 상고이유 제2점(원고의 악의)에 대하여
　가. 피고의 상고이유 제2점을 보면 이 사건 약속어음에 피고를 대리하여 배서한 제1심 공동피고 ◇◇◇의 대리행위가 무권대리행위이고, 원고도 그런 사실을 잘 알고 있었으므로 악의의 원고를 보호해줄 이유가 없다는 내용으로서 그 취지가 다소 불분명하나, 제1심 공동피고 ◇◇◇에 의한 피고명의 배서를 적법한

대리권에 기한 것으로 인정한 원심판결이 부당하다는 취지로 일응 해석됩니다.

나. 그런데 제1심 공동피고 ◆◆◆에게 피고를 대리하여 이 사건 약속어음에 배서할 적법한 권한이 있었는지 여부는 사실인정의 문제이므로 상고이유가 될 수 없을 뿐만 아니라, 원심의 사실인정에는 채증법칙위배의 잘못도 전혀 없습니다.

3. 상고이유 제3점(표현대리 문제) 및 제4점(사용자 책임문제)에 대하여

피고는 이 사건 약속어음의 배서와 관련하여 표현대리 책임이나 사용자책임이 없다는 취지의 주장을 하고 있는바, 원심은 피고에게 표현대리책임이나 사용자책임을 인정한 사실이 없으므로 피고의 위 주장은 상고이유가 될 수 없습니다.

4. 위와 같이 피고의 상고이유는 모두 이유 없으므로 기각됨이 마땅합니다.

첨 부 서 류

    1. 답변서부본   6통

20○○.　　○○.　　○○.

위 원고(피상고인) ○○○ (서명 또는 날인)

대법원 제○부(○)　귀중

상 고 취 하 서

사   건   20○○다○○○○ 대여금
상 고 인(원고)   ○○○
피상고인(피고)   ◇◇◇

  위 사건에 관하여 상고인(원고)은 상고인(원고)이 제기한 상고를 모두 취하합니다.

                20○○.   ○○.   ○○.
                위 상고인(원고) ○○○ (서명 또는 날인)

대법원 제○부(○) 귀중

취 하 증 명 원

사   건 20○○다○○○ 대여금
상 고 인(원고) ○○○
피상고인(피고) ◇◇◇

 위 당사자간의 귀원 20○○다○○○ 대여금청구사건은 취하되었음을 증명하여 주시기 바랍니다.

                                    20○○.   ○○.   ○○.
                                    위 상고인(원고) ○○○ (서명 또는 날인)

대법원 제○부(○) 귀중

제3장 항고

제439조(항고의 대상)

소송절차에 관한 신청을 기각한 결정이나 명령에 대하여 불복하면 항고할 수 있다.

제440조(형식에 어긋나는 결정·명령에 대한 항고)

결정이나 명령으로 재판할 수 없는 사항에 대하여 결정 또는 명령을 한 때에는 항고할 수 있다.

제441조(준항고)

① 수명법관이나 수탁판사의 재판에 대하여 불복하는 당사자는 수소법원에 이의를 신청할 수 있다. 다만, 그 재판이 수소법원의 재판인 경우로서 항고할 수 있는 것인 때에 한한다.

② 제1항의 이의신청에 대한 재판에 대하여는 항고할 수 있다.

③ 상고심이나 제2심에 계속된 사건에 대한 수명법관이나 수탁판사의 재판에는 제1항의 규정을 준용한다.

제442조(재항고)

항고법원·고등법원 또는 항소법원의 결정 및 명령에 대하여는 재판에 영향을 미친 헌법·법률·명령 또는 규칙의 위반을 이유로 드는 때에만 재항고(再抗告)할 수 있다.

제443조(항소 및 상고의 절차규정준용)

① 항고법원의 소송절차에는 제1장의 규정을 준용한다.

② 재항고와 이에 관한 소송절차에는 제2장의 규정을 준용한다.

제444조(즉시항고)

① 즉시항고는 재판이 고지된 날부터 1주 이내에 하여야 한다.

② 제1항의 기간은 불변기간으로 한다.

제445조(항고제기의 방식)

항고는 항고장을 원심법원에 제출함으로써 한다.

제446조(항고의 처리)

원심법원이 항고에 정당한 이유가 있다고 인정하는 때에는 그 재판을 경정하여야 한다.

제447조(즉시항고의 효력)

즉시항고는 집행을 정지시키는 효력을 가진다.

제448조(원심재판의 집행정지)

항고법원 또는 원심법원이나 판사는 항고에 대한 결정이 있을 때까지 원심재판의 집행을 정지하거나 그 밖에 필요한 처분을 명할 수 있다.

제449조(특별항고)

① 불복할 수 없는 결정이나 명령에 대하여는 재판에 영향을 미친 헌법위반이 있거나, 재판의

전제가 된 명령·규칙·처분의 헌법 또는 법률의 위반여부에 대한 판단이 부당하다는 것을 이유로 하는 때에만 대법원에 특별항고(特別抗告)를 할 수 있다.

② 제1항의 항고는 재판이 고지된 날부터 1주 이내에 하여야 한다.

③ 제2항의 기간은 불변기간으로 한다.

제450조(준용규정)

특별항고와 그 소송절차에는 제448조와 상고에 관한 규정을 준용한다.

1. 항고의 종류

1-1. 최초의 항고 및 재항고

① "최초의 항고"란 소송절차에 관한 신청을 기각한 결정이나 명령에 대해 처음으로 하는 항고를 말합니다(민사소송법 제439조).

② "재항고"란 최초의 항고에 대한 항고법원·고등법원 또는 항소법원의 결정 및 명령에 대해 재판에 영향을 미친 헌법·법률·명령 또는 규칙의 위반을 이유로 드는 항고를 말합니다(민사소송법 제442조).

1-2. 즉시항고

"즉시항고"란 재판이 고지된 날부터 1주일 이내에 제기해야 하는 항고를 말합니다(민사소송법 제444조).

1-3. 준항고 및 특별항고

① "준항고"란 수명법관 또는 수탁판사의 재판에 대해 불복이 있는 당사자가 수소법원에 신청하는 이의를 말합니다(민사소송법」 제441조 제1항).

② "특별항고"란 불복신청을 할 수 없는 결정·명령이 다음에 해당하는 경우 대법원에 하는 항고를 말합니다(민사소송법 제449조 제1항).

- 재판에 영향을 미친 헌법위반이 있는 경우
- 재판의 전제가 된 명령·규칙·처분의 헌법 또는 법률의 위반 여부에 대한 판단이 부당한 경우

2. 항고 절차

2-1. 항고 제기

① 항고는 항고장에 다음의 사항을 적어 원심법원에 제출하면 제기됩니다(민사소송법 제397조, 제443조 및 제445조).
  - 항고인과 법정대리인
  - 항고 대상이 된 결정 또는 명령의 표시와 그에 대한 항고의 취지
② 즉시항고가 제기되면 항고의 대상이 된 결정이나 명령의 집행이 정지됩니다(민사소송법 제447조).

2-2. 관할

① 항고사건을 심판하는 법원은 다음과 같습니다(법원조직법 제28조 본문, 제32조 제2항 및 민사 및 가사소송의 사물관할에 관한 규칙 제4조).

구분	내용
고등법원	1. 지방법원 합의부, 가정법원 합의부, 회생법원 합의부 또는 행정법원의 제1심 결정·명령에 대한 항고사건 2. 지방법원단독판사, 가정법원단독판사의 제1심 결정·명령에 대한 항고사건으로서 형사사건을 제외한 사건 중 다음에 해당하는 사건(다만, 민사 및 가사소송의 사물관할에 관한 규칙 제2조에 해당하는 사건은 제외) 　① 소송목적의 값이 소제기 당시 또는 청구취지 확장(변론의 병합 포함) 당시 2억원을 초과한 민사소송사건 　② 위 ①의 사건을 본안으로 하는 민사신청사건 및 이에 부수하는 신청사건(가압류, 다툼의 대상에 관한 가처분 신청사건 및 이에 부수하는 신청사건은 제외) 3. 다른 법률에 따라 고등법원의 권한에 속하는 사건
지방법원 본원 합의부 및 춘천지방법원 강릉지원 합의부	지방법원단독판사의 결정·명령에 대한 항소 또는 항고사건 중 위 2.에 해당하지 않는 사건

② 재항고사건 및 특별항고사건

항고법원·고등법원 또는 항소법원·특허법원의 결정·명령에 대한 재항고사건 및 특별항고사건은 대법원에서 심사합니다(민사소송법 제449조 제1항 및 법원조직법 제14조 제2호).

2-3. 원심재판장의 항고장 심사

다음의 경우 원심재판장은 항고인에게 상당한 기간을 정해 그 기간 이내에 흠을 보정하도록 명해야 합니다(민사소송법 제397조 제2항, 제399조 제1항 전단 및 제443

조 제1항).

- 항고장에 당사자와 법정대리인, 항고 대상이 된 결정 또는 명령의 표시와 그에 대한 항고의 취지가 제대로 기재되어 있지 않은 경우
- 항고장에 법률의 규정에 따른 인지를 붙이지 않은 경우

2-4. 원심재판장의 각하명령

① 다음의 경우 원심재판장은 항고장을 각하합니다(민사소송법 제399조 제2항 및 제443조 제1항).
  - 보정기간 내에 보정을 하지 않은 경우
  - 항고기간을 넘겨 항고를 제기한 경우
② 원심재판장의 항고각하명령에 대해서는 즉시항고를 할 수 있습니다(민사소송법 제399조 제3항 및 제443조 제1항).

2-5. 항고기록의 송부

① 원심재판장 등의 보정명령이 있는 경우에는 당사자가 보정을 한 날부터 1주 이내에 항고기록을 보내야 합니다(민사소송법 제400조 제2항 및 제443조 제1항).
② 특별항고가 제기된 경우 원심법원은 항고기록을 대법원으로 보내야 합니다(민사소송법 제400조 제1항, 제445조 및 제449조 제1항).
③ 전자소송에서 심급사이 또는 이송결정에 따른 전자기록 송부는 전자적 방법으로 합니다. 다만, 전자문서가 아닌 형태로 제출되어 별도로 보관하는 기록 또는 문서는 그 자체를 송부합니다(민사소송 등에서의 전자문서 이용 등에 관한 규칙 제40조 제1항 및 제20조 제1항).

2-6. 심리

① 항고심의 소송절차는 특별한 규정이 없으면 항소심 소송절차에 준해 진행됩니다(민사소송법 제443조 제1항).
② 범위
  심리는 불복의 한도 안에서 이루어 집니다(민사소송법 제407조 제1항 및 제443조 제1항).
③ 변론을 열 것인지 여부 결정

결정으로 완결할 사건에 대해서는 법원이 변론을 열 것인지 아닌지를 정합니다(민사소송법 제134조 제1항 단서). 법원은 변론을 열지 않더라도 당사자와 이해관계인, 그 밖의 참고인을 심문할 수 있습니다(민사소송법 제134조 제2항).

2-7. 항고심 종결

① 항고각하

부적법한 항고로서 흠을 보정할 수 없으면 변론 없이 결정으로 항고는 각하됩니다(민사소송법 제413조 및 제443조 제1항).

② 항고기각

항고법원이 다음과 같이 판단하면 항고는 기각됩니다(민사소송법 제414조 및 제443조 제1항).

 - 항고 대상이 된 결정 또는 명령이 정당하다고 인정한 경우
 - 항고 대상이 된 결정 또는 명령의 이유가 정당하지 않더라도 다른 이유에 따라 그 결정 또는 명령이 정당하다고 인정되는 경우

③ 항고인용

원심법원이 항고에 정당한 이유가 있다고 인정하는 경우에는 그 결정·명령을 경정해야 합니다(민사소송법 제446조).

2-8. 재항고 절차

재항고는 최초의 항고에 대한 항고법원·고등법원 또는 항소법원의 결정 및 명령에 대한 항고로서 상고심 소송절차에 준해 진행됩니다(민사소송법 제442조 및 제443조 제2항).

3. 항고에 대한 대법원판례

① 채권자가 항고를 통해 취소를 구하는 원래의 가압류결정에 기한 가압류등기가 이미 말소되었으나 가압류취소결정을 취소하는 항고법원의 결정을 집행하는 것이 불가능한 경우가 아닌 경우, 항고의 이익이 있는지 여부(적극)

상소는 자기에게 불이익한 재판에 대하여 유리하도록 그 취소·변경을 구하는 것이므로, 채권자는 제1심결정의 내용이 불이익하다면 항고를 통해 그 취소를 구할 수

있다. 이때 원래의 가압류결정에 기한 가압류등기가 이미 말소되었더라도, 가압류취소결정을 취소하는 항고법원의 결정을 집행하는 것이 불가능한 경우가 아니라면 항고의 이익이 있다고 보아야 한다. 그 이유는 다음과 같다.

① 민사집행법 제298조 제1항은 "가압류의 취소결정을 상소법원이 취소한 경우로서 법원이 그 가압류의 집행기관이 되는 때에는 그 취소의 재판을 한 상소법원이 직권으로 가압류를 집행한다."라고 정하고 있다. 이는 항고법원의 결정에 따라 새로운 집행이 필요할 때 별도로 채권자의 신청이나 담보제공 등이 없이도 직권으로 원래의 보전처분을 집행하도록 한 것으로서, 가압류취소결정에 따른 집행취소에 의해 가압류등기가 말소되었으나 항고법원이 가압류의 취소결정을 취소하고 원래의 가압류결정을 인가한 때의 집행방법을 정한 것으로 보아야 한다.

② 가압류결정절차와 가압류집행절차는 명백히 구별되는 것으로서, 가압류취소결정에 따른 집행취소로 가압류등기가 말소되고 이를 회복할 수 없는 것이라 하더라도 이는 집행절차의 문제에 불과하다. 가압류결정에 대한 이의사건에서 항고심의 심판대상은 가압류이의대상의 존부이므로, 항고법원은 이를 심리하여 가압류결정에 대한 인가결정을 할 수 있고, 민사집행법 제298조 제1항에 따라 직권으로 가압류를 집행할 수 있다. 채권자는 이러한 범위 내에서 항고를 통해 보전처분의 이익을 달성할 수 있고, 이는 원래의 가압류등기가 회복되지 않는다고 하여 달리 볼 것은 아니다*[2022. 4. 28., 자, 2021마7088, 결정]*.

② **재판부의 증거 채택 여부 결정에 대하여 항고 또는 특별항고를 할 수 있는지 여부 (소극)**

재판부의 증거 채택 여부 결정은 소송지휘의 재판이므로, 민사소송법에서 일반적으로 항고의 대상으로 삼고 있는 같은 법 제439조 소정의 '소송절차에 관한 신청을 기각한 결정이나 명령'에 해당되지 아니하고, 또 이에 대하여 불복할 수 있음을 정하는 별도의 규정도 없으므로, 그 결정에 대하여는 항고를 할 수 없다. 뿐만 아니라 재판부의 증거 채택 여부 결정은 종국적 재판인 판결과 함께 상소심의 심판을 받는 중간적 재판의 성질을 가지는 것으로, 민사소송법 제449조에서 특별항고의 대상으로 정하고 있는 '불복할 수 없는 명령'에도 해당되지 않는다고 할 것이다. 따라서 이 사건 특별항고는 특별항고의 대상이 될 수 없는 재판에 대한 것으로서 부적법하다(대법원 2009. 8. 25. 자 2009마1282 결정, 대법원 2017. 4. 25. 자 2017부1 결정 등 참조)[2022. 3. 22., 자, 2021그813, 결정].

③ 특별항고만이 허용되는 재판에 불복하여 항고장을 제출하면서 특별항고라는 표시와 항고법원이 대법원이라는 표시를 하지 않은 경우, 항고장 접수 법원이 취하여야 할 조치

특별항고는 재판에 영향을 미친 헌법 위반이 있거나, 재판의 전제가 된 명령·규칙·처분의 헌법 또는 법률의 위반 여부에 대한 판단이 부당하다는 것을 이유로 하는 때에만 할 수 있다. 그런데 특별항고인이 주장하는 사유는 제1심법원이 특별항고인의 담보물변경신청을 배척한 것이 재량권을 일탈하였다는 것에 불과하여 적법한 특별항고사유에 해당하지 아니한다. 기록을 살펴보더라도 원심결정에 특별항고사유가 있다고 보이지 아니하므로 이 사건 특별항고는 받아들일 수 없다[2014. 1. 3., 자, 2013마2042, 결정].

④ 개인회생절차에서 변제계획 변경 인가결정에 대하여 즉시항고가 있어 항고심이나 재항고심에 계속 중 면책결정이 확정된 경우, 즉시항고나 재항고로 불복할 이익이 있는지 여부(소극)

개인회생절차에서 변제계획 변경 인가결정에 대하여 즉시항고가 있어 항고심이나 재항고심에 계속 중이더라도 면책결정이 확정되면, 항고인이나 재항고인으로서는 변제계획 변경 인가결정에 대하여 더 이상 즉시항고나 재항고로 불복할 이익이 없으므로 즉시항고나 재항고는 부적법하다[2019. 7. 25.자 2018마6313 결정].

⑤ 소송대리인에게 대리권이 없다는 이유로 소가 각하되고 소송대리인이 소송비용 부담의 재판을 받은 경우, 소송비용의 재판에 대하여 독립한 상소를 금지하는 민사소송법 제391조, 제425조, 제443조가 적용되는지 여부(소극)

소송대리인에게 대리권이 없다는 이유로 소가 각하되고 민사소송법 제108조에 따라 소송대리인이 소송비용 부담의 재판을 받은 경우에는, 일반적인 소송비용 부담의 경우와는 달리 소송비용을 부담하는 자가 본안의 당사자가 아니어서 소송비용의 재판에 대하여 독립한 상소를 금지하는 민사소송법 제391조, 제425조, 제443조가 적용되지 아니하나, 위 소송비용 부담의 재판에 따라 소송대리인이 소송의 당사자가 되는 것은 아니고 법원으로서도 당사자 사이에서 분쟁에 관하여 재판을

한 것이라고 할 수 없으므로 당사자 등을 상대방으로 한 항소나 상고를 제기할 수는 없고, 소송대리인으로서는 자신에게 비용부담을 명한 재판에 대하여 재판의 형식에 관계없이 즉시항고나 재항고에 의하여 불복할 수 있다[2016. 6. 17., 자, 2016마371, 결정].

⑥ **특별대리인 선임신청 기각결정에 대하여 항고심이 항고를 기각한 경우, 재항고인이 항고심 결정에 대하여 불복하는 방법 및 이때 항고기간에 제한이 있는지 여부(소극)**
민사소송법 제62조 또는 제62조의2에 기한 특별대리인 선임신청을 기각하는 결정에 대하여는 즉시항고를 하여야 한다는 규정이 없으므로, 결국 민사소송법 제439조에 의하여 통상항고의 방법으로 불복하여야 한다.
따라서 재항고인이 민사소송법 제62조 또는 제62조의2에 기한 특별대리인 선임신청을 하였는데 제1심이 이를 기각하고, 이에 대하여 재항고인이 항고하였으나 항고심이 항고를 기각한 경우, 재항고인은 그 항고심 결정에 대하여 즉시항고가 아니라 통상항고로서 불복할 수 있으므로 항고의 이익이 있는 한 항고기간에 제한이 없다. 그런데도 원심은 민사소송법 제62조 또는 제62조의2에 기한 특별대리인 선임신청 기각결정에 대한 불복은 즉시항고로 하여야 한다는 전제에서 항고기각결정에 대한 재항고가 즉시항고기간인 7일이 경과한 후에 제기되었다는 이유로 재항고인의 항고장을 각하하는 명령을 하였으니, 원심의 이러한 조치에는 특별대리인 선임신청을 기각한 결정에 대한 불복 방법에 관한 법리를 오해하여 재판에 영향을 미친 잘못이 있다. 이를 지적하는 취지의 재항고이유 주장은 이유 있다[2018. 9. 18., 자, 2018무682, 결정].

⑦ **중재합의의 존부와 유효성에 관한 주장이 중재인선정 결정에 대한 특별항고 사유에 해당하는지 여부(소극)**
중재법의 내용, 목적 및 그 취지 등에서 알 수 있는 자율성, 신속성 등 중재절차의 특수성을 고려하면, 중재법 제12조 제3항에 의한 중재인선정 신청이 있는 경우, 중재법 제8조가 정하는 중재합의의 방식을 따르지 않아 외관상 유효한 중재합의가 존재하지 않거나 중재법 제12조 제2항에 의한 중재인선정에 관한 합의절차가 사전에 진행되지 않은 경우 등과 같은 특별한 사정이 없는 한, 법원으로서는 바로 중재인을 선정해야 하고, 중재신청의 적법 여부까지 중재판정부에 앞서 심리

하여 그 결과에 따라 중재합의의 부존재나 무효를 이유로 중재인선정 신청을 기각할 수는 없다. 따라서 중재법 제12조 제3항에 의한 중재인선정 신청 사건에서 중재합의의 존부와 유효성과 같이 심리대상이 되지 않는 사유는 법원의 중재인선정 결정에 대한 특별항고 사건에서도 민사소송법 제449조 제1항에서 정한 특별항고의 사유에 해당한다고 볼 수 없다[2022. 12. 29., 자, 2020그633, 결정].

⑧ 재판부의 증거 채택 여부 결정에 대하여 항고 또는 특별항고를 할 수 있는지 여부 (소극)

재판부의 증거 채택 여부 결정은 소송지휘의 재판이므로, 민사소송법에서 일반적으로 항고의 대상으로 삼고 있는 같은 법 제439조 소정의 '소송절차에 관한 신청을 기각한 결정이나 명령'에 해당되지 아니하고, 또 이에 대하여 불복할 수 있음을 정하는 별도의 규정도 없으므로, 그 결정에 대하여는 항고를 할 수 없다. 뿐만 아니라 재판부의 증거 채택 여부 결정은 종국적 재판인 판결과 함께 상소심의 심판을 받는 중간적 재판의 성질을 가지는 것으로, 민사소송법 제449조에서 특별항고의 대상으로 정하고 있는 '불복할 수 없는 명령'에도 해당되지 않는다고 할 것이다. 따라서 이 사건 특별항고는 특별항고의 대상이 될 수 없는 재판에 대한 것으로서 부적법하다(대법원 2009. 8. 25. 자 2009마1282 결정, 대법원 2017. 4. 25. 자 2017부1 결정 등 참조)[2022. 3. 22., 자, 2021그813, 결정].

4. 항고에 대한 서식

[서식 ①] 즉시항고장(이송신청 기각결정에 대한)

즉 시 항 고 장

사   건   20○○카기○○○   소송이송

항고인(피고)   ◇◇◇ (주민등록번호)

○○시 ○○구 ○○길 ○○(우편번호 ○○○○○)

전화.휴대폰번호:

팩스번호, 전자우편(e-mail)주소:

위 항고인은 ○○지방법원 20○○가단○○○ 손해배상(자) 청구사건에 관하여 항고인이 같은 법원 20○○카기○○○호로 제기한 소송이송신청에 대하여 같은 법원이 20○○. ○. ○.자로 한 이송신청 기각결정에 대하여 불복이므로 즉시항고를 제기합니다.

원 결 정 의 표 시

주문 : 피고의 이 사건에 대한 이송신청을 기각한다.

(항고인이 결정문을 송달 받은 날 : 20○○. ○. ○.)

항 고 취 지

1. 원 결정을 취소한다.
2. 이 사건을 ◎◎지방법원으로 이송한다.
라는 결정을 구합니다.

항 고 이 유

이 사건은 원고가 교통사고의 피해자로서 손해배상을 청구하고 있는 사건인바, 이 건 교통사고의 발생지도 ◎◎시이고, 피고의 주소지도 ◎◎시이므로 ◎◎지방법원에 관할권이 있다고 할 것이고, 또한 ◎◎지방법원에서 재판하는 것이 소송의 지연.손해를 피하기 위하여 필요하다고 할 것이므로 원 결정을 취소하고 소송이송결정을 하여 주시기 바랍니다.

첨 부 서 류

1. 송달료납부서   1통.

20○○.   ○.   ○.

위 항고인(피고)   ◇◇◇   (서명 또는 날인)

○○지방법원 항소부 귀중

즉 시 항 고 장

사　　건　　20○○카기○○　법관제척

항 고 인　　○○○ (주민등록번호)

　　　　　　○○시 ○○구 ○○길 ○○(우편번호 ○○○○○)

　　　　　　전화.휴대폰번호:

　　　　　　팩스번호, 전자우편(e-mail)주소:

　위 항고인은 ○○지방법원 20○○가합○○　소유권이전등기말소청구사건에 관하여 같은 법원 20○○카기○○호로 판사 □□□에 대한 제척신청을 하였으나 20○○. ○. ○. 같은 법원이 기각결정을 하였는바, 항고인은 이에 불복하고 민사소송법 제47조 제2항에 의하여 즉시항고를 제기합니다.

원 결 정 의 표 시

주문 : 이 사건 제척신청은 기각한다.

　　　　(항고인이 결정문을 송달 받은 날 : 20○○. ○. ○.)

항 고 취 지

1. 원 결정을 취소한다.
2. 판사 □□□를 ○○지방법원 20○○가합○○　소유권이전등기말소청구사건의 직무집행으로부터 제척한다.

라는 재판을 구합니다.

항 고 이 유

　항고인은 피고 ◇◇◇에 대하여 ○○지방법원 20○○가합○○　소유권이전등기말소청구의 소를 제기하여 심리 중 같은 사건의 재판장 판사 □□□는 피고와 5촌인 혈족이라는 사실을 알게 되어 재판의 공정성을 해할 수 있다고 사료되어 민사소송법 제41조 제2호의 규정에 의하여 20○○. ○. ○. 그 제척신청을 하였는바, 같은 법원은 항고인의 제척신청을 기각하여 항고인은 이에 불복이므로 이 사건 항고에 이른 것입니다.

소 명 방 법

1. 족보사본   1통

첨 부 서 류

1. 송달료납부서   1통

20○○.   ○.   ○.
위 항고인   ○○○ (서명 또는 날인)

○○고등법원 귀중

즉 시 항 고 장

항 고 인   ◆◆◆ (주민등록번호)
              ○○시 ○○구 ○○길 ○○(우편번호 ○○○○○)
              전화.휴대폰번호:
              팩스번호, 전자우편(e-mail)주소:

　위 항고인은 ○○지방법원 20○○가합○○○　대여금청구사건에 관하여 같은 법원에서 20○○년 ○월 ○일 피고보조참가를 불허하는 결정을 하였으나 같은 결정에 대하여 불복이므로 다음과 같이 항고를 제기합니다.

원결정의 표시

피고보조참가인의 보조참가를 불허한다.
(항고인이 결정문을 송달 받은 날 : 20○○.　○.　○.)

항 고 취 지

1. 원 결정을 취소한다.
2. 피고보조참가인의 보조참가를 허가한다.
라는 재판을 구합니다.

항 고 이 유

　항고인은 ○○지방법원 20○○가합○○○　대여금청구사건에 관하여 피고를 돕기 위하여 피고보조참가의 신청을 하였는데, 원고의 이의의 진술만을 믿은 같은 법원은 항고인의 피고보조참가는 이를 허가하지 않는다는 결정을 하였습니다.
　그러나 항고인은 위 사건의 차용증서에 서명.날인한 피고 ◇◇◇의 보증인으로서 피고의 승패에 대하여 법률상 이해관계를 가진 자인바, 항고인의 소송참가는 불허한다는 결정은 부당하므로 이 사건 항고에 이르렀습니다.

첨 부 서 류

  1. 송달료납부서　　　　　　　　　　　1통

20○○.　○.　○.

　　　　위 항고인　◆◆◆　(서명 또는 날인)

○○고등법원　귀중

즉 시 항 고 장

항고인(피신청인, 피고) ◇◇◇ (주민등록번호)
　　　　　　　　　　　○○시 ○○구 ○○길 ○○(우편번호 ○○○○○)
　　　　　　　　　　　전화.휴대폰번호:
　　　　　　　　　　　팩스번호, 전자우편(e-mail)주소:

　○○지방법원 20○○카기○○○　소송비용액확정결정신청사건에 관하여 20○○. ○. ○. 같은 법원이 소송비용액확정을 명한 결정을 하였으나, 항고인은 위 결정에 대하여 불복하므로 민사소송법 제110조 제3항에 의하여 즉시항고를 제기합니다.

원결정의 표시

　○○지방법원 20○○가합○○○　청구이의사건의 판결에 의하여 피신청인이 상환하여야 할 소송비용액은 금 884,580원(팔십팔만사천오백팔십원)임을 확정한다.(항고인은 위 결정정본을 20○○. ○. ○. 송달받았습니다.)

항 고 취 지

　원 결정을 취소하고 다시 적절한 재판을 구합니다.

항 고 이 유

　항고인(피신청인, 피고)이 부담한 감정료를 포함하여 상환을 결정한 원 결정은 부당하므로 이에 대한 취소를 구하기 위하여 이 건 즉시항고에 이른 것입니다.

　　　　　　　　20○○.　　○.　　○.
　　　　　　　　위 항고인(피신청인, 피고)　◇◇◇ (서명 또는 날인)

○○고등법원　귀중

제4편

재 심

제451조(재심사유)

① 다음 각호 가운데 어느 하나에 해당하면 확정된 종국판결에 대하여 재심의 소를 제기할 수 있다. 다만, 당사자가 상소에 의하여 그 사유를 주장하였거나, 이를 알고도 주장하지 아니한 때에는 그러하지 아니하다.

1. 법률에 따라 판결법원을 구성하지 아니한 때
2. 법률상 그 재판에 관여할 수 없는 법관이 관여한 때
3. 법정대리권·소송대리권 또는 대리인이 소송행위를 하는 데에 필요한 권한의 수여에 흠이 있는 때. 다만, 제60조 또는 제97조의 규정에 따라 추인한 때에는 그러하지 아니하다.
4. 재판에 관여한 법관이 그 사건에 관하여 직무에 관한 죄를 범한 때
5. 형사상 처벌을 받을 다른 사람의 행위로 말미암아 자백을 하였거나 판결에 영향을 미칠 공격 또는 방어방법의 제출에 방해를 받은 때
6. 판결의 증거가 된 문서, 그 밖의 물건이 위조되거나 변조된 것인 때
7. 증인·감정인·통역인의 거짓 진술 또는 당사자신문에 따른 당사자나 법정대리인의 거짓 진술이 판결의 증거가 된 때
8. 판결의 기초가 된 민사나 형사의 판결, 그 밖의 재판 또는 행정처분이 다른 재판이나 행정처분에 따라 바뀐 때
9. 판결에 영향을 미칠 중요한 사항에 관하여 판단을 누락한 때
10. 재심을 제기할 판결이 전에 선고한 확정판결에 어긋나는 때
11. 당사자가 상대방의 주소 또는 거소를 알고 있었음에도 있는 곳을 잘 모른다고 하거나 주소나 거소를 거짓으로 하여 소를 제기한 때

② 제1항제4호 내지 제7호의 경우에는 처벌받을 행위에 대하여 유죄의 판결이나 과태료부과의 재판이 확정된 때 또는 증거부족 외의 이유로 유죄의 확정판결이나 과태료부과의 확정재판을 할 수 없을 때에만 재심의 소를 제기할 수 있다.

③ 항소심에서 사건에 대하여 본안판결을 하였을 때에는 제1심 판결에 대하여 재심의 소를 제기하지 못한다.

제452조(기본이 되는 재판의 재심사유)

판결의 기본이 되는 재판에 제451조에 정한 사유가 있을 때에는 그 재판에 대하여 독립된 불복방법이 있는 경우라도 그 사유를 재심의 이유로 삼을 수 있다.

제453조(재심관할법원)

① 재심은 재심을 제기할 판결을 한 법원의 전속관할로 한다.

② 심급을 달리하는 법원이 같은 사건에 대하여 내린 판결에 대한 재심의 소는 상급법원이 관할한다. 다만, 항소심판결과 상고심판결에 각각 독립된 재심사유가 있는 때에는 그러하지 아니하다.

제454조(재심사유에 관한 중간판결)

① 법원은 재심의 소가 적법한지 여부와 재심사유가 있는지 여부에 관한 심리 및 재판을 본안에 관한 심리 및 재판과 분리하여 먼저 시행할 수 있다.

② 제1항의 경우에 법원은 재심사유가 있다고 인정한 때에는 그 취지의 중간판결을 한 뒤 본안에 관하여 심리·재판한다.

제455조(재심의 소송절차)

재심의 소송절차에는 각 심급의 소송절차에 관한 규정을 준용한다.

제456조(재심제기의 기간)

① 재심의 소는 당사자가 판결이 확정된 뒤 재심의 사유를 안 날부터 30일 이내에 제기하여야 한다.

② 제1항의 기간은 불변기간으로 한다.

③ 판결이 확정된 뒤 5년이 지난 때에는 재심의 소를 제기하지 못한다.

④ 재심의 사유가 판결이 확정된 뒤에 생긴 때에는 제3항의 기간은 그 사유가 발생한 날부터 계산한다.

제457조(재심제기의 기간)

대리권의 흠 또는 제451조제1항제10호에 규정한 사항을 이유로 들어 제기하는 재심의 소에는 제456조의 규정을 적용하지 아니한다.

제458조(재심소장의 필수적 기재사항)

재심소장에는 다음 각호의 사항을 적어야 한다.

1. 당사자와 법정대리인
2. 재심할 판결의 표시와 그 판결에 대하여 재심을 청구하는 취지
3. 재심의 이유

제459조(변론과 재판의 범위)

① 본안의 변론과 재판은 재심청구이유의 범위안에서 하여야 한다.

② 재심의 이유는 바꿀 수 있다.

제460조(결과가 정당한 경우의 재심기각)

재심의 사유가 있는 경우라도 판결이 정당하다고 인정한 때에는 법원은 재심의 청구를 기각하여야 한다.

제461조(준재심)

제220조의 조서 또는 즉시항고로 불복할 수 있는 결정이나 명령이 확정된 경우에 제451조제1항에 규정된 사유가 있는 때에는 확정판결에 대한 제451조 내지 제460조의 규정에 준하여 재심을 제기할 수 있다.

1. "재심"이란 ?

① "재심"이란 통상의 방법으로는 상소를 할 수 없게 된 확정판결에 중대한 오류가 있을 경우 당사자의 청구에 따라 그 판결의 당부를 다시 재심하는 절차를 말합니다.

② "준재심"이란 변론조서·변론준비기일조서(민사소송법 제220조) 또는 즉시항고로 불복할 수 있는 결정이나 명령이 확정된 경우 재심사유가 있을 때 재심소송에 준해 재심을 제기하는 것을 말합니다(민사소송법제461조).

2. 재심 절차

2-1. 재심 제기

① 재심은 재심소장에 다음의 사항을 적어 재심을 제기할 판결을 한 법원에 제출하면 제기됩니다(민사소송법 제453조 제1항 및 제458조).
- 당사자와 법정대리인
- 재심할 판결의 표시와 그 판결에 대해 재심을 청구하는 취지
- 재심의 이유
- 첨부서류

② 재심소장에는 재심의 대상이 되는 판결 사본을 붙여야 합니다(민사소송규칙제139조).

2-2. 관할

① 심급을 달리하는 법원이 같은 사건에 대해 내린 판결에 대한 재심은 상급법원이 관할합니다(민사소송법 제453조 제2항 본문).

② 다만, 항소심판결과 상고심판결에 각각 독립된 재심사유가 있는 경우에는 그렇지 않습니다(민사소송법 제453조 제2항 단서).

2-3. 재심제기기간

① 재심 소송은 당사자가 판결이 확정된 뒤 재심사유를 안 날부터 30일 이내에 제기해야 합니다(민사소송법 제456조 제1항).

② 판결이 확정된 뒤 5년이 지난 때에는 재심 소송을 제기하지 못합니다(민사소송법 제456조 제3항).

③ 판결이 확정된 뒤에 재심 사유가 생긴 경우 5년의 기간 산정은 그 사유가 발생한 날부터 계산합니다(민사소송법 제456조 제4항 및 제3항).

④ 다음의 경우에는 재심을 제기하는 기간의 제한을 받지 않습니다(민사소송법 제457 조 및 제451조 제1항 제10호).

  - 대리권에 흠이 있는 것을 이유로 재심을 신청하는 경우
  - 재심을 제기할 판결이 전에 선고한 확정판결에 어긋나는 경우

2-4. 재심사유

① 다음 중 어느 하나에 해당하면 확정된 종국판결에 대해 재심소송을 제기할 수 있습니다. 다만, 당사자가 상소로 그 사유를 주장했거나, 이를 알고도 주장하지 않은 경우에는 그렇지 않습니다(민사소송법 제451조 제1항 및 제2항).

  - 법률에 따라 판결법원을 구성하지 않은 경우
  - 법률상 그 재판에 관여할 수 없는 법관이 관여한 경우
  - 법정대리권·소송대리권 또는 대리인이 소송행위를 하는 데에 필요한 권한의 수여에 흠이 있는 경우(보정된 당사자나 법정대리인이 이를 추인한 경우 제외)
  - 재판에 관여한 법관이 그 사건에 관해 직무에 관한 죄를 범한 경우법관이 이로 인해 유죄 판결이나 과태료부과가 확정된 경우 또는 증거부족 외의 이유로 유죄의 확정판결이나 과태료부과의 확정재판을 할 수 없을 경우에 한합니다.
  - 형사상 처벌을 받을 다른 사람의 행위로 자백을 했거나 판결에 영향을 미칠 공격 또는 방어방법의 제출에 방해를 받은 경우 자백을 한 다른 사람이 이로 인해 유죄 판결이나 과태료부과가 확정된 경우 또는 증거부족 외의 이유로 유죄의 확정판결이나 과태료부과의 확정재판을 할 수 없을 경우에 한합니다.
  - 판결의 증거가 된 문서, 그 밖의 물건이 위조되거나 변조된 것인 경우 위조 또는 변조한 사람이 이로 인해 유죄 판결이나 과태료부과가 확정된 경우 또는 증거부족 외의 이유로 유죄의 확정판결이나 과태료부과의 확정재판을 할 수 없을 경우에 한합니다.
  - 증인·감정인·통역인의 거짓 진술 또는 당사자신문에 따른 당사자나 법정대리인의 거짓 진술이 판결의 증거가 된 경우 거짓진술을 한 사람이 이로 인해 유죄 판결이나 과태료부과가 확정된 경우 또는 증거부족 외의 이유로 유죄의 확정판결이나 과태료부과의 확정재판을 할 수 없을 경우에 한합니다.
  - 판결의 기초가 된 민사나 형사 판결, 그 밖의 재판 또는 행정처분이 다른 재판이나 행정처분에 따라 바뀐 경우

- 판결에 영향을 미칠 중요한 사항에 관해 판단을 누락한 경우
　　　- 재심을 제기할 판결이 전에 선고한 확정판결에 어긋나는 경우
　　　- 당사자가 상대방의 주소 또는 거소를 알고 있었음에도 있는 곳을 잘 모른다고 하
　　　　거나 주소나 거소를 거짓으로 해 소송을 제기한 경우
② 항소심에서 본안판결을 한 경우는 제1심 판결에 대해 재심소송을 제기하지 못합니
　다(민사소송법 제451조 제3항).

2-5. 심리

① 재심 변론과 재판은 재심청구이유의 범위 안에서 해야 합니다(민사소송법 제459조
　제1항).
② 재심의 이유는 바꿀 수 있습니다(민사소송법 제459조 제2항).
③ 재심 소송은 제1심, 제2심, 제3심 절차 모두에서 제기할 수 있으므로 절차는 각 심
　급의 소송절차에 관한 규정을 준용합니다(민사소송법 제455조).

2-6. 재심 종결

① 중간판결
　법원은 재심 소송이 적법한지 여부와 재심사유가 있는지 여부에 관한 심리 및 재
　판을 본안에 관한 심리 및 재판과 분리해 먼저 시행할 수 있습니다(민사소송법 제
　454조제1항). 법원이 재심사유가 있다고 인정한 경우 그 취지의 중간판결을 한 뒤
　본안에 관해 심리·재판을 합니다(민사소송법 제454조 제2항).
② 재심인용
　재심신청이 받아들여진 경우 소송은 변론종결 전의 상태로 돌아가 계속 심리하게
　됩니다(민사소송규칙 제140조 참조).
③ 재심기각
　재심사유가 있더라도 판결이 정당하다고 인정한 경우 법원은 재심청구를 기각합니
　다(민사소송법 제460조).

3. 재심에 대한 대법원판결

① 사실인정 자체에 관한 사유를 상고심 판결에 대한 재심사유로 삼을 수 있는지 여부

(원칙적 소극)

상고심의 판결에 대하여 재심의 소를 제기하려면 상고심의 소송절차 또는 판결에 행정소송법 제8조 제2항, 민사소송법 제451조 제1항 각호에 정한 사유가 있어야 한다. 상고심은 직권조사사항이 아닌 이상 사실인정의 직책은 없고, 다만 사실심인 제2심법원이 한 증거의 판단과 사실인정의 적법 여부를 판단할 뿐이며, 사실심에서 적법하게 확정한 사실은 상고심을 기속한다. 따라서 행정소송법 제8조 제2항, 민사소송법 제451조 제1항 제7호의 증인·감정인·통역인·당사자본인신문에 따른 당사자나 법정대리인의 거짓 진술에 관한 것과 같이 사실인정 자체에 관한 사유는 직권조사사항에 관한 것이 아닌 한 사실심 판결에 대한 재심사유는 될지언정 상고심 판결에 대한 재심사유로 삼을 수 없다(대법원 2012. 6. 14. 선고 2011재다885 판결, 대법원 2015. 2. 12. 2014재다1353 판결 등 참조).

원고는 감정인이 허위 감정을 하여 재심대상판결에 행정소송법 제8조 제2항, 민사소송법 제451조 제1항 제7호의 재심사유가 있다고 주장하나, 감정인의 처벌받을 행위에 대하여 유죄의 판결이 확정되었다거나 증거부족 이외의 사유로 유죄의 확정판결을 할 수 없었다는 점에 대하여는 아무런 주장이 없다. 결국 원고의 위와 같은 주장은 단순히 사실인정 자체에 관한 것에 불과하므로 적법한 재심사유 주장이 될 수 없다[2021. 5. 7., 선고, 2020재두5145, 판결].

② 낙찰허가결정을 대상으로 한 준재심 기각결정에 대한 항고 및 그 항고를 기각한 결정에 대한 재항고도 즉시항고 기간 내에 제기되어야 하는지 여부(적극)

민사소송법 제461조에 의하여 준재심절차에 준용되는 같은 법 제455조는 재심의 소송절차에는 각 심급의 소송절차에 관한 규정을 준용한다고 규정하고 있고, 즉시항고로만 불복할 수 있는 낙찰허가결정에 대한 재항고 역시 즉시항고에 해당한다 할 것이므로, 낙찰허가결정을 대상으로 한 준재심 신청을 기각한 결정에 대한 항고는 물론, 그 항고를 기각한 결정에 대한 재항고 역시 준재심의 대상이 된 낙찰허가결정에 대한 불복방법과 마찬가지로 즉시항고 기간 내에 제기되어야 한다 [2004. 5. 17., 자, 2004마246, 결정].

③ 확정판결에 따른 강제집행이 권리남용에 해당하기 위한 요건

확정판결의 기판력은, 법원이 당사자 간의 법적 분쟁에 관하여 판단하여 소송이

종료된 이상, 법적 안정성을 위해 당사자와 법원 모두 분쟁해결의 기준으로서 확정판결의 판단을 존중하여야 한다는 요청에 따라 인정된 것이다. 민사소송법은 확정판결을 그대로 유지할 수 없는 정도로 중대한 흠이 있는 예외적인 경우에만 확정판결을 취소하고 이미 종결된 사건을 다시 심판할 수 있도록 특별한 불복신청의 방법으로서 재심 제도를 두고 있다. 재심은 민사소송법이 열거하고 있는 사유가 있는 경우에 한하여(민사소송법 제451조, 제452조), 일정한 기간 내에(민사소송법 제456조, 다만 제457조의 예외가 있다) 별도로 소를 제기하는 방식으로만 허용된다. 따라서 확정판결에 따른 강제집행이 권리남용에 해당한다고 쉽게 인정하여서는 안 되고, 이를 인정하기 위해서는 확정판결의 내용이 실체적 권리관계에 배치되는 경우로서 그에 기초한 집행이 현저히 부당하고 상대방으로 하여금 집행을 받아들이도록 하는 것이 정의에 반함이 명백하여 사회생활상 용인할 수 없다고 인정되는 것과 같은 특별한 사정이 있어야 한다[2018. 3. 27., 선고, 2015다70822, 판결].

④ 재심의 소에서 본안에 대하여 심리한다는 것의 의미

2015. 9. 25. 대통령령 제26553호로 개정되어 2015. 10. 1.부터 시행된 「소송촉진 등에 관한 특례법 제3조 제1항 본문의 법정이율에 관한 규정」은 "소송촉진 등에 관한 특례법 제3조 제1항 본문에 따른 법정이율은 연 100분의 15로 한다."라고 정하고, 부칙 제2조 제1항에서는 "이 영의 개정규정에도 불구하고 이 영 시행 당시 법원에 계속 중인 사건으로서 제1심의 변론이 종결된 사건에 대해서는 종전의 규정에 따른다."라고 정하고 있다.

기록에 따르면 제1심법원은 위 개정규정이 시행되기 전인 2011. 9. 23. 변론을 종결하였음을 알 수 있다. 재심의 소에서 재심사유가 있는 것으로 인정되어 본안에 대하여 심리한다는 것은 전 소송의 변론이 재개되어 재심 이전의 상태로 돌아가 속행되는 것을 말하므로(대법원 2001. 6. 15. 선고 2000두2952 판결 등 참조), 원고들의 재심 소장이 2018. 9. 28. 제출되어 원심법원이 2019. 5. 15. 판결을 선고하였다고 하더라도 부칙 제2조 제1항에 따라서 종전의 규정에 정해진 법정이율이 적용된다. 원심은 원심판결 선고일 다음 날부터 다 갚는 날까지 종전의 법정이율인 연 20%의 비율로 계산한 지연손해금의 지급을 명하였다. 원심판결에 상고이유

주장과 같이 「소송촉진 등에 관한 특례법」제3조에 관한 법리를 오해하여 판결에 영향을 미친 잘못이 없다*2021. 5. 7., 선고, 2019다14950, 판결].*

⑤ 재심사건에서 재심대상판결의 변론종결 후의 사유를 이유로 재심청구를 기각한 경우 기판력의 표준시(=재심판결의 변론종결시)

재심사건에서 법원이 재심사유는 있다고 인정하면서도 재심대상판결의 변론종결 후의 사유를 이유로 재심청구를 기각한 경우에는 그 기판력의 표준시는 재심대상판결의 변론종결시가 아니라 재심판결의 변론종결시이다*2003. 5. 13., 선고, 2002다64148, 판결].*

4. 재심에 대한 서식

[서식 ①] 재심소장(소유권이전등기)

재 심 소 장

재심원고(피고) ◇◇◇(주민등록번호)
　　　　　　　○○시 ○○구 ○○길 ○○(우편번호 ○○○○○)
　　　　　　　전화.휴대폰번호:
　　　　　　　팩스번호, 전자우편(e-mail)주소:
재심피고(원고) ○○○(주민등록번호)
　　　　　　　○○시 ○○구 ○○길 ○○(우편번호 ○○○○○)
　　　　　　　전화.휴대폰번호:
　　　　　　　팩스번호, 전자우편(e-mail)주소:

　위 당사자간의 귀원 20○○가합○○○ 소유권이전등기청구사건에 관하여, 20○○. ○. ○. 선고하고 20○○. ○. ○○. 확정된 아래의 판결에 대하여 재심원고(피고)는 다음과 같이 재심의 소를 제기합니다.

재심을 할 판결의 표시

주문 : 피고는 원고에게 ○○시 ○○구 ○○동 ○○ 대 200㎡에 관하여 20○○. ○. ○. 자 매매를 원인으로 한 소유권이전등기절차를 이행하라.
　　　소송비용은 피고의 부담으로 한다.

재 심 청 구 취 지

1. 원판결을 취소한다.
2. 원고청구를 기각한다.
3. 소송비용은 피고의 부담으로 한다.
라는 판결을 구합니다.

재 심 청 구 원 인

1. 민사소송법 제451조 제1호에서 제11호 사유를 기재.(제11호 사유를 예로 듦)

재심피고(원고)는 원래 소를 제기하기 이전에 재심원고(피고)와 이 사건 토지매매 관계로 재심원고(피고)의 집에 여러 차례 왕래하고, 내용증명우편까지 교환하였던 관계로 재심원고(피고)의 주소를 잘 알고 있으면서도 고의로 재심원고(피고)의 주소를 허위주소로 하고, 소장을 허위주소에 송달되게 하고 소장을 위 주소지에 사는 소외 ■■■라는 사람으로 하여금 마치 재심원고(피고)인 것처럼 행세하여 재심원고(피고)의 도장을 미리 조각하여 소지하게 하고 있다가 소송서류를 소외 ■■■가 재심원고(피고)명의로 수령하게 하여 원판결을 확정되게 하였던 것입니다.

2. 재심원고(피고)는 위와 같은 사유를 20○○. ○○. ○. 우연히 법원에서 등기부등본을 열람하여본 결과 알게 되었습니다.

3. 따라서 재심원고(피고)는 민사소송법 제451조 제11호에 의하여 재심을 청구합니다.

입 증 방 법

1. 을 제1호증 　　　　　　　판결등본
1. 을 제2호증 　　　　　　　통고서(내용증명우편)
1. 을 제3호증 　　　　　　　주민등록표등본
1. 을 제4호증 　　　　　　　형사고소장

첨 부 서 류

1. 위 입증방법 　　　　　　각 1통
1. 재심소장부본 　　　　　　　1통
1. 송달료납부서 　　　　　　　1통

20○○. ○○. ○○.
위 재심원고(피고) ◇◇◇ (서명 또는 날인)

○○지방법원　귀중

재 심 소 장

재심원고(본소피고) ◇◇◇(주민등록번호)
　　　　　　　　　○○시 ○○구 ○○길 ○○(우편번호)
　　　　　　　　　전화.휴대폰번호:
　　　　　　　　　팩스번호, 전자우편(e-mail)주소:
재심피고(본소원고) ○○농업협동조합
　　　　　　　　　○○시 ○○구 ○○길 ○○ (우편번호)
　　　　　　　　　대표자 조합장 ◉◉◉
　　　　　　　　　법률상대리인 상무 ◎◎◎

　위 당사자간 ○○지방법원 20○○나○○○ 대여금청구 항소사건에 관하여, 같은 법원에서 20○○. ○. ○. 선고하고 20○○. ○. ○○. 확정된 아래의 판결에 대하여, 재심원고(피고)는 다음과 같은 재심사유가 있어 재심의 소를 제기합니다.

재 심 을 할 판 결 의 표 시

주문 : 1. 피고 ◇◇◇의 항소를 기각한다
　　　 2. 피고 ◇①◇, ◇②◇에 대한 제1심 판결을 다음과 같이 변경한다.
　　　　　피고 ◇①◇, 피고◇②◇는 피고 ◇◇◇와 연대하여 금 13,598,588원 및 이에 대한 20○○. ○. ○.부터 20○○. ○. ○○.까지는 연 18%의, 그 다음날부터 다 갚는 날까지는 연 15%의 각 비율에 의한 돈을 지급하라.
　　　 3. 소송비용은 제1, 2심 모두 피고들의 부담으로 한다.
　　　 4. 제2항의 금원 지급부분은 가집행 할 수 있다.

재 심 청 구 취 지

1. ○○지방법원 20○○나○○○○ 대여금청구 항소사건에 관하여, 20○○. ○. ○. 선고한 판결을 취소한다.
2. 재심피고(본소원고, 다음부터 재심피고라고만 함)의 원판결 청구를 기각한다.
3. 본안 및 재심 소송비용은 모두 재심피고의 부담으로 한다.
라는 판결을 구합니다.

재 심 청 구 원 인

1. 재심원고(본소피고, 다음부터 재심원고라고만 함)는 본안(○○지방법원 20○○나○ ○○○ 대여금청구 항소사건)소송에서 20○○. ○. ○. 패소의 판결을 받고 상고를 포기함으로서, 위 판결이 확정되었습니다.

2. 그런데 위 본안소송에서 재심피고가 진술한 청구원인은 재심원고가 20○○. ○. ○○. 재심피고와 대출한도 금 1,000만원, 거래기간은 20○○. ○. ○○.로 대출약정을 하였고, 본안소송 피고 ◇①◇, 피고◇②◇는 연대보증인이므로 위 돈을 차용한 재심피고와 본안소송 피고들은 연대하여 위 돈과 이에 대한 이자를 지급해야 하나 거래기간이 종료되었음에도 변제하지 않으므로 합계 금 13,598,588원을 구한다는 것이었습니다.

3. 그러나 재심원고는 위와 같은 대출약정이 소외 ■■■가 재심원고 ◇◇◇의 명의를 이용하여 대출관계서류를 위조한 것이라고 항변하며 재심피고의 주장을 다투었으나 이것이 배척되고 위와 같이 재심피고에게 승소의 판결을 한 것입니다.

4. 재심원고는 자신과 전혀 상관없는 대출이 이루어진 것에 대하여 이 사건 대출의 주역인 소외 ■■■와 당시 담당직원들을 고소하였고, 소외 ■■■는 20○○. ○. ○. ○○지방법원 ○○지원에서 이 사건과 관련하여 재심원고의 명의를 이용하여 사문서위조, 위조사문서행사 및 사기의 죄명으로 실형을 선고받아 피고인의 항소포기로 위 판결은 확정되었습니다.

5. 위와 같은 실정이므로 재심피고의 위 ○○지방법원 판결에는 민사소송법 제451조 제1항 제6호에 의하여 재심사유가 있다고 생각되므로 이 사건 재심의 소에 이른 것입니다.

첨 부 서 류

1. 소장부본	1통
1. 판결등본	1통
1. 송달료납부서	1통

20○○.   ○○.   ○○.

위 재심원고(본소피고) ◇◇◇ (서명 또는 날인)

○○지방법원   귀중

준 재 심 소 장

준재심원고(피신청인) ◇◇◇(주민등록번호)
　　　　　　　　　　○○시 ○○구 ○○길 ○○(우편번호 ○○○○○)
　　　　　　　　　　전화.휴대폰번호:
　　　　　　　　　　팩스번호, 전자우편(e-mail)주소:
준재심피고(신 청 인) ○○○(주민등록번호)
　　　　　　　　　　○○시 ○○구 ○○길 ○○(우편번호 ○○○○○)
　　　　　　　　　　전화.휴대폰번호:
　　　　　　　　　　팩스번호, 전자우편(e-mail)주소:

위 당사자간의 귀원 20○○자○○○ 소유권이전등기청구 제소전화해신청사건에 관하여, 준재심원고(피신청인)는 20○○. ○. ○. 작성된 화해조서에 대하여 다음과 같이 준재심의 소를 제기합니다.

준재심 할 화해조서의 표시
(화 해 조 항)

피신청인은 신청인에게 별지기재 부동산에 관하여, 20○○. ○. ○○. 매매를 원인으로 하여 소유권이전등기절차를 이행한다.
화해비용은 각자 부담으로 한다.

준 재 심 청 구 취 지

1. 이 사건 화해조서를 취소한다.
2. 신청인의 청구를 기각한다.
라는 판결을 구합니다.

준 재 심 청 구 원 인

1. 민사소송법 제451조 제1항 제1호에서 제11호 사유를 구체적으로 기재.
2. 준재심원고가 준재심사유를 안 날에 대하여 설명

첨 부 서 류

1. 화해조서등본	1통
1. 형사고소장	1통
1. 준재심소장부본	1통
1. 송달료납부서	1통

20○○. ○○. ○○.

위 준재심원고(피신청인) ◇◇◇ (서명 또는 날인)

○○지방법원 귀중

준 재 심 소 장

준재심원고(원고) ○○○(주민등록번호)
　　　　　　　○○시 ○○구 ○○길 ○○(우편번호)
　　　　　　　전화.휴대폰번호:
　　　　　　　팩스번호, 전자우편(e-mail)주소:
준재심피고(피고) ◇◇◇(주민등록번호)
　　　　　　　○○시 ○○구 ○○길 ○○(우편번호)
　　　　　　　전화.휴대폰번호:
　　　　　　　팩스번호, 전자우편(e-mail)주소:

　위 당사자간 귀원 20○○자○○○ 손해배상(산) 청구사건과 관련하여 준재심원고(원고)는 20○○. ○. ○○. 작성된 다음의 화해조서에 대하여 준재심을 청구합니다.

화 해 조 서 의 표 시

1. 피고는 원고에게 20○○. ○. ○○.까지 금 15,000,000원을 지급한다.
2. 만약 피고가 위 지급기일을 어길 때에는 20○○. ○. ○.부터 다 갚는 날까지 위 금액에 대하여 연 15%의 비율에 의한 지연손해금을 지급한다.
3. 원고의 나머지 청구는 포기한다.
4. 소송 및 화해비용은 각자 부담으로 한다.

준 재 심 청 구 취 지

이 사건 화해조서를 취소한다.
라는 재판과 기타 적절한 재판을 구합니다.

준 재 심 청 구 원 인

1. 준재심원고(원고, 다음부터 원고라고만 함)는 이 사건에 관하여 소외 ◉◉◉변호사를 소송대리인으로 선임하여 소송을 진행하였으나 소외 ◉◉◉변호사가 변론기일에 출석을 게을리 하는 등 성실한 변론을 하지 않고 청구금액 금 50,000,000원 중 금 1,5000,000원에 합의할 것을 계속적으로 종용하여 변호사수임계약을

합의해지 하였는데, 그 뒤 소외 ◉◉◉변호사는 원고와 이 사건 소송대리관계가 소멸되었음에도 불구하고 원고의 대리인 자격으로 법정에 출석하여 준재심피고 (피고)와 사이에 위 화해조서와 같은 내용의 화해를 하였습니다.

2. 그러므로 이러한 사유는 민사소송법 제451조 제1항 제3호에 규정된 대리권에 흠이 있는 경우로서 원고는 청구취지와 같은 판결을 구하고자 이 사건 재심청구에 이른 것입니다.

3. 준재심원고가 준재심사유를 안 날 : 20○○. ○. ○○.

첨 부 서 류

1. 화해조서등본	1통
1. 준재심소장부본	1통
1. 송달료납부서	1통

20○○. ○○. ○○.

위 준재심원고(원고) ○○○ (서명 또는 날인)

○○지방법원 귀중

제5편
독촉절차

제462조(적용의 요건)

금전, 그 밖에 대체물(代替物)이나 유가증권의 일정한 수량의 지급을 목적으로 하는 청구에 대하여 법원은 채권자의 신청에 따라 지급명령을 할 수 있다. 다만, 대한민국에서 공시송달 외의 방법으로 송달할 수 있는 경우에 한한다.

제463조(관할법원)

독촉절차는 채무자의 보통재판적이 있는 곳의 지방법원이나 제7조 내지 제9조, 제12조 또는 제18조의 규정에 의한 관할법원의 전속관할로 한다.

제464조(지급명령의 신청)

지급명령의 신청에는 그 성질에 어긋나지 아니하면 소에 관한 규정을 준용한다.

제465조(신청의 각하)

① 지급명령의 신청이 제462조 본문 또는 제463조의 규정에 어긋나거나, 신청의 취지로 보아 청구에 정당한 이유가 없는 것이 명백한 때에는 그 신청을 각하하여야 한다. 청구의 일부에 대하여 지급명령을 할 수 없는 때에 그 일부에 대하여도 또한 같다.
② 신청을 각하하는 결정에 대하여는 불복할 수 없다.

제466조(지급명령을 하지 아니하는 경우)

① 채권자는 법원으로부터 채무자의 주소를 보정하라는 명령을 받은 경우에 소제기신청을 할 수 있다.
② 지급명령을 공시송달에 의하지 아니하고는 송달할 수 없거나 외국으로 송달하여야 할 때에는 법원은 직권에 의한 결정으로 사건을 소송절차에 부칠 수 있다.
③ 제2항의 결정에 대하여는 불복할 수 없다.

제467조(일방적 심문)

지급명령은 채무자를 심문하지 아니하고 한다.

제468조(지급명령의 기재사항)

지급명령에는 당사자, 법정대리인, 청구의 취지와 원인을 적고, 채무자가 지급명령이 송달된 날부터 2주 이내에 이의신청을 할 수 있다는 것을 덧붙여 적어야 한다.

제469조(지급명령의 송달)

① 지급명령은 당사자에게 송달하여야 한다.
② 채무자는 지급명령에 대하여 이의신청을 할 수 있다.

제470조(이의신청의 효력)

① 채무자가 지급명령을 송달받은 날부터 2주 이내에 이의신청을 한 때에는 지급명령은 그 범위안에서 효력을 잃는다.
② 제1항의 기간은 불변기간으로 한다.

제471조(이의신청의 각하)

① 법원은 이의신청이 부적법하다고 인정한 때에는 결정으로 이를 각하하여야 한다.

② 제1항의 결정에 대하여는 즉시항고를 할 수 있다.

제472조(소송으로의 이행)

① 채권자가 제466조제1항의 규정에 따라 소제기신청을 한 경우, 또는 법원이 제466조제2항의 규정에 따라 지급명령신청사건을 소송절차에 부치는 결정을 한 경우에는 지급명령을 신청한 때에 소가 제기된 것으로 본다.

② 채무자가 지급명령에 대하여 적법한 이의신청을 한 경우에는 지급명령을 신청한 때에 이의신청된 청구목적의 값에 관하여 소가 제기된 것으로 본다.

제473조(소송으로의 이행에 따른 처리)

① 제472조의 규정에 따라 소가 제기된 것으로 보는 경우, 지급명령을 발령한 법원은 채권자에게 상당한 기간을 정하여, 소를 제기하는 경우 소장에 붙여야 할 인지액에서 소제기신청 또는 지급명령신청시에 붙인 인지액을 뺀 액수의 인지를 보정하도록 명하여야 한다.

② 채권자가 제1항의 기간 이내에 인지를 보정하지 아니한 때에는 위 법원은 결정으로 지급명령신청서를 각하하여야 한다. 이 결정에 대하여는 즉시항고를 할 수 있다.

③ 제1항에 규정된 인지가 보정되면 법원사무관 등은 바로 소송기록을 관할법원에 보내야 한다. 이 경우 사건이 합의부의 관할에 해당되면 법원사무관등은 바로 소송기록을 관할법원 합의부에 보내야 한다.

④ 제472조의 경우 독촉절차의 비용은 소송비용의 일부로 한다.

제474조(지급명령의 효력)

지급명령에 대하여 이의신청이 없거나, 이의신청을 취하하거나, 각하결정이 확정된 때에는 지급명령은 확정판결과 같은 효력이 있다.

1. 지급명령의 개념

"지급명령"이란 금전, 그 밖에 대체물(代替物)이나 유가증권의 일정한 수량의 지급을 목적으로 하는 채권자의 청구에 대해 이유가 있다고 인정되면 변론을 거치지 않고 채무자에게 일정한 급부를 명하는 재판을 말합니다(민사소송법 제462조).

2. 지급명령의 요건

2-1. 대상

① 지급명령은 금전, 그 밖에 대체물(代替物)이나 유가증권의 일정한 수량의 지급을 목

적으로 하는 청구에 한정됩니다(민사소송법 제462조 본문).

② 또한 대한민국에서 공시송달 외의 방법으로 송달할 수 있는 경우에 한합니다(민사소송법 제462조 단서). 예를 들어 채무자가 외국에 있거나 소재가 파악되지 않는 등의 경우는 지급명령의 대상이 되지 못합니다.

2-2. 지급명령의 효력

지급명령에 대해 이의신청이 없거나, 이의신청을 취하하거나, 각하결정이 확정된 경우 확정판결과 같은 효력이 인정됩니다(민사소송법 제474조).

2-3. 지급명령 신청 절차

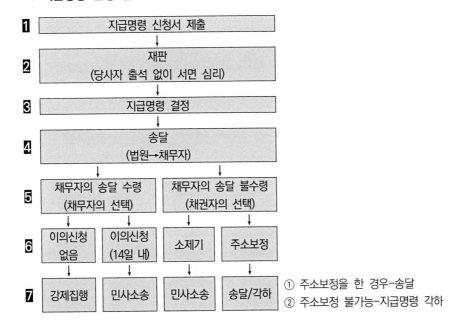

2-4. 지급명령 신청서 제출

① 지급명령 신청서에는 당사자와 법정대리인, 청구 취지와 원인을 적어야 합니다(민사소송법 제464조 및 제249조 제1항).

② 관할

㉠ 신청인은 다음과 같이 채무자의 보통재판적이 있는 곳의 지방법원에 지급명령을 신청하면 됩니다(민사소송법 제463조 및 제3조부터 제6조까지).

- 채무자의 주소지 또는 거소지

- 대사(大使)·공사(公使), 그 밖에 외국의 재판권 행사대상에서 제외되는 대한민국 국민이 주소지 또는 거소지가 없는 경우 대법원이 있는 곳
- 법인, 그 밖의 사단 또는 재단일 경우 주된 사무소 또는 영업소 소재지(만약 사무소와 영업소가 없는 경우에는 주된 업무담당자의 주소)
- 국가가 채무자일 경우에는 해당 건과 관련해 국가를 대표하는 관청 또는 대법원이 있는 곳

ⓛ 신청인은 그 외 다음의 지방법원, 지방법원 지원, 시·군법원에 지급명령을 신청할 수 있습니다(민사소송법 제463조).
- 사무소 또는 영업소에 계속해서 근무하는 사람이 채무자일 경우 그 사무소 또는 영업소가 있는 곳을 관할하는 법원(민사소송법 제7조)
- 채무자의 거소지 또는 의무이행지의 법원(민사소송법 제8조)
- 채무자에게 어음·수표를 지급한 경우에는 지급지의 법원(민사소송법 제9조)
- 사무소 또는 영업소가 있는 사람이 채무자일 경우에는 그 사무소 또는 영업소가 있는 곳의 법원(민사소송법 제12조)
- 불법행위지의 법원(민사소송법 제18조)

2-5. 지급명령의 결정

① 법원은 지급명령 신청서가 접수되면 이를 신속하게 심사한 후 특별한 사정이 없으면 바로 지급명령을 결정합니다[독촉절차관련 재판업무처리에 관한 지침(대법원재판예규 제1661호, 2017. 7. 18. 발령·시행) 제4조 제1항].

② 지급명령은 채무자를 심문하지 않고 결정합니다(민사소송법 제467조).

③ 지급명령에는 당사자, 법정대리인, 청구의 취지와 원인을 적고, 채무자가 지급명령이 송달된 날부터 2주 이내에 이의신청을 할 수 있다는 것을 덧붙여 적어야 합니다(민사소송법 제468조).

2-6. 송달

① 채무자에 대한 송달
지급명령 정본은 독촉절차안내서와 함께 채무자에게 먼저 송달해야 합니다(독촉절차관련 재판업무처리에 관한 지침 제4조 제2항).

② 보정명령

채무자에게 지급명령 정본의 송달이 불가능한 경우(다만, 법원이 직권으로 사건을 소송절차에 부친 경우 제외) 법원은 채권자에게 보정명령을 합니다(독촉절차관련 재판업무처리에 관한 지침 제4조 제3항).

③ 채권자에 대한 송달

법원의 법원서기관·법원사무관·법원주사 또는 법원주사보(이하 '법원사무관등'이라 한다)는 지급명령이 채무자에게 적법하게 송달되어 지급명령이 확정판결과 같은 효력을 가지게 되면 송달일자와 확정일자가 표시된 지급명령 정본을 바로 채권자에게 송달합니다(독촉절차관련 재판업무처리에 관한 지침 제5조 제1항 및 제2항 전단).

2-7. 이의신청

① 채무자가 이의신청서를 접수하면 법원사무관등은 채권자에게 이의신청통지서를 발송합니다(독촉절차관련 재판업무처리에 관한 지침 제8조 제1항).

② 채무자가 지급명령을 송달받은 날부터 2주 이내에 이의신청을 한 경우 지급명령은 그 범위 안에서 효력을 잃습니다(민사소송법 제470조 제1항).

3. 소송의 제기

3-1. 채권자에 의한 소송제기

채권자는 법원으로부터 채무자의 주소를 보정하라는 명령을 받은 경우 소송 제기를 신청할 수 있습니다(민사소송법 제466조 제1항).

3-2. 법원에 의한 소송제기

① 법원은 지급명령을 공시송달에 의하지 않고는 송달할 수 없거나 외국으로 송달해야 할 경우 직권에 의한 결정으로 사건을 소송절차에 부칠 수 있습니다(민사소송법 제466조 제2항).

② "공시송달"이란 법원사무관등이 송달한 서류를 보관해 두고 송달을 받아야 할 자가 나오면 언제라도 그것을 그 자에게 교부한다는 것을 법원의 게시판에 게시하는 송달 방법으로 다른 송달방법을 취할 수 없는 경우 최후 수단으로써 인정되는 제도입니다.

③ 법원이 직권으로 사건을 소송절차에 부치는 결정을 한 경우 법원사무관등은 바로 채권자에게 소송절차회부결정서를 발송해야 합니다(독촉절차관련 재판업무처리에

관한 지침 제7조 제1항).

3-3. 채무자에 의한 소송제기

채무자가 적법한 이의신청을 하면 채권자가 지급명령을 신청한 때에 이의신청된 소가로 소송이 제기된 것으로 봅니다(민사소송법 제472조 제2항).

3-4. 인지 등의 보정

① 소송이 제기되면 지급명령을 결정한 법원은 채권자에게 상당한 기간을 정해 소장에 붙여야 할 인지액에서 소송제기신청 또는 지급명령신청서에 붙인 인지액을 뺀 액수의 인지를 첨부하도록 명령합니다(민사소송법 제473조 제1항).

② 채권자가 기간 이내에 인지를 보정하지 않은 경우 법원은 결정으로 지급명령 신청서를 각하해야 합니다(민사소송법 제473조 제2항 전단).

③ 이 결정에 대해서는 즉시항고를 할 수 있습니다(민사소송법 제473조 제2항 후단).

4. 독촉절차에 대한 대법원판례

① 민사소송법 제462조에서 정한 '금전 등 대체물이나 유가증권의 일정한 수량의 지급을 목적으로 하는 청구'라는 제한을 받는지 여부(소극)

법원은 금전 등 대체물이나 유가증권의 일정한 수량의 지급을 목적으로 하는 청구에 대하여 채권자의 신청에 따라 지급명령을 할 수 있고(민사소송법 제462조), 반대급부의 이행과 동시에 금전 등 대체물이나 일정한 수량의 유가증권의 지급을 명하는 지급명령도 허용된다. 이때 반대급부는 지급명령신청의 대상이 아니어서 민사소송법 제462조에서 정한 '금전 등 대체물이나 유가증권의 일정한 수량의 지급을 목적으로 하는 청구'라는 제한을 받지 아니하고, 반대급부를 이행하여야 하는 자도 '지급명령의 신청인'에 한정되는 것은 아니다*[2022. 6. 21., 자, 2021그753, 결정].*

② 사망자를 채무자로 하여 지급명령을 신청하거나 지급명령 신청 후 정본이 송달되기 전에 채무자가 사망한 경우, 지급명령의 효력(무효)

사망자를 피고로 하는 소 제기는 원고와 피고의 대립당사자 구조를 요구하는 민사소송법의 기본원칙에 반하는 것으로서 실질적 소송관계가 성립할 수 없어 부적법하므로, 그러한 상태에서 제1심판결이 선고되었다 할지라도 판결은 당연무효이다. 피고가 소 제기 당시에는 생존하였으나 그 후 소장부본이 송달되기 전에 사망한 경우에도 마찬가지이다. 이러한 법리는 사망자를 채무자로 한 지급명령에 대해서도 적용된다. 사망자를 채무자로 하여 지급명령을 신청하거나 지급명령 신청 후 정본이 송달되기 전에 채무자가 사망한 경우에는 지급명령은 효력이 없다. 설령 지급명령이 상속인에게 송달되는 등으로 형식적으로 확정된 것 같은 외형이 생겼다고 하더라도 사망자를 상대로 한 지급명령이 상속인에 대하여 유효하게 된다고 할 수는 없다. 그리고 회생절차폐지결정이 확정되어 효력이 발생하면 관리인의 권한은 소멸하므로, 관리인을 채무자로 한 지급명령의 발령 후 정본의 송달 전에 회생절차폐지결정이 확정된 경우에도 채무자가 사망한 경우와 마찬가지로 보아야 한다[2017. 5. 17., 선고, 2016다274188, 판결].

③ 지급명령이 송달된 후 이의신청 기간 내에 회생절차개시결정 등과 같은 소송중단 사유가 생긴 경우, 이의신청 기간의 진행이 정지되는지 여부(적극)

독촉절차는 금전, 그 밖에 대체물이나 유가증권의 일정한 수량의 지급을 목적으로 하는 청구에 대하여 채권자로 하여금 간이·신속하게 집행권원을 얻을 수 있도록 하기 위한 특별소송절차로서(민사소송법 제462조), 그 성질에 어긋나지 아니하는 범위에서 소에 관한 규정이 준용된다(민사소송법 제464조). 따라서 지급명령이 송달된 후 이의신청 기간 내에 회생절차개시결정 등과 같은 소송중단 사유가 생긴 경우에는 민사소송법 제247조 제2항이 준용되어 이의신청 기간의 진행이 정지된다[2012. 11. 15., 선고, 2012다70012, 판결].

④ 지급명령신청에 대해 상대방이 이의신청을 하는 경우, 사기죄의 성립에 영향을 미치는지 여부(소극)

지급명령신청에 대해 상대방이 이의신청을 하면 지급명령은 이의의 범위 안에서 그 효력을 잃게 되고 지급명령을 신청한 때에 소를 제기한 것으로 보게 되는 것이지만 이로써 이미 실행에 착수한 사기의 범행 자체가 없었던 것으로 되는 것은 아니다[2004. 6. 24., 선고, 2002도4151, 판결].

⑤ 지급명령 사건이 채무자의 이의신청으로 소송으로 이행되는 경우, 지급명령에 의한

시효중단 효과의 발생시기(=지급명령을 신청한 때)

민사소송법 제472조 제2항은 "채무자가 지급명령에 대하여 적법한 이의신청을 한 경우에는 지급명령을 신청한 때에 이의신청된 청구목적의 값에 관하여 소가 제기된 것으로 본다."라고 규정하고 있는바, 지급명령 사건이 채무자의 이의신청으로 소송으로 이행되는 경우에 지급명령에 의한 시효중단의 효과는 소송으로 이행된 때가 아니라 지급명령을 신청한 때에 발생한다*[2015. 2. 12., 선고, 2014다228440, 판결].*

⑥ **지급명령에서 확정된 채권의 소멸시효기간(=10년)**

민사소송법 제474조, 민법 제165조 제2항에 의하면, 지급명령에서 확정된 채권은 단기의 소멸시효에 해당하는 것이라도 그 소멸시효기간이 10년으로 연장된다 *[2009. 9. 24., 선고, 2009다39530, 판결].*

5. 독촉절차에 대한 서식

[서식 ①] 지급명령신청서(보증금)-표준전산양식

지급명령신청서(보증금)

채 권 자   (-   )
        주소
        연락 가능한 전화번호

채 무 자   (-   )
        주소
        연락 가능한 전화번호

청 구 취 지

채무자는 채권자에게 아래 청구금액 및 독촉절차비용을 지급하라는 명령을 구함
1. 금_____원
2. 위 제1항 금원 중 금_____원에 대한 년 월 일부터 다 갚는 날까지 연 %의 비율로 계산한 돈
※ 독촉절차비용: 금_____원(내역: 송달료 원, 인지액 원, 서기료 원)

청 구 원 인

1. 청구 내역 요약   (기준일: 20 . . .)

순번	대출과목	약정일	약정금	잔여 원금	이자 등	합계	주채무자
1							
2							
합계							

2. 계산근거 요약 (원리금계산서 등을 신청서에 별지로 첨부하는 것으로 대체 가능)

순번	원금	금리(이율)	계산 기간	이자 등	원리금 합계	비고
1						약정이자
						연체이자
2						
합계						

3. 청구원인 사실
(기존에 서술 형식으로 기재하던 부분과 동일한 형식으로 기재)

4. 기타 <예시>
　가. 서울중앙지방법원 20　가합　호 대여금 등 사건, 20 ． ． ．승소확정판결
　나. 서울가정법원 20　느단　호 상속한정승인 사건, 20 ． ． ．인용

　※ 이 사건 관련 변제 등에 관한 문의 안내:　고객지원센터(　　-　　)

첨 부 서 류

1. 청구원인 소명자료 목록<별지 예시>
2.

20 ． ． ．

채권자　　　　　(서명 또는 날인)

◇ 유의 사항 ◇

1. 지급명령신청에는 소장에 붙여야 할 인지의 10분의 1의 액수에 해당하는 인지액을 납부하여야 하며, 당사자 1명당 6회분(예: 채권자와 채무자가 각 1명인 경우 12회분)의 송달료를 납부하여야 합니다.
2. 당사자가 개인사업자라면 자연인이므로 개인상호를 상법상 회사와 같이 표시할 수 없고, 자연인의 경우처럼 성명과 주소를 기재하여야 합니다. 이때 성명 또는 주소 다음에 당사자를 구체적으로 특정(예: ○○통상 대표자)하는 것은 무방합니다.
3. 연락 가능한 전화번호에는 언제든지 연락 가능한 전화번호나 휴대전화번호 그 밖에 팩스번호, 이메일 주소 등이 있으면 함께 기재하십시오. 채무자의 연락처는 확인이 가능한 경우에 기재하면 됩니다.
4. **시효연장을 위하여 신청을 하는 경우 및 상속한정승인이 있는 경우에는 '4. 기타'란에 해당사건의 법원명, 사건번호 및 사건명을 반드시 기재하십시오.**

지급명령신청서 표준양식 이용 및 작성 안내

1. 지급명령신청서 표준양식은 대여금, 구상금, 보증금 및 양수금 청구사건에 대한 민원인의 신청서 작성의 편의를 도모하고, 사건의 신속한 처리를 위하여 제공되는 양식으로, **청구내용에 따라 표준양식 이용이 어려운 경우에는 기존의 지급명령신청서 양식을 이용하여 작성할 수 있습니다.**

2. 청구원인의 청구내역 요약, 계산근거 요약, 구상권 행사 대상채권 등의 표는 반드시 모두 채워야 하는 것은 아니고, **청구내용에 따라 빈칸으로 두거나 적절히 변형하여 이용할 수 있습니다.**

3. 청구원인의 계산근거 요약표는 원리금계산서 등을 지급명령신청서에 별지 형태로 첨부하는 것으로 대신할 수 있습니다.

4. **청구원인 사실란은 기존에 서술형식으로 기재하던 부분과 동일한 형식으로 기재하면 됩니다.**

5. 기타란은 시효연장을 위한 지급명령신청의 경우, 상속한정승인이 있는 경우에 해당사건의 법원명, 사건번호 및 사건명을 기재하거나 변제 등에 관한 문의 안내 전화번호 등을 기재합니다.

6. 첨부 서류인 청구원인 소명자료 목록은 지급명령에 대한 공시송달이나 소송절차로 회부(이행)되는 경우에 신속한 절차 진행을 위하여 〈별지 예시〉 내용을 참고하여 작성합니다.

지 급 명 령 신 청

채권자 ○○○(주민등록번호)

　　　 ○○시 ○○구 ○○길 ○○(우편번호 ○○○○○)

　　　 전화.휴대폰번호:

　　　 팩스번호, 전자우편(e-mail)주소:

채무자 ◇◇◇(주민등록번호)

　　　 ○○시 ○○구 ○○길 ○○(우편번호 ○○○○○)

　　　 전화.휴대폰번호:

　　　 팩스번호, 전자우편(e-mail)주소:

대여금청구의 독촉사건

청구금액 : 금 5,000,000원

신 청 취 지

　 채무자는 채권자에게 금 5,000,000원 및 이에 대한 20○○. ○. ○.부터 이 사건 지급명령결정정본을 송달 받는 날까지는 연 18%, 그 다음날부터 다 갚는 날까지는 연 15%의 각 비율에 의한 금액 및 아래 독촉절차비용을 합한 금액을 지급하라는 지급명령을 구합니다.

아　　　　래

　　금　　　　원　　　　독촉절차비용

내　　　　역

　　금　　　　원　　　인　지　대
　　금　　　　원　　　송　달　료

신 청 이 유

1. 채권자는 채무자에게 20○○. ○. ○. 금 5,000,000원을 대여해주면서 변제기한은

같은 해 ○○. ○, 이자는 월 1.5%를 지급 받기로 한 사실이 있습니다.

2. 그런데 채무자는 위 변제기일이 지났음에도 불구하고 원금은 고사하고 약정한 이자까지도 채무이행을 하지 아니하므로 채권자는 채무자에게 위 원금 및 지연이자를 변제할 것을 여러 차례에 걸쳐 독촉하자 채무자는 원금 및 지연이자를 20○○. ○. ○○.까지 지급하겠다며 지불각서까지 작성하여 주고서도 이마저도 전혀 이행치 않고 있습니다.

3. 따라서 채권자는 채무자로부터 위 대여금 5,000,000원 및 이에 대한 20○○. ○. ○.부터 이 사건 지급명령결정정본을 송달 받는 날까지는 약정한 이자인 연 18%(계산의 편의상 월 1.5%를 연단위로 환산함), 그 다음날부터 다 갚는 날까지는 소송촉진등에관한특례법에서 정한 연 15%의 각 비율에 의한 이자, 지연손해금 및 독촉절차비용을 합한 금액의 지급을 받기 위하여 이 사건 신청을 하기에 이르게 된 것입니다.

첨 부 서 류

1. 지불각서	1통
1. 송달료납부서	1통

20○○.   ○○.   ○○.

위 채권자 ○○○ (서명 또는 날인)

○○**지방법원   귀중**

지 급 명 령 신 청

채권자 ○○○(주민등록번호)

　　　　○○시 ○○구 ○○길 ○○(우편번호 ○○○○○)

　　　　전화.휴대폰번호:

　　　　팩스번호, 전자우편(e-mail)주소:

채무자 주식회사 ◇◇◇◇

　　　　○○시 ○○구 ○○길 ○○(우편번호 ○○○○○)

　　　　대표이사 ◆◆◆

　　　　전화.휴대폰번호:

　　　　팩스번호, 전자우편(e-mail)주소:

임금 및 퇴직금청구 독촉사건

청구금액 : 금 7,500,000원

신 청 취 지

　채무자는 채권자에게 금 7,500,000원 및 이에 대한 20○○. ○○. ○○.부터 20○○. ○○. ○○.까지는 연 5%, 그 다음날부터 다 갚는 날까지는 연 20%의 각 비율에 의한 금액 및 아래 독촉절차비용을 합한 금액을 지급하라는 지급명령을 구합니다.

아　　래

　　금　　원　　　　독촉절차비용

내　　역

　　금　　원　　　　인　지　대
　　금　　원　　　　송　달　료

신 청 이 유

1. 채권자는 20○○. ○. ○.부터 20○○. ○○. ○.까지 ○○시 ○○구 ○○길 소재에서 식육 도소매업을 하는 피고회사에서 유통판매사원으로 근무하다가 퇴직하였는데, 20○○. ○월분부터 ○월분까지 체불임금 5,500,000원과 위 기간동안의 퇴직금 2,000,0000원 등 합계 금 7,500,000원을 지금까지 지급을 받지 못한 사실이 있습니다.

2. 따라서 채무자는 채권자에게 위 체불임금 5,500,000원과 위 기간 동안의 퇴직금 2,000,000원 등 합계 금 7,500,000원 및 이에 대하여 퇴직한 다음날인 20○○. ○○. ○○.부터 14일째 되는 날인 20○○. ○○. ○○.까지는 민법에서 정한 연 5%, 그 다음날부터 다 갚는 날까지는 근로기준법 제37조 및 동법 시행령 제17조에서 정한 연 20%의 각 비율에 의한 지연손해금 및 독촉절차비용을 합한 금액을 지급할 의무가 있으므로 이 사건 신청에 이르게 된 것입니다.

첨 부 서 류

1. 체불금품확인원(○○지방노동사무소)   1통
1. 송달료납부서   1통

20○○.   ○○.   ○○.
위 채권자 ○○○ (서명 또는 날인)

○○지방법원 귀중

지 급 명 령 신 청

채권자 ○○○(주민등록번호)
　　　 ○○시 ○○구 ○○길 ○○(우편번호 ○○○○○)
　　　 전화.휴대폰번호:
　　　 팩스번호, 전자우편(e-mail)주소:
채무자 ◇◇◇(주민등록번호)
　　　 ○○시 ○○구 ○○길 ○○(우편번호 ○○○○○)
　　　 전화.휴대폰번호:
　　　 팩스번호, 전자우편(e-mail)주소:

임차보증금반환청구의 독촉사건
청구금액 : 금 35,000,000원

신 청 취 지

　 채무자는 채권자에게 금 35,000,000원 및 이에 대한 20○○. ○○. ○○.부터 이 사건 지급명령정본을 송달 받는 날까지는 연 5%, 그 다음날부터 다 갚는 날까지는 연 15%의 각 비율에 의한 금액 및 아래 독촉절차비용을 합한 금액을 지급하라는 지급명령을 구합니다.

아　　　래

　 금　　원　　　　독촉절차비용

내　　　역

　 금　　원　　　인 지 대
　 금　　원　　　송 달 료

신 청 이 유

1. 채권자와 채무자는 20○○. ○. ○. 피고 소유 ○○시 ○○구 ○○길 ○○ 소재 목

조기와지붕 평가건물 단층주택 47.36㎡ 중 방 1칸 및 부엌에 대하여 임차보증금 35,000,000원, 임대차기간은 2년으로 하는 임대차계약을 체결하고 점유.사용하여 오다가 20○○. ○○. ○. 임대차계약기간의 만료로 인하여 임대인인 채무자에게 건물을 명도 하였습니다.

2. 그렇다면 채무자는 채권자에게 위 임차보증금을 지급할 의무가 있음에도 불구하고 지급하지 아니하여 채권자는 채무자에게 임차보증금을 반환하여 줄 것을 여러 차례에 걸쳐 독촉하였음에도 채무자는 지금까지 위 임차보증금을 반환하지 않고 있습니다.

3. 따라서 채권자는 채무자로부터 위 임차보증금 35,000,000원 및 이에 대한 20○○. ○○. ○○.부터 이 사건 지급명령결정정본을 송달 받는 날까지는 민법에서는 연 5%, 그 다음날부터 다 갚는 날까지는 소송촉진등에관한특례법에서 정한 연 15%의 각 비율에 의한 지연손해금 및 독촉절차비용을 합한 금액의 지급을 받기 위하여 이 사건 신청을 하기에 이르게 된 것입니다.

첨 부 서 류

1. 부동산임대차계약서	1통
1. 부동산등기사항증명서	1통
1. 송달료납부서	1통

20○○.　○○.　○○.

위 채권자 ○○○ (서명 또는 날인)

○○지방법원　귀중

지 급 명 령 신 청

채권자 ○○○(주민등록번호)
　　　○○시 ○○구 ○○길 ○○(우편번호 ○○○○○)
　　　전화.휴대폰번호:
　　　팩스번호, 전자우편(e-mail)주소:
채무자 ◇◇◇(주민등록번호)
　　　○○시 ○○구 ○○길 ○○(우편번호 ○○○○○)
　　　전화.휴대폰번호:
　　　팩스번호, 전자우편(e-mail)주소:

구상금청구의 독촉사건
청구금액 : 금 ○○○원

신 청 취 지

　채무자는 채권자에게 금 ○○○원 및 이에 대한 20○○. ○○. ○○.부터 이 사건 명령 송달일까지는 연 ○○%의, 그 다음날부터 다 갚는 날까지는 연 15%의 각 비율에 의한 지연손해금과 독촉절차비용을 지급하라는 재판을 구합니다.

독촉절차비용　　금 ○○○원

- 내　　역 -

　금 ○○○원　　　(첩용인지대)
　금 ○○○원　　　(송　달　료)

신 청 이 유

1. 채권자는 채무자가 20○○. ○. ○. 신청외 ◈◈◈로부터 금 ○○○원을 이자는 월 ○%로 정하여 차용함에 있어서, 차용금증서상 연대보증인으로 기명.날인하여 채권자는 위 대여금채무의 연대보증인이 되었습니다.
2. 그 뒤 20○○. ○.경부터 채무자가 위 대여금 이자의 지급을 연체하여 위 대여금 채무에 대한 기한의 이익을 상실하자 위 신청외 ◈◈◈는 연대보증인인 채권자에

게 원리금 전액의 상환을 요청하여 채권자는 20○○. ○○. ○. 위 대여금의 원금 및 20○○. ○. ○.부터 20○○. ○. ○○.까지 ○○개월간의 월 ○%의 이자 금 ○○원 등 합계 금 ○○○원을 채무자를 대위하여 변제하였습니다.

3. 따라서 채권자는 채무자에 대하여 대위 변제한 금 ○○○원 및 이에 대한 20○○. ○○. ○○.부터 이 사건 명령 송달일까지는 약정이자율인 연 ○○%의, 그 다음날부터 다 갚는 날까지는 소송촉진등에관한특례법에서 정한 연 15%의 각 비율에 의한 지연손해금과 독촉절차비용을 지급 받고자 이 사건 신청에 이른 것입니다.

첨 부 서 류

1. 대위변제 확인서　　　　　1통
1. 영수증　　　　　　　　　　1통
1. 송달료납부서　　　　　　　1통

20○○.　　○○.　　○○.

위 채권자 ○○○ (서명 또는 날인)

○○지방법원　귀중

[서식 ⑥] 지급명령 이의신청서

이 의 신 청 서

사 건   20○○차○○○ 물품대금
신 청 인(채무자)   ◇◇◇
피신청인(채권자)   ○○○

 위 사건에 관하여 신청인은 피신청인으로부터 물건을 구입한 사실이 있으나 그
대금을 6개월에 걸쳐 완납하여 채무가 존재하지 아니하므로 이의합니다.
(신청인은 지급명령 정본을 20○○. ○. ○. 송달 받았음)

20○○.   ○○.   ○○.
위 신청인(채무자) ◇◇◇ (서명 또는 날인)

○○지방법원   귀중

제6편
공시최고절차

제475조(공시최고의 적용범위)

공시최고(公示催告)는 권리 또는 청구의 신고를 하지 아니하면 그 권리를 잃게 될 것을 법률로 정한 경우에만 할 수 있다.

제476조(공시최고절차를 관할하는 법원)

① 공시최고는 법률에 다른 규정이 있는 경우를 제외하고는 권리자의 보통재판적이 있는 곳의 지방법원이 관할한다. 다만, 등기 또는 등록을 말소하기 위한 공시최고는 그 등기 또는 등록을 한 공공기관이 있는 곳의 지방법원에 신청할 수 있다.

② 제492조의 경우에는 증권이나 증서에 표시된 이행지의 지방법원이 관할한다. 다만, 증권이나 증서에 이행지의 표시가 없는 때에는 발행인의 보통재판적이 있는 곳의 지방법원이, 그 법원이 없는 때에는 발행 당시에 발행인의 보통재판적이 있었던 곳의 지방법원이 각각 관할한다.

③ 제1항 및 제2항의 관할은 전속관할로 한다.

제477조(공시최고의 신청)

① 공시최고의 신청에는 그 신청의 이유와 제권판결(除權判決)을 청구하는 취지를 밝혀야 한다.

② 제1항의 신청은 서면으로 하여야 한다.

③ 법원은 여러 개의 공시최고를 병합하도록 명할 수 있다.

제478조(공시최고의 허가여부)

① 공시최고의 허가여부에 대한 재판은 결정으로 한다. 허가하지 아니하는 결정에 대하여는 즉시항고를 할 수 있다.

② 제1항의 경우에는 신청인을 심문할 수 있다.

제479조(공시최고의 기재사항)

① 공시최고의 신청을 허가한 때에는 법원은 공시최고를 하여야 한다.

② 공시최고에는 다음 각호의 사항을 적어야 한다.

　1. 신청인의 표시

　2. 공시최고기일까지 권리 또는 청구의 신고를 하여야 한다는 최고

　3. 신고를 하지 아니하면 권리를 잃게 될 사항

　4. 공시최고기일

제480조(공고방법)

공시최고는 대법원규칙이 정하는 바에 따라 공고하여야 한다.

제481조(공시최고기간)

공시최고의 기간은 공고가 끝난 날부터 3월 뒤로 정하여야 한다.

제482조(제권판결전의 신고)

공시최고기일이 끝난 뒤에도 제권판결에 앞서 권리 또는 청구의 신고가 있는 때에는 그 권리를

잃지 아니한다.

제483조(신청인의 불출석과 새 기일의 지정)

① 신청인이 공시최고기일에 출석하지 아니하거나, 기일변경신청을 하는 때에는 법원은 1회에 한하여 새 기일을 정하여 주어야 한다.

② 제1항의 새 기일은 공시최고기일부터 2월을 넘기지 아니하여야 하며, 공고는 필요로 하지 아니한다.

제484조(취하간주)

신청인이 제483조의 새 기일에 출석하지 아니한 때에는 공시최고신청을 취하한 것으로 본다.

제485조(신고가 있는 경우)

신청이유로 내세운 권리 또는 청구를 다투는 신고가 있는 때에는 법원은 그 권리에 대한 재판이 확정될 때까지 공시최고절차를 중지하거나, 신고한 권리를 유보하고 제권판결을 하여야 한다.

제486조(신청인의 진술의무)

공시최고의 신청인은 공시최고기일에 출석하여 그 신청을 하게 된 이유와 제권판결을 청구하는 취지를 진술하여야 한다.

제487조(제권판결)

① 법원은 신청인이 진술을 한 뒤에 제권판결신청에 정당한 이유가 없다고 인정할 때에는 결정으로 신청을 각하하여야 하며, 이유가 있다고 인정할 때에는 제권판결을 선고하여야 한다.

② 법원은 제1항의 재판에 앞서 직권으로 사실을 탐지할 수 있다.

제488조(불복신청)

제권판결의 신청을 각하한 결정이나, 제권판결에 덧붙인 제한 또는 유보에 대하여는 즉시항고를 할 수 있다.

제489조(제권판결의 공고)

법원은 제권판결의 요지를 대법원규칙이 정하는 바에 따라 공고할 수 있다.

제490조(제권판결에 대한 불복소송)

① 제권판결에 대하여는 상소를 하지 못한다.

② 제권판결에 대하여는 다음 각호 가운데 어느 하나에 해당하면 신청인에 대한 소로써 최고법원에 불복할 수 있다.

 1. 법률상 공시최고절차를 허가하지 아니할 경우일 때
 2. 공시최고의 공고를 하지 아니하였거나, 법령이 정한 방법으로 공고를 하지 아니한 때
 3. 공시최고기간을 지키지 아니한 때
 4. 판결을 한 판사가 법률에 따라 직무집행에서 제척된 때
 5. 전속관할에 관한 규정에 어긋난 때

6. 권리 또는 청구의 신고가 있음에도 법률에 어긋나는 판결을 한 때

7. 거짓 또는 부정한 방법으로 제권판결을 받은 때

8. 제451조제1항제4호 내지 제8호의 재심사유가 있는 때

제491조(소제기기간)

① 제490조제2항의 소는 1월 이내에 제기하여야 한다.

② 제1항의 기간은 불변기간으로 한다.

③ 제1항의 기간은 원고가 제권판결이 있다는 것을 안 날부터 계산한다. 다만, 제490조제2항제4호·제7호 및 제8호의 사유를 들어 소를 제기하는 경우에는 원고가 이러한 사유가 있음을 안 날부터 계산한다.

④ 이 소는 제권판결이 선고된 날부터 3년이 지나면 제기하지 못한다.

제492조(증권의 무효선고를 위한 공시최고)

① 도난·분실되거나 없어진 증권, 그 밖에 상법에서 무효로 할 수 있다고 규정한 증서의 무효선고를 청구하는 공시최고절차에는 제493조 내지 제497조의 규정을 적용한다.

② 법률상 공시최고를 할 수 있는 그 밖의 증서에 관하여 그 법률에 특별한 규정이 없으면 제1항의 규정을 적용한다.

제493조(증서에 관한 공시최고신청권자)

무기명증권 또는 배서(背書)로 이전할 수 있거나 약식배서(略式背書)가 있는 증권 또는 증서에 관하여는 최종소지인이 공시최고절차를 신청할 수 있으며, 그 밖의 증서에 관하여는 그 증서에 따라서 권리를 주장할 수 있는 사람이 공시최고절차를 신청할 수 있다.

제494조(신청사유의 소명)

① 신청인은 증서의 등본을 제출하거나 또는 증서의 존재 및 그 중요한 취지를 충분히 알리기에 필요한 사항을 제시하여야 한다.

② 신청인은 증서가 도난·분실되거나 없어진 사실과, 그 밖에 공시최고절차를 신청할 수 있는 이유가 되는 사실 등을 소명하여야 한다.

제495조(신고최고, 실권경고)

공시최고에는 공시최고기일까지 권리 또는 청구의 신고를 하고 그 증서를 제출하도록 최고하고, 이를 게을리 하면 권리를 잃게 되어 증서의 무효가 선고된다는 것을 경고하여야 한다.

제496조(제권판결의 선고)

제권판결에서는 증권 또는 증서의 무효를 선고하여야 한다.

제497조(제권판결의 효력)

제권판결이 내려진 때에는 신청인은 증권 또는 증서에 따라 의무를 지는 사람에게 증권 또는 증서에 따른 권리를 주장할 수 있다.

1. 공시최고 및 제권판결의 개념

1-1. 공시최고(公示催告)의 개념

"공시최고(公示催告)"란 법률이 정한 경우에 법원이 당사자의 신청에 따라 공고의 방법으로 미지의 불분명한 이해관계인에게 실권 기타 불이익의 경고를 첨부하여 권리 신고의 최고를 하고 누구한테서도 권리의 신고가 없을 때에는 제권판결을 하는 절차를 말합니다.

1-2. 제권판결의 개념

"제권판결(除權判決)"이란 공시최고절차를 거쳐 기존에 발행된 유가증권인 어음·수표의 실효를 선고하고 상실자에게 자격을 회복시켜주는 판결을 말합니다.

2. 신청인

2-1. 증권 또는 증서의 무효선고를 위한 공시최고

① 무기명증권 또는 배서(背書)로 이전할 수 있거나 약식배서(略式背書)가 있는 증권 또는 증서의 최종소지인이 공시최고절차를 신청할 수 있습니다(민사소송법 제493조).

② 그 밖의 증서는 증서의 종류에 따라서 권리를 주장할 수 있는 사람이 공시최고절차를 신청할 수 있습니다(민사소송법 제493조).

2-2. 신청요건

① 공시최고는 권리 또는 청구의 신고를 하지 않으면 그 권리를 잃게 될 것을 법률로 정한 경우에만 할 수 있습니다(민사소송법 제475조).

② 등기·등록의 말소를 위한 공시최고
- 등기권리자가 등기의무자의 소재불명으로 등기의 말소를 신청할 수 없을 경우 공시최고를 신청할 수 있습니다(부동산등기법 제56조 제1항).
- 공시최고를 신청해 제권판결을 받으면 등기권리자가 그 사실을 증명해 단독으로 등기의 말소를 신청할 수 있습니다(부동산등기법 제56조 제2항).

③ 증권 또는 증서의 무효선고를 위한 공시최고
- 멸실한 증서나 소지인의 점유를 이탈한 증서는 공시최고 절차에 따라 무효가 됩니다(민법 제521조).

④ 증권이나 증서는 수표, 어음, 화물상환증, 창고증권, 주권, 사채권, 선하증권, 채권 등의 유가증권의 성질을 가진 대부분의 증권을 말합니다.

2-3. 제권판결의 효력

제권판결이 내려진 경우 신청인은 증권 또는 증서에 따라 의무를 지는 사람에게 증권 또는 증서에 따른 권리를 주장할 수 있습니다(민사소송법 제497조).

3. 공시최고 신청 절차

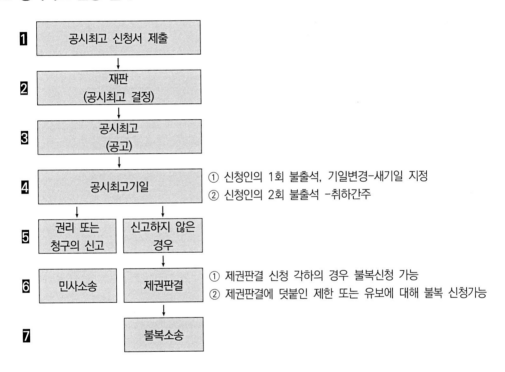

1 공시최고 신청서 제출

2 재판 (공시최고 결정)

3 공시최고 (공고)

4 공시최고기일
① 신청인의 1회 불출석, 기일변경-새기일 지정
② 신청인의 2회 불출석 -취하간주

5 권리 또는 청구의 신고 / 신고하지 않은 경우

6 민사소송 / 제권판결
① 제권판결 신청 각하의 경우 불복신청 가능
② 제권판결에 덧붙인 제한 또는 유보에 대해 불복 신청가능

7 불복소송

4. 공시최고 신청서 제출

공시최고 신청은 서면으로 해야 하고, 신청서에는 신청 이유와 제권판결을 청구하는 취지를 밝혀야 합니다(민사소송법 제477조 제1항 및 제2항).

4-1. 소명자료

① 신청인은 증서의 등본을 제출하거나 또는 증서의 존재 및 그 중요한 취지를 충분히 알리기에 필요한 사항을 제시해야 합니다(민사소송법 제494조 제1항).

② 신청인은 증서가 도난·분실되거나 없어진 사실과, 그 밖에 공시최고절차를 신청할 수 있는 이유가 되는 사실 등을 소명해야 합니다(민사소송법 제494조 제2항).

4-2. 관할

① 공시최고는 법률에 다른 규정이 있는 경우를 제외하고는 권리자의 보통재판적이 있는 곳의 지방법원에 합니다(민사소송법 제476조 제1항 본문 및 제3조부터 제6조까지).
   - 권리자의 주소지 또는 거소지
   - 대사(大使)·공사(公使), 그 밖에 외국의 재판권 행사대상에서 제외되는 대한민국 국민이 주소지 또는 거소지가 없는 경우 대법원이 있는 곳
   - 법인, 그 밖의 사단 또는 재단일 경우 주된 사무소 또는 영업소 소재지(만약 사무소와 영업소가 없는 경우에는 주된 업무담당자의 주소)
   - 국가가 권리자일 경우에는 해당 건과 관련해 국가를 대표하는 관청 또는 대법원이 있는 곳
② 다만, 등기 또는 등록을 말소하기 위한 공시최고는 그 등기 또는 등록을 한 공공기관이 있는 곳의 지방법원에 신청할 수 있습니다(민사소송법 제476조 제1항 단서).
③ 무효선고를 청구하는 공시최고 신청의 관할
   - 도난·분실되거나 없어진 증권, 그 밖에 「상법」에서 무효로 할 수 있다고 규정한 증서의 무효선고를 청구하는 공시최고 신청은 증권이나 증서에 표시된 이행지의 지방법원에 합니다(민사소송법 제476조 제2항 본문 및 제492조).
   - 다만, 증권이나 증서에 이행지의 표시가 없는 경우에는 발행인의 보통재판적이 있는 곳의 지방법원에 합니다(민사소송법 제476조 제2항 단서).
   - 그러나 발행인의 보통재판적이 있는 곳의 지방법원이 없는 경우에는 발행 당시에 발행인의 보통재판적이 있었던 곳의 지방법원에 합니다(민사소송법 제476조 제2항 단서).

4-3. 재판

① 공시최고의 허가여부에 대한 재판은 신청인을 심문할 수 있습니다(민사소송법 제478조 제2항).
② 공시최고의 허가여부에 대한 재판은 결정으로 합니다(민사소송법 제478조 제1항 전단).
③ 허가하지 않는 결정에 대해서는 즉시항고 할 수 있습니다(민사소송법 제478조 제1

항 후단).

4-4. 공시최고

① 공시최고의 신청을 허가한 경우 법원은 공시최고를 해야 합니다(민사소송법 제479
조 제1항).

② 기재사항

공시최고에는 다음의 사항을 적어야 합니다(민사소송법 제479조 제2항 및 제495조).
- 신청인의 표시
- 신고최고 : 공시최고기일까지 권리 또는 청구의 신고를 해야 한다는 최고
- 실권경고 : 신고를 하지 않으면 권리를 잃게 되어 증서의 무효가 선고된다는 사항
- 공시최고기일 : 공고가 끝난 날부터 3개월 뒤(「민사소송법」 제481조)

③ 공고

공시최고의 공고는 다음 중 어느 하나의 방법으로 합니다. 필요하다고 인정하는 경
우에는 적당한 방법으로 공고사항의 요지를 공시할 수 있습니다(민사소송규칙 제
142조 제1항).
- 법원게시판 게시
- 관보·공보 또는 신문 게재
- 전자통신매체를 이용한 공고

4-5. 공시최고기일

① 공시최고의 신청인은 공시최고기일에 출석해 그 신청을 하게 된 이유와 제권판결을
청구하는 취지를 진술해야 합니다(민사소송법 제486조).

② 신청인이 불출석 하는 경우

㉠ 신청인이 공시최고기일에 출석하지 않거나, 기일변경신청을 하는 경우 법원은 1회
에 한해 새 기일을 정합니다(민사소송법 제483조 제1항).

㉡ 새 기일은 공시최고기일부터 2개월을 넘기지 않아야 하며, 공고는 필요하지 않습
니다(민사소송법 제483조 제2항).

㉢ 신청인이 새 기일에도 출석하지 않은 경우에는 공시최고신청을 취하한 것으로 봅
니다(민사소송법 제484조).

4-6. 권리 또는 청구의 신고

① 공시최고기일이 끝난 뒤에도 제권판결에 앞서 권리 또는 청구의 신고를 하면 그 권리를 잃지 않습니다(민사소송법 제482조).

② 신청이유로 내세운 권리 또는 청구를 다투는 신고가 있는 경우 법원은 다음과 같이 처리해야 합니다(민사소송법 제485조).
- 그 권리에 대한 재판이 확정될 때까지 공시최고절차를 중지
- 신고한 권리를 유보하고 제권판결을 결정

4-7. 제권판결

① 법원은 신청인이 진술을 한 뒤에 제권판결 신청에 정당한 이유가 있다고 인정할 경우에는 제권판결을 선고합니다(민사소송법 제487조 제1항).

② 그러나, 제권판결 신청에 정당한 이유가 없다고 인정할 경우에는 결정으로 신청을 각하합니다(민사소송법 제487조 제1항).

③ 제권판결에서는 증권 또는 증서의 무효를 선고합니다(민사소송법 제496조).

④ 공고

제권판결의 요지에 대한 공고는 다음 중 어느 하나의 방법으로 합니다(민사소송규칙 제143조 및 제142조 제1항).
- 법원게시판 게시
- 관보·공보 또는 신문 게재
- 전자통신매체를 이용한 공고

⑤ 제권판결에 대한 즉시항고

신청인은 제권판결의 신청을 각하한 결정이나, 제권판결에 덧붙인 제한 또는 유보에 대해서 즉시항고를 할 수 있습니다(민사소송법 제488조).

4-8. 불복소송의 제기

① 소송제기 요건

제권판결에 대해서는 상소를 하지 못하므로 다음 중 어느 하나에 해당하면 신청인에 대한 소송으로 최고법원에 불복할 수 있습니다(민사소송법 제490조 제1항, 제2항 및 제451조 제1항 제4호부터 제8호까지).
- 법률상 공시최고절차를 허가하지 않은 경우

- 공시최고의 공고를 하지 않은 경우
- 법령이 정한 방법으로 공고를 하지 않은 경우
- 공시최고기간을 지키지 않은 경우
- 판결을 한 판사가 법률에 따라 직무집행에서 제척된 경우
- 전속관할에 관한 규정에 어긋난 경우
- 권리 또는 청구의 신고가 있음에도 법률에 어긋나는 판결을 한 경우
- 거짓 또는 부정한 방법으로 제권판결을 받은 경우
- 재판에 관여한 법관이 그 사건에 관해 직무에 관한 죄를 범한 경우
- 형사상 처벌을 받을 다른 사람의 행위로 말미암아 자백을 했거나 판결에 영향을 미칠 공격 또는 방어방법의 제출에 방해를 받은 경우
- 판결의 증거가 된 문서, 그 밖의 물건이 위조되거나 변조된 것인 경우
- 증인·감정인·통역인의 거짓 진술 또는 당사자신문에 따른 당사자나 법정대리인의 거짓 진술이 판결의 증거가 된 경우
- 판결의 기초가 된 민사나 형사 판결, 그 밖의 재판 또는 행정처분이 다른 재판이나 행정처분에 따라 바뀐 경우

② 소송제기 기간

㉠ 제권판결에 대한 불복소송은 원고가 제권판결이 있다는 것을 안 날부터 1개월 이내에 제기해야 합니다(민사소송법 제491조 제1항 및 제3항 본문).

㉡ 제권판결에 대한 불복소송은 제권판결이 선고된 날부터 3년이 지나면 제기하지 못합니다(민사소송법 제491조 제4항).

㉢ 다만, 다음의 사유로 소송을 제기하는 경우에는 원고가 제권판결이 있다는 것을 안 날이 아니라 이러한 사유가 있음을 안 날부터 1개월 이내에 제기해야 합니다(민사소송법 제491조 제3항 단서, 제490조 제2항 제4호·제7호·제8호 및 제451조 제1항 제4호부터 제8호까지).

- 판결을 한 판사가 법률에 따라 직무집행에서 제척된 경우
- 거짓 또는 부정한 방법으로 제권판결을 받은 경우
- 재판에 관여한 법관이 그 사건에 관해 직무에 관한 죄를 범한 경우
- 형사상 처벌을 받을 다른 사람의 행위로 말미암아 자백을 했거나 판결에 영향을 미칠 공격 또는 방어방법의 제출에 방해를 받은 경우
- 판결의 증거가 된 문서, 그 밖의 물건이 위조되거나 변조된 것인 경우
- 증인·감정인·통역인의 거짓 진술 또는 당사자신문에 따른 당사자나 법정대리인의

거짓 진술이 판결의 증거가 된 경우

- 판결의 기초가 된 민사나 형사 판결, 그 밖의 재판 또는 행정처분이 다른 재판이나 행정처분에 따라 바뀐 경우

5. 공시최고절차에 대한 대법원판례

① 증서를 횡령당한 경우, 증권이나 증서의 무효선언을 위한 공시최고를 신청할 수 있는지 여부(소극)

증권이나 증서의 무효선언을 위한 공시최고의 신청권자는 증권 또는 증서를 도난당하거나 증서를 분실·멸실한 사람이므로(민법 제521조, 민사소송법 제492조 제1항), 증서를 횡령당한 경우에는 공시최고를 신청할 수 없다[2016. 10. 27. 선고 2016다235091 판결]

② 기존 주권을 무효로 하는 제권판결에 기하여 주권이 재발행되었으나 제권판결에 대한 불복의 소가 제기되어 제권판결을 취소하는 판결이 선고·확정된 경우, 재발행된 주권의 소지인이 그 후 이를 선의취득할 수 있는지 여부(소극)

상법 제360조 제1항은 "주권은 공시최고의 절차에 의하여 이를 무효로 할 수 있다"라고 정하고, 같은 조 제2항은 "주권을 상실한 자는 제권판결을 얻지 아니하면 회사에 대하여 주권의 재발행을 청구하지 못한다"라고 정하고 있다. 이는 주권은 주식을 표창하는 유가증권이므로 기존의 주권을 무효로 하지 아니하고는 동일한 주식을 표창하는 다른 주권을 발행할 수 없다는 의미로서, 위 규정에 반하여 제권판결 없이 재발행된 주권은 무효라고 할 것이다. 한편 증권이나 증서의 무효를 선고한 제권판결의 효력은 공시최고 신청인에게 그 증권 또는 증서를 소지하고 있는 것과 동일한 지위를 회복시키는 것에 그치고 공시최고 신청인이 실질적인 권리자임을 확정하는 것은 아니다. 따라서 증권이나 증서의 정당한 권리자는 제권판결이 있더라도 실질적 권리를 상실하지 아니하고, 다만 제권판결로 인하여 그 증권 또는 증서가 무효로 되었으므로 그 증권 또는 증서에 따른 권리를 행사할 수 없게 될 뿐이다. 그리고 민사소송법 제490조, 제491조에 따라 제권판결에 대한 불복의 소가 제기되어 제권판결을 취소하는 판결이 확정되면 제권판결은 소급하여 효력을 잃고 정당한 권리자가 소지하고 있던 증권 또는 증서도 소급하여 그 효력

을 회복하게 된다. 그런데 위와 같이 제권판결이 취소된 경우에도 그 취소 전에 제권판결에 기초하여 재발행된 주권이 여전히 유효하여 그에 대한 선의취득이 성립할 수 있다면, 그로 인하여 정당한 권리자는 권리를 상실하거나 행사할 수 없게 된다. 이는 실제 주권을 분실한 적이 없을 뿐 아니라 부정한 방법으로 이루어진 제권판결에 대하여 적극적으로 불복의 소를 제기하여 이를 취소시킨 정당한 권리자에게 가혹한 결과이고, 정당한 권리자를 보호하기 위하여 무권리자가 거짓 또는 부정한 방법으로 제권판결을 받은 때에는 제권판결에 대한 불복의 소를 통하여 제권판결이 취소될 수 있도록 한 민사소송법의 입법 취지에도 반한다. 또한 민사소송법이나 상법은 제권판결을 취소하는 판결의 효력을 제한하는 규정을 두고 있지도 아니하다. 따라서 기존 주권을 무효로 하는 제권판결에 기하여 주권이 재발행되었다고 하더라도 제권판결에 대한 불복의 소가 제기되어 제권판결을 취소하는 판결이 선고·확정되면, 재발행된 주권은 소급하여 무효로 되고, 그 소지인이 그 후 이를 선의취득할 수 없다고 할 것이다*[2013. 12. 12. 선고 2011다112247,112254 판결]*.

③ 제권판결에 대한 취소판결의 확정을 조건으로 한 수표금 청구가 장래이행의 소로서 허용되는지 여부(소극)

제권판결 불복의 소와 같은 형성의 소는 그 판결이 확정됨으로써 비로소 권리변동의 효력이 발생하게 되므로 이에 의하여 형성되는 법률관계를 전제로 하는 이행소송 등을 병합하여 제기할 수 없는 것이 원칙이다. 또한 제권판결에 대한 취소판결의 확정 여부가 불확실한 상황에서 그 확정을 조건으로 한 수표금 청구는 장래이행의 소의 요건을 갖추었다고 보기 어려울 뿐만 아니라, 제권판결 불복의 소의 결과에 따라서는 수표금 청구소송의 심리가 무위에 그칠 우려가 있고, 제권판결 불복의 소가 인용될 경우를 대비하여 방어하여야 하는 수표금 청구소송의 피고에게도 지나친 부담을 지우게 된다는 점에서 이를 쉽사리 허용할 수 없다*[2013. 9. 13. 선고 2012다36661 판결]*.

④ 증권을 소지한 사실이 없음에도 도난당하거나 분실한 것으로 꾸며 공시최고를 신청하여 제권판결을 받은 경우, 민사소송법 제490조 제2항 제7호에서 정한 '거짓 또는 부정한 방법으로 제권판결을 받은 때'에 해당하는지 여부(적극)

증권을 소지한 사실이 없음에도 불구하고 이를 소지하다가 도난당하거나 분실한 것으로 꾸며 공시최고를 신청하여 제권판결을 받았다면, 이는 민사소송법 제490 조 제2항 제7호에서 정한 '거짓 또는 부정한 방법으로 제권판결을 받은 때'에 해당한다[2011. 11. 10. 선고 2009다73868 판결].

⑤ 주권을 교부한 자가 이를 분실하였다고 허위로 공시최고신청을 하여 제권판결을 선고받아 확정된 경우 사기죄에 해당하는지 여부(적극)

주권을 교부한 자가 이를 분실하였다고 허위로 공시최고신청을 하여 제권판결을 선고받아 확정되었다면, 그 제권판결의 적극적 효력에 의해 그 자는 그 주권을 소지하지 않고도 주권을 소지한 자로서의 권리를 행사할 수 있는 지위를 취득하였다고 할 것이므로, 이로써 사기죄에 있어서의 재산상 이익을 취득한 것으로 보기에 충분하고, 이는 제권판결이 그 신청인에게 주권상의 권리를 행사할 수 있는 형식적 자격을 인정하는 데 그치며 그를 실질적 권리자로 확정하는 것이 아니라고 하여 달리 볼 것은 아니다[2007. 5. 31. 선고 2006도8488 판결].

⑥ 채권에 대한 공시최고절차 진행 여부를 확인하지 않았다는 점을 들어 매도인의 손해배상책임을 제한할 수 있는지 여부(소극)

매매 당시 제권판결을 위한 공시최고절차가 진행중이던 무기명채권이 나중에 제권판결의 선고로 무효가 된 경우, 하자 없는 완전한 매매목적물을 이전할 급부의무를 부담하는 매도인은 매수인에게 채무불이행으로 인한 손해배상책임을 부담하는 바, 매수인이 위 채권을 매입할 당시 증권예탁결제원에 채권에 대하여 사고신고가 접수되었는지 여부를 조회하고 발행인에게 위조 여부까지 확인하여 아무런 이상을 발견하지 못한 이상, 매수인은 위 채권의 관할법원에 공시최고절차가 진행중인지 여부까지 조회하여 보아야 할 주의의무가 없으므로, 매수인이 공시최고절차의 진행 여부를 확인하지 않았음을 이유로 매도인의 손해배상책임을 제한하는 것은 신의칙과 공평의 원칙에 반한다[2007. 1. 11. 선고 2005다56940 판결].

⑦ 자기앞수표를 교부한 자가 이를 분실하였다고 허위로 공시최고신청을 하여 제권판결을 선고받아 확정된 경우, 이로써 사기죄에 있어서의 재산상 이익을 취득한 것으로 볼 수 있는지 여부(적극)

자기앞수표를 교부한 자가 이를 분실하였다고 허위로 공시최고신청을 하여 제권판결을 선고받아 확정되었다면, 그 제권판결의 적극적 효력에 의해 그 자는 그 수표상의 채무자인 은행에 대하여 수표를 소지하지 않고도 수표상의 권리를 행사할 수 있는 지위를 취득하였다고 할 것이므로, 이로써 사기죄에 있어서의 재산상 이익을 취득한 것으로 보기에 충분하다고 할 것이고, 이는 제권판결이 그 신청인에게 수표상의 권리를 행사할 수 있는 형식적 자격을 인정하는 데 그치고, 그를 실질적 권리자로 확정하는 것이 아니라는 점만으로 달리 볼 수는 없다[2003. 12. 26. 선고 2003도4914 판결].

6. 공시최고절차에 대한 서식

[서식 ①] 공시최고신청서(임차권설정등기)

공 시 최 고 신 청 서

신 청 인 ○○○
　　　　　○○시 ○○구 ○○길 ○○(우편번호 ○○○○○)
　　　　　전화.휴대폰번호:
　　　　　팩스번호, 전자우편(e-mail)주소:

실권되어야 할 권리의 표시

　신청인 소유의 서울 ○○구 ○○동 ○○○ 대 300㎡에 관하여 서울 ○○구 ○○길 ○○○ ◇◇◇를 위한 ○○지방법원 등기과 20○○. ○. ○. 접수 제○○○호 임차권설정계약 존속기간 20○○. ○. ○.부터 20○○. ○○. ○○.까지의 2년간, 임차료 1개월 금 300,000원, 지급기일 매월 말일로 하는 임차권설정등기

신 청 취 지

위 권리에 관하여 공시최고절차를 거쳐 제권판결을 하여 주시기 바랍니다.

신 청 이 유

　위 임차권은 존속기간의 만료로 인하여 소멸하였으므로 신청인은 위 임차권설정등기의 말소등기절차이행을 신청하고자 하나, 등기의무자인 위 ◇◇◇는 행방불명이므로 등기절차에 협력을 구할 수가 없습니다.
그러므로 공시최고를 거쳐 제권판결을 구하고자 이 사건 신청을 합니다.

소 명 방 법

　　1. 소갑 제1호증　　　　　부동산등기사항증명서
　　1. 소갑 제2호증　　　　　임대차계약서
　　1. 소갑 제3호증　　　　　해지통고서
　　1. 소갑 제4호증　　　　　주민등록말소자등본

첨 부 서 류

1. 위 소명방법   각 1통
1. 실권되어야할 권리의 목록   10통

20○○.   ○○.   ○○.

위 신청인 ○○○ (서명 또는 날인)

○○지방법원 귀중

공 시 최 고 신 청

신 청 인 ○○○
　　　　　○○시 ○○구 ○○길 ○○(우편번호 ○○○○○)
　　　　　전화.휴대폰번호:
　　　　　팩스번호, 전자우편(e-mail)주소:

자기앞수표 공시최고

증서의 중요한 취지: 별지목록 기재와 같음.

신 청 취 지

　별지목록 기재 증서에 관하여 공시최고를 한 뒤 공시최고에서 정한 기일까지 권리신고 등이 없으면 위 증서의 무효를 선고한다는 재판을 구합니다.

신 청 원 인

1. 신청인은 별지목록 기재 자기앞수표의 최후 소지인이었는데, 20○○. ○. ○. 15:30분경 ○○시 ○○구 ○○길 ○○ 소재 ○○역에 기차표를 예매하러 갔다가 역 대합실에서 가방 속에 넣어둔 손 지갑을 분실하면서 지갑 속에 들어있던 위 수표를 함께 분실하고서는 현재까지 증서를 회수하지 못하고 있습니다.
2. 따라서 위 증서의 무효를 선고하는 제권판결을 받고자 이 사건 공시최고를 신청합니다.

소 명 방 법

　1. 소갑 제1호증　　　　　미지급증명서(◉◉은행)
　1. 소갑 제2호증　　　　　분실신고접수증명서(◎◎경찰서)

첨 부 서 류

　1. 소갑 제1호증(미지급증명서)　　　7통

1. 소갑 제2호증(분실신고접수증명서)   1통
1. 송달료납부서   1통

2000.   ○○.   ○○.
위 신청인 ○○○ (서명 또는 날인)

○○**지방법원 귀중**

[별　지]

증서의 중요한 취지

1. 종 류 : 자기앞수표
1. 번 호 : 나가○○○○○○○○
1. 액 면 : 금 300,000원
1. 발행일 : 20○○. ○. ○○.
1. 발행인겸지급인 : ○○은행 ○○지점
1. 최종소지인 : ○○○. 끝.

공 시 최 고 신 청 서

신 청 인 ○○○

　　　　　○○시 ○○구 ○○길 ○○(우편번호 ○○○○○)

　　　　　전화.휴대폰번호:

　　　　　팩스번호, 전자우편(e-mail)주소:

증서의 중요한 취지 : 별지목록 기재와 같음

신 청 취 지

　별지목록 기재의 약속어음에 관하여 공시최고를 한 뒤 공시최고에서 정한 기일까지 권리신고 등이 없으면 위 약속어음의 무효를 선고한다는 재판을 구합니다.

신 청 원 인

1. 신청인은 별지목록 기재 약속어음의 최후 소지인이었는데, 20○○. ○. ○. ○○시 ○○구 ○○길 ○○ 소재 신청인의 집에서 분실하고 현재까지 회수를 하지 못하고 있습니다.
2. 따라서 위 약속어음의 무효를 선고하는 제권판결을 받고자 이 사건 신청에 이른 것입니다.

소 명 방 법

　　1. 소갑 제1호증　　　　　미지급증명서(◉◉은행)
　　1. 소갑 제2호증　　　　　분실신고접수증명서(◎◎경찰서)

첨 부 서 류

　　1. 소갑 제1호증(미지급증명서)　　　　7통
　　1. 소갑 제2호증(분실신고접수증명서)　1통
　　1. 송달료납부서　　　　　　　　　　　1통

20○○. ○○. ○○.
위 신청인 ○○○ (서명 또는 날인)

○○**지방법원 귀중**

[별 지]
증서의 중요취지

  1. 종류 및 수량 : 약속어음 1매

  2. 액 면 : 금 5,000,000원

  3. 지급기일 : 20○○. ○○. ○○.

  4. 지급지 : 서울특별시

  5. 지급장소 : ○○은행 ○○지점

  6. 수취인 : ○○○

  7. 발행지 : 서울특별시

  8. 발행인 : ○○무역주식회사

  9. 발행일 : 20○○. ○. ○.

  10. 최종소지인 : ○○○. 끝.

[서식 ④] 권리신고서(공시최고에 대한)-(수표)

권 리 신 고 서

사   건 20○○카○○○○ 공시최고

권리신고인 ○○○

　　　　○○시 ○○구 ○○길 ○○(우편번호 ○○○○○)

　　　　　전화.휴대폰번호:

　　　　　팩스번호, 전자우편(e-mail)주소:

　위 사건에 관하여 권리자 ○○○는 아래와 같이 권리신고 합니다.

아   래

1. 이 사건 공시최고 수표는 20○○. ○. ○. 신고인이 경영하는 ○○정육점에서 식육을 판매한 대금으로 신청외 ◉◉◉로부터 받은 것으로 선의취득 하였습니다.
2. 신고인은 이 수표의 적법한 지급제시기간 내에 제시하고 지급을 구하였으나 사고수표라는 이유로 지급이 거절되어 신고인은 발행인을 상대로 수표금청구소송을 제기 중에 있으므로 이에 권리신고합니다.

첨 부 서 류

　1. 소제기증명원　　　　　　　1통

　　　　　　　20○○.　○○.　○○.
　　　　　위 권리신고인　○○○ (서명 또는 날인)

○○지방법원　귀중

소   장

원   고   ○○○
             ○○시 ○○구 ○○길 ○○(우편번호 ○○○○○)
             전화.휴대폰번호:
             팩스번호, 전자우편(e-mail)주소:
피   고   ◇◇◇
             ○○시 ○○구 ○○길 ○○(우편번호 ○○○○○)
             전화.휴대폰번호:
             팩스번호, 전자우편(e-mail)주소:

제권판결에 대한 불복청구의 소

청 구 취 지

1. ○○지방법원이 20○○카공○○○○호 공시최고신청사건에서 20○○. ○○. ○○. 별지목록 기재 약속어음에 대하여 선고한 제권판결을 취소한다.
2. 위 약속어음에 대한 제권판결신청을 각하한다.
3. 소송비용은 피고가 부담한다.
라는 판결을 구합니다.

청 구 원 인

1. 피고는 20○○. ○○. ○. ○○지방법원 20○○카공○○○○호로 별지목록 기재의 약속어음을 도난 당하였음을 이유로 공시최고신청을 하여 ○○지방법원이 20○○. ○○. ○○. 같은 수표에 대하여 제권판결을 선고하였습니다.
2. 그러나 원고는 20○○. ○. ○.경 돈을 빌려주고 별지목록 기재 약속어음을 취득하였는데, 별지목록 기재 약속어음은 분실되거나 도난 당한바 없음에도 불구하고, 피고는 20○○. ○○. ○. ○○지방법원 20○○카공○○○○호로 별지목록 기재 약속어음을 피고가 최종소지 하다가 20○○. ○. ○○.경 서울 ○○구 ○○길 ○○ ○○○사무실에서 분실하였다는 허위의 사실을 내세워 공시최고신청을 하여, ○○지방법원은 공시최고절차를 거친 뒤 아무런 권리신고가 없자 20○○. ○○. ○○. 별지목록 기재 약속어음을 무효로 한다는 제권판결을 선고하였는바, 위 제

권판결은 민사소송법 제490조 제2항 제7호 소정의 "거짓 또는 부정한 방법으로 제권판결을 받은 때"에 해당되어 취소되어야 한다고 할 것입니다.

3. 원고는 별지목록 기재 약속어음을 발행인인 ○○은행 ○○지점에 지급제시 하였으나 지급거절 되었고, 그 때 비로소 별지목록 기재 약속어음에 관하여 위 제권판결을 선고받은 사실을 알게 되었습니다.

4. 따라서 원고는 ○○지방법원이 20○○카공○○○○호 공시최고신청사건에서 20○○. ○○. ○○. 별지목록 기재 약속어음에 대하여 선고한 제권판결을 취소하고, 별지목록 기재 약속어음에 대한 제권판결신청을 각하하여 줄 것을 청구하여 이 사건 소를 제기합니다.

입 증 방 법

1. 갑 제1호증   약속어음의 표면 및 이면
1. 갑 제2호증   공시최고신청서
1. 갑 제3호증   사고인지경위서
1. 갑 제4호증   제권판결정본

첨 부 서 류

1. 위 입증방법   각 1통
1. 소장부본   1통
1. 송달료납부서   1통

20○○. ○. ○.

위 원고   ○○○ (서명 또는 날인)

○○지방법원 귀중

제7편
판결의 확정 및 집행정지

제498조(판결의 확정시기)

판결은 상소를 제기할 수 있는 기간 또는 그 기간 이내에 적법한 상소제기가 있을 때에는 확정되지 아니한다.

제499조(판결확정증명서의 부여자)

① 원고 또는 피고가 판결확정증명서를 신청한 때에는 제1심 법원의 법원사무관등이 기록에 따라 내어 준다.

② 소송기록이 상급심에 있는 때에는 상급법원의 법원사무관등이 그 확정부분에 대하여만 증명서를 내어 준다.

제500조(재심 또는 상소의 추후보완신청으로 말미암은 집행정지)

① 재심 또는 제173조에 따른 상소의 추후보완신청이 있는 경우에 불복하는 이유로 내세운 사유가 법률상 정당한 이유가 있다고 인정되고, 사실에 대한 소명이 있는 때에는 법원은 당사자의 신청에 따라 담보를 제공하게 하거나 담보를 제공하지 아니하게 하고 강제집행을 일시정지하도록 명할 수 있으며, 담보를 제공하게 하고 강제집행을 실시하도록 명하거나 실시한 강제처분을 취소하도록 명할 수 있다.

② 담보없이 하는 강제집행의 정지는 그 집행으로 말미암아 보상할 수 없는 손해가 생기는 것을 소명한 때에만 한다.

③ 제1항 및 제2항의 재판은 변론없이 할 수 있으며, 이 재판에 대하여는 불복할 수 없다.

④ 상소의 추후보완신청의 경우에 소송기록이 원심법원에 있으면 그 법원이 제1항 및 제2항의 재판을 한다.

제501조(상소제기 또는 변경의 소제기로 말미암은 집행정지)

가집행의 선고가 붙은 판결에 대하여 상소를 한 경우 또는 정기금의 지급을 명한 확정판결에 대하여 제252조제1항의 규정에 따른 소를 제기한 경우에는 제500조의 규정을 준용한다.

제502조(담보를 공탁할 법원)

① 이 편의 규정에 의한 담보의 제공이나 공탁은 원고나 피고의 보통재판적이 있는 곳의 지방법원 또는 집행법원에 할 수 있다.

② 담보를 제공하거나 공탁을 한 때에는 법원은 당사자의 신청에 따라서 증명서를 주어야 한다.

③ 이 편에 규정된 담보에는 달리 규정이 있는 경우를 제외하고는 제122조 · 제123조 · 제125조 및 제126조의 규정을 준용한다.

1. 판결의 확정 및 집행정지에 대한 대법원판례

① 항소기간 경과 후에 항소취하가 있는 경우, 제1심판결이 확정되는 시기(=항소기간 만료 시)

항소취하가 있으면 소송은 처음부터 항소심에 계속되지 아니한 것으로 보게 되나 (민사소송법 제393조 제2항, 제267조 제1항), 항소취하는 소의 취하나 항소권 포기와 달리 제1심 종국판결이 유효하게 존재하므로, 항소기간 경과 후에 항소취하가 있는 경우에는 항소기간 만료 시로 소급하여 제1심판결이 확정된다[2017. 9. 21., 선고, 2017다233931, 판결].

② 항소심의 심판대상이 되지 않은 나머지 부분의 확정 시점(=항소심 판결선고 시)

피고가 수개의 청구를 인용한 제1심판결 중 일부에 대하여만 항소를 제기한 경우, 항소되지 않은 나머지 부분도 확정이 차단되고 항소심에 이심은 되나, 피고가 변론종결시까지 항소취지를 확장하지 않는 한 나머지 부분에 관하여는 불복한 적이 없어 항소심의 심판대상이 되지 않고 항소심의 판결선고와 동시에 확정되어 소송이 종료된다[2011. 7. 28., 선고, 2009다35842, 판결].

③ 가집행선고 있는 판결에 대한 상소를 하면서 강제집행 정지를 위해 담보를 공탁한 경우, 위 판결을 집행권원으로 하여 담보제공자의 공탁금회수청구권에 대한 채권압류 및 전부명령을 받은 담보권리자가 담보제공자를 대위하여 담보권리자의 동의가 있었다는 이유로 담보취소를 신청할 수 있는지 여부(적극)

가집행선고 있는 판결에 대하여 상소를 하면서 강제집행의 정지를 위하여 담보를 공탁한 경우 담보제공자가 담보사유가 소멸하였거나 담보권리자의 동의를 받았음을 증명하여 담보취소를 신청하면 법원은 담보취소결정을 하여야 한다(민사소송법 제501조, 제500조, 제502조 제3항, 제125조).

가집행선고 있는 판결을 집행권원으로 하여 담보제공자의 강제집행정지를 위한 공탁금회수청구권에 관하여 채권압류 및 전부명령을 받은 담보권리자는 담보제공자를 대위하여 담보권리자의 동의가 있었다는 이유로 담보취소를 신청할 수 있다(대법원 1969. 11. 26. 자 69마1062 결정, 대법원 1982. 9. 23. 자 82마556 결정 참조)[2021. 11. 25., 자, 2021마6466, 결정].

④ 가집행선고부 판결에 대한 강제집행정지를 위하여 공탁한 담보의 담보적 효력이 미치는 범위

재판상 담보공탁의 담보권리자가 공탁금회수청구권을 압류하고 추심명령이나 확정된 전부명령을 받은 후 담보취소결정을 받아 공탁금회수청구를 하는 경우, 그 담

보공탁금의 피담보채권을 집행채권으로 하는 것인 이상, 담보권리자의 위와 같은 담보취소신청은 어디까지나 담보권을 포기하고 일반 채권자로서 강제집행을 하는 것이 아니라 오히려 적극적인 담보권실행에 의하여 그 공탁물회수청구권을 행사하기 위한 방법으로 보는 것이 타당하다. 따라서 이는 담보권의 실행방법으로 인정되고, 이 경우 그에 선행하는 일반 채권자의 압류 및 추심명령이나 전부명령으로 이에 대항할 수 없다. 한편 가집행선고부 판결에 대한 강제집행정지를 위하여 공탁한 담보는 강제집행정지로 인하여 채권자에게 생길 손해를 담보하기 위한 것이고 정지의 대상인 기본채권 자체를 담보하는 것은 아니므로, 채권자는 그 손해배상청구권에 한하여서만 담보권을 가질 뿐 기본채권에까지 담보적 효력이 미치는 것은 아니다*[2021. 11. 11., 선고, 2018다250087, 판결]*.

⑤ 수인의 공탁자가 공동으로 하나의 공탁금액을 기재하여 공탁한 경우, 균등한 비율로 공탁한 것으로 보아야 하는지 여부(적극)

공탁자가 공탁한 내용은 공탁의 기재에 의하여 형식적으로 결정되므로 수인의 공탁자가 공탁하면서 각자의 공탁금액을 나누어 기재하지 않고 공동으로 하나의 공탁금액을 기재한 경우에 공탁자들은 균등한 비율로 공탁한 것으로 보아야 하고, 공탁자들 내부의 실질적인 분담금액이 다르다고 하더라도 이는 공탁자들 내부 사이에 별도로 해결하여야 할 문제이다. 이러한 법리는 강제집행정지의 담보를 위하여 공동 명의로 공탁한 경우 담보취소에 따른 공탁금회수청구권의 귀속과 비율에 관하여도 마찬가지로 적용된다. 따라서 제3자가 다른 공동공탁자의 공탁금회수청구권에 대하여 압류 및 추심명령을 한 경우에 압류 및 추심명령은 공탁자 간 균등한 비율에 의한 공탁금액의 한도 내에서 효력이 있고, 공동공탁자들 중 실제로 담보공탁금을 전액 출연한 공탁자가 있다 하더라도 이는 공동공탁자들 사이의 내부관계에서만 주장할 수 있는 사유에 불과하여 담보공탁금을 전액 출연한 공탁자는 압류채권자에 대하여 자금 부담의 실질관계를 이유로 대항할 수 없다*[대법원 2015. 9. 10., 선고, 2014다29971, 판결]*.

⑥ 담보제공자의 담보물회수청구권에 관하여 압류 및 전부명령을 받아 그 지위를 승계한 담보권리자가 담보취소결정에 대하여 항고 또는 재항고로써 불복할 이익이 있는지 여부(소극)

담보취소결정은 담보제공자로 하여금 담보물을 회수할 수 있는 지위 내지 상태에 놓이도록 하는 것일 뿐 그 담보물의 귀속을 정하는 것은 아니므로, 담보취소결정에 대하여 담보제공자가 항고 또는 재항고로써 불복할 이익이나 필요가 있다고 할 수 없고, 이는 담보제공자의 포괄승계인이나 담보물회수청구권에 관한 특정승계인의 경우에도 마찬가지이므로, 담보제공자의 담보물회수청구권에 관하여 압류 및 전부명령을 받아 담보제공자의 지위를 승계하게 된 담보권리자는 담보취소결정에 대하여 항고 또는 재항고로써 불복할 이익이나 필요가 있다고 할 수 없다*[대법원 2011. 1. 13., 자, 2010마1367, 결정].*

2. 판결의 확정 및 집행정지에 대한 서식

[서식] 강제집행정지명령신청서(가집행의 경우 항소심판결선고시까지)

강제집행정지명령신청

신 청 인　○○○(주민등록번호)
　　　　　○○시 ○○구 ○○길 ○○(우편번호)
　　　　　전화.휴대폰번호:
　　　　　팩스번호, 전자우편(e-mail)주소:
피신청인　◇◇◇(주민등록번호)
　　　　　○○시 ○○구 ○○길 ○○(우편번호)
　　　　　전화.휴대폰번호:
　　　　　팩스번호, 전자우편(e-mail)주소:

신 청 취 지

　신청인과 피신청인 사이의 ○○지방법원 20○○. ○. ○. 선고 20○○가단○○○ 임금청구사건의 집행력 있는 가집행 선고가 있는 판결에 의한 강제집행은 항소심판결선고시까지 이를 정지한다.
라는 재판을 구합니다.

신 청 이 유

1. ○○지방법원은 신청인과 피신청인 사이의 같은 법원 20○○가단○○○ 임금청구사건에 있어서 20○○. ○. ○. 신청인 패소의 가집행 선고가 있는 판결을 하였고, 피신청인은 그 집행력 있는 판결정본에 기초하여 20○○. ○. ○○. 신청인 소유의 유체동산에 대하여 강제집행 중에 있습니다.
2. 그러나 신청인은 위 판결에 승복할 수 없으므로 20○○. ○○. ○. 귀원에 대하여 항소를 제기하였으므로 위 강제집행을 항소심판결선고시까지 정지시키고자 이 사건 신청서를 제출합니다.

소 명 방 법

　1. 항소제기증명　　　　　　　　　　　　1통

1. 판결문사본   1통
1. 송달료납부서   1통

                    20○○.   ○.   ○.
                    위 신청인   ○○○ (서명 또는 날인)

○○지방법원   귀중

편 저

◙ 이종성 ◙

前 대한법률콘텐츠연구회 회장

· 각종 손해배상 청구·해결 쉽게 하는 방법
· 자동차 교통사고 이렇게 해결하라
· 자동차사고의 법률적 해법과지식
· 사례로 살펴보는 교통사고 해결방법
· 자동차사고로 인한 손해배상의 책임과 보상
· 법률서식총람
· 가압류가처분
· 법조문에 따라 해설, 판례, 서식과 함께하는 민사소송!
· 해설,양식,작성례와 함께 살펴본 가사소송사건 쉽게 해결하기

법조문에 따라 해설, 판례, 서식과 함께하는
민사소송!

정가 90,000원

2023年 9月 15日 1판 인쇄
2023年 9월 20日 1판 발행

편   저 : 이 종 성
발 행 인 : 김 현 호
발 행 처 : 법문 북스
공 급 처 : 법률미디어

08278
서울 구로구 경인로 54길4
TEL : 2636-2911-2, FAX : 2636-3012
등록 : 1979년 8월 27일 제5-22호
Home : www.lawb.co.kr

▌ ISBN   979-11-93350-01-0 (93360)
▌ 파본은 교환해 드립니다.